中文社会科学引文索引(CSSCI)来源集刊

Renmin University Law Review

# 人大法律评论

2020年第1辑 · 总第31辑

《人大法律评论》编辑委员会组编

法律出版社
LAW PRESS·CHINA

# 《人大法律评论》编辑委员会

【书评】

# 清代法律史专题

# 清代后期上控案件的信息传播与舆论构建*

海　丹**

**内容摘要：**

现有研究认为，明、清时期常有诉讼当事人主动传播诉讼信息、寻求舆论支持，甚至希望借此影响审判之事。本文考察两起上控案件的信息传播与舆论构建过程后指出，清代后期不仅当事人会传播信息，审判者乃至未参与诉讼的人也会传播有关信息，甚至试图构建舆论。随着晚清新式报纸的勃兴，诉讼信息的传播益发活跃，在信息传播活动基础上形成的公众舆论，不仅会影响个案的审判结果，还波及后世对晚清政治、法律的认识与评价。

**关键词：**

传播　舆论　上控　清代

## 一、问题的提起

一起事件发生后，相关信息常会通过各种渠道在社会中传播。纠纷与诉讼的信息亦是如此。从明清史料中可以看到，当时经常有人以散发揭帖、刊印文

---

* 本文受2017年度高校基本科研业务费中山大学青年教师培育项目（批准号1709068－11200－31610148）资助。本文初稿曾于2017年第三届中国法律史前沿问题学术研讨会及中山大学历史学系学术沙龙（2018年4月8日）上报告，得与会同仁赐教良多，在此谨致谢意。

** 中山大学历史学系副研究员。

集等方式传播关于诉讼的信息及自己的主张。[1] 对此,学界已有一些研究。这些研究指出,常有诉讼当事人主动传播信息以寻求舆论支持,希望借此影响审判。[2]

然而,从清代后期的一些事例中可以发现,除了诉讼当事人,掌握诉讼信息的审判者乃至未参与诉讼者也会主动传播相关信息。而且,不仅非官方的信息传播者的叙述与官方审判文书围绕同一起事件的叙述不一定相同,而且不同的非官方叙述者所述事件经过及其评价,乃至同一叙述者所作多次叙述和评价,都可能很不相同。对于那些虽然生活在事件发生当时却未亲历这一事件的人来讲,这不仅意味着他们关于同一事件不一定有一样的认知,而且由他们的观点组成的公众舆论还可能呈现一种众说纷纭的状态。随着新式报纸的勃兴,信息能够传到的地域与可能获得信息的人群变大了。在这一社会环境中,与诉讼有关的信息如何传播?这些信息对于公众舆论产生了怎样的影响?后者对事态发展有无影响?如何影响?关于这些问题,目前研究尚不很多。

本文以发生在清代中后期(1820~1911年)的两起案件为线索,通过田野调查和史料对勘,分析相关信息的传播与舆论构建过程。在此基础上,探析公众舆论对个案事态发展和大众法律认知的影响。

## 二、"熟人社会"中的信息传播与舆论的影响力

### (一)判牍所见道光年间沔阳汪、王两姓控案

东京大学东洋文化研究所图书馆大木文库藏清抄本《京控承当各案看语》,收录了道光二十七年(1847年)前后湖北武昌府知府承审的67篇京控看语。

---

〔1〕 参见不著撰人:《著存文卷集》,明万历刻本,上海图书馆藏;不著撰人:《山阳陈参令挟嫌诬陷孙孝廉案略》,清宣统铅印本,上海图书馆藏。另参见高橋芳郎「明代徽州府休甯県の一争訟——『著存文卷集』の紹介」、同『宋代中国の法制と社会』(汲古書院,2002年)339-372頁;伍躍「近世中国における行政訴訟の一齣——『民告官』」夫馬進編『中国訴訟社会史の研究』(京都大学学術出版会,2011年)380-426頁。

〔2〕 参见高橋芳郎「明代徽州府休甯県の一争訟——『著存文卷集』の紹介」伍躍「近世中国における行政訴訟の一齣——『民告官』」夫馬進編『中国訴訟社会史の研究』(京都大学学術出版会,2011年)380-426頁。

聚讼多年、两次京控的沔阳汪、王两姓控案为其中两篇。[3]

据这两篇看语说，此案肇衅于道光二十二年（1842年）正月湖北沔阳州民妇汪王氏自杀一事。由于汪王氏死后，其子汪斐章（又名汪耀家）未经报官验尸即将遗体殓葬，而且，据说其死前曾遭夫家亲属汪泰苹（又写作汪太苹）、汪泰万（又写作汪太万）、汪李氏等人索债，她的娘家堂侄王以修和族人王维新、王维纶及其夫家族人汪瑞家、汪法家等人怀疑汪王氏死于威逼，因此纷纷控告。道光二十七年（1847年）前后，王以修以其子王期泰（又写作王期太）为“抱告”，京控汪泰苹之子汪庆家逼死汪王氏并诱奸其童养侄媳朱女、聘请讼师、贿赂本州官吏、知州“贿通不究”。武昌府知府奉巡抚之命审理后，以诬告罪将王以修等人科刑。[4] 此后，王以修之叔王达墉（又名王崇如）再次京控。[5]

引人注意的是，虽然两次审判均为湖北巡抚交武昌府知府承审，但看语叙述的案情并不完全相同。其不同之一为，《沔阳州民人王达墉京控一案》一文修正了《沔阳州民人王以修遣抱京控一案》中，关于汪王氏和汪李氏的债务及沔阳州第一次审判时的赴审人数的叙述。虽然汪王氏的债务仍被认为系汪端一生前所欠，但关于其的表述却从“汪端一在日欠有孀居弟妇汪李氏债项”变为“汪端一在日，与汪李氏之夫汪太莅合伙贸易，缺乏资本，将房屋作钱一千九百三十八千文立约质押。嗣汪太莅与汪端一先后物故歇贸，仍退屋还约。汪端一另有该欠汪太莅债项未楚”，清偿方案及其结果亦从“汪王氏愿将田地作价归楚。并未争较”变成了“汪王氏愿将田地作价抵还。汪李氏尚应找出钱四百六十二千文。当付鼎裕、吉亨兑票二纸。交汪王氏收存。均未争较”，并增加了汪王氏之子汪斐章于其母死后将兑票中的钱取出用于葬礼这一情节。[6] 其不同之二则

---

〔3〕 参见不著撰人：《京控承当各案看语》（第4册），清抄本，东京大学东洋文化研究所图书馆藏，《沔阳州民人王以修遣抱京控一案》；不著撰人：《京控承当各案看语》（第8册），清抄本，东京大学东洋文化研究所图书馆藏，《沔阳州民人王达墉京控一案》。

〔4〕 参见不著撰人：《京控承当各案看语》（第4册），清抄本，东京大学东洋文化研究所图书馆藏，《沔阳州民人王以修遣抱京控一案》。

〔5〕 参见不著撰人：《京控承当各案看语》（第8册），清抄本，东京大学东洋文化研究所图书馆藏，《沔阳州民人王达墉京控一案》。

〔6〕 同上。

为《沔阳州民人王达墉京控一案》一文改变了《沔阳州民人王以修遣抱京控一案》关于沔阳州第一次审判前王以修请袁振春顶替其名义受审被拒后,另"嘱王维新。一人提到。具结完案"的说法,而称王以修"嘱王维新一人投到。经州差贺坤、高兴将王维新及汪尧墀带讯。具结完案"。[7] 这意味着,京控审判的承审官较前次更为严密地否定了州的审判中存在顶替他人名义受审、仅原告到庭等不当行为。

不过,就原告京控时提出的两项指控(汪王氏死于威逼、沔阳州官吏受贿枉法)而言,上述修改并没有增加更关键的证据,因此,很难据之断定京控的承审者故意掩盖了事实。毕竟在未经验尸、缺少物证、时隔多年的情境下,审判者复原事件经过时不得不以众人口供作为主要依据。[8]

此外,从看语中的这些叙述差异可以看出,虽然经过了多次审判,以两姓族人为主的诉讼参与者们关于汪王氏的死亡是否与汪李氏等人的索债有关、这笔债务因何而生、汪斐章为母治丧的钱款来源何处等事的怀疑依然未释,甚至还增添了关于沔阳州的审判中有无不当行为——袁振春是否曾顶替他人名义受审,他顶替的又是谁(王以修还是王维新),审判时有无"人证未俱到齐"即将其中一方"收禁治罪",等等——的疑云。[9]

(二)信息传播、公众舆论与诉讼行为

在 1989 年湖北沔阳愿贤堂汪氏族谱中,收有一篇作于光绪十五年(1889 年)的传记:

---

〔7〕 不著撰人:《京控承当各案看语》(第 8 册),清抄本,东京大学东洋文化研究所图书馆藏,《沔阳州民人王达墉京控一案》。

〔8〕 "委经卑府提抱告讯供,详蒙委提人卷来省,饬发讯办,据各供悉前情无异",参见不著撰人:《京控承当各案看语》(第 4 册),清抄本,东京大学东洋文化研究所图书馆藏,《沔阳州民人王以修遣抱京控一案》;"交抚宪行司委提人卷来省报明,饬委卑府审办。提齐人证,讯悉前情,严诘王达墉,坚供此次京控王以修委不知情。案无遁饰,应即拟结",不著撰人:《京控承当各案看语》(第 8 册),清抄本,东京大学东洋文化研究所图书馆藏,《沔阳州民人王达墉京控一案》。

〔9〕 不著撰人:《京控承当各案看语》(第 8 册),清抄本,东京大学东洋文化研究所图书馆藏,《沔阳州民人王达墉京控一案》。

公讳行璨，字璧山，沔东左洑人。祖父业儒。公兄弟七人，公次居第五。少力学。既不得志，父命投笔学贸。往来衡湘，波涛无恐。善审势，决价低昂。先年富致巨□。公之力居多。性古傲，不苟同流俗。恬静寡言，言期必行。乡里有争辩事，或来质，或闻而往，无强弱，平以理……尤勇于为善。身权子母，耻为守钱虏。析爨后，钱帛在手，得以自纵。岁饥，遇贫乏，随分周济……道光辛丑，有刘某贫不自聊，将鬻妇自给。公设法救援，事遂寝。而家计亦由是中落。公卒不以自悔……公殁于咸丰五年乙卯，享年五十有五……论曰：余交砚圃时，先生去世□。然观其心地光明，辄异之。今乃知其渊源有自矣……清光绪己丑年优贡特援天门县儒学正堂后学王家凤敬撰。[10]

据其族谱世系，传主汪行璨"字斐昭，号璧山"，生于嘉庆六年(1801 年)、卒于咸丰五年(1855 年)。[11] 其与武昌府看语中登场的汪庆家父子虽姓名不同，但"古傲，不苟同流俗"的性格，勇于"为善""周济"和积极参与平息乡里纠纷的作风，早年"投笔学贸，往来衡湘"、中年"身权子母"的职业经历及其子汪砚圃传记中提及的家境("属阖邑名族，家颇豪")等，均与看语中透露出的汪氏父子勇于担任债务清算的"凭"人、被控告后不甘于以财息讼及有能力为因讼欠债者(王以修)提供借款等特征颇为相似，而且生卒(1801～1855 年)和家计中落时间(1841 年前后)亦与此案发生时间(1842 年)大致相符。[12]

此外，同谱还收有一篇写作时间不详的传记。传主汪行谧生于嘉庆五年(1800 年)，卒于同治二年(1863 年)，与汪行璨虽属不同房系，但亦"世居沔之左洑"。[13] 传中述其"仲兄行鳌公，以人命混事到官，几坐诬"，汪行谧

〔10〕 愿贤堂：《汪氏族谱》1989 年版，湖北省图书馆藏，卷首中，《汪璧山公传》，第 39a～40b 页。

〔11〕 参见愿贤堂：《汪氏族谱》1989 年版，湖北省图书馆藏，浃房世系。

〔12〕 参见愿贤堂：《汪氏族谱》1989 年版，湖北省图书馆藏，卷首中，《汪砚圃公传》，第 84a～85b 页。

〔13〕 参见愿贤堂：《汪氏族谱》1989 年版，湖北省图书馆藏，卷首中，《汪恬一公传》，第 30a～32a 页；卷四上，第 5b 页。

“出己产,易资财,力为调剂”,其兄“乃获免”。[14] 据族谱世系,汪行鳌生于乾隆五十五年(1790年),卒于道光二十六年(1846年)。[15] 从其生存时期亦与两姓控案的发生、审判时间大致相符这一点来推测,传中所谓“人命混事”,或与此案有关。

引人注意的是,2012年版愿贤堂《汪氏族谱》中并未收录上述传记,关于汪行璨等人父叔辈的汪瑢身及其妻子王氏、汪瑢身之弟汪瑾身之妻的记载也与1989年版不同。据1989年版族谱世系,汪瑢身为滔房“新公次子”,“字玉楚,年五十一”,其妻“王氏,系步东院王家台上义公女,得年五十七”。[16] 而2012年版族谱则称汪瑢身之父为汪立新,他们与汪行璨同属浃房世系,汪瑢身之妻王氏的娘家位于“步逐(东)垸王家台”。[17] 与此同时,1989年版汪氏族谱中关于汪瑾身之妻并无详细记载,但2012年版汪氏族谱将之记为李氏,称其生于乾隆五十年(1785年),卒于道光二十年(1840年)。[18]

不仅如此,将愿贤堂《汪氏族谱》与武昌府的看语对勘可以发现,双方有诸多龃龉、可疑之处。首先,看语中的登场人物姓名虽与族谱所载颇为相似(比如,汪行璨据族谱称字斐昭,而看语中称汪王氏之子名斐章),这或许缘于当时人经常同时使用多个名、字、号,族谱排行之名未必便是入学、经商、为吏、诉讼时所用姓名,二者终究不能完全对应。[19] 其次,1989年版《汪氏族谱》称郡房世

〔14〕 愿贤堂:《汪氏族谱》1989年版,湖北省图书馆藏,卷首中,《汪恬一公传》,第30a~32a页。

〔15〕 参见愿贤堂:《汪氏族谱》1989年版,湖北省图书馆藏,卷四上,第5a页、第5b页。

〔16〕 愿贤堂:《汪氏族谱》1989年版,湖北省图书馆藏,卷三,第13b页。

〔17〕 参见愿贤堂:《汪氏族谱》2012年版,汪在庆收藏,第193页。

〔18〕 参见愿贤堂:《汪氏族谱》1989年版,湖北省图书馆藏,卷三,第13b页;愿贤堂:《汪氏族谱》2012年版,第193~194页。

〔19〕 类似的现象在后文将要分析的光绪十七年(1891年)庐江县命案中也可以看到。此案死者张咸义为该县刑房书吏时的卯名为张伦。而从其所属庐江八卦岭张氏宗族的族谱中可以看到,其世系中并无“咸”字排行。由此可知,张咸义、张咸得兄弟参与诉讼时所用之名亦非族谱用名。参见不著撰人:《督宪审结庐江县命案供招稿》第二部分,“张咸得供”,清抄本,东京大学东洋文化研究所图书馆藏,第40a页;敦睦堂:《张氏宗谱》2010年版,卷首,“凡例”,安徽省庐江县罗河镇高桥村八卦岭张氏宗祠收藏。

系的汪桢身、汪杞身兄弟和汪柱身、汪湘身兄弟分别娶妻王氏、李氏，然皆生卒不详，无法确定他们是否与此案相关。[20] 此外，据2012年版族谱称，汪瑾身之妻李氏和汪行璨之父汪理身均卒于道光二十年（1840年）。[21] 也就是说，如果此案中的汪王氏、汪李氏为汪瑢身、汪瑾身兄弟之妻，汪理身即汪泰苹，则李氏和汪理身的死亡时间与武昌府看语中所称汪王氏自杀于道光二十二年（1842年）正月一事存在明显矛盾，很难认为索债与自杀间存在因果关系。

有两种原因可能导致这一人物身份不对应现象。其一，此汪家并非彼汪家，以上对登场人物的追踪根本就找错了方向。在旧属沔阳的仙桃、洪湖地区调查的结果表示，虽然当地除愿贤堂《汪氏族谱》外另有平阳堂《汪姓族谱》，但在后者中并未发现姓名、生卒年、传记特征与此案登场人物相似的人物。[22] 或可据此否定这一可能。其二，族谱和看语二者其一（抑或二者兼有）误记了死亡时间。从1989年版和2012年版愿贤堂《汪氏族谱》所载汪瑢身、汪瑾身兄弟的房系、妻子等信息的不同来看，不能排除这种可能。[23] 与此相对，判牍中也可能存在因编撰、抄录等活动导致的有意或无意的错漏。[24]

如果暂时搁置对汪王氏死亡事件"真相"的追索而将目光聚焦于此案信息的传播过程的话，可以发现这样几点事实：

第一，无论汪瑢身、汪瑾身兄弟与汪行璨的亲疏关系如何，他们均居住在汪赵村一带。至于汪桢身、汪杞身、汪湘身虽然居住地不详，但由1989年版族谱对其他3人并未如对汪柱身那样特意记明迁居地（"乾通垸方家台"）一事可知，此3人应该没有迁离本族聚居地（"沔东左洑"，亦即现仙桃市彭场镇

---

〔20〕 参见愿贤堂：《汪氏族谱》1989年版，湖北省图书馆藏，卷三，第55b～56a页、第56a～56b页。

〔21〕 参见愿贤堂：《汪氏族谱》2012年版，汪在庆收藏，第190页。

〔22〕 参见平阳堂：《汪氏族谱》2013年版，洪湖市峰口镇汪庙村收藏。

〔23〕 关于族谱中可能存在有意、无意的误记的问题，可参见［日］濑川昌久：《族谱：华南汉族的宗族·风水·移居》，钱杭译，上海书店出版社1999年版，第2～3页、第8页。

〔24〕 比如，《沔阳州民人王以修遣抱京控一案》一文最后的拟刑部分中称："此案王以修于汪王氏因病缢毙。误缢控州讯结。"第二个"缢"字显系笔误。参见不著撰人：《京控承当各案看语》（第4册），清抄本，东京大学东洋文化研究所图书馆藏，《沔阳州民人王以修遣抱京控一案》。不过，目前尚无证据显示这两篇看语中关于汪王氏死亡时间的记载有误。

汪赵村)。[25] 由此可知,汪王氏死后其子汪斐章"取回票钱四百六十二千文,买备衣棺,殓埋未报"一事为众人所知,乃至其后族中有汪瑞家、汪法家2人闻讯控告,应与族人即其邻人这一点有关。[26]

第二,从2013年版《王氏宗谱》和1989年版《汪氏族谱》中可以注意到,至少在此案发生前后的数十年间,两姓联姻颇为频繁。据2013年版《王氏宗谱》载,其先世有王为纶、王为新2人,虽然2人皆生卒不详,但王为新之兄王为友据称生于乾隆三十年(1765年),那么至少就生存时期(1765年以后)而言,王为新有可能涉及此案。[27] 与此同时,王为纶之母据称为汪氏,而据1989年版《汪氏族谱》载,其族中仅滔房世系的"身"字辈弟兄便不乏娶王氏为妻者。[28] 由此可以推知,有关汪王氏之死的信息在从汪氏宗族向外传播时,主要依靠的是亲属—邻人这一信息网络。换句话说,就信息传播的途径而言,此案可以说是一个典型的"熟人社会"事例。[29]

然而,"熟人"间传播的信息并不一定是完全的真相,由此生成的公众舆论所指向的也未必就是事实。1989年和2012年两次参与《汪氏族谱》重修的汪在庆老人在访谈中提到了这样一件事:

---

〔25〕 参见愿贤堂:《汪氏族谱》1989年版,湖北省图书馆藏,卷三,第55b~56b页。另外,乾通垸所在地不详,但从仙桃市地名网和地图上可以看到,现在仙桃市境内共有四个方家台,分别位于胡场镇连云村、陈场镇幼松村、张沟镇藏鹤亭村、杨林尾镇戴桥村。参见仙桃市地名网:http://www.xtdmw.com/dm_search.asp? action = search,2020年7月28日最后访问。此外,洪湖市万全镇附近,距平阳堂汪氏聚居的峰口镇汪庙村约13公里处另有一个方家台。

〔26〕 参见不著撰人:《京控承当各案看语》(第8册),《沔阳州民人王达墉京控一案》,清抄本,东京大学东洋文化研究所图书馆藏。

〔27〕 参见三槐堂:《荆楚三槐王氏宗谱》2013年版,王振邦收藏,第125页、第230页。

〔28〕 同上书,王振邦收藏,第122页、第125页;愿贤堂:《汪氏族谱》1989年版,卷三,"汪琏身"条(第2a页),"汪绶身"条(第7a页),"汪璋身"条(第11b~12a页),"汪松身"条(第18a页),"汪谨身"条(第20b页),"汪嗣身"条(第27b页),"汪桢身"条(第55b页),"汪柱身"条(第56a页)。

〔29〕 关于"熟人社会"的特点,参见费孝通:《乡土中国·生育制度》,北京大学出版社1998年版,第14页。

有一个(嫁过来的)姓王的老太太吊死了。我们汪家有一个人出去讲她不是吊死的,是饿死的。(两家)就打官司了。[30]

与这一说法相对应,虽然调查中遇到的当地人大多表示并不清楚清代汪、王两姓曾是否因有人死亡(不论死因为何)而互相控告,及汪行璨"往来衡湘"从事的究竟是何种贸易,双方族中却均有一些老人就此发表了诸如"解放前,这种(打架的故事)有一大堆""出去,带了很多钱回来,说'做生意赚来的'最简单,也最好听"这样的评论。[31]

如果说"饿死"之说隐隐指向汪王氏的死亡可能并不如看语中叙述的那样"简单",那么,上述评论与"饿死"之说均折射出当地百余年来关于某一位汪王氏(不论她到底是谁的妻子)的死亡存在多种传说这一事实。不论这些传说孰真孰伪,它们的出现已经说明此案信息在传播过程中发生了变形。

第三,从此案中可以看到,汪、王两族均有数人(按看语中述及顺序的先后,分别为:王以修、王维新、王维纶、汪瑞家、汪法家、王达墉)基于对获得的信息的相信参与控告。[32] 而从王以修最初向州同而非知州控告这一情节可以看出,此举若非出自某种诉讼策略(比如有意寻求对己方更为有利的审判机构),其实不无舍近求远之嫌。[33]

观察前述诸人的居住地点可以注意到,除汪桢身之妻王氏和汪柱身之妻王氏的娘家所在地不详外,汪氏一族聚居的"沔东左湫"(现仙桃市彭场镇汪赵村)及汪瑢身之妻王氏娘家所在的"步逐(东)垸王家台"(据称位于汪赵村西北方向余家内垸一带)距州同所驻新堤(现洪湖市区)约 71 公里,汪柱身及其妻王氏居住的"乾通垸方家台"距新堤的可能距离为 76 公里(胡场镇连云村)、106

---

[30] 2018 年 6 月 27 日仙桃市彭场镇龙台村汪家大口访谈记录。

[31] 2018 年 6 月 28 日洪湖市峰口镇汪庙村访谈记录;2018 年 6 月 27 日仙桃市彭场镇汪赵村访谈记录;2018 年 6 月 28 日仙桃市杨林尾镇杨树峰村访谈记录。

[32] 参见不著撰人:《京控承当各案看语》(第 4 册),清抄本,东京大学东洋文化研究所图书馆藏,《沔阳州民人王以修遣抱京控一案》;不著撰人:《京控承当各案看语》(第 8 册),清抄本,东京大学东洋文化研究所图书馆藏,《沔阳州民人王达墉京控一案》。

[33] 参见不著撰人:《京控承当各案看语》(第 4 册),清抄本,东京大学东洋文化研究所图书馆藏,《沔阳州民人王以修遣抱京控一案》。

公里(陈场镇幼松村)、58 公里(张沟镇藏鹤亭村)、73 公里(杨林尾镇戴桥村)、31 公里(洪湖市方家台),而王为新、王为纶所属的王氏宗族的聚居地(现仙桃市杨树峰村、中岭村一带)距新堤亦有 62 公里。[34] 另外,上述村庄与知州所在州城(现仙桃市沔城镇)相距分别为 32 公里(汪赵村)、31 公里(步逐垸)、33 公里(杨树峰村)和 21 ~ 52 公里不等(方家台)[35](见图 1)。

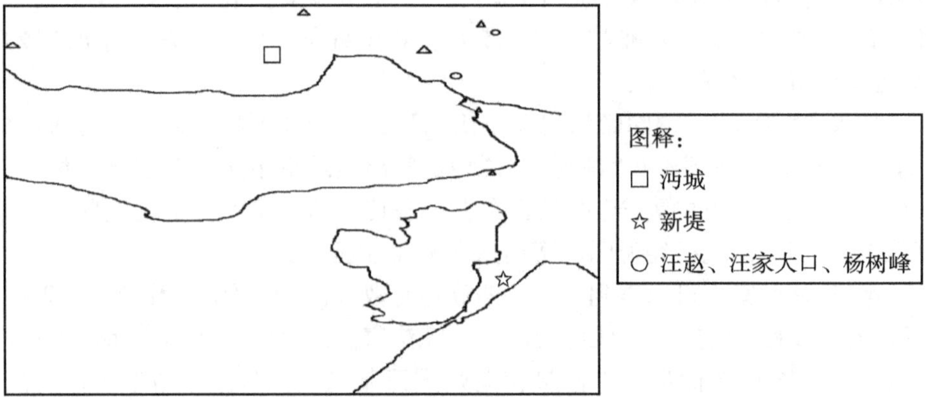


**图 1 汪、王两姓控案村落、市镇分布(笔者绘制)**

由此可知,不仅汪法家、王达墉 2 人因为在外经商而很可能并不常住于宗族聚居地(汪赵村、杨树峰村),最初(也是最主要的)控告者王以修很可能也已

[34] 关于清代沔阳州的辖境及其当地行政归属,参见《缙绅全书中枢备览(道光二十二年春)》,“沔阳州”条,载清华大学图书馆、科技史暨古文献研究所编:《清代缙绅录集成》(第 16 册),大象出版社 2008 年版,第 113 页;(清)葛振元、杨钜:《光绪沔阳州志》,江苏古籍出版社 2001 年版,第 22 ~ 23 页,“沔阳全图”;仙桃市地方志编纂委员会:《沔阳县志》,华中师范大学出版社 1989 年版,第 37 页;《洪湖市政府历史沿革》,载洪湖市政府网:http://www.honghu.gov.cn/z/mlhh/hhgl/lsyg/2015 - 07 - 10/63.html,2020 年 7 月 20 日最后访问。关于左湫和步逐垸所在地,参见 2018 年 6 月 27 日仙桃市彭场镇龙台村汪家大口访谈记录、2018 年 6 月 27 日仙桃市彭场镇汪赵村访谈记录。

[35] 参见《缙绅全书中枢备览(道光二十二年春)》,“沔阳州”条,载清华大学图书馆、科技史暨古文献研究所编:《清代缙绅录集成》(第 16 册),大象出版社 2008 年版,第 113 页。

经从距州城较近的宗族聚居地迁至距州同更近的地方。[36] 武昌府看语认为，上述控告者的行为虽属“妄指……不合”“申诉不实”，但他们中有的人（汪法家、王达墉）系外出归来、“未查虚实”，有的人（王以修）虽然在后续行为中有“罗织多人，遣抱京控，实属刁狡”之处，但最初的控告却系“误闻”所致。[37] 从众人的居住地来看，此说未必尽是脱罪饰词。换句话说，通过亲属、族人等熟人渠道传递的信息可能使听者更为相信其真实性，并因此摆脱熟人间“无讼”观念的束缚，转而以诉讼的方式表达自己的态度。[38]

## 三、信息变形、舆论构建与历史记忆

### （一）史料介绍

关于光绪十七年（1891 年）安徽省庐江县知县杨霈霖滥刑毙命案，《清德宗实录》中有简单的记载。[39] 在上海图书馆藏《督宪审结庐江县命案供摺稿》一书中，收录了与此有关的四份公文的副本。具体为：（1）光绪十八年九月二十六日（1892 年 11 月 15 日）两江总督给安徽按察使司和安徽省庐江县的命令；（2）随此命令抄送的原告、证人的口供；（3）总督向光绪帝报告审理结果的奏

---

〔36〕 值得注意的是，王以修、王达墉二人均未见载于 2013 年版《荆楚三槐堂王氏族谱》。从其他地区的族谱编纂时的除名规则推测，这或许与王以修等人因诬告被问罪科刑有关。关于此类规则，参见［日］濑川昌久：《族谱：华南汉族的宗族·风水·移居》，钱杭译，上海书店出版社 1999 年版，第 10 页；敦睦堂：《张氏宗谱》2010 年版，卷首，“凡例·谱有五不书……二曰刑犯”条，第 71b 页。

〔37〕 参见不著撰人：《京控承当各案看语》（第 4 册），清抄本，东京大学东洋文化研究所图书馆藏，《沔阳州民人王以修遣抱京控一案》；不著撰人：《京控承当各案看语》（第 8 册），清抄本，东京大学东洋文化研究所图书馆藏，《沔阳州民人王达墉京控一案》。

〔38〕 关于“熟人社会”中的“无讼”观念，参见费孝通：《乡土中国·生育制度》，北京大学出版社 1998 年版，第 54 ~ 58 页。

〔39〕 清实录中关于此案的记载仅有三处，其内容与时任两江总督刘坤一的奏摺的内容基本一致，但后者更加详细。参见《清德宗实录》卷 310“光绪十八年四月丙申”条（光绪帝接到时任安徽巡抚沈秉成奏摺后下达的谕旨），《清德宗实录》卷 313“光绪十八年闰六月壬午”条（决定将杨霈霖革职），《清德宗实录》卷 316“光绪十八年九月癸丑”条（决定将杨霈霖发遣新疆）。

摺;(4)同年十月十七日(1892年12月5日)两江总督给安徽按察使司的执行命令。[40] 第四份文书(《头品顶戴兵部尚书两江总督部堂硕勇巴图鲁刘为恭录札饬事》)附于奏摺(《奏为审明已革署安徽庐江县杨霈霖被控滥刑毙命一案》)之后,该书实为三部分组成。

此书虽未载明编辑者之名及编辑目的,但该书(1)命令与口供的文书格式与同时期司法档案中所存文书格式基本一致;(2)其中收录的奏摺内文与《京报》《申报》所转载的奏摺内文一致;(3)文书收件人均为安徽按察使司。从这几点可以推知,其应系安徽按察使司相关人员汇编公文而成。

此外,仅就笔者所见,庐江县志中并无关于此案的记载。这或许与清代庐江县志中编撰年代最晚者为光绪十一年(1885年)所修且民国时期所修方志迄今未见有关。[41] 不过,从当时发行的报纸中可以看到,《申报》曾于光绪十八年(1892年)至光绪十九年(1893年)围绕此案的案情、审理经过及审后执行等方面做过多次报道。此外,民国元年(1911年)出版的小说《带印奇冤郭公传》中,也提及了此案。[42] 本节即以上述史料为据,探讨此案信息在传播过程中的变形现象及其缘由,考察与此案有关的公众舆论的形成背景及这一舆论对个案、制度和社会观念所具影响。

### (二)两江总督所述光绪十七年(1891年)庐江县命案

据时任两江总督刘坤一的奏摺和《督宪审结庐江县命案供摺稿》所收原告、证人的口供称,此案始于光绪十七年四月二十九日(1891年6月5日)庐江县知县杨霈霖审理的谢荣春控张咸义、张大道主唆张新业吞没魏谢氏遗资一案。[43] 原告谢荣春系被告之一张新业舅父,张咸义、张大道为张新业族人。其所控"魏谢氏遗资"之魏谢氏与张新业之母张谢氏同为谢荣春孀妹,2人均与张新业共

---

[40] 参见不著撰人:《督宪审结庐江县命案供摺稿》,清刻本,上海图书馆藏。

[41] 参见(清)钱鑅、俞燮奎、卢珏修:《光绪庐江县志》,江苏古籍出版社1998年版,第2页,钱鑅"序"。

[42] 参见也是道人:《带印奇冤郭公传》,百花文艺出版社1986年版,第551页。

[43] 参见不著撰人:《督宪审结庐江县命案供摺稿》第三部分,清刻本,上海图书馆藏,第4b页。

同生活在张氏族人聚居的庐江县八卦岭地区。[44]

魏谢氏生前以放债贴补生计，其于光绪十七年三月十八日（1891 年 4 月 26 日）病故后，其兄谢荣春即派儿子谢安乐赶往张新业家帮助操办丧事，并出资 40 元为魏谢氏购置了衣衾与棺木。葬礼结束后，谢安乐要求张新业交出魏谢氏生前所有的四五百元存款和全部的借据、账簿，遭到张新业的拒绝。谢氏父子遂邀请包括张氏族人中的“职员”张大道在内的数人“理处”此事。然而，张大道当日因事并未前往。张新业则当着众人的面，交出了 23 份借契（共计金额 200 余元）和 4 份押契。谢荣春认为魏谢氏遗产中尚有存款未被交出，张新业坚称没有隐匿。张新业的族人、庐江县刑房的“书办”张咸义在旁替张新业辩解了几句。谢荣春因而怀疑张新业不肯交出魏谢氏的存款缘于张咸义的教唆，进而，他怀疑张大道也参与了教唆，因此借口有事，不敢前来。他通过与知县杨霈霖素有往来的江西会馆董事王安邦做了请托后，于同年四月二十三日（1891 年 5 月 30 日）以侄子谢长有为“抱告”，控告张咸义、张大道、张新业 3 人。[45] 但他并没有为此许诺向杨霈霖行贿。

杨霈霖受理此案后，命差役孙明传唤被告诸人。为免拖累，张大道亦请王安邦代为向杨霈霖解释。不过，他也没有为此许诺支付贿赂。光绪十七年四月二十九日（1891 年 6 月 5 日），孙明将张咸义、张新业、张大道传到。由于张咸义和张新业都不承认教唆与侵吞的行为，杨霈霖命令差役用刑。用刑后，张咸义仍不承认教唆，张新业因不堪拷打供称他将“洋钱、帐折藏在家内”，杨霈霖未再追问张大道，而是当即“吩咐此系江西人之钱，应缴出捐归江西会馆”，并命令将张咸义和张新业“管押，勒限五日，交洋五百元”。[46]

四月三十日（1891 年 6 月 6 日），庐江县的差役奉命与谢安乐一同前往张新

---

〔44〕 据 2018 年 7 月 2 日在合肥市庐江县罗河镇高桥村的访谈，八卦岭村现属安徽省合肥市庐江县罗河镇高桥村。八卦岭山位于其侧，属安徽省合肥市庐江县矾山镇。

〔45〕 参见不著撰人：《督宪审结庐江县命案供摺稿》第三部分，清刻本，上海图书馆藏，第 4a ~ 4b 页；不著撰人：《督宪审结庐江县命案供摺稿》第二部分，清刻本，上海图书馆藏，第 40a 页（张咸得供词）。

〔46〕 不著撰人：《督宪审结庐江县命案供摺稿》第三部分，清刻本，上海图书馆藏，第 4b ~ 5b 页；不著撰人：《督宪审结庐江县命案供摺稿》第二部分，清刻本，上海图书馆藏，第 25b 页（张大道供词）。

业家搜找银钱、帐折,并未找到。按杨霈霖的命令,差役将张新业的妻子张李氏带往县城。[47] 张咸得闻讯急忙赶往县城,在班房见到张咸义后返家。[48] 五月初一(1891年6月7日),杨霈霖再次审问众人。张咸义仍不承认教唆,再次被拷问。张新业夫妇也受到了拷打。3人在审问后被分别关押。这两天的审问,张大道均未参加。[49]

翌日(1891年6月8日),杨霈霖前往舒城县会勘水利,委托典史毛祥翥代行职务。当天下午,张咸义伤势恶化,庐江县班房"看役"周昌急忙报告"管班房家丁"高发。后者查看后"称是发痧,逼令周昌雇剃头匠张有道挑痧",并以差役夏安、夏球的名义写了"保状",逼迫二人将张咸义取保医治。当日傍晚,张大道和该县刑房书吏张甫分别前往班房探望,均发现濒死的张咸义被周昌等人"用竹床抬出班房门外",张甫遂说"如果身死怎样得了",遭到高发斥责,2人因此发生争吵。[50]

五月三日(1891年6月9日)早晨夏安等人将张咸义抬到县城南门外的陈良章饭店。陈良章见张咸义将死,拒绝收留,并"同夏安到衙门禀明",高发回说"尽可收留,不能害你",陈良章与夏安返回后发现张咸义已死。[51] 经当地保总刘裕报告,典史毛祥翥率仵作赶到现场,看到张咸义"所穿衣服均有血迹",因照例应"禀府委员验、讯",所以毛祥翥"并未相验,亦未讯供取结",只命地保们"凑钱买棺"暂殓。与此同时,在外公出的杨霈霖接到了来自幕友的

---

[47] 参见不著撰人:《督宪审结庐江县命案供摺稿》第三部分,清刻本,上海图书馆藏,第5b页。

[48] 参见不著撰人:《督宪审结庐江县命案供摺稿》第二部分,清刻本,上海图书馆藏,第41b页(张咸得供词)。

[49] 同上书,第25b页(张大道供词)。

[50] 参见不著撰人:《督宪审结庐江县命案供摺稿》第三部分,清刻本,上海图书馆藏,第5b~6a页;不著撰人:《督宪审结庐江县命案供摺稿》第二部分,清刻本,上海图书馆藏,第15b~16a页(张甫供词)、第25b~26a页(张大道供词)。

[51] 参见不著撰人:《督宪审结庐江县命案供摺稿》第二部分,清刻本,上海图书馆藏,第27b页(陈良章供词)。

报告。[52]

次日(1891年6月10日),杨霈霖在返回庐江县途中遇到递送“典史禀请邻封文件”的差役,他当即将此文撤回。与此同时,张咸义之兄张咸得听说其弟已死。他与母亲张黄氏、儿子张自发等12名亲属赶至庐江县南门,看到张咸义的尸体。因不满其死于“非刑”,他们决定赴庐州府上控。途中,他们在南门外三里左右的一处享堂歇下。不料杨霈霖当天返回县衙后即于夜间率庐江县的壮勇赶至该处。张黄氏等人被捉住,仅张咸得一人逃脱。杨霈霖强迫张黄氏等人在张咸义病故的“结状”上按下手印后,命他们领棺回家。[53]

张咸得逃走后,邀上堂弟监生张步瀛一同前往省城安庆。他们住进汪森泰开的客店,向安徽按察使司上控。五月十八日(1891年6月24日),接到上控的按察使嵩崑批令庐江县“录案详覆”。翌日,张咸得和张步瀛踏上归途。因听说杨霈霖正在“带勇查拿姓张的人”,张步瀛半路逃走,先后在其亲戚周家、南陵县、泾县等处躲藏,至次年四月方才回乡。[54]

杨霈霖接到按察使的命令后,填写了尸格,和供状、通详、附禀一同提交,称“张咸义患痧,取保身死。业经代行典史验讯明确。尸母张黄氏亦无异言,请求免验”,并称“访闻讼棍张成典等唆使张黄氏,欲图藉尸逞刁,禀请饬拿”。[55] 而

---

〔52〕 参见不著撰人:《督宪审结庐江县命案供摺稿》第三部分,清刻本,上海图书馆藏,第6a~6b页;不著撰人:《督宪审结庐江县命案供摺稿》第二部分,清刻本,上海图书馆藏,第27b页(陈良章供词)、第44b~45a页(毛祥翥供词)。从现存清代省例中可以看到,当时各省多有此类规定。参见不著撰人:《直隶现行通饬章程》卷1,《邻封验尸讯供详报》(光绪十五年二月,第23a~23b页),“禀请邻封相验不准推诿”(光绪十六年闰二月十五日,第24a页),中国科学院文献情报中心藏,光绪十七年刻本;钟庆熙辑:《四川通饬章程》,载《州县相验承审不实分别记过撤参章程》(光绪十年),台北,文海出版社有限公司1977年版,第165~169页。

〔53〕 参见不著撰人:《督宪审结庐江县命案供摺稿》第三部分,清刻本,上海图书馆藏,第6b~7b页。

〔54〕 参见不著撰人:《督宪审结庐江县命案供摺稿》第二部分,清刻本,上海图书馆藏,第18b~19a页(张步瀛供词);不著撰人:《督宪审结庐江县命案供摺稿》第三部分,清刻本,上海图书馆藏,第7b页。

〔55〕 不著撰人:《督宪审结庐江县命案供摺稿》第三部分,清刻本,上海图书馆藏,第7b~8a页。

张咸得到家后听张黄氏讲了被抓后的事情。对于张咸义“死得太苦”一事,张黄氏仍然感到痛心,他们决定再次上控。因家中无钱,他们向族长恳求,从祠产中得到了一些钱作为路费。五月二十八日(1891 年 7 月 4 日),张黄氏与张咸得再赴安庆,向按察使和巡抚上控。嵩崑随即命令庐州府“委员访查”此案。〔56〕

六月某日(1891 年 7 月 6 日 ~ 8 月 4 日),杨霈霖传唤该县提牢张俊,指其与“张咸义、张甫都是本家”,张咸义死亡是其送信上控,张俊否认并提交宗谱证明他们“同姓不宗,隔村居住”后获释。〔57〕 六月十四日(1891 年 7 月 19 日)上午,杨霈霖将在庐江城中以抬轿为生的谢老窝孜传到县衙。拷打后,谢老窝孜被迫供称孙长源、张敬铭、张志典许诺付给他钱文,让他“至烟馆、茶坊遍处谣传,说县官得受谢荣春赃洋一千元,因此将张咸义责押。孙长源之叔孙贵贤暗嘱陈振瑚、奚三、高大麻孜,许洋十元,嘱咐到官不可供出”。〔58〕 杨霈霖随即将谢老窝孜带到孙贵贤开设的“孙同义米行”。他在那里再次拷打与审问了谢老窝孜,并将孙贵贤等人传到县衙。在审问过程中,孙贵贤的邻居、义兴粮行的经营者、监生陈振瑚因拷打致残。孙贵贤等人感到畏惧,遂按杨霈霖要求的情节作了供认,随即被分别“管押”。后经当地“绅董说合”,先改为“令孙贵贤捐交现洋三百元,始行释放”,但旋即退回现洋,改为“换立行票”。〔59〕

当晚,杨霈霖率壮勇赶往八卦岭。他们“住在张姓祠堂,连日拿人”。〔60〕 张氏一族的张志典一度被抓获,随即在其亲属的帮助下逃走。村民纷纷逃走。此

---

〔56〕 参见不著撰人:《督宪审结庐江县命案供摺稿》第二部分,清刻本,上海图书馆藏,第 40a ~ 43a 页(张咸得供词)。

〔57〕 同上书,第 17b ~ 18a 页(张俊供词)。

〔58〕 不著撰人:《督宪审结庐江县命案供摺稿》第三部分,清刻本,上海图书馆藏,第 8b ~ 9a 页。

〔59〕 参见不著撰人:《督宪审结庐江县命案供摺稿》第三部分,清刻本,上海图书馆藏,第 8b ~ 9a 页。

〔60〕 不著撰人:《督宪审结庐江县命案供摺稿》第三部分,清刻本,上海图书馆藏,第 9a ~ 9b 页。

后不知何人在张志典家放火,十余间草房均被烧毁。[61]

六月二十二日(1891 年 7 月 27 日),村民张墨林进村探信被捉住。拷打后,张墨林被迫供称其"听从张敬铭,纠众殴差夺犯"。杨霈霖随即提交报告,称"讼棍张敬铭、张承典教令谢老窝孜等捏造谣言,拿获张志典一名,被张敬铭聚众夺回",要求予以"澈究"。两江总督刘坤一接到这一报告后,命令将此案"提省审办"。[62]

此后,杨霈霖不时派壮勇下乡抓人,并移文庐江县学,要求查明张敬铭的入学年份及革去其文生身份。张氏族人中的张兰芬等人遂联名赴按察使司,"以该县刑毙张咸义,臆料人心不服,预埋奸计,带勇各持刀枪四路寻捉,将张有福等拘拷管押,凡属张姓不能归家等词……呈请出示安民"。[63] 与此同时,庐州府所派"委员"提交报告,称此案"张咸义被责后抬出身死,该县既不禀请委验,又不眼同尸亲复验,实属咎无可辞"。[64] 按察使嵩崑随即命令庐江县将相关人证与案卷移解省城。[65]

八月六日(1891 年 9 月 8 日)晚,杨霈霖突然"移文城守营",带兵将张甫从其家中抓走。[66] 杨霈霖追问其按察使司承办此案的书吏的姓名,张甫供称是胡家瀸。杨霈霖将其锁在花厅,独自返回内衙。过了一会儿,家丁高发从内衙"拿出供、结草稿",称是杨霈霖亲笔所书,命张甫照此誊抄。这一供词称张甫"与张敬铭等主唆张黄氏上控,托臬署书办胡家瀸照拂,许洋二百四十元,先由

〔61〕 参见不著撰人:《督宪审结庐江县命案供摺稿》第三部分,清刻本,上海图书馆藏,第 9b 页。

〔62〕 不著撰人:《督宪审结庐江县命案供摺稿》第三部分,清刻本,上海图书馆藏,第 9b ~ 10a 页。

〔63〕 同上书,第 10a 页。

〔64〕 同上书,第 10a ~ 10b 页。

〔65〕 参见不著撰人:《督宪审结庐江县命案供摺稿》第三部分,清刻本,上海图书馆藏,第 10b 页。

〔66〕 参见不著撰人:《督宪审结庐江县命案供摺稿》第二部分,清刻本,上海图书馆藏,第 15b ~ 16a 页(张甫供词)。

汪森泰客店过付七十元。胡家瀊允为包赢官司”。[67]

九月一日(1891年10月3日),杨霈霖突然宣称县衙大堂的粮柜被人放火。九月四日(1891年10月6日),他将该县南乡地保罗明(又名罗进魁)传到县衙,拷问后将其装入站笼。

罗明和罗进坤的供词说,当时杨霈霖审问的是罗明“因何误卯”,并将其“打了板子”。罗明之兄罗进坤此后前往探视。当晚,站笼“底板脱落”,罗明“乘空逃出”。九月七日(1891年10月9日),罗明被杨霈霖所派差役抓获,随即被“用竹帚责打,教令……供认张敬铭的羽党张振镛同子张长元并张立刚们商议放火烧毁衙门,并张大禄们多人听从夺犯殴差”。罗明因“不肯诬供,仍被装入站笼”。当夜罗进坤又来送饭,被壮勇抓获。杨霈霖称其“代张姓进城探信”,拷问后将其装入站笼,放在大门口。九月十二日(1891年10月14日)早上,杨霈霖与高发“便衣出门”,罗进坤见到他们“求恩恳释”,高发令其“供认张敬铭们夺犯放人,并要指出张姓人名”,罗进坤遂“随口混说有张七、张八”,遭到杨霈霖斥责“说不止两人”,罗进坤曾听说张立刚、张振镛的名字,“就把他们说出”。几日后,高发突然拿来两张“白纸供结”,强迫罗进坤与罗明捺印画押。[68] 但值得注意的是,两江总督的奏摺叙述的此事经过与上述供词并不完全相同。在奏摺中,刘坤一称杨霈霖突然传唤罗明,随即以“竹帚责打”、逼其供认“张敬铭之党与张振镛、张振镛之子张长元等商议放火烧毁县衙,张大禄等夺犯殴差”,罗明因不肯诬供而被装入“站笼”,罗进坤前来探视时被捕,当晚2人被高发强迫在供状与结状上捺印、画押,杨霈霖随即报告称张长元等人商议放火烧毁县衙,并未提及罗明“误卯”和一度逃走等情节。[69]

另一面,庐江县工房书吏陈谟因“缮写修埂告示迟延”,于八月八日(1891年9月10日)被杨霈霖“饬押”。管理班房的高发随即向陈谟索贿,遭到拒绝。九月初七(1891年10月9日),高发来到班房,称知县命陈谟交出胡家瀊

[67] 不著撰人:《督宪审结庐江县命案供摺稿》第三部分,清刻本,上海图书馆藏,第10b~11a页。

[68] 不著撰人:《督宪审结庐江县命案供摺稿》,清刻本,上海图书馆藏,第5b~7a页(罗明、罗进坤供词)。

[69] 参见不著撰人:《督宪审结庐江县命案供摺稿》第三部分,清刻本,上海图书馆藏,第12a~13a页。

索贿书信的原件。陈谟称其与胡家瀊素不相识,亦无书信往来,无从交出。杨霈霖随即写就封条交给高发,"欲将陈谟装入站笼",封条上用"硃笔标明'断绝水米,站死示众'八字"。[70] 陈谟之子陈华情急,求高发营救。在高发的教唆下,陈华请与陈谟关押在一处的该县刑房书吏胡翔伪造信稿称"张咸义之案牵涉孙贵贤诸人,现已提省审办,托陈谟关照孙姓诸人",并"说明笔资,以免委提",托其同学杨某誊写后,交给高发。杨霈霖随即据此向按察使提交报告。嵩崑接到报告后,当即传唤胡家瀊等人。胡家瀊和汪森泰均否认有"受贿包揽"行为。嵩崑一面命人将他们看管起来,一面命庐江县"严拿张敬铭等,提同张甫解省质讯"。[71] 杨霈霖回复称"讼棍行踪诡秘",并"一再禀请委员协拿"。[72]

九月初九(1891 年 10 月 11 日),杨霈霖命令该县差役许荣传唤张长元等人。许荣与其"伙役"孙小前往八卦岭,发现张长元已经逃走,遂将张长元之子张盛祥带往县城,张盛祥之妻周氏情急之下投水自尽,被人救起后堕胎身死。另一面,许荣一行乘船到达该县境内的黄陂湖,张盛祥当晚趁许荣、孙小等人睡熟后跳水逃走。杨霈霖得知此事,认为许荣收了张盛祥的贿赂因此故意将其放走。虽然搜检许荣随身物品后并未找到赃款,杨霈霖仍"令壮勇将许荣装入站笼"。十月二十三日(1891 年 11 月 24 日),许荣死于"站笼"中,杨霈霖逼令该县"头役胡明、董发等八人捏具许荣患病保状",强令孙小供认"许荣得贿故纵",随后提交报告,称许荣取保病故。[73]

在此期间,张咸得前往江宁向两江总督上控,被"递回庐州府管押"。与此同时,其母张黄氏多次赴按察使司催审。[74]

---

〔70〕 不著撰人:《督宪审结庐江县命案供摺稿》第二部分,清刻本,上海图书馆藏,第 11a ~ 11b 页(陈谟供词);不著撰人:《督宪审结庐江县命案供摺稿》第三部分,清刻本,上海图书馆藏,第 11a ~ 11b 页。

〔71〕 不著撰人:《督宪审结庐江县命案供摺稿》第三部分,清刻本,上海图书馆藏,第 11b ~ 12a 页。

〔72〕 同上书,第 12a 页。

〔73〕 同上书,第 13a ~ 14a 页。

〔74〕 参见不著撰人:《督宪审结庐江县命案供摺稿》第二部分,清刻本,上海图书馆藏,第 43b ~ 44a 页(张咸得供词)。

由于按察使司迭次命令庐江县移送案件,而杨霈霖一直"以讼棍张敬铭等弋获无期为词,禀请委员拿解"却未得到按察使的批准,他前往省城谒见按察使嵩崑。在谒见时,杨霈霖指责按察使司之所以迟迟不批准其捉拿"讼棍",是因为幕友陈元焕勾结书吏胡家滏"舞弊所致",嵩崑令其"呈出证据",2人因此发生争吵。嵩崑随即以"杨霈霖任性乖违,且其禀请委员帮缉,看似认真公事,实欲卸过于人,将来得以借口。惟既牵涉幕友、书吏,例应回避"为由,向两江总督刘坤一与安徽巡抚沈秉成提交报告。〔75〕

刘、沈2人命以署安庐滁和道李寿蓉为首的数名官员审理此案,同时"将杨霈霖摘顶"。安徽按察使司将胡家滏、汪森泰等人与此案卷宗移交。李寿蓉等人报经巡抚,委派大挑知县郭继泰、候补知县吕耀珍前往庐江县传唤证人。此时,包括张新业在内的数名证人已经病故。郭、吕2人到达庐江后,被杨霈霖以"案内人证须亲赴八卦岭查提"为由留在县衙。16天后,杨霈霖终于回到县衙,称"各犯均已逃逸",提出由其亲自押解仵作周正等人进省受审,但并不让吕耀珍等人与证人见面。吕耀珍等人遂返回省城复命。〔76〕

此后,杨霈霖伪造了典史毛祥翥"相验张咸义病故禀稿",趁其"下乡查办塘工之时",派家丁姚升去其家骗出典史印鉴加盖。他又命胡翔将本县卷宗"逐件抽改"。由于恐怕"张甫到省供出实情",将其弟、该县"清书"张旭先行关押,威胁张甫说"如要翻供,定把张旭治死"。其随后携带案卷,亲自押解夏安、张甫等人前往省城,高发在途中向众人教供。〔77〕

光绪十八年三月(1892年3月28日~4月26日),庐州府将张咸得解送省城,与夏安等人一同受审。李寿蓉等人审讯后发现夏安等人的口供与张咸得等人所述截然不同。〔78〕 而张咸得"因王安邦们未到",且听前来探视的"乡

〔75〕 不著撰人:《督宪审结庐江县命案供摺稿》第三部分,清刻本,上海图书馆藏,第14a页。

〔76〕 参见不著撰人:《督宪审结庐江县命案供摺稿》第三部分,清刻本,上海图书馆藏,第14b~15a页。

〔77〕 同上书,第15a~15b页;不著撰人:《督宪审结庐江县命案供摺稿》第二部分,清刻本,上海图书馆藏,第17a页(张甫供词)。

〔78〕 参见不著撰人:《督宪审结庐江县命案供摺稿》第三部分,清刻本,上海图书馆藏,第15b页。

亲”说起张周氏的自杀和1892年2月初杨霈霖又“带勇数十人下乡，盘踞祠堂半个多月，到处拿人”等事，派遣“抱告”赴按察使再次控告，称“杨霈霖仅将案外之张甫等数人解省搪抵”。[79] 嵩崑随即以“原告指控要证无一名获解，足见情虚”，且“刑毙重案，委员畏葸，不能澈究”为由，向督、抚提交报告。[80] 李寿蓉等人亦以“原告张咸得与夏安等供词悬殊，臬司禀中既有‘委员畏葸，不能澈究’之语”为由，请求回避。[81] 安徽巡抚沈秉成向光绪帝奏报此案。

光绪十八年四月八日(1892年5月4日)，光绪帝的谕旨以军机大臣字寄的形式发交两江总督，命两江总督刘坤一“行提人证，卷宗，解赴江宁，遴派司道大员澈底讯明，秉公议结，以成信谳”，并命安徽巡抚沈秉成将“院、司、道、县各卷宗咨送”江宁。[82] 刘坤一据此“札调”江苏按察使陈湜前来江宁“会同江宁布政使瑞璋讯办”，并将杨霈霖撤任。[83] 光绪十八年五月二十二日(1892年6月16日)，陈湜抵达江宁。

此时，周正、夏球已先后病故，安徽按察使司将张咸得、谢安乐等人和此案卷宗移送江宁，杨霈霖、毛祥翥亦先后奉命前往江宁。审查案卷后，陈湜等人认为此案“滥刑毙命并非无因，典史相验文稿亦系捏造，案中枝节丛生，原卷诸多不实”，遂报经总督刘坤一，由其报请光绪帝将杨霈霖革职。

此后，新任署庐江县知县吴云翔奉命将差役胡明等五人解送江宁。刘坤一命令杨霈霖交出家丁高发和姚升，被杨霈霖以高、姚二人已经辞职为由加以拒

[79] 不著撰人:《督宪审结庐江县命案供摺稿》第三部分，清刻本，上海图书馆藏，第15b~16a页；不著撰人:《督宪审结庐江县命案供摺稿》第二部分，清刻本，上海图书馆藏，第43b~44a页(张咸得供词)。

[80] 不著撰人:《督宪审结庐江县命案供摺稿》第三部分，清刻本，上海图书馆藏，第16a页。

[81] 同上。

[82] 同上书，第1a~1b页。

[83] 同上书，第16a~16b页。

绝。在此期间,夏安病故。[84] 随着审判的进行,陈湜等人报称此案“众供佥同。惟杨霈霖仅认刑责张咸义身死,事后捏填尸格,及将许荣装入站笼。至许荣之站毙,及其余情节,坚不承认”。[85]

又经“迭次环质”,杨霈霖“忽请检验尸伤”。承审官员认为,其所称“幕友陈元焕勾串书吏胡家滗”一事,经“详查司卷,均属照例办理,并无舛错”,而且其“亦不能指出陈元焕于此案舞弊实据”,胡翔的口供可以证明“陈谟呈出胡家滗需索规费之信,亦系杨霈霖勒逼捏造”,况且“如果张咸义实非刑毙,杨霈霖当时何不眼同尸亲验明,反将典史禀请邻封文件撤回。事后又何以捏填病故尸格,则其掩饰规避即为刑毙确据。自可毋须检验”,因此“应即就供拟结”。[86]

光绪十八年七月三十日(1892 年 9 月 20 日),刘坤一与承审官们审讯众人后,认可了这一意见,决定比照“官吏怀挟私仇,故勘平人,致死者,斩监候”律将杨霈霖“量减一等,拟杖一百,流三千里,系职官,发往新疆当差”。[87]

这一判决得到了光绪帝的批准。[88]

(三)地方社会中的信息传播

从两江总督刘坤一关于此案审理情形的奏摺和光绪十八年四月(1892 年 5 月)丙申上谕中可以看到,光绪帝之所以决定将此案移地、易人审理,不仅缘于案情复杂(“枝节太多”),更因为当时围绕此案已有许多传言

[84] 参见不著撰人:《督宪审结庐江县命案供摺稿》第三部分,清刻本,上海图书馆藏,第 3a 页、第 16a 页;《清德宗实录》卷 313,“光绪十八年闰六月壬午 · 以滥刑毙命,革安徽庐江县知县杨霈霖职”(56 册,71 页)。

[85] 不著撰人:《督宪审结庐江县命案供摺稿》第三部分,清刻本,上海图书馆藏,第 17a 页。

[86] 同上书,第 18a ~ 18b 页。

[87] 同上书,第 3a ~ 3b 页、第 19a ~ 21a 页。

[88] 参见《清德宗实录》卷 316,“光绪十八年九月癸丑 · 以滥刑毙命,已革安徽庐江县知县杨霈霖发遣新疆。摺包”条。

(“频兴谣诼”)。[89]

所谓“谣诼”最先见于庐江县城内。如前所述,光绪十七年六月(1891 年 7 月 6 日 ~8 月 4 日),杨霈霖在庐江城内以传谣、教唆传谣等理由,先后捉拿了张俊、谢老窝孜、孙贵贤等人。虽然众人在江宁受审时均称教唆传谣一供系屈打成招,也无人承认自己参与了此案信息的传播,王安邦和谢安乐还否认自己曾听到与张敬铭等人教唆上控和传谣、张振镛等人企图放火烧毁县衙有关的传言,但这并不意味着信息传播未曾发生。[90] 从王安邦和谢老窝孜在江宁的供词可以看出,至少在光绪十七年五月初三日(1891 年 6 月 9 日)(亦即张咸义死亡当天),前者就得知了张咸义因刑而死,并因此“后悔不该多管闲事”,而后者也承认他被杨霈霖传讯[光绪十七年六月十四日(1891 年 7 月 19 日)]前,已经听说了一些此案信息(“张咸义怎样因被谢荣春控告主唆张新业吞产,杨县主传案,刑责身死,杨县主勒令尸亲具结领尸。小的先没知道,是随后听人传说的”)。[91] 由此可知,当时庐江城内确实存在与此案有关的传言。

从光绪十一年(1885 年)《庐江县志》中可以看到,当时的庐江城为一南北短、东西长的椭圆形城池。[92] 实地走访并对观光绪城垣图和现在的庐江县地图后可以发现,虽然城垣现已拆除,但部分地标性建筑的位置并未发生太大变化,并且尚存一些旧地名。因此,若以周瑜墓园、藕塘(环碧公园一带)、文庙(文

---

[89] 参见不著撰人:《督宪审结庐江县命案供摺稿》第三部分,清刻本,上海图书馆藏,第 1a ~ 1b 页。此摺全文亦见于光绪十八年十月十九日至二十一日(1892 年 12 月 7 日 ~9 日)《申报》的“京报全录”栏中。参见《申报》第 7052 号,页 14(光绪十八年十月十九日。《申报》影印本 42 册,第 621 页),《申报》第 7053 号,页 12(光绪十八年十月二十日。《申报》影印本 42 册,第 628 页),《申报》第 7054 号,页 11(光绪十八年十月二十一日。《申报》影印本 42 册,第 634 页)。另参见《清德宗实录》卷 310,“光绪十八年四月丙申”条。

[90] 参见不著撰人:《督宪审结庐江县命案供摺稿》第二部分,清刻本,上海图书馆藏,第 22a ~ 22b 页(谢安乐供词)、第 22b ~ 24a 页(王安邦供词)。

[91] 不著撰人:《督宪审结庐江县命案供摺稿》第二部分,清刻本,上海图书馆藏,第 1a 页(高大麻子、奚三供词)、第 2a ~ 2b 页(孙贵贤供词)、第 4a ~ 4b 页(谢老窝孜供词)、第 22b ~ 24a 页(王安邦供词)。

[92] 参见(清)钱鑅、俞燮奎、卢珏修:《光绪庐江县志》,江苏古籍出版社 1998 年版,第 20 页,“县城垣图”。

昌阁东北方向)、南门(南门大桥一带)为地标,大致可以复原光绪城垣位置。就地面直线距离而言,从张咸义死亡场所(南门外陈良章饭店)到城北(周瑜大道文明中路段至塔山东路一带)约 1.5 公里,而从东门(周瑜墓园、环碧公园一带)到西门(庐江县汽车站一带)亦仅 2 公里左右(见图 2)。不难推想,张咸义死后,消息无论通过现场的处理者(如陈良章、南门一带的地保、毛祥翥前往验尸时所带仵作)还是在张咸义死亡、停尸期间路过该处的目击者,都会迅速传回城中。

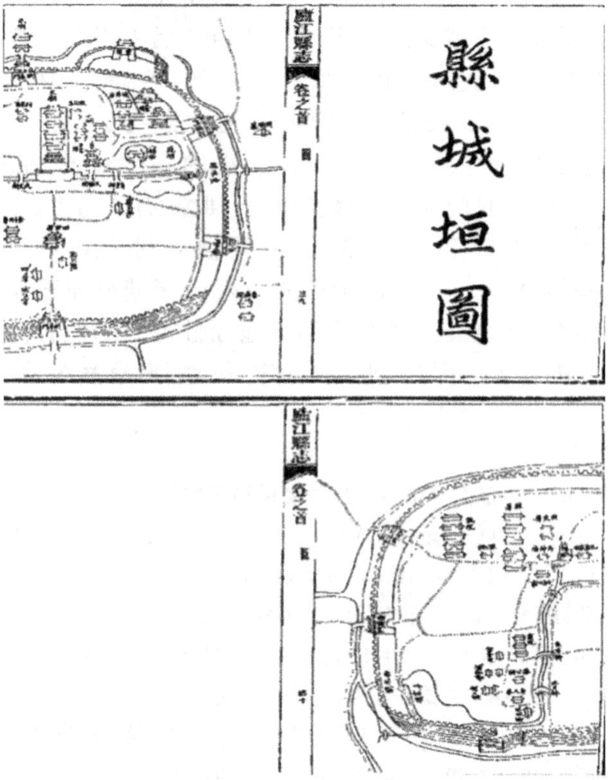


**图 2　光绪十一年(1885 年)庐江县城垣(《光绪庐江县志》)**

尤为引人注意的是,被杨霈霖指控为促成信息传播者的是并未参与魏谢氏遗产案审判的张敬铭、孙贵贤等人,同为张氏族人、本地士绅且明显更了解此案内情的张大道,却没有被杨霈霖列入追查的范围。这也许是因为王安邦当初因魏谢氏遗产案做的请托打消了杨霈霖对张大道的怀疑,但从张大道的供词中可以看到，他不仅对自己参与其间的魏谢氏遗产案的诉讼经过知之甚详，对张黄氏等人具结领尸、张敬铭和张振镛等人被控罪名及杨霈霖的弹压行为（六月带勇下乡抓人和九月至十月间的许荣事件）也多有了解，并评论其为："张敬铭们都是教书务农，向不管理闲事，并没唆讼及捏造谣言说杨县主要钱的话，衙门大堂层层有人看守，更不能进去放火，这都是杨县主教令谢老窝孜罗明们凭空诬指的。"[93]这说明，即使他在此案中没有主动向外传播信息，也从外界接受了许多相关信息。

张大道、张甫、张俊3人虽然身份不高（"职员"和书吏），但均为本地势要群体中的一员。而且，他们或曾参加魏谢氏遗产案的审判，或曾探望受审后的张咸义，或系管理监房的本县提牢，因而了解此案前情。与前往安庆等处控告的张咸得、张黄氏等人相比，上述3人不仅留在庐江本地，还因其势要身份而拥有更为广泛的人际关系网络。当阶层与之相近甚至可能彼此相识的人（如孙贵贤与张大道同为"职员"，陈振瑚、孙长源、张步瀛同为监生，张步瀛、张大道为同族）因被指传播信息而遭到弹压后，这些掌握信息的人即使没有主动加以传播，也可能在此时被他人询及，从而成为被动但更具权威性的消息来源。[94]

---

〔93〕 不著撰人：《督宪审结庐江县命案供摺稿》第二部分，清刻本，上海图书馆藏，第24a～26b页（张大道供词）。

〔94〕 张大道与孙贵贤同为"职员"，在杨霈霖于光绪十七年五月初（1891年6月初）主持的祈雨活动中，二人很可能被归为一"班"参与行礼。孙贵贤与监生陈振瑚比邻开设米行，而孙贵贤之侄孙长源、张咸得与张咸义的堂弟张步瀛亦为监生。参见不著撰人：《督宪审结庐江县命案供摺稿》第二部分，清刻本，上海图书馆藏，第2b页（孙贵贤供词）、第3a页（孙长源供词）、第3a～4b页（陈振瑚供词）、第18b页（张步瀛供词）、第24a～24b页（张大道供词）。另外，虽然张俊否认他与张咸义同宗，但张甫并没有否认这一点。虽然在敦睦堂《张氏宗谱》中并不能看到张甫和张旭的名字，但正如张咸义担任书吏时的名字是"张伦"一样，张甫、张旭很可能也是所谓的卯名。参见不著撰人：《督宪审结庐江县命案供摺稿》第二部分，清刻本，上海图书馆藏，第15b～16a页（张甫供词）、第17b～18a页（张俊供词）。此外，值得注意的是，张咸得、张咸义、张步瀛、张墨林、张兰芬等姓名亦未见载于此谱。不过，当时张氏全族仅有张大文一人被标记为"登仕郎"（生员），此人或即被杨霈霖指为教唆上控的张敬铭。敦睦堂：《张氏宗谱》（出版时间不详），卷11，"大文。登仕郎。行一。字染香。道光十五年己巳二月二十二六午时……公卒于光绪三十年三月十九酉时"，第110a～111a页，安徽省庐江县罗河镇高桥村八卦岭张氏宗祠收藏。

如果将吴长庆等出身庐江的淮军将领和他们仍在当地居住的亲属、族人视作当地势要人物中的上层阶级的话，那么可以认为，奏摺、族谱等史料中并无证据显示其具有上层背景的张大道、孙贵贤、陈振瑚等人，和虽然身处“公门”之中却地位卑微的张甫、张俊等人在地方势要这一群体中同属中下层位置。[95] 但从张大道被谢荣春邀请调处魏谢氏遗产纠纷一事可以看出，中下层势要人物在地方社会中同样可能具有一定的影响力。当这一影响力和宗族、功名等人际关系网结合在一起之后，张大道等知情者掌握的信息很可能在一定范围内得到迅速传播。在新的信息的补充(“谢荣春、张大道曾为诉讼请托”)和口耳相传中，已有信息(“张咸义受刑而死”)很可能变形为“知县受贿用刑，导致张咸义死亡”的形态，在谢老窝孜提到的烟馆、茶坊等人员往来密集的场所传播，并随着谢老窝孜等轿夫、挑担工人的走街串巷，传遍全城。

应当注意的是，这一通过私人联络网的信息传播的影响范围是有限的。从《申报》光绪十八年三月二十五日(1892年4月21日)的报道中可以注意到，庐江县命案移交安庐滁和道等人审理以后，曾有庐江四乡乡民数十人前往省城安庆，以“有德于黎庶，吁求宪天俯准回任，小民幸甚”为由，先后前往巡抚、布政使司、按察使司求见，请求收回将杨霈霖撤任的决定。[96] 这些人中既没有来自案发地和孙贵贤等人居住地(庐江县城)的，也没有来自张氏一族的居住地(东南乡)的。由此可知，当时在庐江县内，与此案有关的信息只在这两个地方得到了传播，其他地区的居民对此案所知并不很多。

---

[95] 淮军有数名将领出身庐江。如吴长庆、潘鼎新、刘秉璋、丁汝昌、张光前等。虽然此案发生时[光绪十七年(1891年)]吴长庆与潘鼎新已经故世，但前者经清廷批准在庐江城内建有吴武壮公祠，其族人当时亦有仍居庐江者。而且，刘秉璋、丁汝昌、张光前三人尚在，分别任四川总督、北洋海军提督和金州营官。关于刘秉璋，参见台北故宫博物院图书文献处清国史馆传包702002654-1号，载我国台湾地区“中央研究院”历史语言研究所网:http://archive.ihp.sinica.edu.tw/ttsweb/html_name/search.php,2020年8月17日最后访问。关于丁汝昌，参见《清史稿》卷462。关于张光前，参见刘凤翰:《武卫军》,“中央研究院”近代史研究所1978年版，第421页。

[96] 《申报》第6822号，页2,《双枭难返》(光绪十八年三月二十五日。《申报》影印本40册，页633)。

（四）地方官的介入

上述乡民赴安庆挽留杨霈霖时，《申报》正在连续报道庐江县命案。其时间从光绪十八年正月二十三日（1892 年 2 月 21 日）持续至光绪十九年六月八日（1893 年 7 月 20 日），内容则涉及案情、审理进程等多个方面。[97] 《申报》的这一系列报道使此案的信息在更大的范围中得到了传播。[98]

光绪十八年（1892 年）年初，关于此案审判进程的报道见诸报端。这年正月二十三日（1892 年 2 月 21 日），《申报》刊载《芜市嬉春》一则称"去年庐江县详省某案，该令指为臬署书吏受贿轻纵"，现此案已交由太平府知府王汝砺承审。[99] 三月二十二日（1892 年 4 月 18 日），该报又称奉按察使嵩崑之命，候补知县郭继泰已将此案人、证提齐，于三月十四日（1892 年 4 月 10 日）回省复命。[100] 六月十四日（1892 年 7 月 7 日），该报称"赴皖提案"的"委员"现已返回江宁。[101] 对照刘坤一奏摺中的叙述可以发现，《申报》上述报道中关于承审官

---

[97] 参见《申报》第 6762 号，页 2，《芜市嬉春》（光绪十八年正月二十三日。《申报》影印本 40 册，页 255）；《申报》第 7272 号，页 2，《两志犯官起解》（光绪十九年六月八日。《申报》影印本 43 册，页 551）。

[98] 当时，《申报》的发行所遍及全国，并非只有在京师和通商码头才能看到。从光绪十六年（1890 年）的一则广告中可以发现，恐怕庐江县衙内也有订阅。参见《申报》第 6377 号，页 9，"安徽庐江县捕署毛祥羽少尹募吴余庆堂本洋六元，李光裕典三元（后略）"（光绪十六年十二月九日。《申报》影印本 38 册，页 111）。此处"毛祥羽"应为典史"毛祥翥"之误。参见《缙绅全书》（光绪十六年冬），"庐江县 · 典史，毛祥翥。湖南道州人。监生。十四年八月补"（《清代缙绅录集成》51 册，页 99）。此外，在现存的当时发行的其他新式报纸（如《益闻报》等）中，并未看到与此案有关的内容。

[99] 《申报》第 6762 号，页 2，《芜市嬉春》（光绪十八年正月二十三日。《申报》影印本 40 册，页 255）。

[100] 参见《申报》第 6819 号，页 2，《安庆官场记事》（光绪十八年三月二十二日。《申报》影印本 40 册，页 615）。

[101] 参见《申报》第 6899 号，页 2，《提案回省》（《申报》影印本 41 册，页 435）。

和“提案”官的姓名、职位,及审理进程的叙述基本准确。[102] 当时,地方官决定“传案”后,悬“牌”公示相关信息的做法颇为常见,《申报》有可能是自此处获知这些信息。[103] 此外,从六月十五日(1892年7月8日)《巨案志疑》一则所称据该报金陵、安庆两地“访事人”消息,得知此案证人已在官员的押送下,“于初八日,乘太古洋行鄱阳轮船赴江宁”一事可以看出,该报的一些消息可能来自地方官场中人。

从《申报》的历次报道中可以注意到,此案移交江宁以后,来自该报“安庆访事人”的消息一度颇为详细,而且,多与刘坤一此时尚未撰写的奏摺将要认定的案情相符。

光绪十八年六月十九日(1892年7月12日),《申报》称“接督辕电报,谓诸犯供出该县署中挑水夫、扫地夫,皆悉案中要证”,总督因此再次委员赴庐江提集人、证。[104] 六月二十四日(1892年7月17日),《皖案风闻》一则又称此案缘于庐江县某名权势煊赫的“漕总”被杨霈霖责罚后“服毒自尽”一事,因按察使司中有人教唆,死者家属赴省上控,且案发之初曾“有臬署中人致函漕总”,不料被“误投捕厅某少尉处”,“某少尉”将之转呈杨霈霖后,杨霈霖为此“力辩于藩、

[102] 《申报》第6900号,页2,《巨案志疑》(光绪十八年六月十五日。《申报》影印本41册,页441)。不过,在历次报道中,《申报》都没有提及刘坤一奏摺中所述王汝砺虽曾被委派,但最终没有参审此案一事。参见不著撰人:《督宪审结庐江县命案供摺稿》第三部分,第14b~15b页。

[103] 戴炎辉:《清代台湾之乡治》,台北,联经出版事业股份有限公司1979年版,第714~716页。从《申报》第4452号《皖垣官报》和《申报》第4793号《皖垣官报》两条中也可以看到,光绪十一年(1885年)时安徽布政使司亦有于衙前悬牌公示地方官的人事任免之例。由此可推,该省布政使司、按察使司在将庐江县命案“传案”至省时,或许也就承办人信息等事作了公示。参见《申报》第4452号,页11,“皖垣官报·藩辕牌示,桐城县缺以候补县姚鹏翕署理……□宁县缺以庐江县钱鑅调署。所遗庐江县缺以候补县刘承祖署理(后略)”(光绪十一年七月二十七日。《申报》影印本27册,页404);《申报》第4793号,页10,“皖垣官报·藩辕牌示,怀远县主簿檄饬试用从九陶从章前往署理。阜阳县缺经本司会详,以现署庐江县刘承祖调署。庐江县缺经本司会详,以候补县彭廷弼署理(后略)”(光绪十二年七月二十日。《申报》影印本29册,页305)。

[104] 《申报》第6904号,页2,《续提人证》(光绪十八年六月十九日。《申报》影印本41册,页467)。

臬二宪之前”,因其“言语戆直”引发后者的不满而被调回省城,杨霈霖不甘于此,遂遣人京控于都察院,以致移交总督审理。这则报道还称某日陈湜派知府阮祖棠“讯供,闻所鞠者委漕总犯案之由,拖累乡民十余人”,阮遂“只将要证羁诸候审所,其余俱分别释归”。[105]

然而,闰六月七日(1892 年 7 月 30 日),该报口风一转,称此前的消息“系得诸传闻”,现“又闻皖省官场传述”,得知庐江县命案的情形并非如该报前次报道中所述那般,“惟闻庐江县本有勒罚刑毙人命一案,前经民人张某呈控”,后经庐州府调查、“上宪批饬,提省审办”,杨霈霖既不曾“力辩于藩、臬二宪之前”,也没有“赴都察院控告”,由于此案被“该县延宕多日,拖累无辜数十人,毙命者数人,忽又牵出司书受贿包揽各情”,遂经安徽按察使“禀请查办,嗣由皖抚奏请”,改由两江总督审理且“至今尚无端倪”。[106] 从刘坤一奏摺中可以看到,当时江宁的承审官们打算“补提”的是庐江县差役胡明等人,并无“该县署中挑水夫、扫地夫”等人,六月二十四日(1892 年 7 月 17 日)报道所述案情则与奏摺所述情节截然相反。[107] 与此相反,闰六月七日(1892 年 7 月 30 日)该报所述案情

---

[105] 《申报》第 6909 号,页 2,《皖案风闻》(光绪十八年六月二十四日。《申报》影印本 41 册,页 501)。

[106] 《申报》第 6922 号,页 2,《要案述闻》(光绪十八年闰六月七日。《申报》影印本 41 册,页 585)。

[107] 参见不著撰人:《督宪审结庐江县命案供摺稿》第三部分,清刻本,上海图书馆藏,第 16b 页。在此书中附有供词之人包括:高大麻子和奚三(抬轿、挑担人)、孙贵贤(庐江县城孙同义米行店主)、孙长源(监生、孙贵贤之侄)、陈振瑚(监生、庐江县城义兴粮行店主、孙贵贤之邻)、谢老窝孜(又名谢家瑞,抬轿、挑担人)、罗明(又名罗进魁,南乡地保)、罗进坤(罗明之兄,帮工为生)、张墨林(又名张三,张咸义的“无服”族人)、张大禄(张咸义的“无服”族人)、汪森泰(省城的客店店主)、胡家滏(安徽按察使司刑房书吏)、陈谟(又名陈肯堂,庐江县工房“书办”)、胡翔(庐江县刑房“招书”)、张甫(庐江县刑房书吏)、张俊(“书办”、庐江县提牢)、张步瀛(监生、张咸义的堂兄弟)、何鸿门(又名何鸿铭,银匠,曾任江西会馆董事)、谢安乐(江西人,张新业的表兄)、王安邦(又名王易畴,监生、庐江县城三余堂书店店主、江西会馆董事)、张大道(职员,光绪十五年“报捐”得“从九”衔,张咸义的“无服”族人)、陈良章(又名陈银章,饭店店主)、张有道(剃头匠,为张咸义“挑痧”者)、孙霖(庐江县刑房“经书”)、黄仲(庐江县差役)、孙明(庐江县差役)、周昌(庐江县看役)、胡明(庐江县“壮班”差役)、孙小(庐江县散役)、张咸得(张咸义之兄)、毛祥翥(庐江县典史)。

与刘坤一奏摺将要认定的情形基本一致。由此可知,其消息来源("皖省官场"某人)不仅对此案的审理进程颇为了解,其观点也与刘坤一等承审官观点基本一致。

综观《申报》的历次报道可以发现,光绪十八年(1892 年)春夏该报关于此案"两造"身份、肇衅缘由、死者身份、死因、证人身份等事的说法,频有前后不一、彼此否定之处。除上述闰六月七日(1892 年 7 月 30 日)的报道否定了六月二十四日(1892 年 7 月 17 日)的说法外,该报还曾于三月二十五日时称此案肇衅于"水利胶葛",杨霈霖"刑毙张姓,迭经尸亲上控",现杨霈霖已被撤任赴省,专办此案,随后却于五月十日(1892 年 6 月 4 日)改称此案系杨霈霖控告安徽巡抚、布政使、某道员(未言明为何道)3 人,现在已有查覆布政使阿克达春之旨;至六月十五日(1892 年 7 月 8 日)又称据江宁、安庆两处消息,获知此案系杨霈霖"控皖臬刑名幕友",因杨霈霖在"任内刑毙张姓民人",死者亲属至各处上控,两江总督刘坤一命令知府阮祖棠前往安庆"拘提人证",并"札调"江苏按察使陈湜赴江宁承审此案,现在"原提之候补县"郭继泰已奉安徽巡抚沈秉成之命将卷宗、人证移交陈湜,庐江县典史毛祥翥亦已前往江宁候审。[108]

由此可知,当时安庆、江宁两地官场中经常有人向报界透露此案的信息,甚至透露了一些较为隐秘的信息。从光绪十八年六月二十四日(1892 年 7 月 17 日)《申报》《皖案风闻》一则中可以看到,其中提及杨霈霖曾与上级官员为此案发生争吵。虽然此则报道所说的参加争吵的人(按察使、布政使、杨霈霖)与刘坤一奏摺所述(按察使、杨霈霖)不同,但考虑这一争吵发生在衙署内部,则可知向报界透露这一消息的人即使当时不是亲在现场,也应与在场者熟识。[109] 而从这一时期来自该报"金陵访事人"的消息不仅不甚详细,甚至有与安庆"大相悬绝"之处可以看出,正在审理此案的江宁官员并未向外界透露太多内情;相

[108] 参见《申报》第 6822 号,页 2,《双枭难返》(光绪十八年三月二十五日。《申报》影印本 40 册,页 633);《申报》第 6866 号,页 2,《官场纪闻》(光绪十八年五月十日。《申报》影印本 41 册,页 221);《申报》第 6900 号,页 2,《巨案志疑》(光绪十八年六月十五日,《申报》影印本 41 册,页 441)。

[109] 参见《申报》第 6909 号,页 2,《皖案风闻》(光绪十八年六月二十四日。《申报》影印本 41 册,页 501)。

反，已经不再承审此案的安庆官场中却流出了许多信息。[110]

仅就笔者所见，安庆、江宁两地的省级官员并未对下属接触报界的这些行为加以追究。相反，以刘坤一为首，江宁的承审官们至少曾经两次允许公众在现场受到严格控制的前提下观看此案的审判。[111] 由此可以推测，省级官员们恐怕并不反对将一些信息透露给大众传媒及其读者。

这两次审判先后发生于光绪十八年六月十二日（1892年7月5日）和七月三十日（1892年9月20日）。六月十二日，瑞璋、陈湜等人在按察使行辕会审此案，据称"观者密若堵墙"，但因现场"关防严密"，以致包括《申报》"访事人"在内的旁观者"无从刺取真情。即起衅之由，亦传闻异辞，莫衷一是"，《申报》的报道甚至将死者姓氏错录为"杨"。[112]

八月三日（1892年9月23日），《申报》报道了七月三十日总督亲审时的情形。

安徽庐江县杨讱庵大令沛霖严刑逼死张咸义等多命一案，前已迭将颠末记诸报端。兹复据金陵访事人云，此案由藩、臬二司督同委员秉公研讯，众人供词均有不直大令之语。及提大令质对，则狡展不肯承认。制军即悬牌定于七月三十日亲提录供。先一日由巡捕官传知上元、江宁两县宰预备刑招吏十六名、执刑皂隶二十余名，带各项刑具，于次日辰刻来辕伺候。届期，大堂暖阁正中设公案一座，暖阁外，左右分设公案四座，若雁行然。盖承审司、道之位也。既而文武百僚先后□止，各入官厅小憩。督标亲兵由甬道至辕门，排队分立。戈矛耀日，旌旗临风。俄而鸣梆三次，鼓乐喧闹，炮声继作。各员整肃衣冠，趋至堂下祇立。制军公服升座。复鸣炮三声，各员俱行堂参礼。藩、臬二司及原审道员退就公案坐，余悉鹄列两旁。忽有武弁二员传呼某某进。即见上元、江宁二县

[110] 参见《申报》第6900号，页2，《巨案志疑》（光绪十八年六月十五日。《申报》影印本41册，页441）。

[111] 参见《申报》第6902号，页2，《疑仍未释》（光绪十八年六月十七日。《申报》影印本41册，页455）；《申报》第6977号，页1，《亲讯革员》（光绪十八年八月三日。《申报》影印本41册，页42、页141）。

[112] 参见《申报》第6902号，页2，《疑仍未释》（光绪十八年六月十七日。《申报》影印本41册，页455）。

典史官带在案人证男妇三十二名口,由角门唱名而入,罗跪在地。惜相隔甚远,供词未能尽悉。良久退出。复传呼革员杨沛霖进,但见府检校官带领一人,身穿元色大褂,头戴羽缨,帽上无翎顶,年约五十余岁,亦由角门唱名而入。此时规模严肃,群声寂然。微闻有人哓哓置辩,又闻有人从旁驳诘者,继而呵斥声、劝慰声,均模糊不甚了了。约历二点钟之久,始逡巡退下。岘帅复将此案商诸两司,不知作何语。惟闻唯唯声而已。语毕退堂。各官亦相继而返。是日两首县考文童性理论,放头牌时飞舆而来,已稍迟片刻矣。至若何定案,容再访明续登。[113]

在这则报道中,执笔者对总督亲审现场的威仪、承审官的座次排列、参审吏役的人数和众人受审次序等细节着墨颇多,但并未言及审判者、受审者之间对话的详细情形。该报将此解释为因“相隔甚远”以致“供词未能尽悉”“模糊不甚了了”之故。[114]

此说恐怕并非托辞。走进两江总督衙署旧址(南京总统府)可以发现,大堂纵深约 18 米,从堂前至现景区大门围墙内侧,直线距离约 64 米。审判时众证人“由角门唱名而入”的角门应为堂下两侧的月亮门。假设两江总督刘坤一和“藩、臬二司及原审道员”的坐席设于大堂匾额正下方,扣除从匾额到大堂底部围墙间不足 1 米的距离,审判者距受审者至少 17 米远,再加上“鹄列两旁”的“文武百僚”和负责记录、维持秩序的上元、江宁两县“刑招吏十六名、执刑皂隶二十余名”或坐或立所需空间,则受审者的位置很可能在大堂下方,甚至更远处。与此同时,虽然尚不确知清代两江总督衙署辕门的位置,但从现存院落形制可以推知,旁听者的位置若不是在“由甬道至辕门,排队分立”的督标亲兵的背后(亦即大堂下方两侧)的话,则只能在大堂正面下方、受审者与亲兵队列之后距离审判者更远的地方。这意味着旁听者中即使位于最前列者,也与受审者和审判者相距少则数十米,多则上百米之遥。在没有扩音设备的环境中,旁听者确实很难听清审判中的对话。因此,《申报》的“访事人”于审判结束后“晤官场中人”,以就当初因“关防严密”而“无从访悉”的各项细节做一“补述”的行为

[113] 参见《申报》第 6977 号,页 1,《亲讯革员》(光绪十八年八月三日。《申报》影印本 41 册,页 42、页 141)。

[114] 同上。

无可厚非。[115]

此篇“补述”刊于八月八日（1892 年 9 月 28 日）。据称受访者对总督亲审时的情形“言之较详”，不仅提供了证人当堂供述的情形（“所供杨革令各节，与藩、臬两司历讯各供，若合符节。隔别细鞫，亦无异辞”），还详细叙述了刘坤一等人与杨霈霖的对话内容和刘坤一的反应（“岘帅即传杨革令到堂，将众口确供逐款诘问。供称所言皆属子虚，丝毫不能凭信。此即前在藩、臬两宪前供认之事，亦皆翻改不承。司、道各员谓，尔何必如此狡展，功名业经斥革，断难置身事外。何妨从实招认，以免波及无辜。杨革令执迷不悟，且复出言顶撞。岘帅绝然大怒，随即退堂”），甚至公布了杨霈霖等人的关押处所（“将杨革令交江宁府检校厅看管。一面据实出奏，请旨办理。其要证三十二名□仍交待质公所，委员朱大令暂行看管。至本月初四日，岘帅忽饬上元县将杨革令改收内监。陶仲彝大令奉谕，即亲提至案，钉镣收禁”）。[116]

此后，《申报》先于光绪十八年十月十九日至二十一日（1892 年 12 月 7 日至 9 日）全文转载刘坤一奏摺，后于翌年六月八日（1893 年 7 月 20 日）报称杨霈霖已于五月二十九日（1893 年 7 月 12 日）“解赴甘肃”，三月时有传言说杨霈霖被解赴军台，此说并不属实。[117] 至此，该报关于庐江县命案的报道告一段落。

虽然《申报》关于此案案情的叙述前后不一，但其最终态度倾向于认可安庆、江宁两地省级官员的审判结果。这一态度既见于《亲讯革员》一则所称该报于此次公审前即“据金陵访事人云，此案由藩、臬二司督同委员秉公研讯，众人供词均有不直大令之语。及提大令质对，则狡展不肯承认”一句，也可以从该报曾在光绪十八年六月二十四日（1892 年 7 月 17 日）和同年闰六月七日（1892 年 7 月 30 日）的两则报道中称此案因杨霈霖指控安徽按察使司幕友、书吏受贿和包揽诉讼而起，但在此后的报道中再未提及此点，而是在十月转载了明确否定

[115] 参见《申报》第 6982 号，页 2，《皖案补述》（光绪十八年八月八日。《申报》影印本 42 册，页 175）。

[116] 《申报》第 6982 号，页 2，《皖案补述》（光绪十八年八月八日。《申报》影印本 42 册，页 175）。

[117] 参见《申报》第 7272 号，页 2，《两志犯官起解》（光绪十九年六月八日。《申报》影印本 43 册，页 551）。

这一指控的刘坤一奏摺这一举动中看出的。[118]

然而引人注意的是，不论是在总督亲审前还是其后，《申报》都没有提及刘坤一奏摺及其所附证人供词中出现的谢老窝孜等人受刑诬供、杨霈霖的弹压、张兰芬等人的上控、张长元的被捕及其妻的自杀和差役许荣的死亡等事。由此可知，该报"访事人"会晤的信息来源者们或者虽知此案内情却未能尽知全部，或者有意隐瞒了部分信息。

进而，从《皖案风闻》结尾所称"此系安徽庐江县勒罚刑毙案之实在情形也。所闻如是，合再录之"一句可以看出，《申报》的执笔人特意强调了报刊的话语合法性及其纠正前次报导中的"讹错"的决意。[119] 由此反推，此则消息的来源("皖省官场"某人)之所以向报界透露案情和审理进程，恐怕也有挽回前几次报道可能带来的负向舆论的意图。[120]

不仅如此，将刘坤一奏摺和《督宪审结庐江县命案供摺稿》一书所收众人供词加以比较可以看到，二者不无龃龉之处。如前所述，刘坤一在奏摺中没有提及张大道、张甫均曾前往班房探望张咸义，张甫在探望时与高发争吵，罗明最初的被捕系因"误卯"且他曾从站笼中逃走等事。对那些仅读到此份奏摺的《京报》《申报》的读者来说，他们看到的是一个逻辑较严密的故事。在这个故事中，虽然杨霈霖用刑、弹压的理由不甚明朗，但从其行为中可以看到明显的预谋与步骤。换句话说，刘坤一在奏摺中利用写作技巧，在向读者传播此案信息的同时，抹去了一些看似芜杂的信息，从而塑造了一个刚愎自用、手段残忍，并自始

---

[118] 参见《申报》第6909号，页2，《皖案风闻》；第6922号，页2，《要案述闻》；第6977号，页1，《亲讯革员》。关于刘坤一奏摺，参见《申报》第7052号，页14(光绪十八年十月十九日。《申报》影印本42册，页621)；《申报》第7053号，页12(光绪十八年十月二十日。《申报》影印本42册，页628)；《申报》第7054号，页11(光绪十八年十月二十一日。《申报》影印本42册，页634)。

[119] 参见操瑞青：《建构报刊合法性："有闻必录"兴起的另一种认识》，载《新闻与传播研究》2015年第3期。

[120] 参见侯欣一：《清末民国时期报纸与审判机关关系实态研究》，载《政法论坛》2018年第1期。

即罗织罪名、弹压无辜的知县形象。[121]

综上可知，以刘坤一为首的安庆、江宁两地的承审官们有意介入了此案的信息传播活动，并试图借此促成一个有利于己的公众舆论环境。

（五）公众舆论与历史记忆

转载刘坤一奏摺后不久，《申报》又转载了时任江南道监察御史陈懋侯的奏摺。此摺以刘坤一奏摺叙述的庐江县命案的案情为例证，请求光绪帝下谕严禁州县官在审判中滥用刑罚。[122] 光绪十九年三月三日（1893 年 4 月 18 日）《申报》刊发的《禁私刑论》亦以此案为例，论述地方官、差捕衙役以及租界包探等人均应在审判、侦缉行动中“重视民命”，“各守其定分，各遵其限制”，从而平人情且谧地方。[123] 刊载了这些文章的《申报》投递到庐江县的读者（如毛祥翥）手中后，对当地舆论有何影响不得而知。

此外，从撰于清末、刊于民国元年（1911 年）的小说《带印奇冤郭公传》一书中可以看到，作者认为，杨霈霖在此案中受到了不公正的对待，并对审判结果及刘坤一等承审官的人品予以了明确的负面评价。[124]

按照此书的说法，杨霈霖曾于其父杨重雅任四川按察使时在骆秉章麾下“统领川军”，因而“叙功保升副将”，“丁忧”回籍后遵父命改攻举业，后以举人身份“选授安徽建平县知县”。由于在建平县清理“隐瞒田地”一事导致该县书吏“悚惧”，后者“捏款上控”，布政使阿克达春不查虚实，将杨霈霖撤任。[125] 杨

[121] 关于清代官员在刑案审理中为了保持叙事的首尾一贯性而改写口供和处断的做法，参见李典蓉：《清朝京控制度研究》，上海古籍出版社 2011 年版，第 201 ~ 206 页。

[122] 参见《申报》第 7083 号，页 14，“江南道监察御史臣陈懋侯跪奏。为各省州县滥用非刑。甚至残酷毙命。请旨饬下内外问刑衙门。严行禁止。以矜□狱而重人命。恭折仰祈圣鉴”（光绪十八年十一月二十日。参见《申报》影印本 43 册，页 45）；《清德宗实录》卷 317，“光绪十八年十月乙巳・谕内阁，御史陈懋侯奏，各省州县滥用非刑。请饬严禁一摺”条。

[123] 参见《申报》第 7179 号，页 1，《禁私刑论》（光绪十九年三月三日。《申报》影印本 43 册，页 635）。

[124] 此书主要内容围绕庐江县命案的“提案委员”之一郭继泰的际遇展开。不过在第一回中，作者详细叙述了庐江县命案的经过，得出安庆、江宁两地官场黑暗不堪的结论后引入后文。参见也是道人：《带印奇冤郭公传》，百花文艺出版社 1986 年版，第 1 ~ 11 页。

[125] 参见也是道人：《带印奇冤郭公传》，百花文艺出版社 1986 年版，第 8 页。

霈霖"旋复委署歙县",再次因"清理积弊"而被该县书吏上控至布政使司。其后,"委署庐江",到任"不到一年,政清讼理,几致夜不闭户,路不拾遗。又捐资重修圣庙,大兴水利,收买蝗蝻,助给豆种",但因其"嫉恶太严,老而愈辣",遂致引祸上身。[126]

所谓祸事,即庐江县命案。小说《带印奇冤郭公传》作者称此案肇因于该县"有张书判者,因唆讼到堂",杨霈霖"重责了他四百小板子,改押改过所",原"冀其自新,再与开释",不料该县吏、役众人因希望杨霈霖离任,纷纷唆逼张某自尽。后者被逼"无奈,果就吞烟毕命"。众人于是"唆令张母,始则请予免验领棺,继则捏词上省呈控",并"贿通臬署刑书胡家隆、幕友陈星甫从中播弄"。陈星甫受贿后致信庐江县毛典史,让其转达杨霈霖此案情形,并建议杨霈霖"照送若干"以免撤任。杨霈霖见信大怒,"当即扣留在手,据情通详各宪,请予彻究",但不料当其星夜赶往省城后却发现已被"悬牌撤任",并交由"首道李篁仙、候补道松秀峰、童次山三观察会讯",其因"气忿不过"而与阿克达春、李寿蓉、松峻等人发生争吵。因按察使嵩崑的推荐,李寿蓉"专札特委"郭继泰赴庐江县提案。巡抚沈秉成对此案感到"为难",遂"专摺出奏,请归两江讯办",总督刘坤一挟其从前"任江西巡抚,为匿灾被议革职,疑系杨家"幕后主使之嫌,在审判中并不问此案缘何起讼,只说杨霈霖"滥刑毙命,众供确凿",并"捏奏了许多劣迹,说是委员查实的",杨霈霖在审判中"始终不曾开口",遂被问罪遣戍。[127]

将上述情节与刘坤一奏摺及《申报》历次报道对比后可以发现,三者虽有截然相反的地方,但也不乏彼此吻合之处。

第一,小说《带印奇冤郭公传》所述起衅缘由(死者吞烟自尽,家属听唆上

---

[126] 同上。书中称杨霈霖"乃考忠雅先生,翰林出身,曾授广西巡抚。先任四川臬台",此处"忠"应为"重"。参见也是道人:《带印奇冤郭公传》,百花文艺出版社1986年版,第7~8页;钱实甫编:《清代职官年表》(第3册),中华书局1980年版,第2169~2171页;参见我国台湾地区"中央研究院"历史语言研究所人名权威资料查询数据库:http://archive.ihp.sinica.edu.tw/ttsweb/html_name/search.php,2018年8月16日最后访问,"杨重雅"条。此条载明杨重雅共有四子,分别为杨仪成、杨霈霖、杨谷成、杨德成。

[127] 参见也是道人:《带印奇冤郭公传》,百花文艺出版社1986年版,第11页。关于刘坤一同治十一年(1872年)于江西巡抚任上因清理丁漕被劾、革职留任一事,参见《清史稿》卷413,第12047~12048页。

控，按察使司幕友、书吏受贿，杨霈霖曾与上级官员发生争吵等）与《申报》《皖案风闻》一则基本一致，并且二者均称安徽按察使司中曾有人投书于典史毛祥翥处。不过，《皖案风闻》一则既未提及死者受审的详细原因（仅称"因案捕系，为大令所惩办"），还称杨霈霖被"解任后，情实难甘，遣抱赴京，控诸都察院"。[128] 而小说作者称死者张某受审缘于"唆讼"，关于杨霈霖与上级官员的争吵的叙述和毛祥翥收到的来信的说法也与《皖案风闻》一则所述不同。关于前者，《申报》称杨霈霖"力辩"于布政使、按察使面前，小说作者则称杨霈霖与布政使阿克达春、安庐滁和道李寿蓉、松峻发生争吵。关于后者，《申报》并未说明来信者身份，且称此信系"误投"所致，小说则指明此信系按察使司幕友陈某所写，且并非误投。[129]

第二，小说作者关于此案移交两江总督审理的缘由和刘坤一奏摺、《申报》所载《要案述闻》一则所述相同，均称光绪帝接沈秉成奏摺后，决定将此案移交两江总督审理。

第三，关于死者张某的身份，小说所称"书判"与刘坤一奏摺所称"书办"亦无太多差异。与此相反，虽然《申报》《要案述闻》一则修正了"皖案风闻"中称死者系庐江县"漕总"的说法，但历次报道都未明言张咸义的书吏身份。然而，关于张咸义被控的罪名，刘坤一奏摺称为教唆张新业"吞没魏谢氏遗资"，"要案述闻"仅称"被控追款"，小说作者则称缘于"唆讼"，三者并不完全相同。[130]

第四，关于杨霈霖"撤任"时间，小说的叙述也与刘坤一奏摺（光绪十八年四月至五月）（1892 年 5 月至 6 月）和《申报》光绪十八年三月二十五日（1892 年 4 月 21 日）以前的报道均不相同。[131] 而且，关于杨霈霖的履历和时任安徽按察

[128] 参见《申报》第 6909 号，页 2，《皖案风闻》（光绪十八年六月二十四日。《申报》影印本 41 册，页 501）。

[129] 参见《申报》第 6909 号，页 2，《皖案风闻》（光绪十八年六月二十四日。《申报》影印本 41 册，页 501）；也是道人：《带印奇冤郭公传》，百花文艺出版社 1986 年版，第 9 页。

[130] 参见不著撰人：《督宪审结庐江县命案供摺稿》第三部分，清刻本，上海图书馆藏，第 4b 页；《申报》第 6922 号，页 2，《要案述闻》（光绪十八年闰六月七日。《申报》影印本 41 册，页 585）；也是道人：《带印奇冤郭公传》，百花文艺出版社 1986 年版，第 9 页。

[131] 参见《申报》第 6822 号，页 2，《双枭难返》（光绪十八年三月二十五日。《申报》影印本 40 册，页 633）。

使嵩崑在此案中的作用,小说与刘坤一奏摺的说法也不一样。关于前者,小说《带印奇冤郭公传》作者称杨霈霖先后署任安徽建平、歙县、庐江三县知县,后者则称"杨霈霖,籍隶江西德兴县。由监生承袭云骑尉。同治六年(1867 年)丁卯科本省乡试中式举人,递保花翎知县。光绪十三年(1887 年)掣签安徽歙县知县。光绪十六年(1890 年)调补怀远县知县。光绪十七年(1891 年)调署庐江县知县"。[132] 关于后者,小说作者不仅没有提到刘坤一奏摺所称杨霈霖与嵩崑发生争吵,及嵩崑两次向督、抚提交报告,请求按察使司回避和巡抚所委承审官畏葸等事,还特别强调郭继泰之所以获委"提案",缘于嵩崑的推荐。作者是否有意为嵩崑隐讳,不得而知。

第五,关于杨霈霖是否有罪、张咸义死于自杀还是受刑这两点,小说与刘坤一奏摺及《申报》除《皖案风闻》外的其他报道的说法截然相反。但关于此案中是否存在张咸义以外的其他死者,除刘坤一奏摺以外,包括实录在内的各方史料都未曾提及。在小说作者看来,许荣、张周氏等人的死亡及杨霈霖弹压无辜等事都是刘坤一等承审官捏造的。

从《带印奇冤郭公传》一书中可以看到,作者对于庐江县命案的审理经过,乃至杨霈霖的个人信息都颇为了解。[133] 由此可知,作者即使不是此书整理者所怀疑的郭继泰本人,也应与晚清安徽官场有些关系。[134] 然而,引人注意的是,不论是案情叙述,还是对审判结果和杨霈霖个人的评价,小说都与刘坤一奏摺和《申报》最终的报道倾向截然相反。在小说中,作者不仅多处为杨霈霖辩护,还明确批判刘坤一身为"堂堂制宪,不能保护循吏"。[135] 而在案情叙述和评价上,小说作者传播了与刘坤一等安庆、江宁两地承审官通过《申报》向公众传播的信息完全不同的信息。其传播的信息主要包括两方面:一为如何评价杨霈霖个人,二为如何评价庐江县命案的审判。从这个角度看,此书可以说是对地

---

[132] 不著撰人:《督宪审结庐江县命案供摺稿》第三部分,清刻本,上海图书馆藏,第 3b 页。

[133] 从《带印奇冤郭公传》中可以看到,作者对杨霈霖家世所知甚详,不仅提及其父、其婿身份,甚至言及多年后其自新疆"赎罪"回京后的情形。参见也是道人:《带印奇冤郭公传》,百花文艺出版社 1986 年版,第 8 ~ 11 页。

[134] 参见也是道人:《带印奇冤郭公传》,百花文艺出版社 1986 年版,第 551 ~ 552 页。

[135] 同上书,第 11 页。

方官介入信息传播这一行动的一种反抗。

如何评价涉案官员个人，即所谓官声问题。从小说《带印奇冤郭公传》中可以看到，作者在描写杨霈霖与安庆官员的争吵时，特意详述了松峻与杨霈霖就后者偷拿"撤任公事"一事的对话。在这段对话中，松峻先指责杨霈霖"你向来很光明正大的，今日为何偷起公事来了"，杨霈霖反驳称因对方行事"鬼鬼祟祟"所以自己效仿，以致松峻"赶即转语说'老兄的官声是好'"，后者答曰"岂敢"，并称众人事后闻此纷纷"匿笑"。[136] 将此段描写置入其前后语境可以发现，作者在此之前批判了庐江县吏役诸人图赖、唆讼知县的行为，在此后指责刘坤一在审判中挟私报复杨霈霖。由此可知，作者有意引导读者认同杨霈霖的官声和人品均优于刘坤一等承审官和原告方。由此反观前文所述庐江四乡乡民赴安庆请愿一事则可以看出，在小说作者和请愿乡民看来，官声应当作为判断一名官员应否被处分乃至被问罪、科刑的标准。尽管官声可能包含对多项行为作出的个别评价（就杨霈霖而言，既有对其兴修水利等行为的评价，也包括对其滥用非刑行为的评价），人们仍会基于其所了解的某人官声来评价此人是否应当受到处分，并试图以此为据影响其他人的判断。[137] 换句话说，官声不仅是一种已经形成的关于如何评价官员个体的公众舆论，还被作为一个认识前提来对尚未形成的舆论（比如，如何评价针对这一官员的审判）施加影响。

虽然无从确知此书出版后的流行程度，但据其整理者云，20 世纪 80 年代中期时，上海藏有两部此书，南京图书馆藏有一部。[138] 由此可知，至少在一定程度上，《带印奇冤郭公传》一书对民国以后宁、沪一带的读者关于庐江县命案的

---

[136] 参见也是道人：《带印奇冤郭公传》，百花文艺出版社 1986 年版，第 10 ~ 11 页。

[137] 从庐江县工房书吏陈谟被指"误公"系因其"缮写修埂告示迟延"和杨霈霖曾因会勘水利而前往舒城两事可以看出，杨霈霖当时很可能在庐江兴修水利。小说《带印奇冤郭公传》作者亦称杨霈霖在当地"捐资重修圣庙，大兴水利"。对照刘坤一奏摺可以发现，所谓"捐资重修圣庙"应是指杨霈霖"令孙贵贤捐洋一千元，建修江西龙神庙"一事。参见不著撰人：《督宪审结庐江县命案供摺稿》第二部分，清刻本，上海图书馆藏，第 11a ~ 11b 页（陈谟供词）；不著撰人：《督宪审结庐江县命案供摺稿》第三部分，清刻本，上海图书馆藏，第 6a 页、第 8a ~ 8b 页；也是道人：《带印奇冤郭公传》，百花文艺出版社 1986 年版，第 8 页。由此可知，赴安庆请愿的乡民之所以评价杨霈霖"有德于黎庶"，很可能与此有关。

[138] 参见也是道人：《带印奇冤郭公传》，百花文艺出版社 1986 年版，第 551 页。

认识状态产生了影响。

然而,对于身居远方的陌生人来说,他/她既不如亲见事件发生的人那样了解详细案情,也对涉案者个人的人品没有亲身感受,因此,涉案官员的官声如何并不一定会改变他们对地方官吏群体的看法,更不一定会对其如何评价这一时期的政治、法律状态产生影响。这意味着,与某个案件有关的公众舆论不仅包括个案的审判是否正确、承审官的行为是否不当等项,还涉及时人如何基于这一案件评价当时的政治与法律制度。

清人徐珂编撰、刊印于民国初年(1911 年)的《清稗类钞》[139]一书中,有一则与庐江县命案存在多处情节要素相似的笔记。

光绪初,皖之庐江,有库吏陈运昌者,管库有年,老而多智。甲申冬,令刘某至,索金,故不遽应,刘怒其猾,易之,募人任其事。米贾唐端富有田宅,羡陈之长袖善舞也,欲垄断其事,赂刘巨金,得之。陈怨唐之惎己也,匿旧籍弗予。唐年少,初为吏,大喜,谓可致富,倩人为书春联,有"户吏堆金宝,房客积玉财"之句。乙酉春,上忙开征,刘责赋于唐,唐语众里胥。故事,田赋春纳其四,秋纳其六。以庐民春鲜种麦,无可偿,大半赖里胥贷于人,秋责偿于民,民亦相安无违言。刘嗜利,当春,督责无已。众里胥易唐,益不奉命。唐大窘,补苴弥缝,倾产不足偿赋,无以为计,大窘,乃自书其事,吞鸦片烟以死。其妻乃素服乘舆,诉之刘,出而号于市,人咸伤之。[140]

将这则笔记与刘坤一奏摺、《申报》历次报道及小说《带印奇冤郭公传》中的叙述加以比照,可以看到许多不同。其一,笔记称死者死于光绪乙酉(光绪十一年即 1885 年)春天,较另三者所云庐江县命案发生于光绪十七年(1891 年)春早了 6 年。其二,笔记中的死者唐端,原为米商,后贿买知县,取旧吏而代之,出任该县库吏。而在其余三者中,仅《申报》的《皖案风闻》一则曾将死者身份传为"漕总",刘坤一奏摺、《申报》其他报道及小说《带印奇冤郭公传》或称死者

[139] 关于《清稗类钞》的编撰时间及徐珂其人,参见徐珂:《清稗类钞》(第 1 册),中华书局 1984 年版,第 1 ~ 4 页,谢国桢"前言"。

[140] 徐珂:《清稗类钞》(第 11 册),中华书局 1984 年版,第 5256 页,"库吏玩弄县令致死"条。

为庐江县刑房书吏,或笼统称为“民人”“书判”,并无库吏之说。[141] 不过值得注意的是,从刘坤一奏摺中可以看到,庐江县命案中确有米商(孙贵贤、陈振瑚)涉案。其三,笔记称死者被知县责罚的原因是欠赋,而与刘坤一奏摺所谓“吞产”和小说《带印奇冤郭公传》所云“唆讼”不同。其四,关于死者的死因,笔记与小说及《申报》《皖案风闻》一则所述相同,均称为吞烟自杀。其五,笔记并未涉及其他史料中均提及的死者家属上控这一情节,仅谓其曾诉于知县。

这则笔记之所以引人注意,在于其中虽然出现了光绪初年、安徽庐江、书吏受知县责罚后死亡3个关键要素,但仅就笔者所见,在光绪十一年(1885年)前后的实录、报纸中并无与之完全相符的案件。而且,笔记中称时任庐江知县刘某系光绪甲申(光绪十年即1884年)冬到任,然而,据这一时期的报纸与缙绅录可知,庐江县虽曾有刘承祖自光绪十一年(1885年)秋至光绪十二年(1886年)夏署理知县,但“甲申冬”至“乙酉春”期间的知县应为钱鏷。[142] 固然,不能排除当时庐江县确曾发生过这样的案件而相关史料现已佚失这一可能,但值得注意的是,在咸丰四年(1854年)顺天府通州知州蒋大镛被奏非刑毙命案中出现了书吏、非刑毙命、漕粮这三个情节要素,因此不能排除这则笔记所载的其实并无实事,而是糅合了包括庐江县命案在内的多个类似案件的情节后层累而成的结果。[143]

无论此则笔记所述是否是庐江县命案,从中都不难看到作者着意塑造了贪婪苛刻的知县、奸猾多智的书吏、逐利而死的商民这3种人物类型,并在批判前两者的同时,对最后一类人物表达了悲悯。换句话说,徐珂在这则笔记中基于民众立场,对于类似案件中登场的晚清地方官吏这一群体作了负面评价。由此

---

[141] 参见《申报》第6900号,页2,《巨案志疑》(光绪十八年六月十五日。《申报》影印本41册,页441)。

[142] 参见《爵秩全览(光绪十年秋)》,“庐江县”条(清华大学图书馆、科技史暨古文献研究所编:《清代缙绅录集成》44册,450页);《爵秩全览(光绪十一年春)》,“庐江县”条(清华大学图书馆、科技史暨古文献研究所编:《清代缙绅录集成》45册,64页)。另参见《申报》第4452号,页11,《皖垣官报》;第4793号,页10,《皖垣官报》(光绪十一年七月二十七日。《申报》影印本27册,404页)。

[143] 参见《清文宗实录》卷141,“咸丰四年八月壬寅·谕军机大臣等,有人奏地方官贪酷殃民、废弛公务,请严行查办一摺”条。

可知，虽然刘坤一的判决认可了原告的控告并对责任官员处以严厉的刑罚，却没能获得令其满意的公众舆论。

从《清稗类钞》初刊后的广为流行可以看出，徐珂的上述观点对民国以后关于晚清法律与地方吏治的社会认识状态不无影响。[144] 由此引发的，即历史记忆问题。或者说，后世的人们关于此案记住了什么？又遗忘了什么？

从上述史料中可以看到，无论庐江县命案发生当时还是之后的叙述者，均认为此为一起"冤案"。然而，关于此案究竟何人蒙冤及其案情若何，却是众说纷纭。在《带印奇冤郭公传》的作者看来，此案系知县蒙冤，该县吏役和死者家属或教唆图赖或听唆诬告，地方官及其幕友或颟顸挟私或串通受贿，因此，审判结果并不公正。而《申报》对于此案案情与杨霈霖其人的评价前后不一，虽然最终看似倾向于认可总督的判决，但并未对之作出公开、正面的评价，而在此之前，其报道中既有死者自杀图赖的传言，也有赞赏杨霈霖"振作精神，实心任事"的意见。[145] 类似的情形也可见于《督宪审结庐江县命案供摺稿》中。此书汇编者既未署名，亦未纂写序跋，以致无法断定其是否认同总督的判决，抑或虽然认同，但碍于某种原因而选择匿名。与此相反，虽然明清时期常有诉讼当事人以揭帖、编纂文集、公开出版等方式向公众传播案件信息，晚清时甚至有原告在公开出版的文集中指责地方官的上控审判行为不当的事例，但在庐江县命案中却看不到原告方(张氏族人)以上控之外的方式主动向公众传播案情、寻求舆论支持的迹象，其族谱中亦无相关记载。[146] 换句话说，在外部世界(如《申报》及其读者们)对此案的关注增多的同时，宗族内部却有意无意地忘却了它。

要言之，从庐江县命案中可以看到，今人关于历史事件的认识其实是建立在记述此事的史料所作转述行为的基础之上的。即使史料的写作者生活在事

---

[144] 参见徐珂：《清稗类钞》(第1册)，中华书局1984年版，第1页，谢国桢"前言"。

[145] 参见《申报》第6822号，页2，《双枭难返》(光绪十八年三月二十五日。《申报》影印本40册，页633)。

[146] 参见不著撰人：《著存文卷集》，《本家不平之鸣》(万历十年六月)，明刻本，上海图书馆藏，第153~165页。此外，在宣统年间出版的《山阳陈参令挟嫌诬陷孙孝廉案略》一书中，原告直斥地方官对其上控处理不当。关于此案经过，参见伍躍「近世中国における行政訴訟の一齣——『民告官』」夫馬進編『中国訴訟社会史の研究』(京都大学学術出版会，2011年)411-414頁。另参见敦睦堂：《张氏宗谱》(出版时间不详)。

件发生的年代,其也不一定亲历该事件。写作者关于事件的认识,同样可能是基于他人的转述而形成的。不仅不同的转述来源对于同一事件未必有相同的描述,即使是同一信息来源(如《申报》和它的地方官消息源),也可能由于转述者有意地控制信息传播或无意地重组信息等行为,导致听者对事件产生不同的认识。由此,同一个人关于同一起案件可能有先后不同的评价,不同的人关于同一起案件也可能评价不一。进而,基于对若干同类事件的认识和评价,清末民初的人们形成了关于其生活的时代的政治、法律的社会认识。这一社会认识在当时的笔记、文集、小说、戏曲中表现颇多,由此促成了今人关于晚清"奇案""冤案"频见的印象。[147]

## 四、结　　语

从上述两起案件中,可以看到相关信息在地方社会中的大致传播脉络及公众舆论的构建过程。

首先,当事件发生在较大规模的宗族聚居区域内部时,由于邻人往往即为族人、居住分散的族人彼此间也多有联络,因此,信息很可能通过亲属——邻人这一人际网络进行传播。这一点不仅在沔阳汪、王两姓控案中表现得颇为明显,也反映在庐江县命案在张氏宗族内部传播过程中。进而,随着宗族内部有人进入地方社会中的其他群体(如士绅群体),信息可能通过职业、阶层等社会关系网络进行传播,进而随着这些群体中的其他成员进入烟馆、茶坊等商业性公共场所,被与案件、宗族、士绅群体等并无太多关系的外来者(如谢老窝孜这样来自外乡的工人)获知,并随着其移动得到更为广泛的传播。与此同时,当事人选择上控的行为也意味着信息将被传播给上级官僚机构的成员。后者可能出于某种目的(如平息"谣诼"),将自己掌握的信息透露给大众传媒,从而使信息在更大的范围内得到传播。

其次,虽然信息在传播过程中很可能发生变形,但正如李普曼所指出的,人在获得进一步的信息之前,并不能预知已获得的信息是否变形,还会坚信其就

[147] 参见李典蓉:《清朝京控制度研究》,上海古籍出版社 2011 年版,第 1~2 页。

是真相。[148] 由此形成的公众舆论不仅可能对审判者及其判决产生影响,还可能在事件发生之初影响相关人员作出诉讼选择,也可能对后世关于当时政治、法律状况的认识与评价产生影响。信息的变形可能由于传播者有意的控制与介入行为,也可能肇因于传播过程中无意的信息重组。从汪、王两姓控案中可以看到,并非一切的信息变形和由此产生的舆论影响都应归咎于官方的操纵行为。但从庐江县命案中地方官介入信息传播一事可以看出,如果官方存在此种操纵信息传播的行为,那么其目的很可能是影响公众舆论的走向。

最后,从长远效果来看,官方介入信息传播的行为对公众舆论产生的效果未必令其满意,而放任这一介入行为的大众传媒也可能因此损失公信力。从1896年9月3日李鸿章访美时接受《纽约时报》记者的采访中可以看到,他对当时中国国内的新式报纸有"不言实情"之评。[149] 虽然此说未必与庐江县命案有关,但李鸿章所谓"我国报纸"恐怕少不了当时在国内发行量和影响力都甚大的《申报》。换句话说,当时官僚群体中人关于报纸等新型媒体及地方官介入信息传播等事的态度其实颇为复杂,很难笼统言之。

## Dissemination and Publicity about Litigations in the Late Qing Dynasty

Hai Dan

**Abstract**: Previous studies on the dissemination and publicity for litigation during the late Qing period has indicated litigants usually disseminate information of suit to prepare public opinion for themselves, and there were more and more reports about Chinese legal system and litigation while newspapers be published in China. These reports have not only appealed to change legal system but also made the international opinion about Chinese legal system. Utilizing two cases happened in the late Qing period, the article arguments that even the information only be disseminated in the acquaintances, the public opinion will take sharp and influence

---

〔148〕 参见[美]沃尔特·李普曼:《公众舆论》,阎克文、江红译,上海人民出版社2002年版,第6页。

〔149〕 See "Li on American Hatred", The New York Times, September 3, 1896. https://timesmachine.nytimes.com/browser, August 17, 2018.

some people's decision. The information will disseminate by acquaintance web such as family, career, Gong-Ming, appeals and official dispatch. Except the litigants, the judges and the people has not involved in the litigation will disseminate the information about the litigation, even try to used publicity to influence public opinion. Although the public opinion about the case may be changed in after time, but the discuss about the case will influence the common sense of the future.

**Key words**: Dissemination; Public opinion; Litigation; Qing dynasty

# 清代"重情"案件驳改缘由探析

康　沛*

**内容摘要：**

清代"重情"案件，即需要判处徒刑以上刑罚的案件。该类案件根据清代的案件复核程序，督抚在作出地方性的终裁意见后需采取"题"或"奏"的方式报请中央复核后判决方能生效。《驳案汇编》是清代光绪九年（1883年）由山阴朱梅臣将《驳案新编》与《驳案续编》合刊而成的一部判例编集，其汇集了乾隆及嘉庆年间的382个由地方督抚根据复核制度上报中央审判机关复核、请示的量刑在徒刑以上的"重情"案件。[1] 该书为我们研究清代"重情"案件的驳改缘由提供了重要的研究对象，经过分析与研究，以刑部为代表的三法司是中央复核案件的主要部门，其是对案件进行实质性、全面性审查的部门，而驳案的产生根由亦是因为其在复核案件过程中发现了种种需要指驳再审或另拟的情况，而驳改的缘由即是复核过程中所发现的"事实之疑"与"法律之疑"。

**关键词：**

清代　《驳案汇编》　驳改　缘由　复核

本文将《驳案汇编》中相关的案例进行归类及分析，并依据清代在判决论证中事实、法律、量刑的3个渐次推进环节的先后顺序，结合相关的律例条文，解读其驳审的依据及原因。同时，需要说明的是，《驳案汇编》收录案例的驳审缘

---

* 西南政法大学法律史专业博士研究生，广东省珠海市人民检察院四级高级检察官。

〔1〕 因在其收录的案例中，有的题本或奏本中同时汇总了几个同类案件一起请示，故实际涉及的个案数量为382个。其分别是，《驳案汇编》第40～43页，"本应重犯时不知"；《驳案汇编》第121～122页，"用药迷人例"；《驳案汇编》第268～271页，"杀奸案内加功照余人律"。笔者为了更全面地统计《驳案汇编》一书中所收录的各个案的复核及批驳情况，故在统计数据时均将上述个案拆分统计。

由并不是唯一、单一或排他的，故其分类中必定会有重复统计的案例。同时，部分案例是仅在复核过程中由刑部等直接改拟，或是认同直接奏报皇帝制定新例、通行，虽然这些案例并未进入驳令再审的环节，但因其多是对复核内容作出了变更，笔者认为，其仍属于广义的驳案范畴，故一并纳入予以讨论。但该书所收录的两个案例：“斩候重犯毋庸声叙不足蔽辜改拟斩立决，第 577～578 页”和“子媳殴毙翁姑犯夫匿报及贿和分别拟罪，第 754～755 页”，其是因为案件审理程序错误而驳审，且在全书收录的案例内仅此两例，因此，其并不具有典型性与代表性的统计分析价值，故未将这两个案件纳入本文讨论。

## 一、“有司决囚等第”——驳案机制与内容

《大清律辑注》中“有司决囚等第”一节中的“律”明确规定：

凡囚狱鞫问明白，追勘完备，徒、流以下，从各府、州、县决配。至死罪者，在内听监察御史，在外听提刑按察司，审录无冤，依律议拟，转达刑部定议奏闻回报……〔2〕

上述律文后的“附例”则规定：

外省徒罪案件，如有关系人命者，均照军流人犯解司审转，督抚专案咨部核复，仍令年终汇题。其寻常徒罪，各督抚批结后，即详叙供招，按季报部查核。

据此，笔者通过清代律例条文规定这一表达与清代司法实践的实际情况可知，徒、流以上的案件均须经过转审程序由地方审级层层覆审直至中央司法审判机关复核后方可最终确定结案。通常有关人命徒罪案件及遣军流以上案件须专案咨部核拟，寻常遣军流罪案件，由督抚批结咨部无异后即可结案。至于斩绞罪案件则须分别以专本具题或专折具奏的方式来上报皇帝，由皇帝交刑部

〔2〕（清）沈之奇撰：《大清律辑注》（下），李俊、怀效锋点校，法律出版社 2000 年版，第 1030～1031 页。

等对案件予以复核。[3]

由此可见,在清代“重情”案件中央复核的这个层级中,以刑部为代表的三法司才是对案件进行实质性、全面性审查的部门,而驳案的产生根由亦是因为其在复核案件过程中发现了种种需要指驳再审或另拟的情况。简言之,即是中央司法机关在复核案件后对地方的审拟情况存在异议,而复核过程中驳审的主要法律依据则基本上集中于《大清律例》“刑律—断狱下”中的律、例规定。而如果想要研究在复核案件中存在何种异议,就必须先了解复核及异议的对象是什么。据此,我们就必须从覆审程序的最终环节回归到其开始的最初环节——州县定拟招解,[4]即作为第一审层级的州县官在初审完结之后对案件的定拟罪行、具文招解。州县之招解详文内容大致分为4个部分。一是“据报”,其主要记录了保甲长的报告或事主原告的呈词。二是“勘验”,其主要是说明案件事项的勘验情况。三是“叙供”,其主要是犯人、证人等的供述和证言情况。四是“看词”,即州县官对案情的看法、判断及初步审拟情况。[5] 但州县这个清代司法实践的第一审级在定拟招解的过程中,由于其自身知识结构的限制、地方情况的特定限制及讼师等群体在审理过程中带来的负面影响,其审拟的结果必然会因负面的影响相应地放大。[6] 而刑部覆审的对象正是以州县的“定拟招解”为基础的,经过地方层层转审最终由督抚确定的对案件的审拟意见,因此,从“定拟招解”的具体内容不难看出,清代覆审的对象与今日案件复核的内容几乎

[3] 参见那思陆:《清代中央司法审判制度》,北京大学出版社2004年版,第107~135页。

[4] 那思陆:《清代州县衙门审判制度》,中国政法大学出版社2006年版,第128~135页。

[5] 参见《明清公牍秘本五种》,郭成伟、田涛根嘉靖刻本点校整理,中国政法大学出版社2013年版,第517~522页。

[6] 参见[美]梅利莎·麦柯丽:《社会权力与法律文化:中华帝国晚期的讼师》,明辉译,北京大学出版社2012年版,第46~53页。

别无二致,即案件事实、证据和适用法律,[7]而相关的法律亦有较为明确的规定:

《大清律例》第49条“官司出入人罪”的条例规定:“凡督抚具题事件内,有情罪不协,律例不符之处,部驳再审。”[8]

《六部处分则例》亦规定:“各省审拟事件,内有案情不确、律例不符之处,经刑部驳令再行审拟,该督抚饬员覆审,遵驳改正。……”[9]

## 二、“案多疑窦”——事实之疑

无论是在何时代,案件事实的查明以及相关证据的完备,均是案件进入司法程序后得出正确判决的基础和前提,也正因如此,司法的价值以及其存在的必要性才得以凸显。

《大清律例》第422条“断罪不当”的附例规定:

凡直省督抚于一切刑名事件,务各研究确情,毋稍迁就其甲。刑部驳审之案,无论失出失入,一经讯得实情,即当据实平反,毋得固报原题含糊了结。如委审之员有瞻徇迴护情弊,即著从严恭办。

而在《驳案汇编》所收录的案例中,其中134个案例是中央审判机构在复核过程中对先前审拟查明的案件事实情况提出了异议,而在指驳中明确指出“种种疑窦,难成信谳”。同时,由于前文已经论及以督抚为代表的地方承审官员,其在“重情”案件审理的司法权力结构设计中,获取“确情”是其第一要务,所以

---

[7] 清代“重情”案件复核中的量刑亦是刑部指驳的主要原因,但因为清代的律例条文中刑与罪的对应关系,很多包含量刑不当的指驳原因均依附于律例的适用情况,但亦有例外,其主要因为罪与刑在与案件情节套入适用时产生的不适,而这在下一部分将有专门的论述,故在此不纳入讨论。

[8] 本条附例,雍正三年(1725年)定,道光十四年(1834年)删。

[9] 文孚等修订:《钦定六部处分则例》(第48卷),台北,文海出版社1969年影印本,第6页。

中央司法机构在驳回覆审的案件中基本均明确要求各督抚“再行研审,务得确情”。据此可知,清代的刑部在复核“重情”案件时,审查在复核之前的转审程序中是否已获“确情”无疑是其首要工作,其亦是整个案件是否能正确审结的基础。虽然中央司法机构在对督抚在审拟中所认定的“确情”予以指驳的情况会稍有重合,但其仍大致可分为以下两类。

(一)对认定案件事实的整体指驳

对督抚在审拟中根据现有证据认定的案件整体事实,刑部在复核中时常会泛指地提出异议及疑问,要求督抚在覆审时予以解释说明或充实证据,其驳语多为“似另有别情”、“情属难信”或“情事不明”等。因为,在清代以律例为主体的法律条文体系中,为达到“情罪允协”这一终极的司法目的,其通过在法律条文中对犯罪构成要件的精细化以达到具体罪名与特定量刑的精确对应,因此,在案件审理的法律适用过程中,“情”(案情)的丝毫差异或不确定都必然地会导致律例的适用错误,进而使定罪与量刑“差之毫厘,谬以千里”。在《驳案汇编》中有50个案例正是因此情况而在复核中被驳回,现略举以下案例予以说明:

一起为报明事。会看得盐犯刘兰生等谋殴巡役丛良玉致伤身死一案。

先据山东巡抚准泰疏称……将刘兰生照“同谋共殴人致死,下上伤重”律拟绞监候,刘天钦等拟以流、徒、杖责,分别减免等因具题。

经臣部等衙门查,盐枭拒捕杀人,律应骈首。若假以缉捕为由,黑夜截劫以致格斗杀死,律得勿论。二罪悬殊,必证据确凿,方成信谳……且查萧四海等到案供称刘兰生等姓名历历可指。应系素识。如果撞获盐犯,即恐众寡不敌,何难尾随跟缉,或当场指明喝破,禀官拘究?乃于次夜邀约毕作福等往捕,而毕作福等又称落后并不在场,情属难信(作者注:对巡役等异于常规的处理方式提出异议)。至称刘兰生等先夜贩盐,既经撞遇巡役,听其负贩,无仇可挟,何故设计邀众自投法网(作者注:对人犯的作案动机提出异议)?再据称刘天钦用小钱四千五百文买盐三百九十斤,七人人贩得小钱五千三百文,计算每人获利小钱一百余文。而该县审问丁其美供称刘天钦令其负麦诱捕作证,许给钱十千文等语。本图微利,并无仇恨,而肯舍十千文行贿,亦非情理(作者注:对人犯异于常理的方式提出异议)。种种疑窦,难成信谳。应令该抚另行详审确据,不得避重而开脱私枭,亦不得牵合而庇护巡役,按照律例妥拟具题,到日再议等因。

题驳去后，续据该抚疏称……至驳[10]“……”讯据孔兴桂等供称，是日撞遇刘兰生等贩私，伊人少不敢擒拿，又系东阿县境，未便越界跟缉，以致当场任其纵扬，不能禀究。即归，告店主亦以人盐未获未便报官。故转约民状毕作福、巡役孔兴义等同往缉捕，冀获人盐禀报。乃毕作福迟迟其行，以致落后，及至柳木坡桥下撞遇孔兴桂等，业已打架将毕，又见棍棒横击，不敢近前，遂各奔散，情似可信。至驳“……”讯据刘兰生等供称是日扛盐出卖，路遇巡役萧四海等，虽未拘拿，惟因熟视良久，业已认明，归告伊父刘天钦。恐其先行报官往捕，故起意扛麦诱殴，以图到官脱卸，兼可治巡役诬拿之罪等语。在刘天钦，自夸奇谋而不知已投法网，弄巧成拙，亦属恒情。至驳“……”讯据丁其美等供称，刘天钦因以殴伤巡役，至人心怀畏惧，故嘱伊扛麦鸣冤，许钱十千文，冀证巡役诬拿得以卸罪。初不暇计及钱文之多寡，亦无心较算获利之甚微。据供似属近情。余照前招等因具题前来。

应如该抚所题……[11]

在以上所引的案例中，对同一事件的案件事实不同的认定会导致定罪量刑的巨大差异，如认定是拒捕杀人就应“骈首”，如认定是截劫以致格斗杀死则应“勿论”。刑部在复核该案件时，就该案在督抚审拟时认定的事实提出了异议，并就案件的起因、人犯的犯罪动机、案件过程中不合常理的疑点等方面一一指出要求督抚查明。而督抚在再次具题时则针对刑部所提出的指驳要点一一有针对性地予以解释说明，力图重现并构画出本案的“确情”，并最终说服了刑部接纳在其前拟中对案件事实的认定及据此作出的拟判意见。由此可见，在清代“重情”案件的司法实践中，整个案件的侦查、证据的收集及使用均是围绕一个目的，即是整体案情的查明与确定，同时，其亦是正确适用律例实现“情法允协”的前提。

---

[10] 此处的“至驳”内容是刑部针对督抚题拟的情况就具体的事实提出疑问要求督抚予以查清并说明，在上文处已有引用故不再重复。随后即是督抚就具体指驳内容作出的答复。

[11] （清）全士潮、张道源等纂辑：《驳案汇编》，何勤华、张伯元、陈重业等点校，法律出版社 2009 年版，《盐枭诱欧巡役致死未获盐斤》，第 79 ~ 81 页。

(二)对认定案件事实的具体依据指驳

在清代组成案件的"确情"或据以认定全案事实的依据,主要是由与案件相关的不同种类的证据共同组成,以刑部为首的中央司法机构在"重情"案件的复核中,通常亦会明确地指向据以认定案件事实的特定证据进行指驳,其主要由以下4个方面的情况。

1. 对勘验结果指驳

清代《六部处分则例》中规定:

地方呈报强劫盗案……查验前后出入情况,有无撞门毁户,遗留下器械油捻之类。事主有无拷燎捆扎伤痕,并详讯地邻更夫救护等人,有无见闻影响,当场讯取确供,俱填注通报文内……[12]

勘验在清代的司法实践当中亦多称为查验或查勘,其类似于今日刑事诉讼法证据种类中的"现场勘验检查",其内容主要集中于对犯罪现场、相关物品及周边证人的见证等情况的勘查,在勘查结束后填报于相关的通报文内,作为案件的证据之一。在《驳案汇编》中共有9个案例是刑部针对督抚所报复核的案件中的勘验情况作出了指驳,现略举以下案例予以说明:

一起为发详请代验事。会看得平湖县民姚大观殴伤汪大观身死一案。

先据升任浙江巡抚三宝疏称……讯非有心致死,将姚大观依"斗杀"律拟绞监候等因具题。

经臣部等衙门议覆,查办理人命重案,必须究明确实案情,定罪方无枉纵……细核案情,汪大观寄被之时已明知室中止有王陈氏一人,而被又自放灶房板上。如果夜归需被,别无他情,何妨叫门索取?乃潜挖外门而进,又不径赴灶房取被,复挖王陈氏卧房之门……则王陈氏卧房之门既经被挖声响,定有挖门形迹,无难详细验明,以为此案确据……将已死汪大观究系罪人或系平人之处勘讯明确,援引定拟始足以成信谳……臣部碍难核覆,应令该抚将案内情节讯究明确,另行定拟,到日再议等因。

[12] (清)文孚等修订:《钦定六部处分则例》(第41卷),台北,文海出版社1969年影印本,第4页。

题驳去后，续据该抚疏称，行据按察使会审移提犯卷到案，查核原验王陈氏房门有无挖损形迹未据声明。当即饬委海盐县知县张力行前诣查勘，复称陈顾氏大门、房门并无挖损形迹。随提犯复加研讯，据陈顾氏供称“……”等语，核之案内所验情形，实属相符……诚如部驳……姚大观应改照“罪人不拘捕而擅杀”律拟绞监候等因具题前来。

据此，应如该抚所题……[13]

在以上所引案例中，刑部指驳的焦点在于人犯汪大观是否是有罪之人，因为发生争斗并致汪大观死亡的事实已然是确切的，但汪大观与人争执的原因却并未明确，这直接影响了对致其死亡的这一行为的性质认定。刑部在复核本案的过程中根据已有的证据推断出可能的情形，但该情形缺乏直接证据的支持，因为被害人汪大观已死亡，而现有的直接证据即在场人员的证言亦因为没有其他证据予以印证从而无法认定这一具体的情形。面对这一困境，刑部亦结合案件提出了解决方法，即通过现场痕迹的勘查提取相应的间接证据——是否有偷挖门的痕迹，最终即通过这一间接证据对直接证据的印证构成了完整的证据链证实了死者汪大观的犯罪行为，亦从而确定了本案致其死亡这一行为的性质。

2. 对检验结果指驳

检验亦称相验，其在清代是专指对案件中被害人受到人身伤害的情况及程度作出的鉴定，[14]而检验的具体要求与方式在《大清律例》第412条“检验尸伤不以实”的律例条文中有详细的规定，且在检验过程中要严格遵循律例的要求填写有固定模式的“尸格”，并将伤痕情况、形状、轻重、大小等详细记录。[15]而专门针对清代司法实践的由清人编写的《招解说》一书中“命案论”的开篇即明

[13] (清)全士潮、张道源等纂辑:《驳案汇编》，何勤华、张伯元、陈重业等点校，法律出版社2009年版，第578~580页，“罪人不拒捕而擅杀”。

[14] [美]步德茂:《顿起杀机:18世纪清朝刑科题本中所反映的官僚及仁治思想》，载张世明、步德茂、娜鹤雅主编:《世界学者论中国传统法律文化》，法律出版社2009年版，第175~177页。

[15] 那思陆:《清代州县衙门审判制度》，中国政法大学出版社2011年版，第7~81页。

确指出"命案验伤,乃第一要紧"。[16] 因勘验结果与案件最后的定罪量刑等紧密相关,所以刑部在复核涉及人身伤害"重情"案件时,具体的检验情况亦是其审查的重点,且在指驳覆审后均对相关人犯的定拟产生了实质性的影响。在《驳案汇编》中共有24个案例是刑部针对督抚所报复核的案件中的检验情况作出了指驳,其中仅有一案最终的量刑结果没有发生变化。[17] 现略举以下案例予以说明:

一起为据情转报事。会看得盱眙县民李恺咬落于得水手指身死一案。

先据调任安徽巡抚陈大受疏称……李恺情急,随口将于得水左手小指咬落一节……将李恺依例拟流等因具题前来。

……今据医生孙文英验称,于得水左手小指咬去一节,受有牙黄毒,通膀皆肿,青紫溃烂,破流血水,与《洗冤录》咬伤致死之处一一符合,与"原殴不至于死,别因伤风死者"又迥不同。承审各官不将殴后情状与死后尸伤研辨明晰,混引"原殴伤轻"之例,将李恺减等拟流,更属疏忽。事关人命,不便草率定案,应令该抚再行详审,按律妥拟具题,到日再议等因。

题驳去后……非轻伤可比,将李恺改依"斗杀"律拟绞监候等因具题前来。

应如该抚所题……

以上案例虽然显示了在命案审理中检验对确定案情的重要性,同时,亦可以看出检验的依据仍为宋代传下的《洗冤录》一书,但根据案例中刑部指驳情形来看,其根本原因还在于"伤供未符",即检验的结果与现有的言词证据未能严格对应。由此可见,清代的案件审查中其他的证据均是依据"招供"这一核心证据所展开并进以论证案件的"确情"。

〔16〕《明清公牍秘本五种》,郭成伟、田涛根嘉靖刻本点校整理,中国政法大学出版社2013年版,第522页。

〔17〕(清)全士潮、张道源等纂辑:《驳案汇编》,何勤华、张伯元、陈重业等点校,法律出版社2009年版,第367~368页,"保辜破骨伤正限内身死"。随后,据以说明的案例是"破骨伤限内身死",第283页。

3. 对招供情况指驳

清代的案件审理极重“招供”，几乎是“无供不能定案”。[18] 而“招供”具体所包含的内容不仅包括了人犯自己的供述亦涵盖了地保、尸亲、邻佑、见证等可以作为证据证明案件事实的证人之供。《大清会典》则明确规定：“凡听断，依状以鞫情，如法以决罚，据供以定案。”故“招供”在清代的司法实践之中当之无愧地被认定为最终定案的“证据之王”。而《驳案汇编》中的案例统计亦印证了这一情况，刑部在复核“重情”案件中，对认定事实的具体依据进行指驳时，涉及招供情况的案例有 50 个，占对具体依据进行指驳的案例半数以上。现略举以下案例予以说明：

一起为详请等事。会看得平遥县民郝旺虎扎伤伊妻梁氏身死一案。

先据山西巡抚雅德咨……将郝旺虎依“妻骂夫之父母而夫不告官擅杀”律，杖一百等因咨部。

……该抚仅据该犯事后一语，曲为援律拟杖从宽完结，殊与律例之意不符。罪关出入悬殊，未便率覆。应令该抚另行按律妥拟具题，到日再议等因。

咨驳去后，嗣据山西巡抚咨称，复提卷细加确核……不但师氏亲供确凿，且据尸父乡邻人等各供佥同，已与律注。亲告：相符……郝旺虎应仍照前拟，依“妻骂夫之父母而夫不告官擅杀”律杖一百，似无枉纵……

复经臣部查郝旺虎因妻梁氏向伊母师氏顶撞业经喝阻……是别因醉闹起衅，即牵姑辱骂亦止该犯一面之词，彼时伊母亦未在场。今该抚因师氏到案供明，乡邻尸父佥供如一，谓与“亲告”无异。细核案情，究系事后之言，并非当时“亲告”，且尸父邻人所供均系查问空言，非有目击确据……应令该抚仍按律妥拟具题，到日再议等因。

咨驳去后，今据该巡抚将郝旺虎改依“夫殴妻至死”律，拟绞监候等因具题前来。

据此，应如该抚所题……[19]

---

〔18〕 那思陆：《中国审判制度史》，上海三联书店 2009 年版，第 239 页。

〔19〕 (清)全士潮、张道源等纂辑：《驳案汇编》，何勤华、张伯元、陈重业等点校，法律出版社 2009 年版，第 401 ~ 402 页，“夫殴妻至死”。

目前,我们所能看到的督抚据以审拟案件的唯一证据种类即“招供”,而“招供”之间在形式上基本已能做到了能够互相印证,即证实是在辱骂翁姑,并据此对郝旺虎仅拟杖刑。但刑部在复核该案时则仍对此情节作出了指驳。以今日的法律观点来看,本案已有郝旺虎的供述作为直接证据,而该证据亦得到了乡邻、尸父的证言的支持,但这些证据均为言词证据,而言词证据最大的缺点即是不稳定性、主观性与可变性。可是在技术水平落后、科学知识欠缺的清代,作为与案件最直接相关并能说明整个案件事实来龙去脉的“招供”,其在整个证据体系中必然仍居于统领的地位,甚至在个案办理中会出现直接仅依据“招供”来定拟案件的情况。在清代虽然没有现代的法律理论来对证据作出分类及论述,但经过长期的司法实践亦使其意识到确保“招供”真实的重要性,其所使用的技术性手段就是对某些“招供”加以形式上的限制,而在本案中“亲告”与否正是这一技术性手段的体现,其通过“亲告”这一形式要件的限制,从而避免了案后涉案人员串供的可能性。

4. 对量刑情节指驳

在清代的司法实践中,亦如今日之司法规定了诸多的影响量刑的情节,而此类情节的确定均会直接影响案件最后所拟定的罪名或刑罚的处理方式。[20]在《驳案汇编》所收录的复核“重情”案件中,对认定事实的具体依据进行指驳时,涉及因具体量刑情节未查明而指驳覆审的案例有 14 个,经归纳可知,所涉及的量刑情节主要分为两方面:一是涉及人犯的身份情况,其主要如服制规定、留养制度、民族等;[21]二是涉及人犯在犯罪中的作用地位,如首从区分、是否自首、是否加功等。现略举以下两类案例予以说明:

一是涉及人犯身份。

一起为禀报事。会看得东平州民王伦祥殴伤陈英身死一案。

先据山东巡抚准泰疏称……将王伦祥依律拟绞监候,并声明王伦祥之父王益仁年逾七十,家无次丁,照例附情留养等因具题。

---

〔20〕 参见[加]卜正民、格力高利 · 布鲁、[法]巩涛:《杀千刀:中西视野下的凌迟处死》,张光润、乐凌、伍洁静译,商务印书馆 2013 年版,第 58 ~ 63 页。

〔21〕 参见胡兴东:《清代少数民族刑事案件法律适用问题初探:以乾隆朝刑部驳案为中心的考察》,载《云南师范大学学报》(哲学社会科学版)2009 年第 4 期。

臣部等衙门查……若犯案到官之初事在仓卒,其情易德,且相验为众人瞩目之地,不能混捏,尸亲正当哀痛求伸,亦难一时贿嘱。请于相验时将该犯是否孤子详细确讯,叙入初报文内审明定拟等因。经臣部议准奏明通行,遵照在案。今查王伦祥殴毙陈英一案,该州于相验时及初报文内并未取得果系孤子确供……与定例显相悖谬……应令该抚详加研讯,务得实情,按律妥拟具题,到日再议等因。

题准咨行该抚去后,今据该抚疏称,复加研讯……讯据王伦祥供称,缘到案之初,前州并未讯其父母年岁,乡愚不知定例,事宜未及供明,迨接任鞫问,始据实供明,委非捏饰……已据该州关准该犯原籍汾阳县讯取地方邻族确供,取具印甘各结关送在案。在该犯所供虽难凭信,而其原籍地方官自必详加确查,断无扶同捏结之理。王伦祥应仍照原题声明应侍缘由等因具题前来。[22]

……

以上所引的是一个涉及“留养”问题的案例,而在中国传统的法律构建中,其中最重要的一个基石即是儒家的法律思想,在中国古代法律制度的进化过程中,“儒法合流”“以礼入刑”一直是贯穿始终的主题,而作为中国古代法律的集大成者,在清代的法律中关于“服制”“留养”等专门制度的规定即是儒家伦理思想融合进法律之后留下的深深烙印。[23]

二是涉及人犯在犯罪中的作用地位。

一起为遵旨议奏事。内阁抄出署云南巡抚刘秉恬奏称,窃照大关厅盗犯潘永吉纠伙行劫、伙盗胡正隆拒伤事主身死、并潘永吉拒伤事主之妻罗氏平复案一案。

……胡正隆听从上盗杀死事主,依“强盗杀人”例斩决枭示,潘永吉、余时臣、雷起桂、刘寄倚照强盗例内系照律“不分首从”,应与胡正隆一体治罪,均拟斩决枭示……

……如该犯潘永吉等当胡正隆杀死事主之时帮同下手,即属杀人为从之强

---

〔22〕 (清)全士潮、张道源等纂辑:《驳案汇编》,何勤华、张伯元、陈重业等点校,法律出版社2009年版,第13~15页,“金刃重伤骨折致毙不准留养”。

〔23〕 参见丁凌华:《五服制度与传统法律》,商务印书馆2013年版,第185~189页。

盗,自应一例问拟斩枭;如并未助殴,则该犯等自由本律应拟之条。应令再行严审确实,妥拟具题,到日再议等因题驳。

咨行到臣,遵即行司提犯来省委员确审。由司解勘前来,亲提复鞫……均与原审供情无异。再四严诘,佥供胡正隆杀死事主之时并未帮同下手,矢口不移。是该犯等既未助殴,自应遵照部驳,查例定拟……〔24〕

……

在以上案例中,刑部在复核该案时对潘永吉在案件中的作用地位作出了指驳,而督抚在针对部驳查明后亦对其作出了改拟。在清代案件处理结果的价值判断即为是否"情罪相符",而这一价值判断亦必然延伸至多人犯罪案件中每一个具体的人犯,同时,在清代的法律条文中对"加功""为从""同谋"等量刑情节作出专门的规定,其也是对"情罪相符"这一司法价值判断的具体化、形式化、法制化的体现之一。

## 三、"断罪引律令"——法律之疑

清代州县的案件审理是否依律例,这一直以来均是学界争议的热点与焦点,其中最突出的即是以滋贺秀三与黄宗智之间的争论。前者认为清代的州县审判多是"教谕式的调解",并未严格遵循适用律例,而里赞所著的《晚清州县诉讼中的审断问题》一书中,统计了54件婚姻案件后亦得出了依律处断的案件仅占案件总数的5%的情况。但黄宗智在研究巴县、淡新、宝坻3县档案中进入庭审程序的221件案件后却认为有高达87%的案件都是明确适用了法律来加以解决,并论证案件的审理均是"依律而断"。〔25〕在本文中,笔者无意介入上述争论,但由于本文的研究对象——清代的"重情"复核案件,其进入司法程序的起点以及复核的对象和基础即是州县对"重情"案件审理的"定拟招解",故在此即不可避免地需要对本文研究对象适应律例的审拟情况作出说明。

〔24〕(清)全士潮、张道源等纂辑:《驳案汇编》,何勤华、张伯元、陈重业等点校,法律出版社2009年版,第134~135页,"强盗杀死事主并未帮同下手"。

〔25〕参见里赞:《晚清州县诉讼中的审断问题:侧重四川南部县的实践》,法律出版社2010年版,第105~123页。

《大清律例》第409条"官司出入人罪"的附例明确规定：

凡驳饬改正之案，刑部即检查该府州县原详，据实核办。如原详本无错误，经上司饬驳致错拟罪名者，将该上司议处。如原详未奉饬驳，该上司代为承当，除原拟之员仍按例处分外，将该管上司照徇庇例严议。

前述学者论著的重心多是清代州县的司法实践，基于清代以儒家思想为主导的"定分止争"法律思维与背景，以及家庭宗族的乡土社会结构，在清代州县的司法实践中，婚姻、田土、债务等"细故"案件在数量上无疑是占多数的，而由于州县作为"父母官"的这一特定角色，即毫无疑问地多是"教谕式的调解"以求"无讼"的实现。〔26〕这一法律传统在某种程度上来说甚至仍在影响我们今日的司法实践，如今日民事案件审判中调解可以贯穿始终，而轻微的刑事案件在双方达成和解后亦可以作出不起诉的处理等。诚然，今日对这些"细故"案件的处理在程序法上均有明文规定，但在处理这些案件时亦并不必然地适用实体法的规定。因此，回归到清代州县审理"细故"案件的司法实践环境中时，苛求其在调解或作出类似今日之"行政处罚"时仍要遵循律例则未免是强人所难。

但回归到本文所研究的"重情"案件时则又另当别论。因为在"重情"案件的整个覆审过程中，直至中央审判机构在对案件的复核过程中，针对案件适用法律的情况一直均是审查及复核的重中之重，而在《驳案汇编》所收录的案例中有300个案例是指驳的原因均包含了法律适用问题，占全部案例总数的78.5%。之所以会出现如此大量的案件在法律适用中存在问题，其中一个非常重要的原因即是因为对于总理地方一切事务的地方官员而言"刑名"仅是其治域内的一项常规工作，但在"重情"案件复核时，非专业司法人员审拟出来的案件却要面对专业司法部门（刑部为首的三法司）的审核，〔27〕所以如此之多的法律适用问题亦是其时地方司法依附于行政这一弊端所导致的必然结果。〔28〕

〔26〕 参见费孝通：《乡土中国》，上海人民出版社2007年版，第51～55页。

〔27〕 参见徐忠明：《众声喧哗：明清法律文化的复调叙事》，清华大学出版社2007年版，第228～269页，"清代司法官员知识结构的考察"。

〔28〕 参见魏淑民：《清代乾隆朝省级司法实践研究》，中国人民大学出版社2013年版，第9～11页。

此外,经统计《驳案汇编》中收录的382个案例,在督抚报中央审判机构复核的审拟意见中,除一个案例未列明所适用的法律条文外,[29]其余案例均明确了定拟或比附所适用的法律依据。而以上全部案例在经指驳后,由刑部等奏报皇帝裁定的最终案件定拟意见中亦均明确了所依据或使用的法律,即该汇编中所收录的"重情"案件在审理过程中是100%做到了判决有法律依据,亦即证实了清代的司法实践在处理"重情"案件中均严格遵循法律的规定。因此,中央审判机构在复核"重情"案件过程中,审查案件的法律适用情况亦理所当然地是其应有之义。[30]

(一)定拟与律例不符

清代以律例为主体的法律条文构造,基本上即是一个罪行与刑罚的一一对应表述,每一个具体的犯罪行为均被作为一种具体的形态投影至相对应的刑罚刻度当中。而在司法实践中,承审官员亦多是简单地将律例套用至相对应的案情中来予以适用。[31] 所以,在清代的案件审理中,相比之"援引比附"而在个案的定拟中直接适用已有律例可谓之狭义的"断罪引律令",对此在清代的法律亦有明确的法律依据。

《大清律例》第415条"断罪引律令"规定:

凡断案,皆须具引律例,违者,笞三十。其特旨断罪,临时处治,不为定律者,不得引比为律;若辄引致断罪有出入者,以故失论。

所属该律的其中一条附例则规定:

---

[29] 参见(清)全士潮、张道源等纂辑:《驳案汇编》,何勤华、张伯元、陈重业等点校,法律出版社2009年版,第20~21页,"逃军仍照本例办理"。该案是督抚请示刑部该适用何律例,而刑部在复核过程中则明确指明了所应适用的律例,而案件的最后亦是根据刑部的答复适用了具体的律例来作出判决。

[30] 参见徐忠明:《明镜高悬:中国法律文化的多维观照》,广西师范大学出版社2014年版,第190页。

[31] 参见[日]寺田浩明:《权利与冤抑:寺田浩明中国法史论集》,王亚新等译,清华大学出版社2012年版,第187页。

承问各官审明定案务须援引一定律例,若先引一例复云不便照此例治罪,更引重例及加情罪可恶字样坐人罪者,以故入人罪论。

但由于律例的相对稳定性与案件的多样性存在必然的冲突,所以承审官员错误适用法律的情况亦在所难免,其最突出的表现即是所审理案件的案情与律例的规定不符。在《驳案汇编》所收录的案例内,有239个案例在复核过程中被中央审判机构驳回覆审的缘由即包含了案情与律例不符,而定拟与律例不符的错误法律适用则直接导致了案件定罪量刑的错误。现略举以下案例予以说明:

一起为强抢事。会看得南汇县民姜大等强抢赵偶观孀媳周氏并伤赵偶观夫妇一案。

先据原任苏州巡抚王师疏称……查"强抢孀妇"例载"因抢夺而伤人者,照本律从重论,抢夺伤人者斩,为从减一等"等语,是两人共伤一人,应分首从。今姜大、姜叙各伤一人,应各尽本法治罪。姜大除强夺良家妻女尚未奸污、姜叙除"为从"各轻罪不议外,姜大、姜叙均合依抢夺伤人律拟斩监侯,朱生等拟杖因具题前来。

查例载"抢夺良家妻女、奸占为妻妾者,绞;尚未奸污者,减一等。"又例载"孀妇自愿守志而母家、夫家抢夺强嫁者,各按服制照律加三等。娶主知情同抢,照'强娶,笞五十'律加三等,杖八十。其有因抢夺而取去财物及杀伤人者,各照本律从重论"各等语,是抢夺、强嫁,律例各有本条,即强嫁例称"各照本律从重论"者,谓因抢夺而取去财物,则照"抢夺财物"律分别科断。若杀伤人,则按其情节照"殴故杀伤"律定拟。细绎例文及字,各字之义显有区别,难容牵混。今此案姜大起意纠同姜叙等强夺周氏、殴伤周氏翁姑并未取去财物,则按情定罪,自有应拟本条。乃该抚既错引强嫁例内之条,而又误会杀伤人本律之义,复将例内"取去财物及各"六字删去,将姜大、姜叙不分首从,均依"抢夺财物伤人为首"律拟斩监侯,与律不符。事关罪名出入,未便草率完结。应令该抚详察案情,妥协定拟具题,到日再议等因。

题驳去后,续据该抚庄有恭疏称……姜大除"强夺良家妻女、尚未奸污,例止减流"轻罪不议外,应改依"凶徒执持凶器伤人"例发边卫充军。姜叙"强夺良家妻女、未被奸污,为从"例应满徒,其执持面杖殴伤赵偶观之妻朱氏,已成废疾,亦应满徒。二罪相等,从一科断,姜叙改依"殴人成废疾"律杖一百、徒三年等因具题。

应如该抚所题……[32]

在以上所引案例中,刑部在复核该案时驳回的唯一原因即是因督抚未按律例定拟,而刑部在指驳时亦明确指出督抚错误适用律例的最根本原因在于“将例内‘取去财物及各’六字删去”。因为清代法律条文中对各罪及刑罚构成要件的精细化,即特定的“情”对应特定的“罪”的表述并得出特定的“刑”,以期达到每个个案均能“情罪相符”从而实现个案的实质正义,所以在律例的适用过程中对律例的条文作出删减不一一对应套入,则必然会导致错误的定罪量刑。而为避免这一情况,在《大清律例》第44条“断罪无正条”的条例里即对引用律例断案中完整适用律例条文提出了明确的要求:“引用律例如律内数事共一条全引恐有不合者,许其止引所犯本罪。若一条止断一事,不得任意删减以致罪有出入……若律例本有正条,承审官任意删减以致情罪不符……该堂官查出即将承审之司员指名题参……”

(二)援引比附不当

由于清代的律例作为一种实定法,其必须在一定的时期内保持相对的稳定性,而其自身所规定的内容又在拟定之初即与特定且具体的案情紧密对应,所以,在清代的司法实践中常常就会出现因“律归一定,情有万端”而导致“断罪无正条”的情况出现,而解决这一问题的方式即是援引比附。[33]

《大清律例》第44条“断罪无正条”明确规定:

凡律令该载不尽事理,若断罪无正条者,引律比附应加应减定拟罪名议定奏闻,若辄断决致罪有出入,以故失论。

上述律文后的“条例”则规定:

[32] (清)全士潮、张道源等纂辑:《驳案汇编》,何勤华、张伯元、陈重业等点校,法律出版社2009年版,第61~62页,“强夺良家妻女尚未奸污因而伤人”。

[33] 参见胡兴东:《中国古代判例法运作机制研究:以元朝和清朝作为比较的考察》,北京大学出版社2010年版,第285~286页。

引用律例如律内数事共一条，全引恐有不合者，许其止引所犯本罪。若一条止断一事，不得任意删减以致罪有出入。其律例无可引用，援照别条比附者，刑部会同三法司公同议定罪名，于疏内声明律无正条，今比照某律某例科断或比照某律某例加一等、减一等，科断详细，奏明恭候谕旨遵行……

而根据上述清律对援引比附的规定不难看出，即使针对特定的案例可能法律对其没有专门的律例可以适用，但作为实定法的律例仍可以作为援引比附的规则基准被反复适用，即其仍属于广义的“断罪引律令”的范畴。但由于援引比附所针对的案情的不确定性导致了律例条文的适用始终处于一种不稳定的状态，所以上述律例条文中亦明确规定了援引比附定拟的案件必须报刑部等中央审判机构复核后奏闻皇帝最终裁决。在《驳案汇编》所收录的案例内，有61个案例在复核过程中被中央审判机构驳回覆审的缘由即明确包含了援引比附不当的原因。现略举以下案例予以说明：

一起为强嫁图产事。会看得新野县民葛继荣图产强嫁孀嫂关氏一案。

先据河南巡抚阿思哈咨称……今葛继荣图财强嫁孀嫂，现有伊母葛卢氏在堂，则非例得主婚之人，不便仅照“夫家强嫁”例按服制加等治罪。但系关氏夫弟，既非期功卑幼可比，亦与疏远亲属不同，而律例内并无夫弟图产强嫁兄妻作何治罪之条。查该犯虽经强嫁，究未得财，亦未成婚，葛继荣应请比照“疏远亲属图财强卖拟绞”例量减一等，杖一百、流三千里，至配所折责四十板，齐先齐等拟杖等因咨达前来。

查例载“疏远亲属图财强卖者照例拟绞奏请，倘期功卑幼谋占资财贪图聘礼，将伯叔母姑等尊属用强抢卖，拟斩监候”等语，今关氏系葛继荣亲嫂，服属小功，虽与卑幼有间，亦与疏远亲属不同……丧心败伦，究与寻常强卖未成者不同，该抚因例无明文，照“疏远亲属图财强卖拟绞”例量减拟流，于情法殊未平允。应令该抚另行妥拟具题，到日再议等因。

咨驳去后，续据该抚阿思哈疏称……兹准部驳，细绎此案。该犯图谋财产，辄将守志孀嫂强行嫁卖，虽未成婚得财，而丧心败伦诚非寻常强卖未成可比。律例虽无强卖亲嫂未成作何治罪之文，而夫弟服属小功，较之期功实已渐降，自应援照疏远亲属问拟，将葛继荣改照“疏远亲属图财强卖”例拟绞监候，奏请定夺。齐先齐仍照前拟杖责等因具题前来。

应如该抚所题……[34]

结合以上所引的案例并结合清律对援引比附的相关规定不难看出其制度设计的特点。一是援引比附的前提必须是"律无正条",即已有的律例表述不能涵盖个案中独特的"情",单纯的律例套入案情已无法做到"情罪相符"。二是援引比附的对象被严格限定在已有的律例范围内,即无论是以地方督抚为首的承审官员抑或以刑部为首的中央司法复核机构其均没有作出司法解释或创设法律的权利。三是所有援引比附的确定都必须由皇帝决定,即在案件的审拟中必须就援引比附的情况以"声明"这一法定形式报由皇帝裁决。由援引比附这一制度的设计特点不难看出,其不但是完成清代司法自主修复的应然需要,也是确保将清代司法实践限定在皇权掌控范围内的必然要求。

## 四、结　　语

量处在徒刑以上的"重情"案件根据清律的规定必须自动进入"覆审"的程序,而以刑部为代表的三法司作为清代的中央司法机构,其正是处于整个审理程序的核心环节,所有"重情"案件必须在经其复核后,亦必须由其奏报皇帝,在皇帝作出裁决后方可最后定案。而皇帝作出裁决多为形式上的"依议、钦此",其甚少会作出实质上的变更,其对刑部复核情况有异议时,亦多是将案件批交"三法司奏议"或"九卿奏议",所以在大多数的案件处理中皇帝多是对已草拟的初步意见作出一个形式上的确认,从而通过对最终裁决权的掌控来凸显皇权的独一无二。通过《驳案汇编》收录的382个案例可以看到,皇帝在最终裁决时仅对13个案例的审拟意见作出了直接的变更;对63个案例作出了要求刑部、三法司或九卿就案件本身或专门问题进行议奏,奏议后其亦均在形式上予以确认通过;即皇帝直接变更案件终裁结果的情况不足案件总数的1/5。而在剩余的306个案例中,皇帝在案件审理过程中所扮演的角色多限于被动地对刑部等复核后奏报案件的审拟意见作出形式上的确认。由此可见,皇帝在整个"重情"案件的审理过程中的作用更多的是在形式上参与审查,并作出形式上对裁决的

〔34〕 (清)全士潮、张道源等纂辑:《驳案汇编》,何勤华、张伯元、陈重业等点校,法律出版社2009年版,第69~70页,"图产逼嫁孀嫂拟绞"。

最终确认，即通过皇权来赋予判决的法律效力进而保障判决结果得以施行并产生法律效果。[35]

An Analysis on the Causes of Refuting the Case of "Emphasizing Affection" in Qing Dynasty

Kang Pei

**Abstract**: The barge cases serve as an important research object to reason, through the analysis and research of our criminal law as the representative of the three department is the main Department of the central review of the case, it is essential to the case, a comprehensive review of the Department, the case also causes the barge because they discovered various needs refers to retrial or in the case of other quasi case review process, and also the reason is that the review barge changed in the process of "the fact of the suspect" and the "law of the suspect".

**Key words**: Qing Dynasty; Bo-An-Hui-Bian; Refutation; Reason; Review

---

〔35〕 参见王志林：《清代驳审制度考论：以〈驳案新编〉所载案例为中心的考察》，载《政法论坛》2009 年第 4 期。

# 清代前期税法的观念和实践

付宁馨*

**内容摘要:**

以清代前期税制为研究对象,中国传统税制的合法性基础是一种“编户齐民”下的税收正义,君主的征税权受天理、国法、人情限制,并在立法、执法、司法层面一以贯之。税收的平均贫富功能就重于财政收入功能。“均平”的税收理念在制度上旨在量能课税,却在实践中遭遇大量逃税漏税。为平衡效率和公平,明末清初立法者发起“摊丁入地”的税务改革,提高了稽征技术。由于国家征税能力不足,传统中国税制的重心始终在于平等和生存权。

**关键词:**

均平　量能课税　实质课税　稽征经济

清代前期税收是以农业税为主体、关税等商业税为辅的税制模式。对清代税制的探讨经常受到中国国情和传统的影响,强调中国古代税制不同于别国的特殊性。然而,税法作为古今中外通行的学科具有共同问题意识、理论和方法。本文从当代税法的角度出发,力图对清代税法中的特殊之处作出法律上的合理解释。

## 一、税收的合法性基础

### (一)“编户齐民”下的税收正义观

税收是一项古老的制度,但税法作为部门法的形成却是非常晚近的事。19

* 清华大学法学院博士研究生。

世纪,甚至第一次世界大战以后,税的法律概念才逐渐确定。[1] 现代税法理论的基础来自西方宪政文化。自12世纪盛行的罗马法格言“凡涉及众人之事须经众人同意”开始应用于财政和赋税领域。[2] 英国国王为满足行政和军事开支需要,以“共同利益”和“共同需要”为由征税,议会逐渐取得征税权,建立上下两院,推动宪政制度的发展。[3] 1215年《英国大宪章》(Great Charter)规定,若无全国公意许可,不得在法定征收范围外征收任何税金。中世纪晚期法国“绝对主义”君主逐渐取得强制征税权,不再召开三级会议,最终成为大革命的导火索。英国内战和法国大革命都是国王和议会征税权冲突爆发的结果。现代议会制度诞生后,议会开始对政府财政收入支出进行全面监督,形成了税收型财政制度和税收国家。“公民同意是国家财政权形成的合法性基础,财政权必须以保护公民私有财产权为目的和归依,而财政民主则是公民财产权实现的制度基础。”[4]在财政政策方面,近代军事—财政国家催生了新型的行政和财政组织,促进了以土地税为主的直接税向以商业税为主的间接税和公共借款的转换。“公共债券市场使英国政府能够负担得起战时的赤字开支,并且还使其财政收入的基础在规模上远远超过了国库所存资金的规模。英国的领导人们已经发现,在特定条件下,债务能够增强国家的实力,甚至能在危急关头确保国家屹立不倒。”[5]20世纪30年代大萧条(The Great Depression)后,政府开始加强对经济的干预,扩大财政支出,实行赤字财政,发行公债,进一步从量入为出

[1] 参见[日]金子宏:《日本税法原理》,刘多田等译,中国财政经济出版社1989年版,第17页;[日]新井隆一:《租税法之基础理论》,林燧生译,“台湾财政部”财税训练所1984年版,第5页。

[2] [法]奥利维耶·吉约、阿尔贝·里戈迪埃、伊夫·萨西耶:《中世纪法国的权力与政制》(第2卷)《从封建时代到国家时代》,阿尔芒·科兰出版社2003年版,第181页。转引自熊芳芳:《从“领地国家”到“税收国家”:中世纪晚期法国君主征税权的确立》,载《世界历史》2015年第4期。

[3] 参见施诚:《试析中世纪英国税收理论》,载《华东师范大学学报》(哲学社会科学版)2007年第1期。

[4] 刘剑文:《宪政与中国财政民主》,载《税务研究》2008年第4期。

[5] 参见[美]斯蒂芬·哈尔西:《追寻富强:中国现代国家的建构,1850~1949》,赵莹译,中信出版集团2018年版,第9页、第126~127页。

型财政转变为量出为入型财政。

17世纪以来,西方学者对税的本质提出了多种不同的主张。传统社会契约论的支持者认为,税是公民和国家之间的一种利益交换,公民通过向国家缴纳金钱换取人身财产权的保障、公共服务和社会福利。从税法和私法的关系来看,因为税收不可避免地侵犯财产权,所以税法只有作为一种公法之债才能阻却其违法性。洛克(John Locke)、孟德斯鸠(Charles de Secondat)、密尔(John Stuart Mill)等思想家均持此种观点。[6] 20世纪以来,鉴于德国一战战败所面临的严重财政危机,德国法学家开始主张曾经在19世纪式微的"义务说"。义务论强调国家的权力,认为税收是每个国民应尽的义务,完全是"无偿的牺牲性的给付"。[7] 德国公法学家奥托·迈耶(Otto Meyer)将税收法律关系界定为权力服从关系。[8] 奥地利财政社会学家鲁道夫·葛德雪(Rudolf Goldscheid)甚至认为,国家已无法依赖传统的税收来偿付这巨额的战争债务,应有计划地进入私人经济领域,转而依赖营利收入,从而促使"负债的税收国家"转换为"具有资本能力的经济国家"。[9]

中国传统税收和财政理论与西方大相径庭,但有其现实运作的机制和理论自洽的逻辑体系,体现为君主对臣民的财产和人身严格控制下的有限自由。尽管在现代概念下,将"赋"解释为作为财产税的田赋和杂赋,将"役"解释为人身劳役并不准确,但这不妨碍我们将古代赋役制度抽象为君主对臣民财产和人身的一种控制。在奴隶制社会,君主对人的财产和人身禁锢最严厉。秦制有繁重的田赋、户赋和徭役。普通人年十五开始服役,六十岁老免,有时甚至没有徭役期限。秦简《徭律》规定:"兴徒以邑中之红(功)者,令嫴堵卒岁。未兴堵坏,司空将红(功)及君子堵者有罪,令其徒复恒之,勿计为繇(徭)。"[10]这种规定延续

---

[6] 参见丛中笑:《税的本质探析》,载《法制与社会发展》2006年第6期。

[7] [日]井手文雄:《日本现代财政学》,陈秉良译,中国财政经济出版社1990年版,第262~263页。转引自丛中笑:《税的本质探析》,载《法制与社会发展》2006年第6期。

[8] 参见张世明:《时间与空间:清代中国与西方在税法上的文化选择》,载《清史研究》2002年第3期。

[9] 张富强:《论税收国家的基础》,载《中国法学》2016年第2期。

[10] 睡虎地秦墓竹简整理小组编:《睡虎地秦墓竹简》,文物出版社1978年版,第77页。

到唐代,《唐令拾遗》赋役令二三载,唐代"遣部曲代役者听之"。[11] 在"礼"的秩序和编户齐民的制度下,户口登记、分户立户、什伍连坐、更籍等制度在经济上可以征发赋税徭役,在社会治安上严格限制迁移和流民的产生,在政治上区分不同社会阶层。[12] 从奴隶制社会到封建社会,君主对人的强制程度逐渐降低,人的良贱差异逐渐减少甚至废除,人逐渐自由化,但直到封建社会晚期,君主对臣民的财产和人身都有很强的控制。朱元璋说:"为吾民者,当知其分也。田赋力役出以供上者,乃其分也。能安其分,则保父母妻子、家昌身裕,斯为仁义忠孝之民。"[13] 由此可见,对君主来说,赋役是天经地义的,是臣民的本分。臣民守本分,君主才保全他们的身家性命。

在清代官方典章制度、税收征管实践、税务诉讼中仍存在人身控制和人身罚的残余。首先,清代对漕运水手的管理非常严格。《大清律例》规定,水手"具开明姓名、籍贯,各给腰牌,令前后十船互相稽查,取具正丁甘结,十船连环保结。如一船生事,十船连坐"。[14] 水手犯罪加重刑罚,"粮船水手聚众滋事罪应徒流者,俱面刺'不法水手'四字;如罪止杖笞,人犯递回原籍,交地方官严查管束,毋庸刺字"。[15] 其次,在税收诉讼中,原告即便告赢也会得到最低刑罚——按照不应重律杖八十,最低刑罚是官方通过人身刑罚的方式对民众的权力展示和人身控制的宣示。不仅如此,即便判决查明官吏不法行为的事实并进行处罚,判决也会在名义上否认存在"浮收勒折"等违法行为,体现了官方对司法结果的强势主导作用。最后,为了保证税收完纳,国家还把完粮责任与官吏奖惩制度挂钩,下至州县官,上到粮道、漕督都有连带责任。如果运丁运送途中短缺粮食,粮道、府、厅各官一体惩罚,共同赔补。[16] 各帮船必须在规定的时间到达

---

〔11〕 李天石:《中国中古良贱身份制度研究》,南京师范大学出版社 2004 年版,第 64 页。

〔12〕 参见高敏:《秦汉的户籍制度》,载《求索》1987 年第 1 期。

〔13〕 《明太祖实录》卷一五〇。

〔14〕 马建石、杨育棠主编:《大清律例通考校注》,中国政法大学出版社 1992 年版,第 494 页。

〔15〕 (清)薛允升著,胡星桥、邓又天主编,王庆西等编写:《读例存疑点注》,中国人民公安大学出版社 1994 年版,第 542 页。

〔16〕 参见李文治、江太新:《清代漕运》,中华书局 1995 年版,第 141 ~ 142 页。

通州,沿途漕务官员及时奏报。若粮船延误,催攒官将受到严惩。“凡催漕道府董率州县官,于入境时按程催行,毋许停泊,出境乃止。沿河营汛镇将董率汛弁催行亦如之。催行不力,致有羁迟者,专催督催各官弁劾论有差”。[17]

但是君主对民众的强制也不是无限的,而是受到天理、国法、人情的限制。君主必须考虑民众的经济承受能力,在政府财政需要和民众经济能力之间取得平衡。天戒以灾异的形式警示君主,灾异的根源在于人祸,因此,君主必须以罪己的方式应对灾异,承担政治责任。康熙十八年(1679年)地震,皇帝“于宫中勤思召灾之由”,认为“民间易尽之脂膏,尽归贪吏私囊,小民愁怨之气上干天和,以致召水旱、日食、星变、地震、泉涸之异”。[18] 学者孙歌提道:“日本有研究法国思想史的学者指出过,其实在十七世纪的时候,中国的皇帝对于民、民意的恐惧——准确的说那是一种恐惧的心理——曾让西方传教士非常羡慕。”[19] 康熙说:“人主势位崇高,何求不得,但须有一段敬畏之意。”[20] 灾荒年份,蠲免赋税成为惯例。孟德斯鸠在《论法的精神》说道:“亚洲的帝王几乎没有一年不下诏谕宽免他们帝国中某个省份的税,这是中国皇帝的习惯。他们表现赐给人民恩典的心意。但是欧洲则不然,君主的诏谕在人们还没看到之前就已使人们发愁,因为君主的诏谕通常谈的都是君主的需要,而从来不谈我们人民的需要。”[21]

### (二)立法、执法、司法中的税收正义

在这种理念的支配下,田赋的法定征收额被控制在较低水平。康熙五十一年(1712年),在实现了经济恢复和国库充实的目标后,康熙提出了“滋生人丁永不加赋”。雍正时期实行“摊丁入地”后,税收政策进一步明确在新垦土地不

---

[17] 《钦定大清会典》(乾隆二十九年)卷十《户部》《漕运》。

[18] 中国第一历史档案馆整理:《康熙起居注》(第1册),中华书局1984年版,第422页。

[19] 刘志伟、孙歌:《在历史中寻找中国:关于区域史研究认识论的对话》,东方出版中心2016年版,第135页。

[20] 中国第一历史档案馆整理:《康熙起居注》(第1册),中华书局1984年版,第127页。

[21] [法]孟德斯鸠:《论法的精神》(上册),张雁深译,商务印书馆1961年版,第222页。

得增加丁银，只征收地粮。乾隆以后，继续贯彻不加赋的税收政策，赋税收入水平固定下来，不加赋的统治口号也一直延续下去。各省都开始制定赋役全书，成文法是执法和司法裁判的根据。

从减税的经济原因来看，清代耕地已达到开垦极限，田赋无法增加财政收入，小农经济薄弱性也使政府必须将税率维持在较低水平。康熙南巡时提道："朕屡次南巡，见闾里殷阜之象远不逮于旧时，虽不时蠲免额赋，停征积逋，仅可支吾卒岁，绝无余蓄。"[22] 人多地少的矛盾日渐突出，"李光地奏曰，今人口甚多，即如臣故乡福建一省，户口繁息，较往年数倍，米价之贵，盖因人民繁庶之故"。[23] 因此，康熙晚年提出不加赋政策："今海宇承平已久，户口日繁，若按见在人丁，加徵钱粮，实有不可。人丁虽增，地亩并未加广。应令直省督抚，将见今钱粮册内，有名丁数，勿增勿减，永为定额。其自后所生人丁，不必徵收钱粮。"[24]

蠲免赋税成为公共政策中的惯例，《大清会典》户部门里有专章规定蠲恤："凡遇水旱虫雹，议豁免，议缓征，议蠲赈，预筹积贮，兼行粜借。虽偶值歉收，民不失所，意美法良，具载于后。"[25] 康熙四十四年(1705 年)，据大学士奏："自康熙元年以来，所免钱粮数目共九千万有奇。"[26] 相当于这 44 年正项钱粮收入的 1/12。康熙四十五年至五十九年(1706 ~ 1720 年)共蠲免六千二百二十一万一千余两，相当于这 15 年正项钱粮收入的近 1/6。[27] 乾隆年间共普蠲天下钱粮 5 次。在仓储制度方面，历代都有平籴法、平粜法，平籴是官府在丰年收购余粮，平粜是官府在荒年平价出售所储粮食。以运河体系为支撑的漕粮税收不仅是一种财政收入手段，而且是一种社会保障和社会救济手段。税的社会效益超过其经济效益。

在征税环节，为了防止胥吏违法征税，州县官采取各种手段规避违法行为。簿册明确记载某月日收第一限，拆封自某号起，至某号止，其银若干。票

[22] 《清圣祖实录》卷二五三。

[23] 同上书，卷二四〇。

[24] 同上书，卷二四九。

[25] 《钦定大清会典》(雍正朝)卷三十五《户部》《蠲恤一》。

[26] 《清圣祖实录》卷二二三。

[27] 参见曹月堂：《谈康熙朝的钱粮蠲免》，载《南开史学》1982 年第 1 期。

与簿互相对照,防止篡改。将贮银的匣关闭并标号,单据一样两式,一存匣内,一交县官,开库或更改单据时县官就能一目了然,防止他人操作了。[28] 如果花户交的粮干净整洁,胥吏却故意刁难,花户可以鸣锣声冤。斗级必须用规定的量斗称粮,否则重则革役。对仓库的管理是重中之重。州县官要防止盗窃官粮,收放仓粮时要注意胥吏趁机需索、舞弊、盗窃等。量斗的人要选"清白"的人,半日一换,带饭在仓,不许往来人出入,以防止夹带。[29] 国家能力和行政资源优先用于打击征税不法行为,在实体法和程序法上降低一切可能降低的税收。

如果征税环节的纠纷无法解决,就会引发抗税。诉讼是民众以正当方式解决税务争议的办法,是寻求个案正义的手段。聚众抗粮则超出了现有的制度框架,形成大规模集体行动。普通民众根据税务压力,比较和衡量诉讼的司法效率和抗粮的风险作出选择。嘉庆、道光年间,甚至直至清末,税务诉讼一直是清政府面临的棘手的社会问题之一。为了缓解官民之间的税务压力,安抚民心,税务诉讼中存在若干有利于原告的审判原则、法律技术手段。以诬告和越诉为例,理论上原告应当逐级上告,越诉将被处以重刑。但事实上在大量案件中,由于地方政府拖延案件,导致原告赴省、赴京反复状告。若原告败诉或涉及诬告,其越诉行为和诬告行为就会被依法判决。若原告胜诉或所告事项大部分是事实,其不重要事项的诬告行为和越诉行为就不再处理。在量刑上,不论是否诬告或者诬告情节大小,法官都会运用各种减刑情节,如"事出有因""尚非全虚"等。在传统官箴文化下,官府胥吏的形象是贪婪狡猾,"窥伺耳目,百端变诈,不可测识"。[30] 因此,只要原告没有过错,皇帝和绝大多数审理的官员在情感上都倾向于原告。在司法判决上对胥吏舞弊行为进行严厉处罚也是整顿"吏治废弛"的重要部分。

---

[28] 参见《牧民政要》,载官箴书集成编纂委员会编:《官箴书集成》(第2册),黄山书社1997年版,第23~26页。

[29] 参见(明)吕坤:《新吾吕先生实政录》,载官箴书集成编纂委员会编:《官箴书集成》(第1册),黄山书社1997年版,第446~449页。

[30] 参见《初仕要览一卷》,载官箴书集成编纂委员会编:《官箴书集成》第2册,黄山书社1997年版,第33页。

（三）中国传统财政观辨证

过去对比较财税法的研究认为中国传统财政观是量入为出，西方财政观则是量出为入，两种不同的财政理念导致中西方不同的经济走向。笔者认为，中国传统财政并非一成不变的量入为出或量出为入，而是动态的协调过程。财政困难时量出为入，财政权向中央倾斜。财政宽松时量入为出，向地方适当放权。

根据康熙对中央和地方财政关系的看法，清初的财政现实是量出为入，有必要将地方财政权收归中央，加重中央的财政分配比例。但是，战争结束后就应该重新协调中央和地方的财政关系，还给地方相应的财政权，以解决地方的严重亏空。地方经费不足势必加征"火耗"等附加税，为了防止滥征附加税，雍正时期各省官员做了"耗羡归公"的试验。耗羡归公是将田赋正赋额外的"火耗"列入公款，以增加地方官收入或弥补办公经费，建立养廉银制度。耗羡提解中央有其制度化的必要性，耗羡归公可以防范地方官给上司送礼现象。"州县徵收火耗，分送上司。各上司日用之资，皆取给州县。以致耗羡之外，种种馈送，名色繁多。故州县有所藉口而肆其贪婪，上司有所瞻徇而曲为容隐。"[31]如果把火耗制度化，将财权收归中央，由中央拨款并发放养廉银，就能减少滥征火耗。但是从中央和地方财政关系的角度来看，地方的财政权又进一步被削弱了，雍正对耗羡归公始终持怀疑的态度也基于此考虑："本地之羡余，只应作本地之用度。若归公充饷，断无是理。且恐相沿日久，遂成公项。不肖官员，竟有重复徵收之事矣。"[32]地方财政缺乏灵活性，如果地方官遇到紧急公事不能报销钱粮，就必须自己赔垫，地方官赔垫导致下属送礼之风盛行，下属送礼的开销归根结底取之于百姓，导致耗外加耗的恶性循环。雍正将耗羡归公看作"临时之制"，希望能逐步减轻耗羡，将来有一天耗羡会被废除。乾隆则并不打算放宽地方财政权，而是侧重于加大监管力度，他认为："耗羡，一项可减而决不可增，可于格外从宽，而断不可于额外多索。倘于所定分数之外，或又借估色添戥为名，多取丝毫者，该督抚即行题参重治其罪。"[33]

---

〔31〕《清世宗实录》卷二二。

〔32〕同上书，卷六八。

〔33〕《清高宗实录》卷七。

## 二、税收公平的标准——均平

(一)平等与量能课税

西方税收公平理论经历了从受益原则到量能课税原则的演变。由于近世西方社会个人主义的发展,税收被认为是国家为个人提供可享受利益特别是保护与安全的对价,或作为国家支出费用的补偿,称为受益原则,又称等价原则。受益原则认为,税收应当根据纳税人从政府提供的公共产品的受益来课征。19 世纪以后,德语境内各邦国逐渐统一成为民族国家,在对国民和国家关系的探讨中,出现了税收是国民为国家牺牲一部分生活需求的牺牲原则。牺牲原则逐渐发展出累进税率。后来,学者逐渐将牺牲的概念限制在经济领域,用税收负担能力取代牺牲的概念,提出量能课税原则。[34] 量能课税原则,也称负担公平原则,要求按照纳税人的经济负担能力课税。近代以来,资产阶级革命普遍提出了人人平等的口号,各国宪法和税法中也明确规定了税收公平原则,量能课税原则是宪法平等原则在税法上的体现。量能课税原则还因其公平价值而体现分配正义,根据负担能力分配税收可以实现财富的二次分配。"人民之所以纳其应纳之税,其基础理由即在相信与其收入相同之邻人亦纳相同之税,此种负担平等原则与国家市场竞争中立原则、对偿原则以及社会国家重分配任务若合符节。"[35]

从牺牲理论和边际效用发展出的累进税率,被认为是实现分配正义和平等的最佳选择。累进税率的支持者认为,应当减少间接税,加大直接税,并在直接税中适用累进税率。然而,累进税制自 19 世纪诞生以来不断受到质疑和反对。反对者认为,累进税是出于某些人的嫉妒心对所得较高者采取的惩罚。累进税制不仅更加复杂,而且会造成"资本外逃"效应,增加个人税收筹划和避税、逃税诱惑,增加征纳成本,导致任何税改都会变成越富有者越有利。[36] 对累进税率和比例税率的选择始终存在讨论空间。按照比例税率也可以使税收负担高者承担更多税收。在当代实施累进税率的国家中,通过所得税累进税率实现分配

---

〔34〕 参见柯格钟:《论量能课税原则》,载《成大法学》2007 年第 14 期。

〔35〕 葛克昌:《税法基本问题:财政宪法篇》,北京大学出版社 2004 年版,第 125 页。

〔36〕 同上。

正义的实践也不尽如人意。高收入者有多管道分散收入,以便使自己适用较低税率,使真正适用高税率的纳税人数远低于实际人数。累进税率变成徒有其表的法律。

根据量能原则,税收应以纳税人负担能力为限。负担能力又体现在纳税人的收入所得,即经济上的利益。因此,税法的规范设计就必须关注反映纳税能力的实质经济事实,而非形式上的法律行为。例如,判断纳税主体不应以财产权所有人为依据,而应当以实际从事经济活动并获得受益的人为准,否则会造成避税或鼓励投机,无法实现税收公平。实质课税原则是量能课税原则在法律解释和法律适用上的方法,又称经济观察法。因为税法关注的是实质的经济事实,而不关注形式的法律形成,因此,税法不受私法约束。税法虽然使用私法的法律形成来描述经济过程,但税法并不关注私法上的法律形成,而是关注实质经济事实关系和实质经济利益归属。因此,当纳税人使用的法律形式不符合税法的构成要件时,就会产生纳税人获取了可税经济利益却不用纳税的矛盾。税收规避即纳税人实质经济过程和税法构成要件不一致,为了实现量能课税原则,该经济事实需赋予同等的税收负担。法律适用者使用实质课税来确认税法法律漏洞,并用法续造方式填补漏洞。[37]

使用经济观察法判断法律形成是否符合经济解释,需要法律适用者进行裁量。纳税人有权根据私法自治契约自由进行税收筹划。如果纳税人的法律事实符合应纳税的经济判断,就产生纳税义务。如果纳税人的法律形成不符合经济观察法,纳税人就享有节税空间。以财产交易为例,判断税收规避需要对交易后财产的实际归属进行调查。如果财产交易追求的目标仅在于规避税收,原财产所有人并不进行财产转移,那么该交易的经济上的实质意义就不是财产买卖,而是避税。如果原财产所有人将财产权利全部或部分让渡给买受人,那么该交易的法律形成就与其经济上的实质意义全部或部分符合,法官就无法判定存在避税行为。

避税行为只有税收债务上的法律效果,其私法效果不受影响。避税虽然有故意,但无隐匿事实以不正当方法逃税漏税的故意或过失,因此,不得对单纯的

〔37〕 参见邱晨:《实质可税原则在税捐规避案例的适用》,载《兴大法学》2016 年第 20 期。

避税行为加以刑罚或行政处罚,否则违背私法自治契约自由。[38]

从中国古代开始,统治者就极为关注巨富对贫民的剥削和贫富差距。秦晖认为,最早出现的"平""均平""平均"等词汇已含有公平、平等、正义的含义。公平观念的使用逐渐从权利扩展到财富分配。分配上的均平如西汉桑弘羊所论,"除秽锄豪,然后百姓均平""损有余补不足,以齐黎民"。[39] 唐人论述分配均平也称:"夫平均者,不舍豪疆而征贫弱,不纵奸巧而困愚拙,此之谓均也。"[40] 国家财政政策的重心是"斟酌贫富"而使赋役负担相对平均,以实现分配公平。分配正义是社会目标,在实现分配正义的具体实践和操作标准上,均平的内涵与量能课税原则有异曲同工之处。均平不是绝对平等,而是一种有差别的平等。均平是根据每个人负担能力的不同使其承担纳税责任,"根据人丁多寡,产业厚薄以均其力"。[41] 国家还会根据纳税人负担能力给予税收豁免,蠲免制度中的普免积欠就是将一段时间前的逋欠均予蠲免。

中国古代与西方中世纪都有人头税,西方人头税直到近现代才被废除。几乎同一时期甚至更早,中国古代官员也在反思人头税的公平性。"富者虽田连阡陌,不过一身。贫者虽粮无升合,亦有一身。普天之下,莫非王土,食毛输税,赋既无容偏枯。率土之滨,莫非王臣,均履后土而戴皇天。富者则责急工,贫者必尽蠲其手足之烈,除其公旬之义,则役非偏枯乎?"[42] 其结果是户籍制度的废除和摊丁入地,前者将人从户籍中解放出来,后者实质上废除了人头税。

在政治观和社会观上,均平是中华民族的共同心理认同和文化属性。对政府和政府官员来说,均平是一件长期的行政任务。对民众来说,均平是生存规则和社会理想,寄托了民众的社会情感。均平是地方行政事务的要务,地方官必须在行政事务中对社会各阶层的利益和诉求进行权衡,以实现社会公平。"夫古今立政,固欲顺民之情;而至于民情所同,则又权其轻重。贫民之不欲输

[38] 葛克昌:《经济观察法与量能原则》,载《月旦法学教室》2008年第73期。

[39] 秦晖:《传统十论》,东方出版社2014年版,第304页。

[40] (唐)令狐德棻等:《周书》卷二三《苏绰传》,中华书局1971年版,第390页。

[41] 刘志伟、孙歌:《在历史中寻找中国:关于区域史研究认识论的对话》,东方出版中心2016年版,第62页。

[42] 《清朝经世文编》卷三〇(清)李光坡《答曾邑侯问丁米均派书》。转引自郑天挺主编:《明清史资料》(下册),天津人民出版社1981年版,第212页。

丁,与地户之不愿增额,情同也,而轻重大异。历任抚臣固皆从民情起见,然而富民之情易达,贫民之情难诉。与其徇有业之欲,何若纾无业之氓;与其从佣工负贩者而按征其丁,何若于资生有藉者而稍益其额。"[43]

在立法上,均平体现为制度必须划一。各地方政令必须与中央法规相统一和协调,形成完整的体系,减少政令扞挌带来的不公。"前陈时夏亦具奏,欲行提解耗羡之法,因其有分别地方有无多寡之语,朕谕之曰政令之行,必须各属一体,方得均平,若有所分别,便可高下其手易滋弊端。"[44]为此,中央和地方财政收入都体现为定额制,定额制的本意是在国家农业税收入基本稳定的前提下,将财政收入总额定额化、规范化,以免地方任意加征加派。但是,定额制在实践中产生了很多弊病,并非最有利于均平的手段。雍正认为在正项收入之外的火耗就不必维持定额,将火耗收入弹性化虽然有地方滥用财政自主权之虞,但对于地方财政收入来说是必要的。"一省之内,州县有大小,钱粮有多寡。地广粮多之州县,少加火耗,已足养廉。若行之地小粮少之州县,则不能矣。惟火耗不定分数,傥地方遇差多事繁之时,则酌计可以济用。或是年差少事简,则耗羡即可量减矣。又或偶遇不肖有司,一时加增,而遇清廉自好者,自可减除矣。若酌定分数,则将来竟为成额,必致有增无减。此火耗分数之不可以酌定者也。"[45]

从税率的选择来看,古人对比例税率和累进税率的选择与今天的观念也有不同之处。均平的量能负担属性起初要求对富人采取累进的税率,但由于累进税率所造成的难以遏制的逃税避税诱惑和巨大的征收成本,累进税率越来越丧失其公平的信誉,而比例税率则因其简便易行和相对公平得到人们的青睐。但是比例税率的弊端是无法轻易调整,一旦税率过高或遭遇灾荒,小户生计极易受到税率影响。从文献来看,明清两代各地丁赋税率是比例税率和累进税率的结合,首先将纳税人划分为高收入者、中等收入者、低收入者三大类,三大类人内部又按照收入划分为高收入者、中等收入者、低收入者三小类,在三大类人之间实行累进税率,在三小类人之间实行比例税率。随着资本外逃效应过重所带

---

〔43〕《皇清名臣奏议》卷五六(清)戈涛《请山西丁粮一体合办》。转引自郑天挺主编:《明清史资料》(下册),天津人民出版社1981年版,第208页。

〔44〕《清世宗实录》卷六八。

〔45〕同上书,卷二二。

来的丁赋系统的全面崩溃,明末及清初统治者开始考虑全面的单一税率,以防范逃税,保障纳税人的税赋公平感。雍正时期实行摊丁入地,两江总督范时绎疏言:"丁随粮办,最为均平良法。"[46] 比例税率虽然降低了高收入者的税赋,但因为它可以有效防范逃税避税,增加人民公平感,而得到立法者的青睐。

(二)实质课税:逃税、漏税和避税

清律中对于逃税、漏税和避税的规定分为3种:第一,不报户口,脱漏版籍;第二,将版籍上自己田土移丘、换段、挪移等,使上等地评为下等地;第三,把自己应纳的差役挂名于免役之人名下,逃避差役。[47] 第一种是用物理手段篡改官方文书中的应税事实,使自己不符合课税要件,属于逃税;第二种属于少报瞒报应纳税粮,属于漏税;第三种是在合法土地交易的外衣下规避税收,需要征纳人员和司法官裁量是属于逃税漏税还是合法避税。

与今天的税法罚则不同的地方在于,中国古代刑罚重定量轻定性,并不对逃税、漏税和避税进行定性和区分,而是采取一概而论的宽泛的打击。第一种行为是纳税人同时逃避田赋和差役,第二种行为是纳税人少交田赋和差役,第三种行为是纳税人交田赋但逃避差役。法律仅对逃税作严厉评价,按所逃地亩数处以人身刑罚,没收土地,并追征税款,对漏税和避税仅更正土地的等级和人丁的户籍,不没收土地,也不追征税款,"不与民竞刀锥之利也"。[48] 事实上,只有逃税行为会减少税收收入,漏税行为不会减少税收总额,而是加重剩余纳税人的负担,因为"粮额有一定之数,将重者挪轻,必将轻者移重,粮额原不缺也"。因此,只需要更正土地册和户口册,不追征所漏税粮。同理,诡寄影射以逃避差役者,因为劳役无从补追,所以也不再追缴了。这一规定表面上"不与民争利",

---

[46] 《清世宗实录》卷六四。

[47] 《大清律例》户律、田宅、欺隐田粮:"凡欺隐田粮(全不报户入册)脱漏版籍者(一应钱粮俱被埋没故计所隐之田)一亩至五亩笞四十每五亩加一等罪止杖一百其(脱漏之)田入官所隐税粮依(亩数额数年数总约其)数徵纳;若将(版籍上自己)田土移丘(方圆成丘)换段(丘中所分区段)挪移(起科)等则以高作下减瞒粮额及诡寄田粮(诡寄谓诡寄於役过年分并应免人户册籍)影射(脱免自己之)差役并受寄者罪亦如之(如欺隐田粮之类)其(减额诡寄之)田改正(丘段)收(归本户起)科当差。"参见马建石、杨育棠主编:《大清律例通考校注》,中国政法大学1992年版,第423页。

[48] (明)雷梦麟:《读律琐言》,怀效锋、李俊点校,法律出版社2000年版,第135页。

实质上对剩余纳税人极为不公。

“一田三主”也是一种实质课税的障碍。地主订立契约由大租主承担税赋，大租主是土地的名义所有人，大租主将土地租给佃农耕种。由于大租主从佃农那里得到的收益不足以缴纳赋税，因而造成征税困难。大租主可以有很多人，这也被认为是特别阻挠征税的办法。税收水平很难“真实反映土地使用者的实际支付能力。税收水平不是取决于土地的生产能力，也不取决于地主的粮食收益，而是取决于辅助管理者的收入所得”。[49]

避税是否合法涉及私法交易自治和公法的冲突，私法契约、税收筹划是否能够对抗公法需要个案裁量。法律一方面保障纳税人的私法自治和契约自由，尊重纳税人的经济规划；另一方面又以量能课税和实质课税来限制契约自由，防止规避税收，维护税收公平。明清两代现实生活中大量的“花分子户”“诡寄飞洒”说明了私法交易自治和公法税收强制的紧张关系。江南等地“有力之家买田不收其税粮”，中下之户“投靠仕宦以规避”非常普遍，明人甚至认为投献田地人口是“今世最害人之事”。[50] 当避税成为普遍现象时，说明法律出现了重大漏洞，必须填补法律漏洞，避税手段也不再被法律所承认，法律对诡寄不调查、不判断，一概打击。但是，无论怎么打击诡寄也不能解决的问题是，土地交易是自由的，当事人之间的交易无论定价高低都是双方合意的结果，避税事实只是事后结果而已，因此，司法必须在正当交易和避税行为之间作出判断。

为了解决花分子户、诡寄飞洒、隐瞒户口等逃税漏税避税问题，张居正在万历年间发起大规模清丈运动。清丈运动涉及复杂的疆界划定、户籍核实和税负分配，引发巨大的民间抗争，以至于万历四十五年（1617 年）会勘期间嘉善竟然发生民变。[51] 地方士绅和官吏盘根错节的关系也使清丈运动和诡寄惩治极为艰难。鉴于万历清丈遭遇的巨大阻力，清朝再也没有大规模清丈过土地，万历时期的黄册（户口册）和鱼鳞册（土地册）在清代一直沿用。实质课税在私法与

---

〔49〕 ［美］黄仁宇：《十六世纪明代中国之财政税收》，阿风等译，三联书店 2001 年版，第 211 页。

〔50〕 冯贤亮：《明清江南地区的环境变动与社会控制》，上海人民出版社 2002 年版，第 128 页。

〔51〕 同上书，第 177 页。

公法之间的权衡,其本质是国家对地方社会的控制力的表达。清丈运动的“失败”表明,前近代国家既缺乏强烈的意愿,也缺乏必要的知识和技术来加强国家能力。

## 三、稽征经济与税收公平

### (一)从丁银分征到摊丁入地

明代及清代初期,赋税分为田赋和口赋。明代时期,丁分上上、上中、上下、中上、中中、中下、下上、下中、下下三门九则。因为对上户来说是累进的,上户负担的赋役大于中户和下户,所以从制度设计来看非常公平。如图 1 所示万历三十七年(1609 年)武陟县丁赋为例,上上每丁派银九钱,上中八钱,上下七钱,中上四钱八分,中中四钱,中下三钱二分,下上一钱八分,下中一钱二分,下下六分。上门税率是每升一户加一钱,中门税率是每升一户加八分,下门税率是每升一户加六分。[52] 以顺治年间河南省中牟县丁赋为例,中上门税率是每升一户加五分,中下门税率是每升一户加两分[53](见图 2)。

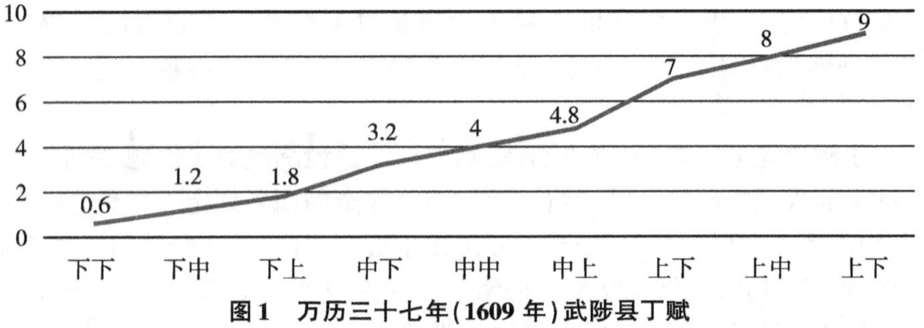


**图 1 万历三十七年(1609 年)武陟县丁赋**

---

〔52〕 参见武陟县地方史志编纂委员会编:《武陟志万历 37 年解读本》,武陟县地方史志编纂委员会 2011 年版,第 59 页。

〔53〕 郑州市地方志编纂委员会编:《郑州经济史料选编》,中州古籍出版社 1992 年版,第 90 页。

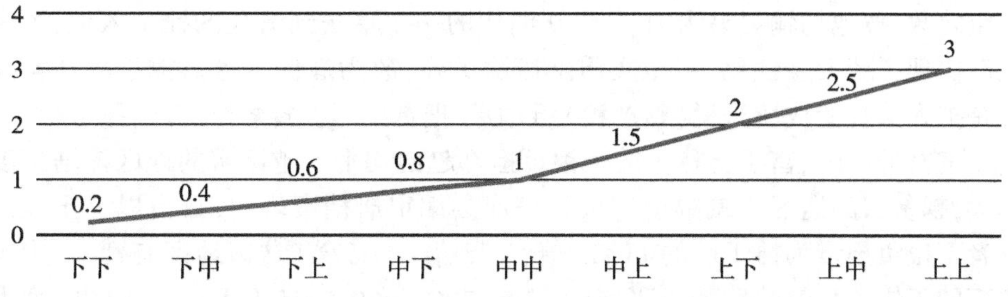


**图 2 顺治年间(1644~1661 年)河南省中牟县丁赋**

但口赋在实践中具有极大的征收成本和操作难度,丁银分征也成为制度不适合社会土壤的典型代表,丁银征收成本极大。上户想方设法降低户等,造成花分子户的现象。因此,清初"五年编审"将累进制税率改为比例制,上上征银九钱,上中征银八钱,递减至下下征银一钱,老弱、乡绅、举贡、生员、吏承优免丁银。尽管如此,花分子户已经成为不可逆的趋势。由于丁银繁重,在籍人丁纷纷逃亡。客籍和官绅不计丁,逃户农民寄居于官绅名下。缺额丁银由亲族和同甲抵补,使剩下的百姓苦累不堪,"丁倒累户,户倒累甲",逃户现象进一步加剧。清代著名理学官僚陆陇其分析丁银征收困难,"每遇编审,有司务博户口加增之名,不顾民之疾痛,必求溢于前额,故应删者不删,不应增者而增,甚则人已亡而不肯开除,子初生而责其登籍,沟中之瘠犹是册上之丁,黄口之儿已是追呼之檄,始而包赔,既而逃亡,势所必然"。[54] 因为"欺隐、减瞒等弊,必通同里长为之,里长未有不知者","官吏有知而不举者,似应与里长同科,而官吏里长有受财者,亦当以枉法计赃从重论"。[55]

鉴于丁银分征在实践中面临的巨大困难,制度设计者开始设想和呼吁丁银合一。清代中期人口日繁,粮价增高,垦荒已经达到极限,耕地面积基本不会再增加,所以将过去征收难度较大的丁银摊入土地征收,地丁银作为赋税总额固定下来。"丁粮同属朝廷正供,派之于人与摊之于地均属可行。然与其派再人而多贫民之累,孰若摊在地而使赋役之平?况盛世人丁永不加赋,则丁银亦有

〔54〕 (清)陆陇其:《三鱼堂外集》(卷一)《编审人丁议》。

〔55〕 (清)沈之奇:《大清律辑注》(上),怀效锋、李俊点校,法律出版社 2000 年版,第 223 页。

一定之数,按地均输更易为力。"[56]从明代的一条鞭法到清代的摊丁入地,国家逐渐实现了劳役金钱化,甚至实质上废除劳役,改为雇佣劳务。摊丁入地实际上是把人头税变成所得税(财产税),致力于把贫民的税转嫁给有产者。

贫富地区间、富丁与贫丁的丁银负担都趋向均平。越富裕的地区摊增幅度越大,越贫穷的地区摊减幅度越大。获鹿县编审册档案表明,百亩以上土地占有者丁银负担量为摊丁前的11.82倍、7.38倍、1.66倍(贫富地区有别)。中等户丁的丁银负担量分别为摊丁前的83%、70%、66%。贫丁丁银减小的幅度大都在摊丁前的10%~18%。[57]摊丁入地后农民普遍反映税赋负担减轻,所以钱穆认为:"清代讨好下层平民最有名之著例,莫如丁赋摊入地粮。"[58]

(二)摊丁入地的实际效果

从表面上看,摊丁入地的实际效果更均平(公平),但实际上并非完全如此。

首先,摊丁入地的比例制税率具有累退性。在租佃经济下,越大的地主负担越小。佃农的税赋压力取决于市场是否充分竞争、是否充分流动。在充分竞争的市场下,无法形成大地主,佃农可以选择地租最低的地主。在不充分竞争的市场,地主还是有主导权将赋税通过地租转嫁给佃农,佃农的处境更差,与摊丁入地前相比反而更不公平了。摊丁入地之前,丁银压迫在小自耕农身上;摊丁入地后,因为摊丁入地的累退性,自耕农的税赋也未必降低,对自耕农来说仍然很不公平。摊丁入地没有牺牲地主的利益,而是牺牲农民的利益。摊丁入地的实践也可以说明它是不公平的,摊丁入地后有的农民感到税赋更繁重了。

其次,任何赋税都是可以转嫁的,无非哪种制度下转嫁的多,哪种制度下转嫁的少。田赋表面上看来是所得税,但是由于租佃经济具有生产环节,因此,税收可以流转。地主将税转嫁给生产者和消费者,虽然理论上纳税人是消费者,但实质纳税却在农民。纳税人无论亏损破产还是盈利,都要缴纳税收。纳税人与佃农之间,纳税人与官府之间都存在紧张关系。官府的强力催缴使田赋最终还是落在佃农身上。从粮食的流通环节来看,佃农缴纳沉重的田赋最终导致粮

[56] (清)田文镜撰:《抚豫宣化录》(卷二)《题请豫省丁粮按地输纳以均赋役事》。转引自郑天挺主编:《明清史资料》(下册),天津人民出版社1981年版,第206~207页。

[57] 参见何平:《清代赋税政策研究:1644~1840年》,中国社会科学出版社1998年版,第58页。

[58] 钱穆:《国史大纲》(下册),商务印书馆1994年版,第862页。

价升高,产生经济危机。清代中期文献中已经频繁出现粮价变高的表述,此为税赋水平影响经济发展的证明。

最后,从税种上看,地丁分征和地丁合一不过是税基的变化,二者都是直接税,没有税种的差别。二者都想加重直接税的调节分配作用,提高土地税(财产税),减少间接税,二者都体现了制度设计者对均平的目标,因此,二者没有本质不同。在立法理念上,统治者和政府官僚一贯秉持量能课税的原则,无论征收何种税种、征税方式有什么变化,都必须符合均平的理想。清代的统治者都用均平的标准来衡量和评价不同的税制,因此,清代的文献中对丁银分征和摊丁入地都有均平或不均平的表述。

(三)公平和效率的辩证关系

税法的效率是指税法应避免干预人民的经济活动行为,降低征纳双方的纳税和行政管理成本费用。在现代税法理论中,税收的效率和公平表达为稽征经济原则和量能课税原则,两者不可避免地在价值上有所冲突。自亚当·斯密(Adam Smith)的政府守夜人学说以来,西方主流税收理论对税收立法采取中立态度,反对积极的税法干预经济活动。在征纳关系上,政府征税权受到立法机关和税收法定主义限制,税收的公平价值重于效率价值。尽管如此,在征税实务中效率(稽征经济)和公平(量能课税)却很难衡量,稽征经济原则难免"入侵"税收公平。在实现税收稽征效率时,需要政府借助行政程序法上的比例原则等方法,在个案正义裁决中也需要司法机关进行审查和矫正。

摊丁入地的改革过程也体现出立法者对于公平和效率的衡量。比较地丁分征和摊丁入地的制度设计,实质上摊丁入地的制度设计是将部分公平让位给效率。因为地丁分征所目指的均平难以实现,所以才推行相对公平的摊丁入地。明代中叶后期随着人口增加,对人的控制需要极大的资源和成本,过去编户齐民的体制已经完全崩溃,没有恢复的可能性,难以再实现国家理想中的均平(公平)。从公平的角度来看,地丁分征所目指的公平无法实现,国家只能选择有限的公平。地丁合一并非最公平的制度,相反,它是对过去公平理想的让步和妥协。摊丁入地是从地丁分征崩溃状态下的极度不公平向地丁合一下的有限不公平转化。所以,从普通人的税感来看变得更公平了。摊丁入地改革前后实施效果见表1。

**表 1　改革前后税法实施效果**

| 地丁分征初期 | 地丁分征后期 | 摊丁入地后 |
|---|---|---|
| 公平 | 极度不公平 | 有限不公平 |
| 低效 | 极度低效 | 相对高效 |

此外,明代一条鞭法时期尚不具备地丁合一的能力,各地在推行一条鞭法时都遇到较大阻力。进入清代后,皇权的加强、信息传递效率的提高和武力的手段使中央可以更深地介入地方事务,国家对基层控制力增强,官方具备更强的征收能力,摊丁入地才能够以行政的手段强制推行下去。行政手段和行政技术的进步也使得国家有能力获得更多的收入。摊丁入地前,征税以户籍为单位,一旦人脱户逃亡官府就无法征税,国家必须将人绑定在土地上。摊丁入地后,征税以地为单位,官府只需要与地的所有者打交道,国家不把人绑定在土地上、不限制人的自由也可以取得同样的税收。

从国家能力与公平的关系来看,制度设计应当与国家能力相匹配才能最大限度实现公平。当国家能力不够强大时,需要极大的成本和牺牲才能实现公平,公平只能以限制人身自由的方式来实现。当国家能力强大时,不需要牺牲很多人的权利和利益就能保障公平,以地为征收单位的税制使更多的人拥有自由迁徙的权利,间接促进人口向工商业领域流动。明初明太祖的强权和"紧急状态"的国家体制能够保证地丁分征在实践中的公平,但明代中后期直至清初,回归"常态"的国家能力就不足以在地丁分征的制度框架下实现公平。因此,张居正和清代统治者都寻求在低征收成本下实现最大公平的制度。中国古代制度创立的传统也表明,人君应当"设官莅事,因时设制,期在理安,必顺物宜,且从人欲"。[59] 从公平和效率的关系来看,技术手段的进步能在提高效率的同时实现公平,公平和效率并非对立和不可调和的。以地征税的技术措施将行政官员和纳税人同时从地丁分征的苦境中解救出来,在实现官府稽征经济的同时提升了纳税人公平感。时人评价摊丁入地:"伏思丁粮合办,在无地有丁者,既免追呼之扰;即有丁有地者,亦省输纳之烦。吏胥不能藉编审为奸,小民亦不至以

〔59〕 (唐)陆贽撰:《陆贽集》(上),王素点校,中华书局 2006 年版,第 278 页。

勾稽为累,其法简约均平,天下称便。"[60]

制度的选择深受时代和地域影响,并非立法者的主观情感能够任意左右的。在时间和空间的维度上,制度设计是动态调整的过程。立法者根据时代变迁和社会发展调整效率和公平的平衡。立法者并非选择了公平或效率,并非为了公平牺牲效率或反之。对立法者来说并不存在选择的过程或机会,立法者的每个选择都是衡量的过程。在甲地运作良好的制度到了乙地可能会"水土不服"。摊丁入地在广东施行良好,在山西却遇到较大阻力,必须予以变通。因此,制度选择也经常充满了偶然因素。

(四)探索新税源的桎梏

清初因战争开支、田赋瓶颈和人口膨胀,已经出现促进税制从田赋向流转税、工商税拓展的压力。在清代统治者永不加赋的承诺下,田赋无法增加财政收入。遵循中国重农思想传统,增加田赋也会引起巨大的社会反弹和行政阻力,大规模抗粮运动甚至会演变成社会动乱,危及统治秩序。因此,统治者的目光集中在开辟新税源身上,加重流转税即间接税成为统治者为数不多的选择之一。关税、盐税是清代除田赋以外较大的税种。根据《大清会典》,商业税还有茶课、渔课、矿课、牙当等税。

根据已有研究,因为国用不足、钱粮不敷,加之军需紧急,清代关税税率比明代更高,征收力度更强。对比康熙和乾隆年间的商品税则,烧酒税从每600斤0.24钱上涨到7.2钱,翻了30倍,瓶酒税翻了5倍,茶税翻了1倍,对属于奢侈品的人参按其品级翻倍收税,布匹、牲畜等日常物品降低税率。[61] 不仅如此,在税收征管中也存在大量浮征关课,附加税征收愈加严重,"至关役之需索与货物相等,而耗银之浮收较货税加重。更可怪者,行旅往来,被囊衣箧无不翻搜,纸墨巾扇亦供诈具。其为民累尤甚"。[62] 清初两淮每引盐只征正课几钱,随着正课、杂课、加价、盐厘等不断加征,乾隆四年(1739年)每引征课达七两一钱一分四厘零。[63] 间接税比田赋更加累退,间接税的负担最终通过物价升高

[60] 《皇清名臣奏议》卷五六(清)戈涛《请山西丁粮一体合办》。转引自郑天挺主编:《明清史资料》(下册),天津人民出版社1981年版,第208页。

[61] 参见邓亦兵:《清代前期关税制度研究》,北京燕山出版社2008年版,第196页。

[62] 《小仓山房文集》卷二《文华殿大学士太傅朱文端公神道碑》。

[63] 参见陈锋:《清代盐政与盐税》,武汉大学出版社2013年版,第208页。

的方式转嫁给作为消费者的普通百姓,对低收入者更不公平。近代以来,西方税收观念主张提高直接税比重,降低甚至取消间接税。但在近代以前,间接税因其征收简便高效和隐蔽性一直得到统治者的青睐,在流通环节课税不容易增加纳税人税负感,税收以涨价的方式出现使税收更隐蔽。对身处财政困局急需扩张财源的国王和皇帝来说,征收效率是比税收公平更重要的价值,统治者能够在更高的水平汲取国家财富以应对国外战争开支和国内原始积累。雍正曾说:"国用不足,虽欲减赋蠲租,泽膏泽于百姓,其势有所不能。"〔64〕由此可见,近代以前中国统治者所面临的财政需求扩张和传统税制极限之间的紧张关系。

虽然政府的财政政策导向稽征高效的商业税,但统治者也注意到间接税对经济和市场的消极影响,统治者并非故意刁难或压制工商业发展,他们也希望减轻工商业税赋。顺治曾在上谕中提道:"关津抽税,原寓讥察,非欲困商。顺治元年准通免一年,自二年正月初一以后,方照故明初额起税,凡末年一切加增,尽行豁免。"〔65〕事实上,清前期统治者对商业的自由放任促进了中国近代工商业的萌芽,为近现代中国工商业发展和税制转型提供了原始积累和基础。《大清会典》中缺乏关于工商税的系统规范,从西洋税制体系来看,中国传统税制中缺乏城市居民的所得税——工商营业税,工商业者不用为自身营业行为所产生的基础设施费用纳税;缺少财产税和交易税,对富人所拥有的动产、不动产,如房产、车船、奢侈品珠宝古玩字画等无法征税。对于创建新式税种,立法者既缺乏必要的知识和技术,也缺少相应的意识和欲望。即使立法者有意识将其纳入征纳范围,也因其稽征难度望而却步。中小型私人营业者工商税的稽征难度显然超出了一个前近代国家的行政能力和征纳成本。对于传统税种,立法者没有意识到土地作为财产的课税属性。作为财产价值的土地在中国吸引了绝大多数有产者的能量和资本。对于城市及近郊地价急剧上涨的现象,立法者没有制定新的税收政策。这一难题直到民国时期才被政客和学者们以地价税的方式提出对策。孙中山的"平均地权"思想提出地价税,即"核定地价,照价纳税,按价收买,涨价归公",征收地价税可以阻止资本盈利投资于土地,防止地主因土地涨价而越来越富,使税收负担更公平。朱执信将孙中山的观点进一步阐发,廖仲恺也提出对地价税实施累进税率,以实现税收公平。

〔64〕《清世宗圣训》卷二四《蠲免》。

〔65〕《清世祖实录》卷九。

## 四、结论——传统与现代之间的税法方法

税收制度拥有漫长的历史,税法又是一门年轻的学科。税法在当代法律体系中被定位为一种特别行政法。首先,税法是公法,征税主体需要证成其征税权的合法性。其次,税法又涉及介入公民财产权,影响市场经济,因此,税法方法也必须借助经济的方法处理与私法的冲突。税法中的实质课税原则(经济观察法)也表明税收征收不以私法上的形式和外观为准据,而是以实质经济活动为课税对象。最后,税法还需要在行政权和基本权利之间进行权衡取舍,处理公平和效率的关系。从公法、私法和经济的角度观察中国古代税法有助于排除中国法制史和比较法研究中的意识形态因素,无论是古代中国还是西欧,或是世界其他国家和地区,在税法上面临的是普遍的、普适的问题。近代以来,随着各国公权力扩张和公民基本权利保障的兴起,全球化时代的税法方法将更趋同,更能摆脱思想传统与政治体制的限制。

近代税法理论需要解决的问题是避免国家过度征税造成的财产权和生存权侵害,其隐含的前提是国家和社会已有二元化的区分,近代国家已经具备强大的征税能力和"暴力机器"。公民需要通过税法的手段确立私法与公法的界限,保护财产权不受公权力任意侵犯。中国古代面临的问题与之不同,在"皇权不下县"的客观条件下,中国古代官方的征税能力非常不足,官府对富人和有产者的征税能力极为有限。公权力在大地主面前几乎屡战屡败,甚至在某种程度上放弃了对有产者征税的意愿。文献中的统治者对大地主的反复痛陈也表明了公家对富人征税的无力感。迫在眉睫的平等和生存权问题的本源是官方羸弱的征纳能力。因此,近代之前的中国,寻找效率和国家能力就是寻找公平。

由于技术所限无法提升征纳效率,传统中国税法的关注点始终在于平等和生存权。因为有产者的财产权长期强大,无产者的财产权长期弱小,所以法律不重视个人的财产权保护,而是致力于协调富人财产权和穷人财产权的冲突,防止地主剥削佃农,维护分配正义。因此,中国古代法的财产权的地位低于平等权,财产权内生于平等权之中,在保障平等权的前提下才能保障财产权。土地是重要的财产,对土地的利用却容易造成贫富差异。小农经济导致土地集中和分配失衡,土地投资造成地价上涨。在同样面临地权、地价、地税问题的今天,平等价值仍然比自由价值更紧迫。近代前的中国被认为是农业经济为主导

的同时工商业缓慢发展的时期。基于财政困局政府需要开辟新的税源,然而,新产业尚不足以支撑新制度的诞生,统治者也缺乏必要的知识和技术去调整税制、制定财政规划、促进经济发展,重农传统也使他们将精力和能量集中于农业和农民。新式税制的建立仍然需要等待近代化到来。

Idea and Practice of Tax Law in the Early Qing Dynasty

Fu Ningxin

**Abstract**: Take tax law in the early Qing dynasty for example, the legitimacy's foundation of Chinese traditional tax law came from natural law. From early days of China, reducing the gap between the rich and the poor is more important than fiscal revenue. The idea of equality aimed at taxation according to Ability-to-pay, however, it was hindered by tax evasion in practice. For balancing efficiency and equity, legislators initiated the farmland tax reform to improve administrative technique. Due to insufficiency of infrastructural power, the key point of traditional Chinese tax law is still the equality and the subsistence rights.

**Key words**: The idea of equality; Ability-to-pay; Substantive taxation; Economy principle

# 论　　文

# 论商事调解的市场化*

黄忠顺**

**内容摘要：**

我国民商事争议解决体系的完善，在很大程度上取决于商事争议非讼解决服务的市场化。商事仲裁的国际化在相当意义上保证了商事仲裁服务的市场化，而不具有全球执行力的商事调解服务的市场化则刚刚起步。商事调解服务处于供不应求的状态，但商事调解主要是通过公权力介入的方式进行推广，独立的商事调解的利用率很低。除通过诉调对接等手段培育新型市场外，引进境外商事调解机构也可以促进市场竞争机制的形成。但在国内商事调解组织尚未健全的情形下，引进境外商事调解机构应当讲究策略。

**关键词：**

商事调解　诉调对接　调解机构　商事争议解决　司法监督

受“民商合一”立法体例的影响，商事争议解决与民事争议解决的区分原理没有引起足够的重视，商事争议解决与民事争议解决的混淆是我国民商事争议解决机制滞后的主要原因之一。[1] 我国现行的民商事争议解决体系包括协商和解、调解、仲裁、诉讼四种方式，前三种属于诉讼外纠纷解决方式。对于民事争议来讲，国家投入公共资源提供明显具有福利性的诉讼外纠纷解决机制，不存在正当性基础之不足。但是，就商事争议而言，国家花费太多的公共资源提

---

* 本文系中国国际贸易促进委员会北京市分会委托课题“北京市多元化商事争议解决机制建设”（2017K20625）及北京社科青年基金项目“对虚假仲裁的查明与规制”（18FXC017）的阶段性成果。

** 华南理工大学法学院教授。

〔1〕 参见黄忠顺：《商事调解与民事调解的区分原理及其实现路径》，载北京仲裁委员会组编：《北京仲裁》（第89辑），中国法制出版社2014年版，第50～68页。

供诉讼外纠纷解决机制的正当性和必要性则不是很明确。在整体上,民事争议的非诉讼纠纷解决机制主要彰显的是福利性,而商事争议的非诉讼纠纷解决机制则应当更市场化。在商事争议解决与民事争议解决没有加以区分的情形下,商事争议参照适用民事争议解决机制,难以实现商事争议解决机制的市场化。在我国现行的商事争议非诉讼纠纷解决机制中,商事仲裁已经实现市场化和国际化,但目前商事调解仍然主要依靠公权力进行推广。商事调解的市场化与开放性对于完善民商事争议解决体系具有重要价值。本文在揭示商事调解市场化对完善民商事争议解决体系的重要性的基础上,对商事调解服务的供求关系进行分析,阐释实现商事调解市场化和开放性的重要性,最后致力于研究商事调解市场化的途径及具体对策。

## 一、商事争议解决机制的现状及问题

### (一)我国民商事争议解决机制体系

我国实体法采取“民商合一”立法体例,民事争议与商事争议的解决也没有本质的区别。在我国现行法律和司法解释的框架下,民商事争议主要通过协商和解、调解、仲裁、诉讼等四种方式解决。

在通常语境下,协商和解、调解属于双重合意型纠纷解决方式,不仅要求双方当事人自愿启动协商或调解程序(程序自愿),而且和解协议与调解协议的达成完全取决于当事人的合意(实体自愿)。但是,随着“ADR 扶持政策”的确立,[2]为强化调解对诉讼案件的分流功能,立法机关逐渐确立先行调解制度,推定当事人同意尝试通过调解解决争议,在司法实践中也出现了强制启动调解程序的试点,调解的程序自愿性有所弱化。与此同时,调解的实体自愿性也发生了某种意义上的弱化,[3]最高人民法院在借鉴域外经验的基础上提出“探索无异议调解方案认可机制”,即“经调解未能达成调解协议,但是对争议事实没有重大分歧的,调解员在征得各方当事人同意后,可以提出调解方案并书面送

[2] 参见黄忠顺:《调解的共通性效力》,载《国家检察官学院学报》2014 年第 3 期。

[3] 《日本民事调停法》第 17 条、第 18 条允许调停委员会未经当事人同意针对未能达成解纷合意的案件作出替代调停决定,当事人均未在法定期限内向法院申请异议的,视为双方当事人已经解纷合意。

达双方当事人。当事人在7日内未提出书面异议的,调解方案即视为双方自愿达成的调解协议;提出书面异议的,视为调解不成立。当事人申请司法确认调解协议的,应当依照有关规定予以确认。"〔4〕这意味着调解方案可以由调解员提出,并给予当事人提出异议的期限,其实体自愿性已经从明示走向默示。

仲裁存在行政仲裁与商事仲裁之分。在行政仲裁程序的启动方面,劳动争议仲裁(含人事争议仲裁)程序的启动不以双方当事人达成仲裁合意为前提(程序强制),〔5〕但农村土地承包经营纠纷仲裁程序的启动则不具有强制性;〔6〕在行政仲裁裁定的效力方面,除少部分劳动争议仲裁裁决内容具有片面的终局效力以外,当事人均可以通过诉讼的方式阻却其发生终局效力。〔7〕因而,无论在程序启动抑或裁决生效方面,行政仲裁均存在两种不同的模式。与行政仲裁不同,商事仲裁程序的启动以双方当事人达成仲裁合意为条件,商事仲裁裁决具有终局效力,不仅被认为具备执行力,而且被认为具有与确定判决相同的既判力,故商事仲裁属于"程序自愿""实体强制"的混合型纠纷解决方式。

诉讼程序的启动具有强制性,被告因原告的起诉与法院受理而被卷入诉讼,而确定裁判对双方当事人均具有终局效力,故诉讼属于"程序强制""实体强制"的双重强制型纠纷解决方式。我国的诉讼程序仅分为普通程序、简易程序(含小额诉讼程序)两种类型,普通程序本身就被批评过于简单,简易程序的滥

〔4〕 参见《最高人民法院关于人民法院进一步深化多元化纠纷解决机制改革的意见》(法发〔2016〕14号)第24条。

〔5〕《劳动争议调解仲裁法》第5条规定,发生劳动争议,当事人不愿协商、协商不成或者达成和解协议后不履行的,可以向调解组织申请调解;不愿调解、调解不成或者达成调解协议后不履行的,可以向劳动争议仲裁委员会申请仲裁;对仲裁裁决不服的,除本法另有规定的外,可以向人民法院提起诉讼。

〔6〕《农村土地承包经营纠纷调解仲裁法》第4条规定,当事人和解、调解不成或者不愿和解、调解的,可以向农村土地承包仲裁委员会申请仲裁,也可以直接向人民法院起诉。

〔7〕 根据《劳动争议调解仲裁法》第47条的规定,针对以下劳动争议作出的仲裁裁决,对用人单位具有终局效力:追索劳动报酬、工伤医疗费、经济补偿或者赔偿金,不超过当地月最低工资标准12个月金额的争议;因执行国家的劳动标准在工作时间、休息休假、社会保险等方面发生的争议。但是,劳动者对前述仲裁裁决不服的,可以自收到仲裁裁决书之日起15日内向人民法院提起诉讼。

用在很大意义上成为法院试图破解"案多人少"难题的手段。在民商事诉讼领域,尽管通过审判庭设置、集中管辖、专门管辖等手段在一定程度上实现审判组织的分化,但审判程序的分层则尚未完成。

除前述四种传统的民商事争议解决机制外,《最高人民法院关于人民法院进一步深化多元化纠纷解决机制改革的意见》第 22 条借鉴域外早期中立评估的新型争议解决机制,探索民商事纠纷中立评估机制,即"有条件的人民法院在医疗卫生、不动产、建筑工程、知识产权、环境保护等领域探索建立中立评估机制,聘请相关专业领域的专家担任中立评估员。对当事人提起的民商事纠纷,人民法院可以建议当事人选择中立评估员,协助出具评估报告,对判决结果进行预测,供当事人参考。当事人可以根据评估意见自行和解,或者由特邀调解员进行调解"。此外,公证制度职能作用也从纠纷预防向纠纷解决拓展,最高人民法院、司法部《关于开展公证参与人民法院司法辅助事务试点工作的通知》(司发通[2017]68 号)关于公证机构参与调解的规定,创设了一种融预防纠纷与解决纠纷于一体的新型纠纷解决方式。

综上所述,我国的民商事争议解决机制主要包括协商和解、调解、仲裁、诉讼四种,前三种争议解决机制或多或少带有合意型纠纷解决方式的特点,作为其他三种争议解决机制必要补充和保障的诉讼则属于纯粹的决定型纠纷解决方式。随着多元化争议解决理念及其机制的发展,合意型纠纷解决方式与决定型纠纷解决方式的边界逐渐模糊化,纠纷解决与纠纷预防的功能也趋于混同,不同争议解决机制的衔接也日臻完善,我国多元化争议解决机制正在建立健全。

(二)商事争议解决机制面临的问题

尽管商事争议多元化解决机制近年来获得了较大的发展,但仍然存在诸多需要加强理论研究与推进实践探索的疑难问题,主要包括以下几点。(1)争议解决程序分化不足,商事争议与民事争议适用相同的解决程序,难以贯彻各自的价值取向及基本原则。(2)争议解决服务供给不足,商事争议的官方与非官方解决服务均存在"供不应求"状况,商事争议没有获得及时解决,增加了当事人的交易成本。(3)争议解决市场具有封闭性,一方面,官方未能提供足够充分的商事争议解决机制;另一方面,非官方商事争议解决机制的发展又受到多重限制,由于缺乏充分的市场竞争,商事争议解决服务的性价比有待进一步提升。(4)各种争议解决机制尚未形成合力,不同商事争议解决机制之间的灵活切换,不仅可以在不同争议解决机制之间“取长补短”，而且还可能培育出某些新型的争议解决机制，但我国目前尚未建立完善的衔接与协作机制。(5)争议解决机制整体规划较差，商事争议解决效力状态的绝对化以及商事争议解决费用制度的滞后性，在某种意义上妨碍了商事争议解决机制的多元化发展。

1. 商事争议解决的特殊性没有获得充分彰显

相对民事主体而言，商事主体更符合“理性经济人”的假设。相对于民事争议，商事争议往往更具有专业性。相对于民事争议解决，商事争议解决更注重效率价值。因而，商事争议解决应当贯彻强式意义上的平等对待原则与外观主义，应当更注重商事争议解决的专业性与时效性。但是，基于民商事争议解决遵循“民商合一”体例，现有的商事争议解决机制没有很好地彰显商事争议及其解决的特殊性。比如，《民事诉讼法》第127条第2款规定的应诉管辖制度没有对商事被告与民事被告设计不同的规则，导致应诉管辖制度在实践中异化为某些法院争夺或推诿管辖权、恶意原告诱使被告在无法定管辖法院应诉的工具。[8]

2. 商事争议解决服务的官方与非官方供给均不足

根据争议解决主体的不同，商事争议解决机制可以分别纳入自力救济（协商和解）、社会救济（诉讼外调解、商事仲裁）、公力救济（商事诉讼、行政仲裁、行政调解）等三种类型。其中，公力救济属于官方供给的商事争议解决服务（公共服务），而自力救济与社会救济属于非官方供给的商事争议解决服务。在规则供给方面，无论是官方提供的商事争议解决服务，还是非官方提供的商事争议解决服务，都存在“供不应求”的状况。

首先，商事审判程序规则供给严重不足。尽管人民法院普遍设立商事审判庭（商事审判团队），但商事审判特别程序构建工作尚未启动。实际上，不同类型的商事审判程序本身也存在特殊性，对不同类型的商事争议设置不完全相同的审判程序也具有必要性。

其次，商事仲裁规则供给也存在不足。仲裁庭根据法律规定及当事人授权，对商事争议享有足以排除审判权的仲裁权。因而，仲裁程序的相关规则，由《仲裁法》《民事诉讼法》等法律及其相关司法解释、仲裁委员会制定且当事人选择适用的仲裁规则共同供给，前者可以称为法定规则，后者可以称为意定规

[8] 参见黄忠顺：《论应诉管辖制度的解释模式》，载《法商研究》2017年第3期。

则。商事仲裁的法定规则主要针对可仲裁性、仲裁委员会和仲裁协会的组织、仲裁协议、仲裁程序的最低限度要求、仲裁裁决的司法审查及其强制执行等重要事项作出规定,但商事仲裁过程中遵循的具体规则更多是通过仲裁规则供给的。在法定规则方面,不予执行仲裁裁决与撤销仲裁裁决的关系、案外人参加仲裁程序的可能性、案外人对虚假仲裁谋求救济的途径、仲裁协议司法审查的判断标准等问题仍有待进一步完善。在意定规则方面,鉴于"提供便利及有效的仲裁规则便成为评估仲裁机构能力和声望的实用方法",[9]为争夺商事仲裁市场,各大仲裁机构均自觉地在仲裁规则方面下功夫。但是,仲裁机构制定的仲裁规则,难免存在本位主义的倾向。比如,在送达方面,有些仲裁规则降低了推定送达的标准,只要向被申请人邮寄过仲裁文书,即使被邮政部门退回,也推定其受送达,甚至在仲裁实践中出现列举所有可能受送达仲裁文书的主体,只要其中某个主体签收或被视为签收,即视为完成送达。

最后,商事调解规则的供给也有待加强。根据调解主体的不同,商事调解可以分别纳入诉讼调解、仲裁调解、民间调解的范畴。诉讼调解规则主要由《民事诉讼法》供给,目前已经衍生出委派调解、委托调解、特邀调解以及狭义的诉讼调解等多种模式,但相关概念之间的边界不甚清晰,相关规则更多地体现为"程序切换"与"诉调对接",诉讼调解本身的规则供给则明显不足。仲裁调解存在广义和狭义之分,广义的仲裁调解包括以仲裁机构或其下设调解组织为主体的仲裁调解,而狭义的仲裁调解仅指双方当事人已经达成仲裁协议并由仲裁机构或仲裁庭组织的调解。无仲裁合意的仲裁调解,与商会调解、律师调解等其他社会调解之间不存在实质区别,无论当事人是否达成调解协议,后续均不能直接进入仲裁程序。与此不同,有仲裁合意的仲裁调解,与诉讼调解更接近,当事人达成调解协议且不申请撤回仲裁的,仲裁机构应当根据调解协议作出仲裁裁决书或仲裁调解书,调解失败的,仲裁机构应当及时转入仲裁程序。目前,有仲裁合意的仲裁调解主要通过仲裁规则供给,而无仲裁合意的仲裁调解则主要通过仲裁机构内设调解组织制定的调解规则供给,但两者均处于探索阶段。

---

[9] 参见王贵国、李鋈麟、梁美芬主编:《"一带一路"争端解决机制》,浙江大学出版社2017年版,第19页。

3. 商事争议解决的市场化与开放性严重不足

在官方供给的商事争议解决服务不足且加大供给不现实或引发不公平的情形下，开放商事争议解决服务的市场，发展非官方提供的商事争议解决机制，不仅有助于缓解商事争议解决服务紧张局势，而且有助于提升商事争议解决服务市场的竞争性，还可以拓展我国在国际商事争议解决服务方面的市场份额。纵观我国现有的商事争议解决体系，商事诉讼程序尚未专门化，商事仲裁尚未普及化，商事调解尚未市场化，商事谈判尚未规范化，导致商事争议解决服务供不应求。相对于民事主体而言，通常可以推定商事主体不存在承担争议解决成本的困难。因而，对于商事争议的解决，人民法院不应当走在商事争议解决的最前方，市场化的纠纷解决机制应当优先适用。因而，商事诉讼程序本身不存在市场化问题，但商事司法可以为其他争议解决机制的市场化提供支持及进行必要的监督。商事争议解决服务市场化与开放性，主要指向的是商事仲裁、商事调解、商事谈判等有偿的民间商事争议解决机制。在商事仲裁方面，除了中国国际经济贸易仲裁委员会（以下简称贸仲）、北京仲裁委员会（以下简称北仲）等少数仲裁机构以外，绝大多数仲裁机构的市场化程度依然不高，普遍存在案源少的问题，甚至主要通过说服行政机关或行业协议在合同范本中增加仲裁条款的方式获得案源。在商事调解方面，绝大多数商事调解机构的案源主要依赖于仲裁机构以及人民法院的委派调解或委托调解，商事调解尚未形成独立的案件来源，更谈不上形成商事调解服务市场竞争机制。在商事谈判方面，我国尚未设立专门的商事谈判服务机构。商事调解机构以及律师等专业人员可以提供商事谈判服务，但其所提供的服务与调解服务较为接近。鉴于此，商事争议解决服务的市场化与开放性，主要讨论的是商事仲裁与商事调解，但对商事调解的讨论结果同样适用于商事谈判。

4. 商事争议解决机制之间的衔接与协作较差

商事争议解决的实际效果，不仅取决于各种商事争议解决机制的运行状况，而且也取决于不同商事争议解决机制之间的衔接与协作状况。在商事争议解决机制的衔接方面，调解与诉讼、调解与仲裁之间的衔接关系最关键。调解与诉讼之间的衔接与协作，被简称为“诉调对接”，包括委派调解、委托调解、特邀调解、调解协议的司法确认、调解协议的司法审查等内容。最高人民法院近年来致力于完善诉调对接机制，目前的主要任务是讨论前置调解的正当性及其制度构建。调解与仲裁之间的衔接与协作，在理论上被称为仲裁与调解相结合,包括仲裁程序外的独立调解以及内置于仲裁程序中的附带调解两种类型。仲裁程序外的独立调解,与普通的商事调解不存在实质区别,但调解机构或调解人员可以引导达成调解协议的纠纷当事人签订仲裁协议,并通过仲裁裁决书或仲裁调解书的形式予以确认。内置于仲裁程序中的附带调解,与内置于审判程序的法院调解相似,其实质是仲裁员兼任调解员,在调裁分离方面存在天然的障碍。独立调解可以较好地贯彻"调裁分离"原则,但独立调解是否先行于仲裁程序以及独立调解与仲裁程序的衔接机制,目前仍处于探索阶段。附带调解有助于灵活运用仲裁与调解两种纠纷解决方式以提高纠纷解决效率,但如何防范仲裁庭通过裁决权(变现)强迫调解以及如何防止调解信息对裁决产生影响,是附带调解面临的难题。

5. 商事争议解决成本承担制度缺乏统筹兼顾

与民事争议解决应当适当控制私人成本不同,商事争议解决不应当过分消耗公共财政。这是因为,商事争议发生于生产经营领域,而生产经营属于营利活动,发生争议以及为解决争议付出的成本也是商事行为的固有风险。但是,在"民商合一"的争议解决体系下,商事争议与民事争议实行相同的收费制度,导致官方提供的商事争议解决成本过于廉价,不仅存在公共资源使用的公平性问题,而且妨碍商事争议解决的市场化进程。因而,修改《诉讼费用交纳办法》,对商事案件的诉讼费用作出有别于民事案件的安排,对完善商事争议解决体系具有重要作用。除了适当提高商事诉讼案件受理费,对商事调解协议或商事和解协议的司法确认,也不应当采取免费主义。这是因为,如果商事调解协议或商事和解协议可以通过免费的官方程序转化为执行名义,作为理性经济人的商事主体自然不会通过有偿的仲裁程序或公证程序取得相应的执行名义。调解协议或和解协议的司法确认程序属于非讼程序,案件比较简单,没有必要消耗太多的司法资源,同时,商事主体通常又不存在承担程序成本之困难,故应当引导当事人通过仲裁程序、公证程序等强化调解协议或和解协议之效力。诚然,商事争议标的额较大且通常不存在费用承担问题,不能成为肆意提高商事争议解决成本的理由。如果商事调解或商事仲裁的成本远远超过商事诉讼成本,调解与仲裁的替代性功能就很难得以彰显。也就是说,不同种类的商事争议解决方式应当设置合理的费用承担机制,越想鼓励当事人优先适用的纠纷解决机制,就越应当设置更低廉的费用。与此同时,为了防止当事人滥用商事争议解决机制,商事争议解决成本应当采取类似于

“败诉方承担”的费用承担原理。由此可见，我国当前的商事争议解决成本承担制度缺乏统筹规划。

## 二、商事调解的市场供求关系分析

商事争议解决的市场化，主要是指商事争议的非讼解决机制的市场化。一方面，作为公力救济途径的商事诉讼程序本身不可能实现市场化。即使商事诉讼程序中的某些辅助事务可以考虑交给市场主体承担（如送达事务），商事诉讼案件的审理本身不可能也不应当实现市场化。另一方面，就商事争议的非讼解决机制而言，行政机关提供的纠纷解决服务本身也属于公法救济的范畴，行政调解与行政仲裁本身也不应当予以市场化。因而，商事争议解决机制可以引入市场竞争机制的是商事谈判、商事调解、商事仲裁等三个领域，但商事谈判服务市场尚未形成，而商事仲裁的市场竞争秩序已经日趋成熟，故本小节仅针对商事调解的市场化及其开放性问题展开研究。根据组织者身份的不同，商事调解可以体现为法院调解、仲裁调解、民间调解三种类型，其中，法院委派或委托民间调解机构进行的调解以及仲裁机构的独立调解机构组织的调解在性质上可以纳入民间调解的范畴。鉴于狭义的法院调解与仲裁调解分别被理解为审判权或仲裁权的行使方式，本小节所谓的“商事调解的市场供求关系分析”仅指民间调解。

### （一）诉讼服务供给不足促进调解发展

根据最高人民法院历年工作报告提供的数据，商事争议诉讼服务供给增长较为有限。一方面，2013～2017年，各级人民法院审结一审商事案件数量分别为：395.7万件[10]、278.2万件[11]、334.7万件[12]、402.6万件[13]、232.6万件[14]。由此可见，全国人民法院审结的一审商事案件数量并没有呈现逐渐增

〔10〕 参见2014年《最高人民法院工作报告》。

〔11〕 参见2015年《最高人民法院工作报告》。

〔12〕 参见2016年《最高人民法院工作报告》。

〔13〕 参见2017年《最高人民法院工作报告》。

〔14〕 参见2018年《最高人民法院工作报告》，其中2018年数据的计算方式是：1643.8－395.7－278.2－334.7－402.6＝232.6（万件）。

长的趋势,商事争议诉讼服务供给没有逐年增加。另一方面,2008 ~ 2012 年,各级人民法院审结一审商事案件 1630. 7 万件;[15] 2013 ~ 2017 年,各级人民法院审结一审商事案件 1643. 8 万件,[16] 增幅仅为 0. 8%。由此可见,全国法院审结的一审商事案件数量较稳定,商事争议诉讼服务供给状况在整体上也没有呈现逐渐增加的趋势。据笔者的观察,商事争议诉讼服务规模没有发生显著变化的原因在于商事审判队伍规模的稳定性,而并非商事争议案件数量没有发生变化。实际上,诉讼案件累积的事实,在最高人民法院历年的工作报告中也得到充分的体现。(1)2008 ~ 2012 年,最高人民法院受理案件 50, 773 件,审结 49, 863 件,5 年内新增积案 910 件;地方各级人民法院受理案件 5610. 5 万件,审结、执结 5525. 9 万件,5 年内新增积案 84. 6 万件。[17] (2)2013 ~ 2017 年,最高人民法院受理案件 82, 383 件,审结 79, 692 件,5 年内新增积案 2691 件;地方各级人民法院受理案件 8896. 7 万件,审结、执结 8598. 4 万件,5 年内新增积案 298. 3 万件。[18] 显而易见,2013 ~ 2017 年新增积案的数量较前 5 年增多了不少。尽管最高人民法院工作报告没有对商事诉讼案件的受理情况进行统计,但从全国法院的新增积案状况也可以看出,商事诉讼案件积案情况也不容乐观。

根据北京市高级人民法院历年工作报告提供的数据,北京市的诉讼服务供给难以满足日益增加的纠纷解决需要。首先,在整体趋势上,诉讼服务供给没有满足纠纷解决需求的现实需要。2003 ~ 2007 年,全市各级法院受理各类案件 1, 685, 380 件,比前 5 年上升 58. 2%;审结 1, 680, 556 件,比前 5 年上升 57. 3%;累计新增积案 4824 件。2008 ~ 2012 年,全市各级法院受理各类案件 2, 085, 691 件,比前 5 年上升 23. 8%;审结 2, 077, 535 件,上升 23. 6%;累计新增积案 8156 件。2013 ~ 2017 年,全市各级法院受理各类案件 2, 908, 816 件,比前 5 年上升 86. 3%;审结 2, 824, 431 件,上升 89. 1%;累计新增积案 84, 385 件。由此可见,2003 ~ 2017 年,北京全市法院受理案件的数量持续处于快速增长的状态,新增积案的数量也急剧增长,诉讼服务供给显然没有跟上纠纷解决的需要。其次,

[15] 参见 2013 年《最高人民法院工作报告》。

[16] 参见 2018 年《最高人民法院工作报告》。

[17] 参见 2013 年《最高人民法院工作报告》。

[18] 参见 2018 年《最高人民法院工作报告》。

在逐年趋势上，全市法院案件受理数量以及结案数量均逐年增加，2016 年与 2017 年连续两年没有新增积案（见图 1），但其原因主要在于多元化纠纷解决机制改革的发展。一方面，在正式立案之前化解纠纷。全市法院致力于立案前化解纠纷（见图 2），如 2016 年“各基层法院设立诉调对接中心，分流案件 68, 763 件，调解成功 19, 046 件”，[19]“2017 年通过多元调解和速裁结案 175, 989 件，其中调解成功 71, 271 件”。[20] 另一方面，在案件审理过程中通过调解化解纠纷。2013 ~ 2017 年全市一审民商事案件调解撤诉率高达 56. 7%，[21] 2009 年、2010 年、2013 年、2014 年全市民商事案件调解撤诉率分别为 53. 4%、54. 3%、60. 2%、59. 5%。[22] 调解撤诉结案的案件也被作为审结案件进行相关司法统计，而调解撤诉通常意味着可以有效提高司法资源利用效益，故有助于结案率的提高。

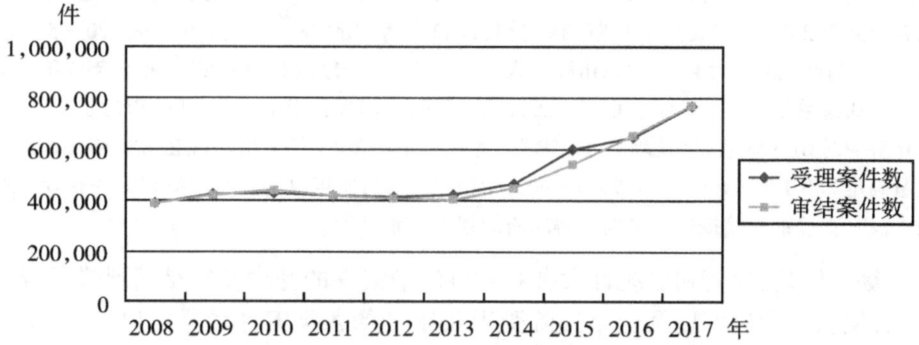


**图 1　北京全市法院 2008 ~ 2017 年案件受理与结案情况**

〔19〕 2017 年《北京市高级人民法院工作报告》。

〔20〕 2018 年《北京市高级人民法院工作报告》。

〔21〕 参见 2018 年《北京市高级人民法院工作报告》。

〔22〕 分别参见 2010 年、2011 年、2014 年、2015 年的《北京市高级人民法院工作报告》。

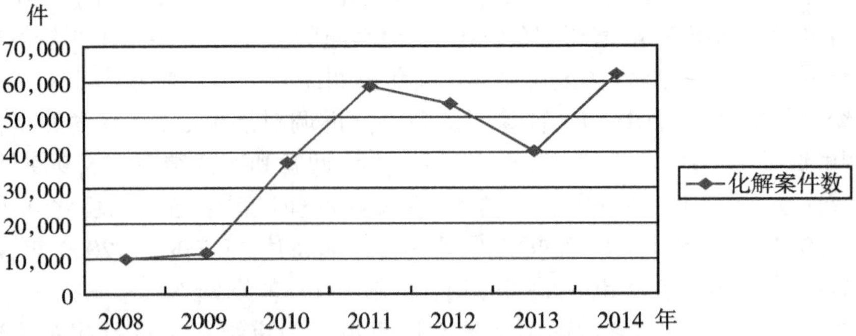


**图 2　北京全市法院 2008～2014 年立案前化解纠纷情况**

资料来源:2008～2011 年、2014 年的数据来自 2009～2012 年以及 2015 年《北京市高级人民法院工作报告》。2013 年《北京市高级人民法院工作报告》没有明确指明 2012 年全市法院在立案审查中化解纠纷的数量,但指出"2010 年以来在立案前调处各类纠纷 15 万件",笔者据此将 2012 年在立案前化解的纠纷数量确定为"150,000－37,150－58,820＝54,030(件)"。与此同时,2014 年《北京市高级人民法院工作报告》没有说明 2013 年全年立案审查中解决纠纷数量,但 2015 年北京市高级人民法院的工作报告指出,2014 年全市法院"在诉讼前化解纠纷 61,958 件,同比增长 34.5%",笔者据此将 2013 年全市法院在诉讼前化解纠纷数量确定为"61,958×(1－34.5%)＝40,582(件)"。其他年份的北京市高级人民法院工作报告没有直接或间接提供立案前化解纠纷的案件数量情况。

综上所述,尽管司法统计没有对商事诉讼案件的受理及审结情况进行详细考察,但从全国法院以及全市法院受理及审结的各类案件数量可以看出,诉讼服务供给尚且无法满足纠纷解决之需要。为缓和诉讼服务与解纷需求之间的紧张关系,人民法院主导多元化纠纷解决机制发展的格局基本形成。在 2012 年《民事诉讼法》修订前,不少地方法院根据《最高人民法院关于适用简易程序审理民事案件的若干规定》(法释〔2003〕15 号)第 14 条关于"下列民事案件,人民法院在开庭审理时应当先行调解:(一)婚姻家庭纠纷和继承纠纷;(二)劳务合同纠纷;(三)交通事故和工伤事故引起的权利义务关系较为明确的损害赔偿纠纷;(四)宅基地和相邻关系纠纷;(五)合伙协议纠纷;(六)诉讼标的额较小的纠纷"的规定,对特定类型案件试行诉前强制调解制度。但是,2012 年《民事诉讼法》第 122 条关于"当事人起诉到人民法院的民事纠纷,适宜调解的,先行调解,但当事人拒绝调解的除外"的规定明确排除强制启动调解程序,全市人民法院 2012～2013 年通过立案前调解化解的案件数量显然有所下降。为了保持调解在分流案件方面的功能，最高人民法院随后出台了《最高人民法院关于人民法院进一步深化多元化纠纷解决机制改革的意见》(法发〔2016〕14号)、《最高人民法院关于人民法院特邀调解的规定》(法释〔2016〕14号)、《最高人民法院关于进一步推进案件繁简分流优化司法资源配置的若干意见》(法发〔2016〕21号)等3份规范性文件，北京市高级人民法院更是积极推进多元化纠纷解决机制改革，先后出台了《北京法院进一步深化多元化纠纷解决机制改革的若干意见》《北京法院立案阶段多元调解工作的规定》《北京法院多元调解引导工作指南》《关于全面推进"人民调解进立案庭"加强诉调对接工作的意见》《关于人民调解案件补贴发放工作的通知》等规范性文件，重点引导当事人在立案阶段通过多元调解的方式化解纠纷，不仅从完全免费的角度激励当事人尝试调解，而且通过财政补贴的方式激励调解人员积极促成当事人达成调解协议。此外，《北京法院关于深入推进立案阶段多元调解和速裁工作的实施方案》也正处于征求意见阶段。鉴于北京市高级人民法院积极推进多元化纠纷解决机制建设，全市法院2016年、2017年连续两年审结案件数量超过受理案件数量系属正常。这是因为，一方面，部分案件通过立案阶段多元调解而没有最终转化为受理案件；另一方面，受理案件仍可以通过委托调解、特邀调解、法庭调解等多种方式处理和结案。

(二)商事仲裁解决争议的功能较有限

根据《仲裁法》第2条的规定，我国仲裁机构的受案范围是"平等主体的公民、法人和其他组织之间发生的合同纠纷和其他财产权益纠纷"，故仲裁机构受理的案件未必都是商事争议。鉴于商事争议仲裁通常能够给仲裁机构带来更多的收入，各大仲裁机构在本能上均更重视发展商事争议仲裁业务。但是，即使将民事争议仲裁案件视为商事争议仲裁案件进行统计，各大仲裁机构的案件受理量仍然较低，仲裁在化解商事争议的功能仍然较为有限。以北仲、贸仲2008～2017年年度工作报告提供的数据为例(见图3、图4)，作为全国著名的两家仲裁机构，北仲与贸仲受理与审结的案件数量在整体上均呈现增长的趋势，但北仲受理与审结的峰值仅为3550件、3520件，而贸仲受理与审结的峰值也仅为2298件、2273件。这与北京市任何一家人民法院受理与审结的案件数量相去甚远。[23]

---

〔23〕 根据2018年《北京市高级人民法院工作报告》提供的数据，2017年全市法院的法官人均结案达255.7件，同比上升28.6%，有的法院法官人均结案超过500件，朝阳区人民法院收案、结案数量均突破13万件。

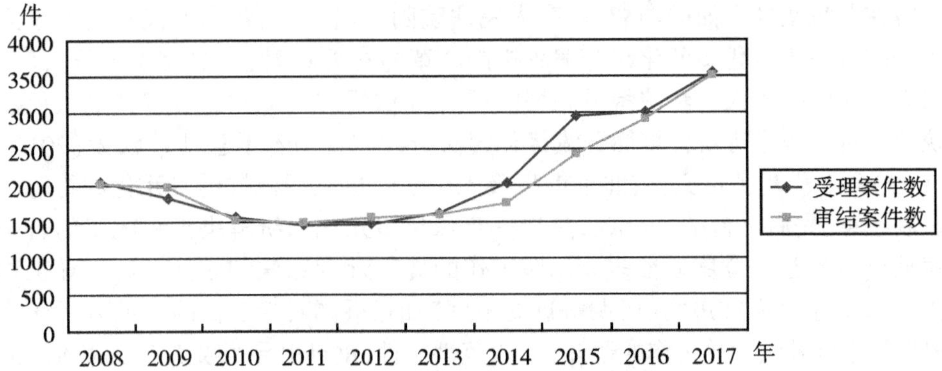


**图 3 北仲 2008 ~ 2017 年收案与结案情况**

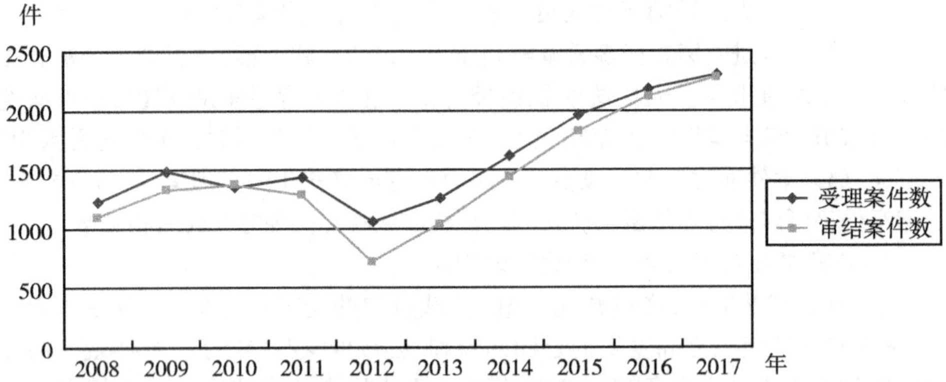


**图 4 贸仲 2008 ~ 2017 年收案与结案情况**

实际上,作为事实上的商事主体,相对案件受理与审结的数量而言,仲裁机构更重视的是盈利水平。如果纯粹追求受理与审结的案件数量,仲裁机构完全可以与当地消费者保护委员会等调解机构合作,开展诸如小额消费争议仲裁活动,但这种基本上“无利可图”的仲裁案件在很大意义上只是让仲裁机构“徒增烦恼”。可以作为佐证的是,尽管上海、浙江、江苏等地的消费者权益保护组织与当地的仲裁机构开展合作,但有关小额消费仲裁案件事实上完全由消费者权益保护组织的工作人员以仲裁员身份处理,没有给仲裁机构带来太大的负担。鉴于涉案金额往往与仲裁机构的收费相关,仲裁机构尤其重视受案金额。北仲与贸仲每年对外公开发布的工作报告均将上一年度的案件总标的额进行统计,整体上都表现为逐渐增长的趋势(见图 5、图 6)。此外,北仲工作报告从 2013 年开始对不同标的额区间的案件数量进行比较,该会每年受理的小标的额(100

万元以下)案件占所有受理案件60%左右的比重,但其标的额占所有案件总标的额之比重则仅为1%左右(见图7)。显而易见,相对于拓展小诉讼标的额案件的受理数量而言,拓展大标的额的商事仲裁案件的来源更"有利可图"。[24]对于标的额较小的商事争议,仲裁机构缺乏受理的积极性。尽管仲裁机构无权以诉讼标的额太小为由拒绝受理仲裁案件,但仍然可以通过收费制度迫使理性的小额商事争议主体放弃对仲裁程序之利用。

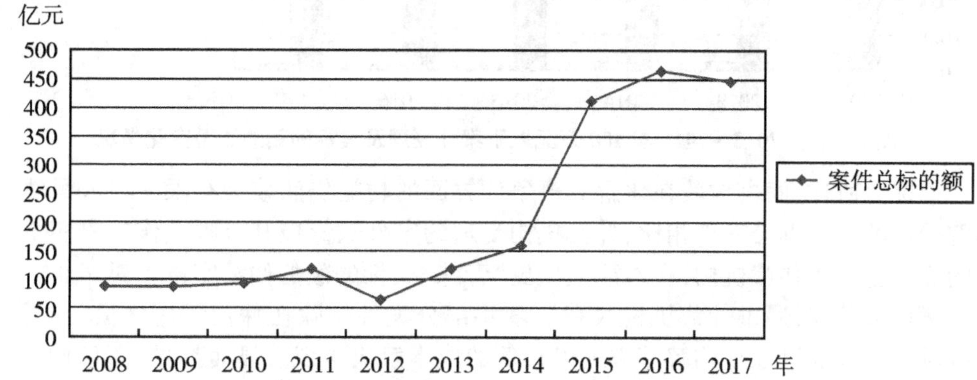


**图5 北仲2008~2017年案件总标的额情况**

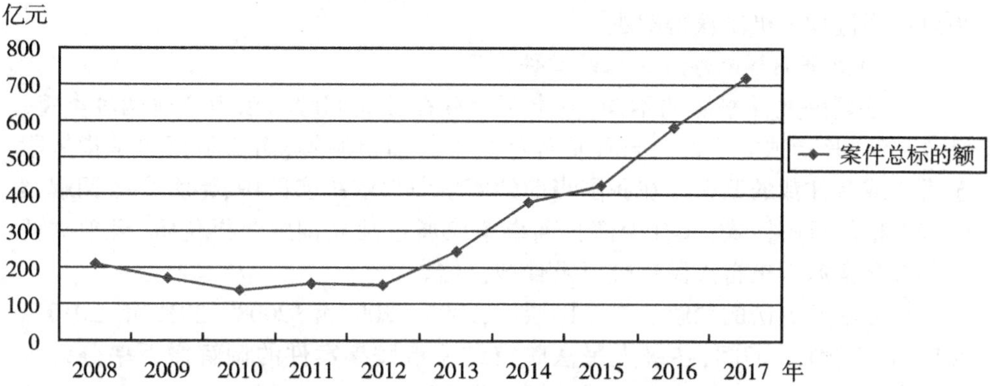


**图6 贸仲2008~2017年案件总标的额情况**

---

〔24〕"仲裁案件数量稳步上升,优质案源不断增多;涉案标的额大幅提高,大案要案数量明显增加"列为本年度工作的主要业绩。参见《贸仲委2017年业务工作总结和2018年业务工作计划》,载中国国际经济贸易仲裁委员会网:http://www.cietac.org.cn/index.php? m = Article&a = show&id = 15193,2020年3月26日最后访问。

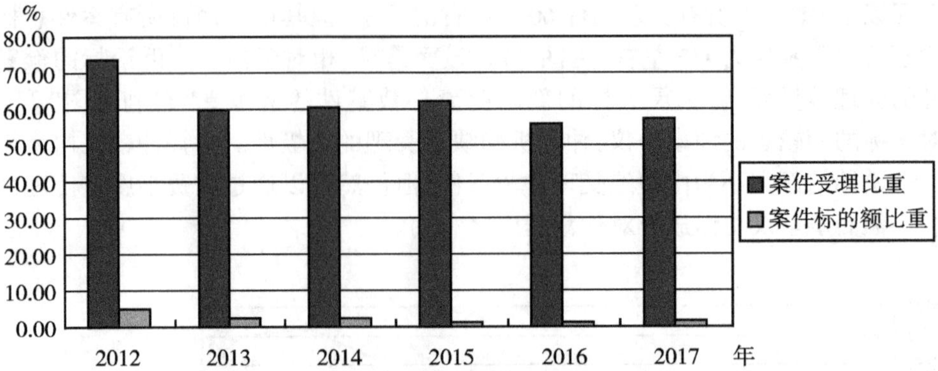


**图 7 北仲 2012 ~ 2017 年 100 万元以下案件受理及其标的额的比重变化情况**

综上所述,商事仲裁在化解商事争议方面的功能仍然较为有限。与人民法院受理的商事诉讼案件相比,仲裁机构受理的案件数量极其有限。作为事实上的商事主体的仲裁机构,在本能上也更"青睐"大标的额的仲裁案件。对于小标的额商事争议,通过仲裁机构收费制度将部分案件排除在仲裁程序之后,或者鼓励当事人通过独立调解等方式以较低的成本解决争议。显而易见,商事仲裁服务的供给难以满足商事争议解决的需求,尤其是诉讼标的额较小的商事争议更难以通过仲裁机制获得解决。

(三)商事调解未形成独立的案件来源

根据调解案件来源的不同,商事调解存在独立调解与依附调解两种类型。独立调解,是指独立于诉讼与仲裁程序之外的商事调解,而依附调解是指依附于诉讼或者仲裁的调解。在我国当前的商事争议解决实践中,绝大多数调解案件采取依附调解模式,只有少部分商事争议通过独立调解获得化解,且独立调解的部分案源也来自人民法院以及仲裁机构。

1. 依附于诉讼的调解。在全国层面,2003 ~ 2007 年、2008 ~ 2012 年、2013 ~ 2018 年三个统计期间,各级人民法院审结一审民事案件的调解撤诉率分别为 50.74%、64.6%、50.74%。[25] 在北京市层面,2003 ~ 2007 年、2013 ~ 2018 年两个统计期间,各级人民法院审结一审民事案件的调解撤诉率分别为 53%、

〔25〕 分别参见 2008 年、2013 年、2018 年的《最高人民法院工作报告》。

56.7%,[26]2007年、2008年、2010年、2012年、2013年、2014年全市法院民商事一审案件调解撤诉率分别为53%、50.3%、54.3%、59.8%、60.2%、59.5%,[27]2016年、2017年通过多元调解和诉裁结案的案件分别为68,763件、175,989件,其中调解成功的案件分别为19,046件、71,271件。[28] 由此可见,无论在全国层面还是全市层面,超过一半的民商事诉讼案件最终通过调解的方式获得解决,依附于诉讼的调解在解决商事争议方面的功能相当强大。

2.依附于仲裁的调解。仲裁与调解相结合是我国仲裁实践的创新,为国内多种仲裁机构的仲裁规则所采纳。仲裁案件的结案方式主要有以下几种:(1)决定型裁决结案,即仲裁庭居中作出仲裁裁决的结案方式;(2)合意型裁决结案,即仲裁庭根据和解协议或调解协议制作仲裁裁决的结案方式;(3)调解结案,即仲裁庭根据和解协议或调解协议制作仲裁调解书的结案方式;(4)当事人撤回仲裁申请,可以分为基于达成和解或调解协议而撤回仲裁申请以及基于其他原因而撤回仲裁申请,实践中前者较为常见;(5)仲裁机构撤销仲裁案件,这种情形很罕见,通常仅发生在仲裁机构认定仲裁协议存在效力瑕疵或者双方当事人系属虚假仲裁的情形。在前述五种结案方式中,合意型裁决结案、调解结案以及基于达成和解或调解协议的撤回仲裁申请,属于依附于仲裁的调解。但遗憾的是,北仲年度工作报告的统计数据没有对决定型裁决与合意型裁决进行区分,故图8并不能真实反映通过调解解决的仲裁案件在所有审结案件中所占的比重。显而易见,合意型裁决结案属于调解成功的情形,故依附于仲裁的调解实际所占比例超过图8调解结案与撤回仲裁申请率。简言之,依附于仲裁的商事调解显然缺乏独立的案源。

---

〔26〕 分别参见2008年、2018年《北京市高级人民法院工作报告》,2013年《北京市高级人民法院工作报告》没有对2008~2012年的一审民事案件的调解撤诉率进行统计。

〔27〕 分别参见2008年、2009年、2011年、2013年、2014年、2015年《北京市高级人民法院工作报告》,2010年、2012年、2016年、2017年、2018年《北京市高级人民法院工作报告》没有对前一年度的一审民事案件的调解撤诉率进行统计。

〔28〕 分别参见2017年、2018年《北京市高级人民法院工作报告》。这实际上也是2016年、2017年北京全市法院结案数量超过受理案件数量的一项重要原因。

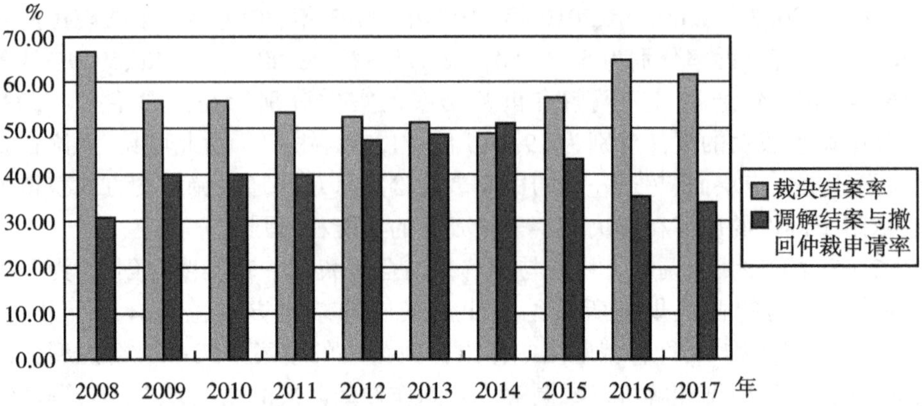


**图8　北仲2008~2017年结案情况**

资料来源:相关数据直接来自北仲的历年工作报告。需要说明的是,2008~2011年的统计数据对当事人因和解撤案和当事人因其他原因撤案进行了区分,但从2012年起的统计数据不再对两者进行区分,故相关统计数据偏高。

3.独立商事调解。独立商事调解,是指人民调解、行业调解、律师调解、公证调解等独立于诉讼与仲裁以外的调解方式。仲裁机构设立的调解机构在某种意义上也属于独立调解,因为此类调解机构受理案件不以双方当事人之间签订仲裁条款或仲裁协议为条件,而且也可能接受人民法院委派或委托对起诉到人民法院的商事案件进行调解。但是,所有的独立商事调解机构均缺乏独立的案件来源。〔29〕

其一,仲裁机构设立的独立调解机构的案件受理情况较不乐观。以北仲2011年建立的独立调解中心为例。截至2017年,调解中心共有138名在册调解员,其中45名分别来自美国、英国、法国、德国、新加坡、我国香港特别行政区

〔29〕　与独立商事调解机构不同,有些独立的民事调解机构已经形成独立的案件来源,如消费者权益保护组织设立的调解机构、企业劳动争议调解委员会、医疗纠纷人民调解委员会等调解组织具有独立的案件来源,甚至有些民事调解组织因法院在事实上要求调解前置而形成独立的案源。

等11个国家和地区,但是仅受理了188件商事调解案件。[30] 通过分析北仲提供的详细数据可知,独立商事调解没有形成独立的案件来源,除2014年、2015年外,其他年份的案件受理量均没有超过10件。2016年、2017年的独立调解受理案件数量分别仅为3件与4件,[31]其中还有部分来自法院的委托调解(见表1),争议金额也极为有限。由此可见,至少在目前商事独立调解很难成为仲裁机构盈利的主要来源,仲裁机构开展独立商事调解业务以及设立独立商事调解机构,在很大程度上是基于宣传争议多元化解决理念的需要。

**表1 北仲独立调解案件情况**

| 年份 | 独立调解案件数量/件 | 涉外数量/件 | 调解成功/件 | 转化为强制文书/件 | 合计争议金额/万元 |
| --- | --- | --- | --- | --- | --- |
| 2008 | 3 | 1 | 3 | 2 | 约13,800 |
| 2009 | 1 | 1 | 1 | 0 | 210 |
| 2010 | 1 | 1 | 1 | 0 | 约781 |
| 2011 | 1 | 0 | 0 | 0 | 约5209 |
| 2012 | 3 | 1 | 0 | 0 | 约1200 |
| 2013 | 10(法院委托2件) | 0 | 3 | 1 | 约42,000 |
| 2014 | 118(法院委托29件) | 1 | 97 | 83 | 约18,000 |
| 2015 | 44(法院委托21件) | 2 | 14 | 11 | 约38,000 |
| 2016 | 3(法院委托2件) | 0 | 1 | 0 | 约400 |
| 总计 | 184 | 7 | 120 | 97 | 约119,000 |

资料来源:参见《北京仲裁委员会2016年工作总结》,载北京仲裁委员会网:http://www.bjac.org.cn/news/view? id=2909,2020年3月26日最后访问。

〔30〕 参见尹通:《国际争议解决新路径:"多元化纠纷解决机制的互动与融合"研讨会成功举办》,载北京仲裁委员会网:http://www.bjac.org.cn/news/view? id=3160,2020年3月24日最后访问。

〔31〕 2017年的独立调解案件数量是这样计算出来的:188(截至2017年受理数量)-184(截至2016年受理数量)=4(2017年受理数量)(件)。

其二,行业独立调解也过分依赖法院委派与委托调解。以 2014 年 12 月注册成立的中证中小投资者服务中心有限责任公司(以下简称投服中心)为例,全国已有上海、北京、南京、杭州等 14 个地区的人民法院与之建立诉调对接机制,纳入法院的特邀调解组织名册,北京、上海、宁波等地的法院内还建立该调解组织的调解工作室。截至 2017 年 8 月,投服中心共登记纠纷案件 4715 件,争议金额约 15 亿元。其中,正式受理 1956 件,调解完结 1582 件,调解成功 1388 件,成功率达 88%,投资者获得赔偿金额达 2.2 亿元。2016 年投服中心受理的证券期货纠纷数量已接近全国的 1/3,法院委托调解的案件约占 90%。[32] 除面向本行业的行业调解机构外,中国法学会举办的中国法律咨询中心于 2014 年 1 月 3 日设立调解中心,被认为是全国首家以法学专家为主体,主要从事商事调解业务的机构,也是首批北京市高级人民法院诉调对接试点单位之一。[33] 但是,该调解中心也尚未形成稳定的案源,仍然主要以人民法院委派委托调解的案件为主。比如,仅 2014 年,该调解中心就受理了法院诉前委托调解和当事人直接申请调解的案件共 62 件,其中一起网络著作权侵权案就包括了 561 件串案,涉案标的额 2.14 亿元,调解成功率在 60% 左右。[34] 诚然,行业调解也借助了人民调解的形式。根据北京市司法局丁琳芳处长提供的信息,北京市共设立了 22 家专业人民调解组织(包括但不限于商事调解组织),但其案源均来自法院委派、委托调解。她透露,成立于 2011 年的上海经贸商事调解中心,在近两年才调解了 5 起案件,之后与上海 3 家中级人民法院以及两家基层人民法院建立"诉调对接"机制,才使其每年受理调解案件多达 500 多件。由此可见,行业性或专业性调解组织缺乏独立的案件来源,其调解业务主要依附于人民法院开展的委派、委托调解。

其三,律师商事调解机构尚未普遍设立,律师调解的主要案源仍然在于人民法院的委派、委托调解。诚如北京高级人民法院立案庭在《诉调对接问题研

〔32〕 参见周松林:《投服中心为证券市场增加"正能量"》,载《中国证券报》2017 年 9 月 26 日,A02 版。

〔33〕 参见宗边诗:《中国法律咨询中心调解中心揭牌》,载《检察日报》2014 年 1 月 8 日,第 2 版。

〔34〕 参见罗书臻:《形成化解社会矛盾的强大合力:全国法院多元化纠纷解决机制改革工作推进会大会交流综述》,载《人民法院报》2015 年 4 月 11 日,第 2 版。

究报告》中指出的："律师往往是按照诉讼阶段收费，基于经济因素考虑大都拒绝多元化解。"相对于调解而言，诉讼代理往往能够获得更多的收入。因而，律师本身缺乏组织商事调解的动力。但是，作为多元化商事争议解决不可或缺的内容，放弃商事调解在某种意义上意味着放弃部分市场份额，故律师群体又不得不介入商事调解领域。根据最高人民法院、司法部《关于开展律师调解试点工作的意见》(司发通〔2017〕105 号)第 3 条、第 4 条、第 5 条、第 6 条、第 14 条的规定，律师调解机构可以采取"在人民法院设立律师调解工作室""在公共法律服务中心(站)设立律师调解工作室""在律师协会设立律师调解中心""律师事务所设立调解工作室"等四种设置方式，前三种通过公共财政购买律师调解服务的方式解决调解经费问题，而在律师事务所设立的调解工作室则可以按照有偿和低价原则向当事人收取调解费。〔35〕 诚如王亚新教授指出的，"律师作为遵循市场规律的服务行业，免费或者低价提供纠纷解决的服务不易广泛推行或者往往难以为继"，〔36〕相对于第四种方式而言，前三种律师调解机构设置方式更为契合律师的利益，当前绝大多数律师调解案件主要来源于法院，但少数高端律师调解在客观上则通过当事人购买服务的方式获得报酬。以杭州市律师调解为例，律师参与调解的工作模式包括法院聘任杭州律协调解中心为特邀调解组织(如滨江区人民法院、江干区人民法院)；法院通过属地司法局，由律师自愿报名、司法局推荐，法院审核后聘任为特邀调解员开展调解工作(如上城区人民法院、余杭区人民法院、富阳区人民法院和淳安县人民法院)；法院直接与辖区内的律师事务所调解中心合作开展调解工作(如西湖区人民法院)。截至 2017 年 11 月，开展律师参与调解工作的试点法院共调撤案件 258 件。〔37〕

---

〔35〕 相似规定，还可以参见《最高人民法院关于人民法院进一步深化多元化纠纷解决机制改革的意见》(法发〔2016〕14 号)第 37 条、《最高人民法院关于人民法院特邀调解的规定》(法释〔2016〕14 号)第 29 条、《北京法院进一步深化多元化纠纷解决机制改革的若干意见》第 2 条等。

〔36〕 蒋安杰、刘子阳：《律师调解有何独特魅力》，载《法制日报》2017 年 10 月 18 日，第 3 版。

〔37〕 参见洪明思、钟法：《5 位律界"大咖"成为杭州中院首批"律师调解员"》，载 http://ori. hangzhou. com. cn/ornews/content/2017 - 11/11/content_6712391. htm，2020 年 3 月 27 日最后访问。

其四,同行调解仅在狭小的范围内适用。权威人士对同行之间发生的争议进行调解,往往更容易被接受,当事人自觉履行调解协议的可能性也比较大,而且可以通过行业协会的规章制度推广行业调解。北京民营科技实业家协会创办的中关村企业家商事调解中心,从 2007 年试运行至 2013 年年初,调解中心共调解 246 件商事争议,调解成功 214 件,成功率高达 87%。同行调解之所以能够取得比较高的认可度,是因为"在商业纠纷中,除了法律规则外,还有一套自成体系的商业规则。当企业家成为调解员,往往带着同行的情感和经验去看待法律问题,这让我们比法官更容易接近双方的利益底线,也更能抓住经济纠纷的实质"。[38] 但是,中关村企业家商事调解中心从其试运行期间就与北京市海淀区人民法院上地人民法庭共同推出了企业家商事特邀调解员制度,主要是从上地法庭接手案件,[39] 如 2012 年上地法庭新收商事案件 671 件,而特约调解员调解案件为 113 件。但是,作为知名企业家,专职从事调解工作显然不符合经济效率原则。因而,尽管中关村企业家商事调解中心也曾经试图将其注册为单独的社会服务类组织,但始终没能找到适合调解中心的发展方向和商业运营模式,最终不得不放弃,继续维持公益调解的属性。

其五,基层人民调解中的商事调解所占比例极低。本文以 2015 年度全国人民调解工作统计数据为例,[40] 对此进行分析。第一,在人民调解委员会方面,以解决民事争议为主的人民调解委员会数量处于绝对优势。全国人民调解委员会总数为 798,417 个,其中,村(居)调委会 675,194 个,约占总数的 84.6%;乡镇(街道)调委会 42,380 个,约占总数的 5.3%;企事业单位调委会 48,036 个,约占总数的 6.0%;社会团体和其他组织调委会 32,807 个,约占总数的 4.1%。其中,以调解民事争议为主的村(居)调委会与乡镇(街道)调委会的数量约占全国人民调解委员会的 90%。第二,在人民调解员的构成方面,以解

〔38〕 参见彭波:《中关村:企业家也是调解员》,载中关村网:http://www.zgc.gov.cn/zgc/sddpdbf/mtgc45/qt30/32819/index.html,2020 年 3 月 27 日最后访问。

〔39〕 2007 年 2 月,上地人民法庭与北京民营科技实业家协会联手创立了"商事特邀调解员"制度。上地人民法庭因此成为全国唯一审理商事案件的法庭。参见郭莹:《商事调解员制有望全国推广》,载《北京商报》2007 年 9 月 27 日,第 2 版。

〔40〕 参见司法部基层工作指导司人民调解处:《2015 年度全国人民调解工作数据统计》,载《人民调解》2016 年第 4 期。

决民事争议为主要任务的调解员数量处于绝对优势。全国共有人民调解员3,911,220人,其中,村(居)调委会调解员3,211,174人,约占总数的82.1%;乡镇(街道)调委会调解员318,830人,约占总数的8.1%;企事业单位调委会调解员189,895人,约占总数的4.9%;社会团体和其他组织调委会调解员191,321人,约占总数的4.9%。第三,在不同调解主体调解争议数量方面,以民事争议调解为主要业务的人民调解委员会调解的案件数量处于绝对优势。全年各类人民调解组织共调解纠纷9,331,047件,其中,村(居)人民调解组织调解纠纷5,960,048件,约占总数的63.9%;乡镇(街道)人民调解组织调解纠纷2,085,620件,约占总数的22.4%;企事业单位人民调解组织调解纠纷180,279件,约占总数的1.9%;社会团体和其他组织人民调解组织调解纠纷1,105,100件,约占总数的11.8%。第四,在人民调解委员会处理争议的类型方面,婚姻家庭、邻里纠纷和房屋宅基地纠纷仍是纠纷的主要类型,数量为4,862,204件,约占调解纠纷总数的52.1%;合同、生产经营、损害赔偿、山林土地、征地拆迁纠纷总数为2,165,648件,约占调解纠纷总数的23.21%;医疗纠纷、道路交通、劳动争议、物业管理、环境污染、消费纠纷等行业性、专业性矛盾纠纷总数为1,437,701件,约占调解纠纷总数的15.41%;其他纠纷865,494件,约占调解纠纷总数的9.28%。

综上所述,相对依附于诉讼与仲裁的商事调解而言,独立商事调解的适用频率更低。而且,尽管独立商事调解在外观上独立于诉讼调解与仲裁调解,但在案件来源方面过分依赖于人民法院的委派与委托调解。由此可见,商事调解服务尚未形成市场竞争机制,整体上仍然遵循权力推动型发展模式,距离商事争议解决之社会化与市场化尚且具有较大的距离。在商事诉讼与商事仲裁难以满足商事争议解决之需求的情形下,开放商事调解服务市场对于及时解决商事争议和促进社会经济发展具有重要价值。

## 三、引入商事调解市场机制的保障

受实体法“民商合一”立法体例的影响,商事争议解决的特殊性没有获得足够充分的彰显。商事主体更契合理性经济人的预设,且通常不存在争议解决成本与预期收益不符合比例原则的情形,在官方商事争议解决服务供给不足的语境下,相对民事争议而言,商事争议更具备通过市场化争议解决机制予以解决的必要性与可行性。商事调解存在官方商事调解与民间商事调解之分。官方商事调解不以盈利为目的且消耗公共资源,故不能进行市场化改造。因而,可以引入市场竞争机制的商事调解仅指民间商事调解。在我国当前商事争议解决实践中,民间商事调解存在依附型调解与独立型调解之分。依附型调解存在依附于诉讼的商事调解与依附于仲裁的商事调解之分,前者在当前主要表现为法院利用公共财政购买民间调解服务,〔41〕后者更多的是仲裁庭调解或者在仲裁机构内设调解机构对申请仲裁的案件进行调解。鉴于依附于仲裁的商事调解的市场化问题可以纳入商事仲裁市场化的范畴,本小节以独立型商事调解为主要研究对象。

(一)构建合理的商事争议收费制度

商事调解服务市场化的首要条件是商事调解按照市场化运行。在我国当前商事争议解决实践中,因与民事调解混同,商事调解更多地彰显争议解决的社会属性,国家权力干预以及公共资源投入是其重要特征。在此种语境下,按照市场机制运作的商事调解机构很难从其提供的服务中盈利,商事调解服务市场化更无从谈起。因而,商事调解服务市场化的前提是厘清商事调解与民事调解,并确定商事调解中适用市场化机制的范围。首先,对于双方当事人在诉讼与仲裁之外接受商事调解的,应当实行等价有偿原则,允许商事调解机构向当事人收取相关费用及报酬。其次,对于依附于诉讼的商事调解,考虑“案多人少”的现实情况,应当尽可能引导具有调解意愿的当事人向民间调解机构申请调解,即优先考虑采取委派调解与委托调解两种模式,但法庭调解属于审判权的具体行使方式,不能按照市场机制另外收取调解费用。如此,在商事诉讼费用较低的情形下,商事主体可能更加倾向于接受法庭调解。实际上,商事诉讼费用收费过低妨碍商事争议多元化解决机制发展已是不争的事实。提高商事诉讼成本以及实行律师费用败诉方承担规则,便可以解决商事主体过度利用法庭调解的问题。

(二)构建合理的商事诉调对接机制

作为理性经济人的商事主体有偿接受争议解决服务,必然考虑所购买服务的性价比问题。不同商事争议解决具有不同的特点,其效果不尽相同。商事调

〔41〕 诚然,相对民事争议而言,利用公共财政为当事人购买调解服务的正当性基础较为薄弱,这是因为商事主体更具备足够的动力和能力谋求其争议的有偿解决。

解除了其他非诉讼纠纷处理方式的过程协商性、事项开放性、程序灵活性、费用低廉性等一般性特征，还拥有过程的绝对保密性、结果的绝对可控性等独特优势。[42] 但是，商事调解协议在当前尚未被广泛赋予执行力，商事调解效力较低是其显著特点。因而，如何通过诉调对接机制向有需要的当事人提供强化调解协议效力的途径，在很大程度上决定商事调解服务的市场总额的大小。如果独立型商事调解只能产生债的变更效力，而无法通过略式权益判定程序获得执行力，那些试图获得终局性解决商事争议的主体将不得不放弃该类型的商事调解。此外，在权力主导型商事调解向市场开放型商事调解转型的过程中，人民法院通过委派调解与委托调解制度实现的案件分流功能显得尤为重要。在商事调解组织基本形成竞争关系后，就应当注意避免某些商事调解机构对人民法院委派或委托调解的案件的分配施加有违市场规律的不当影响。[43]

（三）确立商事调解的多元发展政策

商事争议解决服务体系应当坚持多元发展政策，不能为了扶持调解而忽视或者有意抑制其他商事争议解决机制的发展。[44] 只有协调好商事调解与其他商事争议解决机制之间的关系，商事调解市场化才能获得长足发展。除商事争议解决服务体系应当遵循多元化发展政策外，商事调解本身的多元化发展趋势也应当获得足够的重视。多元商事调解服务市场的形成，有助于满足不同当事人解决商事争议之需要。

其一，高端商事调解服务可以满足大标的额商事争议解决之需要，而低端商事调解服务可以满足谋求廉价解决商事争议者之需求。比如，在律师商事调解领域，高端律师的调解费用与低端律师的调解费用相去甚远，高端律师商事调解主要适用的案件类型是系争标的额较大，或者争议对象对当事人的重要性

---

〔42〕 参见杨力：《多元化纠纷解决机制中的商事调解及改革空间》，载《人民法院报》2016年7月10日，第2版。

〔43〕 可以借鉴的是，在强制执行实践中，为了获得更多拍品（尤其是大标的额拍品）的委托拍卖权，有些拍卖机构从事了干预行为，导致委托拍卖的市场机制运行不畅。后来，最高人民法院以及某些地方人民法院出台一些规定，对拍卖机构的确定方式进行了改革。参见黄忠顺：《司法强制拍卖改革的深度透析》，载《当代法学》2015年第1期。

〔44〕 参见廖永安、蒋凤鸣：《新时代发展我国社会调解的新思路》，载《中国社会科学报》2018年1月18日，第1版。

较大,而且双方当事人对相关纠纷存在较大争议;低端律师商事调解具有成本的廉价性以及调解的法制化的双重优势,主要适用案件类型是系争标的额不大,或者争议对象对当事人的重要性较小,或者双方当事人对相关纠纷存在较大的争议。

其二,依附于诉讼或仲裁的商事仲裁可以及时切换至诉讼或仲裁程序,在诉讼调解费用内含于诉讼费用、仲裁调解费用可以另行收取的情形下,依附型商事调解与独立型商事调解可以分别满足当事人的不同需求,同时,确保了依附型商事调解的存在不对独立型商事调解服务市场的竞争构成威胁或造成破坏。

其三,不仅在受理商事争议案件类型上可以有所专业化,而且只要不违反最低限度的程序正义,商事调解机构的调解规则可以有所不同,最终形成多元化的商事调解程序,以满足当事人的不同需求。比如,公证机构设立的商事调解机构,可以考虑在示范性调解条款中加入申请公证债权文书之合意,使公证商事调解协议得以迅速向执行名义转化,彰显此类商事调解机构的特点。

其四,商事调解人员来源应当坚持多元化,并警惕商事调解过分法制化发展趋势。商事调解的合法性原则仅要求商事调解不违反最低限度的合法性,即不违反法律禁止性规范以及不侵犯国家利益、社会公共利益或他人合法权益,就应当认为商事调解具备合法性。鉴于商事调解的专业性,商事调解职业化发展趋势已经形成,[45]但这并不能构成否定同行兼职调解在商事争议解决中的功能。商事调解辅助人员职业化不等于商事调解人员的职业化,与商事仲裁员相似,商事调解员同样可以是兼职。其实,对商事调解员进行法制教育并予以职业化,必然导致商事调解的过度法制化,违背商事争议解决的多元化发展趋势。

其五,商事调解程序合意与实体合意可以尝试多元化形成机制。在程序合意方面,程序合意的达成可以采取明示或者默示形式。明示的程序合意既可以在争议发生之前达成(如签订于商事合同中),也可以在商事争议发生后达成书面的程序合意,共同约定将争议提交商事调解机构处理。默示的程序合意,是指双方当事人没有达成明确的程序合意,但均没有明确反对商事调解,而是现实地参加商事调解活动,推定双方当事人以意思实现的方式达成程序合意的情

〔45〕 参见廖永安、刘青:《论我国调解职业化发展的困境与出路》,载《湘潭大学学报》(哲学社会科学版)2016 年第 6 期。

形。因而,在申请调解的一方当事人没有提供程序合意文书的情形下,商事仲裁机构仍可以予以受理,经明确征求对方当事人意愿,没有得到明确否定答复的,商事调解机构可以对案件进行调解;但对方当事人拒不参加调解的,调解费用应当由申请调解的一方当事人承担。与此不同,双方达成程序合意,但一方当事人拒绝参加调解的,对方当事人垫付调解费用后,可以将调解费用纳入诉讼请求或仲裁请求的范围。在实体合意方面,调解协议的达成,原则上应当采取明示方式。鉴于调解属于合意型纠纷解决方式,调解协议应当是双方当事人自行或在调解人员斡旋下针对纠纷解决方案达成的合意。但是,伴随商事争议解决方式的多样化发展,为了满足不同当事人的争议解决需求,商事调解实践中出现了以下多种新型的模式:约定根据权威专家评估结果处理商事争议;授权调解机构对尚未达成协议的部分争议予以裁决(仅限于调解机构享有审判权或仲裁权的情形);授权调解机构在双方无法达成调解协议时作出替代调解协议的决定并以当事人是否在约定期限内提起诉讼作为该决定是否发生调解协议的效力;无法达成调解协议的双方当事人各自提供一套解决方案并以某种方式确定其中一种作为争议解决方案;等等。对于这些新型的调解协议明示或默示达成方式,鉴于商事争议的可处分性,只要不违反最低限度的合法性要求,就应当承认其争议解决效力。特别是商事调解协议本身的效力尚未获得强化,不存在前述新型调解协议达成形式违反执行力正当性基础的问题,[46]更有理由承认前述新型调解的争议解决效力。

(四)简化商事调解的效力强化制度

商事调解,是指在中立第三方的主持和协助下,当事人通过平等协商,互谅互让,达成调解协议的一种争议解决方式。在解决商事争议时,作为理性经济人的商事主体不会仅从争议的角度考虑问题,而是更多地从风险管理方面考虑,这包括对公司收入、资产、知识产权、专有权保护,以及公司声望、声誉的考

---

[46] 执行力的正当性基础有别于既判力,作为既判力正当性基础的正当程序保障下的自我归责原则仅能成为赋予生效法律文书以执行力的不充分且不必要条件。已经正当程序保障的确定债权,因不存在再事争议的常规救济途径,具备赋予执行力的正当性基础。虽未经正当程序保障但当事人对债权不存在实质性争议的推定债权,因债权成立且合法具有高度盖然性,在保留必要后置性程序保障的基础上,具备赋予其强制执行力的正当性基础。参见黄忠顺:《执行力的正当性基础及其制度展开》,载《国家检察官学院学报》2016年第4期。

虑。因而,在很多情况下,双方当事人达成调解协议的关键不在于争议本身如何解决,而在于调解的结果能否带来双赢。与此同时,商事调解遵循严格的保密原则,可以有效避免商事争议解决过程中可能带来的商誉减损等商业不确定性影响。基于此,大型跨国公司往往更热衷调解,甚至在所有商事合同中均加入了调解条款。[47] 但是,我国商事调解则始终没有获得实质性发展。如前所述,尽管通过调解方式解决的商事争议比较多,但绝大多数案件是通过诉讼调解或仲裁调解予以解决的,独立型商事调解的适用极不乐观。

比如,2004年1月,中国国际贸易促进委员会调解中心和美国公共资源争议解决协会(Center for Public Resources Institute,CPR)合作成立中美商事调解中心,共同致力于解决两国企业之间的商事争议,旨在为中美两国的企业提供一个除诉讼和仲裁外,更灵活、迅速和节省费用的商事争议解决平台,包括调解、早期中立评估、中立专家等目前在世界上日益盛行的新型争议解决方式。[48] 但是,据2015年举行的中美商事调解大会上的信息,中美商事中心成立一年多以来,没有实质性处理任何中美企业间的商事争议。

我国商事调解服务业发展的最大障碍是商事主体缺乏诚信,调解协议得不到履行的情况较常见,甚至调解成为某些商事主体拖延履行合同的手段。因而,即使商事调解可以更周延地实现商业利益,但因存在侥幸心理与目光短浅,商事调解未能发挥其预期的争议解决效果。因而,尽管商事调解效力应当坚持多元化发展趋势,但在商事主体缺乏信用以及调解协议往往得不到履行的语境下,应当强化调解协议向执行名义的转化机制。综观我国现有的制度与实践,商事调解协议可以转化为法院调解书、支付令、确认调解协议效力的裁定书、仲裁裁决书(和解裁决)、仲裁调解书、公证债权文书,但调解协议向执行名义的转化路径并不通畅。[49] 特别是无权制作执行名义的独立商事调解机构,其所促成的调解协议在向执行名义转化过程中仍然存在诸多障碍,而有权制作执行名

---

〔47〕 参见李立:《跨国公司更加注重商事调解》,载《法制日报》2005年7月26日,第11版。

〔48〕 参见商务部产业损害调查局:《中美商事调解中心在美国成立》,载《中国经贸》2004年第3期。

〔49〕 参见肖建国、黄忠顺:《调解协议向执行名义转化机制研究》,载《法学杂志》2011年第4期。

义的商事争议解决机构将商事调解程序与其他有偿的商事争议解决或预防机制（如仲裁、公证）绑定则可能遭受指责。

实际上，调解协议得不到履行的情形在国家间也普遍存在，即使有美国律师宣称本国企业100%履行调解协议，也不能排除其他国家的商事主体不履行调解协议。[50] 也正因如此，调解协议缺乏执行力成为调解相对于诉讼与仲裁的劣势。联合国国际贸易法委员会（The United Nations Commission on International Trade Law，UNCITRAL）第二工作组（仲裁和调解）近年来致力于拟订一部关于执行调解协议的文书，但各国普遍认为应当对其适用范围作严格限制，只有同时具备"国际性"与"商事性"的调解协议，才可以考虑赋予其执行力，并强调所谓的"调解"系指"在无权对争议当事人强加解决办法的一位或几位第三人的协助下当事人设法友好解决其争议的过程"，至于在司法程序、仲裁程序或者其他任何程序过程中达成的调解协议是否可以直接赋予执行力，工作组尚未达成一致意见。尽管本项工作尚未完成，但调解协议直接被赋予执行力的议题已经成为国际商事争议解决的最新趋势。

诚然，调解协议在本质上仅属于双方当事人意思表示一致的结果，未经任何转化程序直接赋予执行力，有违执行名义必须是公文书的基本共识。国际商事调解协议直接被赋予执行力，更多的是借鉴了国际商事仲裁的原理，亦即将国际商事调解协议的赋强程序内置于商事调解程序。就国内商事调解协议而言，短时间内将赋强程序内置于调解程序是不现实的。一方面，有权制作执行名义的商事调解机构可以在当事人达成调解协议之前或之后约定将调解协议转化为执行名义，但应当特别注意调解协议向执行名义转化的收费问题。这是因为，尽管调解协议向执行名义转化程序在外观上可能属于诉讼程序、仲裁程序、督促程序、公证程序等，但实质上仅是对债权进行证明并赋予其执行力，而且商事调解本身已属有偿的争议解决服务，商事争议解决机构不得利用当事人

[50] 比如，在加拿大安大略省出台《商事调解法》前，调解协议在该国的履行也比较困难，"如果有一方反悔从而违背了调解协议，另一方则只能提起诉讼，要求纠正其违背调解协议的行为，这又将导致一场耗时耗力的工程"。为此，2010年10月25日加拿大安大略省正式生效实施的《商事调解法》确立了与我国调解协议司法确认制度相似的调解协议司法登记制度，即"双方当事人可以持达成的调解协议到法院注册登记"，此后便具有了执行力。参见蒋丽萍：《加拿大〈商事调解法〉的制度创新》，载《人民法院报》2011年7月15日，第6版。

亟须将调解协议转化为执行名义的心理额外收取不合理的费用,以避免被指责为绑定销售服务。另一方面,无权制作执行名义的商事调解机构可以与有权作出执行名义的商事争议解决机构加强合作,如部分商事调解员同时兼任仲裁员或者商事仲裁机构派员驻扎大型商事调解机构,以实现商事调解协议及时向执行名义之转化。同时,立法机关或者最高人民法院简化双方当事人共同申请确认商事调解协议的程序,双方当事人在调解协议中书面约定将调解协议提交司法确认,且一方当事人向人民法院申请司法确认的,视同双方当事人共同申请司法确认。[51]

### (五)扶持商事调解与适当司法监督

商事调解对于缓解商事审判压力具有重要价值,而当前商事调解尚处于较低发展水平,最高人民法院以及各级人民法院确立商事调解扶持政策具备必然性。扶持包括调解在内的多元化争议解决机制发展已经在全球范围内成为基本趋势,我国《民事诉讼法》《仲裁法》《人民调解法》也均体现了扶持多元化争议解决机制发展的基本精神。[52]

#### 1. 司法对商事调解的扶持

对商事调解的司法扶持,主要表现在以下几方面:(1)通过委派调解、委托调解、特邀调解等方式引导当事人通过调解方式解决商事争议,为商事调解服务的市场化提供铺垫。(2)通过财产保全、行为保全等临时救济措施,确保原告不因尝试调解而丧失保全时机,同时使被告不存在侥幸心理而倾向于接受调解。(3)对商事调解程序与实体的合法性审查坚持最低限度标准。商事调解协议的达成遵循自愿原则,只要当事人认为调解程序不足以保障其程序权利,就可以拒绝达成调解协议,故商事调解程序的合法性问题通常不会成为司法审查的对象。此外,商事调解因遵循保密原则而通常没有形成完整的调解记录,当事人事后要证明调解程序违法也是极其困难的。商事调解协议的合法性审查

---

〔51〕《人民调解法》第33条第1款规定,经人民调解委员会调解达成调解协议后,双方当事人认为有必要的,可以自调解协议生效之日起30日内共同向人民法院申请司法确认,人民法院应当及时对调解协议进行审查,依法确认调解协议的效力。《民事诉讼法》第194条规定,申请司法确认调解协议,由双方当事人依照人民调解法等法律,自调解协议生效之日起30日内,共同向调解组织所在地基层人民法院提出。

〔52〕参见黄忠顺:《调解的共通性效力》,载《国家检察官学院学报》2014年第3期。

在司法实践中形成所谓的司法不变更原则，在审理涉及商事调解协议合法性的案件时，除非调解协议存在显著的违反效力性禁止性规定或者损害国家利益、社会公共利益、他人合法权益等情形，人民法院都会认定调解协议具备合法性。[53]

2. 司法对商事调解的监督

扶持商事调解不等于放纵违法调解。有学者经梳理认为，商事调解实践中的违法情形包括：有的个人以“调解”为名，恶意串通一方当事人，损害他方当事人权益；有的既作为调解人，又作为一方当事人的代理人，违背了调解中立性原则；有的行政机关出面调解商事争议，当事人虽有意见，但碍于行政压力勉强签字同意，事后反悔拒不履行，使调解形同儿戏，失去意义。[54] 对于前述乱象，笔者认为，最核心的两类违法调解情形是，调解机构单独或联合一方当事人或者其他主体实行违法自愿性原则的“强迫调解”，以及双方当事人恶意串通进行旨在损害他人合法权益的“虚假调解”。

“强迫调解”属于对一方或者双方当事人实体处分权和纠纷管理权的双重侵犯，不仅迫使当事人进入调解程序或拒绝其退出调解的要求，而且胁迫当事人违背自愿原则处分其实体权利。[55] 诚然，在通常情形下，相对民事主体而言，商事主体更加具备推定其自愿达成调解协议的正当性基础。但是，一旦存在一方当事人处于垄断地位或足以对当事人施加重大不利影响的调解机构或其他主体干预调解等特殊情形，违反自愿性之商事调解便不足为奇。更困难的是，如前所述，商事调解机构往往以保密为由拒不对调解过程进行实录，导致当事人是否要证明其遭受胁迫极为困难。特别是，随着《最高人民法院关于适用〈中华人民共和国民事诉讼法〉的解释》（以下简称《民诉法解释》）第 109 条大幅度提高当事人对遭受胁迫的事实进行证明所应当达到的标准，即“人民法院确信该待证事实存在的可能性能够排除合理怀疑的，应当认定该事实存在”。显而易见，除非胁迫当事人接受调解的主体被追究刑事责任，遭受胁迫的当事人想要证明调解协议违反自愿原则几乎不可能。为了缓解这种困难，有些富有

---

〔53〕 参见黄忠顺：《调解协议司法不变更原则之反思》，载《学习论坛》2017 年第 4 期。

〔54〕 参见尹力：《国际商事调解法律问题研究》，武汉大学出版社 2007 年版，第 189 ~ 190 页。

〔55〕 参见黄忠顺：《诉讼外调解协议自愿性的司法审查标准》，载《东方法学》2017 年第 3 期。

责任心的法官开始转换思路,将强迫调解情形上升到违反社会公共利益的高度理解,当事人提出遭受强迫调解的主张且值得合理怀疑的,即依职权对是否存在强迫调解情形进行调查。对此,我们持肯定态度。在坚持司法不变更原则的前提下,强化对商事调解协议的自愿性审查力度,是确保商事调解服务市场机制得以顺利运行的重要条件。

所谓的虚假调解,存在狭义和广义之分。狭义的虚假调解,仅指法院调解领域中存在虚假调解,即"双方当事人以损害案外第三人利益或公共利益为目的,采取隐瞒或欺诈的方法,相互串通,虚构民事法律关系或法律事实,利用法院调解程序,促使法院作出错误调解协议的一种非正当的诉讼行为"。[56] 广义的虚假调解,是指以损害国家利益、社会公共利益或者他人合法权益为目的,虚构或扩大争议,在争议解决过程中达成调解协议,进而将调解协议转化为执行名义,据此实现转移财产、侵占他人财产等非法目的。

实际上,除狭义的虚假调解外,依附于仲裁的虚假调解也较常见。这是因为,尽管依附于诉讼的虚假调解以及依附于仲裁的虚假调解均可以促使当事人快速获得执行名义,但商事仲裁的保密性、封闭性以及民间性更有利于降低虚假调解东窗事发的概率。诚然,考虑人民法院普遍存在"案多人少"的审判压力以及考核指标对调解结案率的偏好,[57] 即使合理怀疑案件可能存在虚假调解的可能性,但有些法官仍然倾向于放弃依职权调查,而是"睁一只眼闭一只眼"地予以调解结案。

对此,笔者认为,商事调解属于商事争议解决机制,尽管其程序费用可以由当事人自行承担,但也不能以此为由放纵虚假调解之蔓延。对于虚假调解,应当打破相对性原则的限制,允许合法权益遭受损害的主体或者其利益代表人在事中以"诈害参加"之身份参加相关争议解决程序,事后可以通过第三人撤销之诉、案外人申请再审之诉、执行异议与异议之诉等方式谋求救济。更重要的是,确立判决效力的相对性原则,从根本上促使虚假调解无法实现其预期目的。[58] 对此,

---

〔56〕 潘牧天:《论虚假调解行为的识别与规制》,载《学术交流》2014 年第 1 期。

〔57〕 参见范卫国:《如何监督制约民事诉讼中的虚假调解行为:以一起虚假借贷纠纷为例》,载《中国检察官》2013 年第 6 期。

〔58〕 关于判决效力的相对性原则,参见肖建国、黄忠顺:《论第三人撤销之诉的法理基础》,载张卫平主编:《民事程序法研究》(第 11 辑),厦门大学出版社 2014 年版,第 35 ~ 38 页。

最高人民法院在相关司法解释中已有所体现。比如,《民诉法解释》第479条第1款规定,仲裁裁决将人民法院查封的财产确权或分割给案外人的,不影响执行程序的进行。又如,《最高人民法院关于执行权合理配置和科学运行的若干意见》(法发〔2011〕15号)第26条规定,审判机构在审理确权诉讼时,应当查询所要确权的财产权属状况,发现已经被执行局查封、扣押、冻结的,应当中止审理;当事人诉请确权的财产被执行局处置的,应当撤销确权案件;在执行局查封、扣押、冻结后确权的,应当撤销确权判决或者调解书。

(六)创新商事调解形式与对外开放

传统的商事调解主要采取现场调解形式,随着通信技术的发展,会议电视、电话会议室、网络交易纠纷在线调解平台等新型商事调解手段得以应用。新型调解形式的适用,在很大程度上解决了异地调解的成本问题,为商事调解服务的对外开放提供了重要的条件。尽管我国富有调解的传统,但商事调解因适用人民调解规则而没有获得长足的发展。商事调解服务市场的对外开放,不仅可以促使不同地域的商事调解机构形成更广泛的市场份额竞争关系,而且可以引入境外优秀商事调解机构。本地商事调解机构虽然面临挑战,但也可以据以推动其自身完善,最终在整体上提升商事调解服务业的性价比。

## 四、借鉴境外商事调解机构的对策

尽管我国的人民调解组织较发达,但绝大多数调解组织专注于解决民事案件,已经建立的商事调解组织的案源主要来自人民法院,故缺乏市场竞争意识。然而,在国内商事调解组织尚未健全的情形下,引进境外商事调解机构需要更为慎重。商事调解服务市场的对外开放,不仅可能导致本来就较弱小的商事调解服务市场竞争恶化,而且可能造成国家在商事争议解决方面主导权的弱化,还有可能成为某些国家实行文化侵蚀的途径。因而,尽管商事调解服务市场对外开放具有积极价值,但也需要讲究引进之策略。与此同时,作为“一带一路”国际交往中心,北京市应当建立健全商事争议解决机制为“一带一路”护航。〔59〕基于此,本小节立足于北京市商事争议解决现状,对借鉴境外商事调解机构问

〔59〕 参见程诚、陈晓晨、何泉霖:《建立争端解决机制,为“一带一路”护航》,载《21世纪经济报道》2018年1月30日,第4版。

题展开对策性研究。

(一)控制质量:借鉴一流商事调解机构

借鉴境外商事调解机构旨在培育本地商事调解服务市场。引进境外优质商事调解机构,刺激本地商事调解机构的神经,为了争夺市场份额,本地的商事调解机构也必然倾向于提高争议解决服务质量。为提高竞争力,本地商事调解机构将不得不学习境外优质商事调解机构带来的先进调解理念及技术。因而,在借鉴境外商事调解机构时应当严把"质量关",仅借鉴一流的商事调解机构,如英国有效争议解决中心(Centre for Effective Dispute Resolution, CEDR)[60]、美国仲裁协会(American Arbitration Association, AAA)[61]、美国司法仲裁调解服务有限公司(Judicial Arbitration and Mediation Services, Inc.,

---

[60] 英国有效争议解决中心在英国工业联盟(Confederation of British Industridists, CBI)支持下,有效争议解决中心于1990年成立,现为接受多国企业、主要职业团体、公共部门组织资助的独立非营利组织。目前英国有效争议解决中心是欧洲领先的、提供全面商事争议解决服务的独立组织,不与任何律师事务所、调解员或者其他特殊利益集团存在利害关系。英国有效争议解决中心的调解认证是国际公认的优秀标准,其持续职业调解发展计划致力于确保该中心调解员培训的高标准继续保持全球领先。在英国乃至全球,英国有效争议解决中心与企业、政府、司法机关均存在合作关系,以发展有效争议解决业务,其业务已经拓展至加拿大、中国(含香港特别行政区、澳门特别行政区、台湾地区)、尼日利亚、坦桑尼亚、乌干达、美国等国家。参见英国有效争议解决中心网:https://www.cedr.com/about_us/track_record/,2018年3月31日最后访问。

[61] 美国仲裁协会是世界上最大的冲突处理和争议解决机构,成立于1926年的美国仲裁协会总部设立在纽约市,属于非营利的多元化争议解决机构。该协会将调解界定为,鼓励争议当事人在中立第三方(调解员)协助下达成争议解决方案的非正式协商,认为调解有利于提高维系商业关系的可能性。协会拥有大约8000名调解员和仲裁员,受协会商业争议仲裁员道德规范守则和标准调解员行为规范指导。美国仲裁协会还为标的额不高于1万美元的案件当事人提供在线调解服务,以应对消费纠纷、电子商务中的B2B等仅有双方当事人的争议,其收费标准为50美元/件,调解员通过在线聊天室促使当事人化解争议,调解周期为30日。参见美国仲裁协会官网:https://www.adr.org/Mediation,2018年3月31日最后访问。

JAMS 公司)[62]、新加坡调解中心(Singapore Mediation Center,SMC)[63]、世界知识产权组织(World Intellectual Property Organization,WIPO)仲裁与调解中心[64]等。

(二)分清主次:建设本地商事调解机构

相对于引进境外商事调解机构而言,发展我国商事调解机构更重要。引进境外优质调解机构,既不是为了替代本地已有的商事调解组织,也不能成为妨碍我国商事调解机构建立与发展的理由。其一,本地商事调解组织通常更了解本地人的争议解决心理以及争议解决文化。其二,境外商事调解组织提供的是有偿服务,忽视本地商事调解组织建设在某种意义上相当于放弃本国经济利益和劳动就业机会。其三,绝大多数商事案件通过调解机制获得解决,没有任何一个国家愿意将本国绝大多数商事争议解决的控制权移交给境外机构,其中可能隐藏着政治风险。其四,国内行业协会以及仲裁机构在专业性上足以组建优质商事调解机构,只是由于商事调解服务市场化的制度保障没有得以实现,才没有形成大规模的商事调解组织。其五,境外商事调解机构通常仅愿意受理标

---

[62] 美国司法仲裁调解服务有限公司是世界最大的私人替代性争议解决服务提供商,由退休法官沃伦(Warren)于 1979 年创办,擅长调解和仲裁人数众多的复杂商事争议案件。目前,JAMS 公司具有接近 350 名争议解决专家,包括有可靠记录的退休法官和律师。此外,还有 200 名其他聘任制雇员。JAMS 公司平均每年处理发生在世界各地的 13,000 起案件。资料来源:美国司法仲裁调解服务有限公司官网:https://www.jamsadr.com/about-jams/,2018 年 3 月 31 日最后访问。

[63] 新加坡调解中心于 1997 年由新加坡法律学会担保,国家拨款资助成立,属于有限责任公司性质的非营利事业单位,受国家律政部支持和监督,是新加坡最高法院联合执行商务调解的社会法律服务机构。该中心主要受理个人申请和法院移交的民商纠纷案件,有 120 名调解员,全部是自愿服务。调解员的构成来自各界资深人士,如退休的法官、律师、国会议员、教授、医生、工程师等,一般是由各界行业协会推荐,中心定期组织培训,经考核评审合格发给证书后上岗。调解员根据工作量发少量津贴,另外配置助理调解员。参见朱楠主编:《商事调解原理与实务》,上海交通大学出版社 2014 年版,第 45 页。

[64] 世界知识产权组织仲裁与调解中心建立于 1994 年,为解决私诉当事人之间的国际商事争端提供仲裁和调解服务。该中心所采用的由主要专家在跨国争端解决进行中制定的争端解决程序,被公认为是解决涉及知识产权的技术、娱乐业和其他方面争端的极其适宜的手段。

的额较大的商事调解案件,而本地的绝大多数商事调解案件基于费用与时间成本的原因,恐怕很难接受境外优质调解机构提供的商事调解服务,发展多元化的商事调解机构有利于满足不同当事人的争议解决需要。以中国(上海)自由贸易试验区为例,在既有商事调解机构难以满足争议解决需要的情形下,中国(上海)自由贸易试验区并不是简单地通过引进境外调解机构,而是设立上海经贸商事调解中心、中国(上海)自由贸易试验区国际商事联合调解庭、中国国际贸易促进委员会上海浦东分会、上海市保险同业公会、上海市保险合同纠纷人民调解委员会等具有调解职能的商事调解组织、行业协会、商会,建立自贸区商事纠纷特邀调解组织名册,实现商事纠纷处理的高效益、高效率。〔65〕

(三)倡导合作:中外商事调解机构合作

既然借鉴境外优质商事调解机构旨在促进本国商事调解服务行业的发展,就应当采取可能对我国商事调解服务市场份额造成最小影响的方式进行。综观世界主要商事争议解决机构的国际化发展,主要存在直设型与合作型两种模式,前者是指直接在境外设立分支机构,后者是指与当地的有关实体(包括商事争议解决机构、政府部门乃至司法机关)进行合作设立新的商事争议解决机构。新设型扩张模式较为简单,但存在"水土不服"的可能。合作型扩张模式较为复杂,但因能兼顾合作双方利益而深受欢迎。关于我国引进境外商事调解机构问题,笔者认为应当优先采取合作型扩张模式。一方面,合作型扩张模式的实质是我国放弃部分商事调解服务的市场份额,以此换取优质商事调解组织先进理念和经验,同时可以培养本地商事调解员队伍;〔66〕另一方面,合作型扩张模式保留了我国对境外商事调解机构的防范和制约,促进境外商事调解机构将其业务保持在合法范围内。

---

〔65〕 参见孟伟阳、王治国:《上海自贸区民商案调判多撤诉少》,载《法制日报》2015 年 2 月 17 日,第 5 版。

〔66〕 合作型模式的另一个表述是"联合调解"。关于此种调解对培养优秀商事调解员的作用,中国国际贸易促进委员会调解中心副处长王芳表示:"30 年的调解实践表明,联合调解是一种行之有效的解决之道。在联合调解的过程中,要学会与国际上其他的调解机构共同调解双边的国际商事争议,这对调解员提出了很高的要求:通语言,熟悉他国的文化、国际惯例和经贸规则,还要擅长国际通用的调解技能技巧。"参见王玉楼:《国际化调解员队伍加强:中国贸促会举办商事调解技能培训》,载《中国对外贸易》2017 年第 7 期。

从境外引进的商事调解机构与本地商事调解机构之间的合作，还可以表现在商事调解员的培训与认证方面。众所周知，商事调解对调解专家的知识、专业技能、人格魅力等提出了很高的要求，能够胜任仲裁员或律师职业，未必能够成为优秀的调解员。这是因为，调解不仅要求调解专家具有相关的法律知识、谈判专家的能力，还要具有心理辅导员的能力，对当事人的心理要有相当的洞察力。〔67〕 优质的商事调解服务是我国商事调解服务业得以发展的重要条件，而优质的商事调解服务源于优秀的商事调解员队伍。鉴于现代商事争议具有复杂性高、专业性强的特点，缺乏专门训练的普通人民调解员凭社会经验和道德教育很难胜任。因而，商事调解被誉为一门艺术，它不仅要求自然理性，而且也需要技术理性，除了必须具备专业法律知识、遵循调解基本规范与职业伦理，还需要具备谈判学、心理学、社会学、经济学等多学科知识背景。因而，商事调解员的职业教育与资质认证就显得尤为重要。我国商事调解处于起步阶段，大部分商事调解员为兼职调解员，调解队伍职业化水平不高，社会大众对商事调解员的职业认同感不强。〔68〕 为此，在引进境外商事调解机构的同时，应当同时考虑与优质商事调解机构联合培养中国商事调解员，并借鉴境外先进的商事调解培训课程与认证体系，结合中国实际情况，推动职业化商事调解员统一资质认证制度，完善商事调解员职业水平评价体系，打造一支专业化、职业化、国际化的商事调解员队伍，以不断满足商事争议解决的需要，并提高我国商事调解服务在国际上的竞争力。

（四）限制对象：先行试点涉外商事案件

相对于国内商事案件而言，涉外商事案件更适合交给境外商事调解机构处理。在国内商事调解服务业尚未成熟的情形下，涉外商事案件的当事人本来可能就更倾向于选择优质的境外商事调解机构。就这部分案源而言，国内商事调解机构本来就不具备多大的竞争力，〔69〕 即使引入境外调解机构予以竞争，不会

〔67〕 参见王芳：《调解中心如何和平解决商事纠纷》，载《国际商报》2014 年 3 月 28 日，A06 版。

〔68〕 参见廖永安、蒋凤鸣：《新时代发展我国社会调解的新思路》，载《中国社会科学报》2018 年 1 月 18 日，第 1 版。

〔69〕 参见吴卡、张洛萌：《涉外商事纠纷调解新模式探寻：以义乌市涉外纠纷人民调解委员会为例》，载《浙江师范大学学报》（社会科学版）2017 年第 2 期。

对国内商事调解机构的现有市场份额造成太大的影响。[70] 此外,涉外商事争议也比较适合通过国际商事调解机构解决,这是因为,争议双方甚至多方当事人分别在不同的国家,而国际商事调解机构在聘任调解员时也会尽量吸收相关行业、不同国别具有代表性的人士担任,以满足不同需求。[71] 实际上,与其让国内当事人远赴境外进行商事调解,不如将境外调解机构引进来。一是节省国内当事人的争议解决成本以及消除了当事人对不同文化背景或法律环境的调解员可能持有的顾虑;[72]二是涉外商事案件通常标的额较大,收取的调解费用也较高,这不仅可以让国内商事调解机构产生强烈的竞争意识,也可以让潜在的商事调解员激发从事该职业的意愿,还可以减轻律师对商事调解的反感。诚然,如前所述,引进境外商事调解机构存在直设型与合作型两种模式,对于直设型的境外商事调解机构的案件受理范围进行限制更具备正当性基础,而采取合作型的境外商事调解机构因受制于我国商事争议解决机构,在案件受理范围方面的限制可以较为宽松,以此鼓励境外商事调解机构尽可能采取合作型模式。

(五)规范案源:限制法院向其分流案件

一方面,商事调解服务市场现在处于低迷状态;另一方面,人民法院又面临着"案多人少"的审判压力,人民法院主导商事诉讼案件向调解程序分流成为必然,甚至其他国家机关也致力于帮助商事调解机构增加案源。但是,引进境外商事调解机构旨在培育中国商事调解服务市场,境外商事调解机构都可以依赖

---

〔70〕 2016年2月26日下午,深圳市商事法律服务调解中心在中国国际贸易促进委员会深圳分会正式揭牌,并与深圳前海合作区人民法院及注册在前海的蓝海现代法律服务发展中心达成了合作意向。据深圳市商事法律服务调解中心负责人钟建生介绍,中心将加大涉外商事法律调解服务力度,拓展商事法律咨询、经贸摩擦预警、知识产权保护等新的服务项目,深化与国外商会组织、律师事务所、资信调查公司、投资咨询公司、评估机构和知识产权代理机构等中介机构的联系等,为深圳企业在海外的投资、贸易和合作搭建一个服务功能齐全、专业性强、操作性强的法律服务平台,助力深企"走出去"。参见马培贵:《前海商事调解中心地位渐显》,载《深圳特区报》2016年3月25日,A05版。

〔71〕 参见张萌:《化解涉外纠纷为何商事调解最有效》,载《国际商报》2010年4月22日,第3版。

〔72〕 参见毕妍妍:《中国—东盟自由贸易区商事调解机制研究》,载《中共贵州省委党校学报》2013年第2期。

人民法院之“眷恋”而获得案源,显然会适得其反。因而,直设型境外商事调解机构在我国从事商事调解服务的,不应当广泛地通过“诉调对接”机制获得案源。诚然,双方当事人明确选择先行向直设型境外商事调解机构尝试调解的,人民法院则不得以该调解机构的性质而予以拒绝。此外,采取合作型的境外商事调解机构因受制于我国商事争议解决机构,在案件来源方面的限制可以较宽松,以此鼓励境外商事调解机构尽可能采取合作型模式。

(六)文书转化:优先通过仲裁程序进行

在国际上,商事争议解决的思路和实践基本上走过了一条“仲裁—仲裁与调解相结合—调解(ADR)”的道路。换言之,相对商事诉讼而言,商事仲裁与商事调解的关系更密切。商事调解机构与商事仲裁机构可以隶属于同一实体或者存在密切的合作关系,既可以通过调解方式解决申请仲裁的商事争议案件,也可以通过仲裁强化商事调解协议的效力。相对于申请司法确认而言,境外商事调解机构作出的调解协议更应当通过仲裁程序转化为执行名义。其一,允许境外商事调解机构利用免费的调解协议司法确认程序有违公平原则。我国没有对民事调解协议与商事调解协议进行区分,实行相同的免费司法确认制度,实质上是通过公共财政承担了调解协议的司法确认成本,如果境外商事调解机构作出的调解协议通过司法确认的方式进行转化,略有利用公共财政帮境外商事调解机构开展相关业务之嫌疑。诚然,如果将来对商事调解协议司法确认案件进行收费,那么前述嫌疑则不复存在。其二,商事调解协议过多进入司法确认程序涉嫌浪费司法资源,并导致引进境外商事调解机构之目的落空。根据北京市高级人民法院“诉调对接”课题组的调研,“为避免因调解协议内容不明确、不具体、有瑕疵、有漏洞导致执行不能,造成当事人投诉信访,各法院在司法确认案件审查标准均较为严格,要求能够确认的调解协议达到法院判决、调解的标准”。换言之,由于对调解协议诚信程度的疑虑以及避免后续被“纠缠”的麻烦,人民法院对调解协议的司法确认的审查标准不亚于对案件实体问题的审理标准。如果大量的商事调解协议进入司法确认程序,那么通过引进境外调解机构分担商事争议解决功能的目的就会落空。其三,调解协议司法确认程序的适用范围有效,难以满足所有商事调解协议强化效力之需。根据《民诉法解释》第357条的规定,不属于人民法院受理范围的案件、不属于收到申请的人民法院管辖的案件、申请确认或解除身份关系的案件、适用非讼程序审理的案件、对物权或知识产权进行确认的案件,人民法院裁定不予受理,已经受理的,裁定驳回当事人申请。此外,根据《民诉法解释》第 360 条的规定,调解协议的内容不明确或者存在其他不能进行司法确认情形(缺乏给付内容)的,人民法院也应当裁定驳回申请。与此不同,调解协议的仲裁确认的难度要小得多。根据《仲裁法》第 51 条第 2 款的规定,当事人调解达成协议的,仲裁庭应当制作调解书或者根据协议的结果制作裁决书,调解书与裁决书具有同等法律效力。其四,商事调解协议通过仲裁确认,更有利于促进商事争议解决机构的整体引进。除调解与仲裁外,现代商事争议诉讼外解决还有中立案件评估(Neutral Case Evaluation)、和解会议(Settlement Conference)、微型审判(Mini Trial)、简易陪审团审判(Summary Jury Trial)、中立专家事实调查(Neutral Expert Fact Finding)、特别案件管理(Special Master)、事实发现裁决(Discovery Referee)、集团诉讼和解裁决(Class Action Settlement Adjudication)、项目中立和争议审查委员会服务(Project Neutral and Dispute Review Board Services)等其他方式,几乎没有商事争议解决服务机构仅提供商事调解服务,而是协同运用多种诉讼外商事争议解决方式化解纷争。其五,涉外商事调解协议转化为仲裁裁决书有助于在境外执行。与人民法院裁判文书在域外执行需要经过当地法院的承认不同,商事调解协议转化成仲裁裁决书后,便可以进入《承认和执行外国仲裁裁决公约》(Convention on the Recognition and Enforcement of Foreign Arbitral Awards)等确立的仲裁裁决快速执行通道,提高在域外获得有效执行的可能性。

(七)内外并重:引进来与走出去相结合

我国商事争议解决服务事业的发展应当坚持“引进来”与“走出去”相结合的原则。党的十九大报告指出,中国特色社会主义进入新时代,我国社会主要矛盾已经转化为人民日益增长的美好生活需要和不平衡不充分的发展之间的矛盾。社会主要矛盾的变化反映到争议解决层面,就是人民群众日益增长的争议解决需求与国家及社会提供的争议解决服务发展不平衡、保障群众权益不充分之间的矛盾。[73] 为满足人民群众日益增长的争议解决需求,不仅应当加强国家在争议解决公共服务方面的资源投入,而且应当大力发展市场化的商事争议解决服务行业。在国内商事调解服务市场低迷的情形下,引进境外优质商事

〔73〕 参见廖永安、蒋凤鸣:《新时代发展我国社会调解的新思路》,载《中国社会科学报》2018 年 1 月 18 日,第 1 版。

争议解决机构，有助于促进国内商事调解机构的组建及发展。[74] 但是，诚如最高人民法院周强院长在第四届国际调解研讨会上指出的，“建立健全多元化纠纷解决机制是国家治理体系和治理能力现代化的重要内容，调解在促进纠纷解决和权利救济、维护社会和谐稳定等方面发挥着重要作用”，[75] 商事争议的解决被提升到国家治理的高度，因而，在引进境外商事调解机构时，应当注意国家治理的整体要求，并防范境外商事调解组织进行文化侵蚀。

毫无疑问，我国商事争议解决服务事业的发展还应当注重“走出去”策略。诚如中国应用法学研究所蒋惠岭所长在深圳前海合作区人民法院诉调对接中心揭牌仪式暨第一届前海涉港商事调解论坛上指出的，国际化是多元化纠纷解决机制未来发展的重要战略之一，当前的全球化更多的是地区化和区域化，地区和区域之间联系紧密，机会更多，更有活力，我们要将多元化纠纷解决机制打造成国际化、外向型、合作型的综合纠纷解决机制。[76] 范愉教授呼吁，我国应当进一步加强与其他国家和地区司法机构、仲裁机构、调解组织的交流和合作，司法机关应充分尊重国际商事争议解决的特殊性、规律及处理结果，为我国调解仲裁机构提供必要的司法协助，以提升我国纠纷解决机制的国际竞争力和公信力。[77] 实际上，随着中国成为世界第二大海外投资国、“一带一路”快速推进，中国的贸易伙伴——特别是发展中国家——纷纷希望建立起新的、更透明的、公正与合理的争端解决机制和机构，从而维护合法权益，降低司法成本。[78]

---

〔74〕 深圳市第六次党代会报告中指出，“加强深港法律服务业合作，引进一批国内外知名法律服务机构，提供我市国际化法律服务能力和水平”“提升前海作为粤港澳商事争议解决中心的地位”。参见马培贵：《“调解 + 仲裁”平台经验可助推一带一路建设》，载《深圳特区报》2015 年 7 月 1 日，T01 版。

〔75〕 范丽敏、姜业宏：《创新调解制度，提升治理能力》，载《中国贸易报》2016 年 10 月 25 日，第 1 版。

〔76〕 参见谢雯：《强化深港合作，打造具有前海特色的多元化纠纷解决平台》，载《人民法院报》2016 年 6 月 22 日，第 8 版。

〔77〕 参见范愉：《多元化纠纷解决机制的国际化发展趋势》，载《人民法院报》2016 年 7 月 6 日，第 2 版。

〔78〕 参见程诚、陈晓晨、何泉霖：《建立争端解决机制，为“一带一路”护航》，载《21 世纪经济报道》2018 年 1 月 30 日，第 4 版。

以建立"一带一路"争端解决机制为契机,我国已经具备向境外输送商事争议解决服务的条件。

Study on the Marketization of Commercial Mediation

Huang Zhongshun

**Abstract**: The perfection of China's civil and commercial dispute settlement system depends to a large extent on the marketization of non-litigation settlement services for commercial disputes. The internationalization of commercial arbitration guarantees the marketization of commercial arbitration services in a considerable sense, while the marketization of commercial mediation services without global universal execution is just beginning. The supply of commercial mediation service is not adequate to the demand. Commercial mediation is mainly promoted through the intervention of public power, and the utilization rate of independent commercial mediation is very low. In addition to fostering a new market by means of docking litigation and mediation, the introduction of foreign commercial mediation agencies can also help the formation of market competition mechanism. However, in the case that domestic commercial mediation organizations are still underdeveloped, the introduction of foreign commercial mediation agencies should pay attention to strategies.

**Key words**: Commercial Mediation; Connection of Litigation & Mediation; Mediation Agencies; Settlement of Commercial Disputes; Judicial Supervision

# 中国法治进程中的国家角色*

徐媛媛**

**内容摘要:**

当代中国的法治建设始终坚持的是马克思主义政治观,重视和倚赖国家权威,采取理性构建的态度。在法律创制、法律执行、法律适用和法律遵守等法律运行的各环节,国家都是首要推动力,发挥着无可取代的关键作用。依法治国实践中的国家主导表现为由执政党主导法治进程,青睐规制中心主义的立场和建构主义的方法论。党的十九大将全面依法治国上升为坚持和发展中国特色社会主义的全局性方略,法治国家、法治政府、法治社会的一体建设需要在继续坚持国家主导之下。

**关键词:**

法治　国家　国家主导　党的领导

法治作为一种全球意识形态,表征人类对良善生活的向往与追求,当代中国概莫能外,选择法治是中华人民共和国 70 多年国家治理经验中最重要的历史成就。富国强民的美好憧憬和赶超发达国家的强烈意愿决定了采取构建性的态度,依凭国家强力推进是我国法治建设初期的现实选择。党的十九大将全面依法治国上升为坚持和发展中国特色社会主义的全局性方略,推进国家治理体系和治理能力现代化,建设社会主义法治国家,既要继续坚持党的领导和国家主导,又应充分关照国家、社会、个体三者之间的良性互动。

---

* 本文系 2018 年度安徽省社科规划项目"习近平新时代法治思想中的公正观研究"(AHSKY2018D48)成果之一。

** 浙江工商大学法学院副教授。

## 一、国家主导型法治道路的选择

在中国迈向现代化的过程中,国家更多地呈现“善”的面向,积极主导社会建设与治理,民众对国家也给予了信任和厚望。分解到法治领域,我国不能重复任何国家法治的缓慢演进、自生自发,只有倚赖国家权力自上而下地进行法治建设方能护航改革开放、实现民族复兴,国家主导型法治进路既彰显一种中国视角,又表现出人类法治文明多元纷呈。

### (一)法治文化传统的差异

西方法治在古希腊和古罗马时已有雏形,至资产阶级革命取得胜利以来更是大成气候,延续发展至今。回望西欧中世纪,法律被披上了神圣的外衣,上帝的意志就是法律。虽然这漫漫千年被诟病为“黑暗时代”,但在宗教文明秩序中,国王是在上帝和法律之下,“最先让西方人懂得现代法律制度是怎么回事的正是教会”。[1] 托马斯 · 阿奎那(Thomas Aquinas)的自然法思想以“神恩成全自然”为价值旨归,从基督教的意义上将“神学”化约为“人学”。自然法连通着世俗人定法的此岸与神圣永恒法的彼岸,是人的理性对上帝理性的分享、参与的结果,国家的法律便是自然法的世俗形式。[2] 现代主权国家的产生,加速了法律的世俗化进程。人的理性取代上帝成为法律的最高渊源,以保障个人权利为指向的法律体系和法治体系成为人们规划生活的考量。这其中,古典自然法学的思想功不可没,国家的目的是保护人权,它必须接受法律的规训;高级法(Higher Law)的存在,如同在制定法之上悬着的“达摩克利斯之剑”(The Sword of Damocles),时刻对制定法报以审慎的态度,防止其侵害人的自由权利。概括而言,法的二元论观念、法律主治的信仰是西方法治文化传统中的基因密码,法治社会的形成是立基于自由主义的自然生发的结果。

在古代中国,孔孟思想所宣扬的人性善论深入人心,传统文化对克里斯玛(Charisma)权威情有独钟,对握有最高权力的人充满敬意。社会治理倚靠礼、乐、政、刑的整体运动,“礼乐为本,刑法为用”,德礼刑罚相辅相成。君臣、尊卑、

---

〔1〕 [美]伯尔曼:《法律与宗教》,梁治平译,三联书店 1991 年版,第 67 页。

〔2〕 参见刘素民:《托马斯 · 阿奎那自然法思想研究》,人民出版社 2007 年版,第 406 ~ 410 页。

贵贱、上下、男女的伦理观念，曾经在某种意义上构建了超稳定的社会结构，不同阶层各司其职、各安本分，"人治"与"礼治"的社会秩序由礼、乡规民约和国法家规共同构建。[3] 其间，法律从未获得过至上的地位，维护皇权才是第一要务。换言之，无论是倡导差别对待的"礼"，还是主张同一对待的"法"，二者并无本质区别，都是在为统治者寻求最佳的统治方法。礼法之争抑或礼法结合，法律仅仅是工具而已；皇帝居于政治结构的顶端，总揽政治、经济、军事、法律等一切权力。王朝国家是天命使然，君主是天子、天下之王，天下就是君主的国家，"法""律"皆与国家权力唇齿相依。

（二）马克思主义国家与法理论的影响

晚清以降，古代中国和延续两千余年的制度建制遭遇了西方文明的激烈挑战，王朝国家无奈让位于现代民族国家。家国天下连续体的断裂，亦是文化传统的断裂，自此个体的心灵仿佛无所依归。[4] 原子化个人主义的危机在 1949 年中华人民共和国成立后得到缓解，国家治理选择了马克思主义国家与法的理论作为指导思想，社会主义的人民民主国家取代了曾经的皇权国家。直至改革开放之前，"个体—单位—国家"的模式维系着社会治理的有效运转和稳定秩序，"单位人""国家利益高于集体利益、个人利益"等表述司空见惯。借助"单位"与国家获得勾连的个体，并无对国家"利维坦"的警惕与担忧，相反对国家报以百分百的信任与依赖，对国家父爱主义的干预和保护甘之如饴。概言之，国家是社会的产物，是社会决定国家，而非国家决定社会。被传统小农经济和宗法制度束缚太久的中国社会，无法培育"为权利而斗争"的土壤，国家与社会交相重叠，国家权力蔓延、渗透到了社会生活的方方面面。

马克思并不认同国家是通过缔结契约产生的，在费尔巴哈（Ludwig Andreas Feuerbach）唯物主义哲学的影响下，他从社会实践出发，明确指出人类历史是由生产力和生产关系之间的运动所推动的社会进程。在马克思主义政治法律观中，国家具有历史性，是社会发展到一定阶段的产物，"是维护一个阶级对另一个阶级的统治的机器"。[5] 更清晰的表达是，经济发展使社会出现分化，排列

---

[3] 参见张中秋：《传统中国法的精神及其哲学》，载《中国法学》2014 年第 2 期。

[4] 参见许纪霖：《现代中国的家国天下与自我认同》，载《复旦学报》（社会科学版）2015 年第 5 期。

[5] ［俄］列宁：《列宁选集》（第 4 卷），人民出版社 1960 年版，第 49 页。

组合为不同的阶层、阶级,且相互之间的利益激烈冲突,最终成王败寇,由获得胜利的阶级占据政治和经济上的统治地位。所以,国家既有阶级性,又有工具性,它从社会中产生,又凌驾于社会之上,是不同于社会的力量,以保障人们的安全与福祉。[6] 法律是国家意志的体现,由国家制定并由国家强制力保证实施。换言之,法律是国家的创造物或伴生物,倚赖国家权力而运行。依循这个逻辑思路,法律无疑是位于国家权力之下的,是国家进行阶级统治的工具。历史地看,这种关于法律的认识与中国传统法文化颇为契合。

*(三)新中国成立之初创建新法制的现实需要*

马克思主义在中国的传播、生根,中国共产党的诞生和壮大,成为创设中国特色法治的理论基础和领导力量。经济基础决定上层建筑,人民民主专政的社会主义国家必须创建新的法制,既要全面彻底废除国民党的"六法全书"及其旧法统,也要从中国古代法律思想和制度中汲取营养。然而,新中国成立之初,百业待兴,在尚未完全安定的政治环境下,几无可能进行从容的法律制度设计。为稳定巩固新生政权,重建社会、法律新秩序,党在 1949 ~ 1956 年积极开展了一系列大规模的群众运动。

新的法制还需要有新的法律组织来实施。为了进一步肃清司法系统中"六法全书"旧法观点的"余毒",划清新旧法律的原则界限,自 1952 年 6 月至 1953 年 2 月,中央开展了一场轰轰烈烈的司法改革运动,历时约 9 个月。这场运动旨在建立全新的司法秩序,以适应社会主义革命和社会主义建设的需要。[7] 究其本质,这次司法改革运动乃是政治斗争的延续,其背后的政治意义不言而喻。在继续革命运动的特殊时期,"人民司法"的思想言说逐渐制度化、系统化,司法裁判的依据主要是战争与阶级斗争文化规范,司法程序和原则并未获得足够重视,司法人员政治素质的重要性远超其专业素养,还一度出现过人民法庭

---

[6] 国家是和人民大众分离的公共权力,凌驾于社会之上,兼具政治统治和社会管理的职能。参见[德]恩格斯:《家庭、私有制和国家的起源》,中共中央马克思恩格斯列宁斯大林著作编译局译,人民出版社 1999 年版,第 176 ~ 177 页。

[7] 参见张文显:《司法改革的政治定性》,载《法制与社会发展》2014 年第 6 期。

的形式,即人民群众直接参与审判活动。[8] 申言之,当代中国的司法权是在否定中国古代封建司法制度和现代西方资产阶级司法制度的基础上,参照苏联司法权范式构设的,列宁的司法权思想是其理论渊源。[9] 为捍卫革命成果,镇压敌对势力,新中国成立初期的司法成为了阶级斗争的新形式,不可避免地会带有浓厚的政治和工具色彩。司法呈现国家权力的单一面向,司法权与行政权并无二致,或者说司法权就是国家在处理司法事务中的一项行政权。

概括而言,以国家为中心,倚重国家自上而下地推进法治是我们势所必然的选择,取得的成绩也是有目共睹。从无法可依到有法可依的转变,从法律体系到法治体系的构建,从法治国家到法治国家、法治政府、法治社会的一体建设,这其中由执政党领导的国家功不可没。

## 二、依法治国进程中的国家角色

1997 年党的十五大报告率先确定了依法治国的基本方略,然后落实在 1999 年《宪法修正案》中——“中华人民共和国实行依法治国,建设社会主义法治国家”。至此,中国终于完成了从“法制”到“法治”的质的飞跃,并通过根本法明晰了我国现代化建设和法治建设的目标和方向。与西方自由主义法治理论和实践不同的是,当代中国的法治建设始终坚持的是马克思主义政法观,重视和倚赖国家权威,采取理性构建的态度。在法律创制、法律执行、法律适用和法律遵守等法律运行的各环节,国家都是首要推动力,发挥着无可取代的关键作用。

现代国家是在特定文明阶段出现的特殊的历史和空间现象,是人为的、被建构的产物,通常包括领土(Country)、人口(Nation)、政府(State)和政党

---

〔8〕 有学者将这场司法改革称为“奠基式改革”,在政权更替的阶段,改革旧政权的司法制度,继承社会主义国家的司法特点,并结合革命根据地时期的经验进行创新。从而表现出突出的人民性、民主性,同时,由于新法的缺乏,普遍存在以政策代替法律的现象。参见孙笑侠:《司法职业性与平民性的双重标准:兼论司法改革与司法评估的逻辑起点》,载《浙江社会科学》2019 年第 2 期。

〔9〕 参见胡夏冰:《司法权:性质与构成的分析》,人民法院出版社 2003 年版,第 133 ~ 136 页。

(Party)等基本要素。以它们为视窗,透过典型现象,或可展示依法治国实践中国家主导的各种面向(见图 1)。

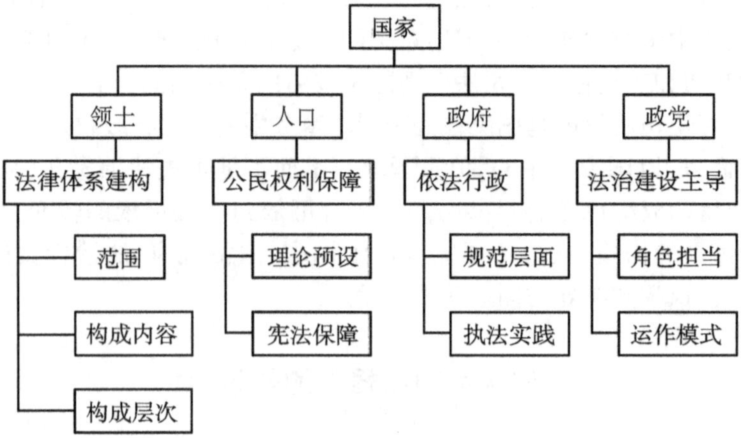


**图 1　国家主导的架构**

(一)基于"Country"的法律体系建构

国家主导型进路聚焦在法治建设的方法论中,即国家建构主义。以立法为例,1997 年党的十五大作出了建设法治国家的重大决策,并定下了建构"中国特色社会主义法律体系"的任务,预期时间是 2010 年。短短 13 年,不仅要做到数量上实现对社会生活各方面的基本覆盖,而且要实现各法律部门之间、不同规范性法律文件之间的和谐统一,如果没有立法者自身志在必成的决心,没有社会对立法者能力与手段的确信,这几乎是不可能完成的任务。

2011 年,中国特色社会主义法律体系如期形成。从范围上看,我国的法律体系仅限于中国这一主权国家的疆域内,不包括国际法;从内容构成上来看,法律部门是构成法律体系的基本单位,我国的法律体系共由 7 个法律部门组成。在这种体系化的执着与努力的背后,反映出国家是唯一的立法主体,即便合同、公司章程、习惯等法律材料也可能有规范意义和法律约束力,但它们都被排除在法律体系之外;[10] 从构成层次上来看,我国法律体系包括宪法、法律和法规。

〔10〕 有学者指出,立法的国家中心主义倾向往往使民间规则和自发秩序失去应有的地位,参见叶传星:《论我国社会转型对法律治理的挑战》,载《法商研究》2009 年第 2 期。

尽管规章也是法律规范的形式，还有立法解释与法律效力相同，但它们都不构成法律体系的一个层次。由此，我国法律体系在总体上呈现鲜明的实务指向和化繁就简的技术特征。

（二）基于“Nation”的公民权利保障

法治以保护人权为终极价值追求。在西方的社会契约论学说中，人们是为了自保或更好地生活才会转让权利，结成社会共同体，即国家有权力乃是基于个体的授权。主张保护个人的自由免于国家的侵害，必须对公权力予以监督和限制一直都是自由主义政治哲学的核心观点。〔11〕与之不同，中国传统文化中一直笃信国家为重、整体为先的观念，对权力的合理使用主要仰赖于统治者的自觉和品德。“一旦权力脱离了民心，‘革命’便是合法的，这种‘天命转移’对权力是一种无形的制约。”〔12〕

现代国家通常以宪法规范的方式阐明对人权保障的重视，并将其具化为公民基本权利。中华人民共和国成立后的1954年《宪法》、1975年《宪法》和1978年《宪法》都曾或多或少地规定了公民的基本权利；1982年《宪法》规定的更全面，列举了包括政治权利、人身权利、财产权利、社会经济权利等公民的各项基本权利。对国家的充分信任，使在相当长时期内我国的宪法实施欠缺相应的制度保障。尽管“齐玉苓案”曾打开中国宪法司法化的想象空间，“孙玉刚案”“唐慧案”也曾引发人们对启动违宪审查的期盼，但是我国宪法的地位和功能还是主要停滞在文本层面。鉴于此，习近平总书记在纪念现行《宪法》公布施行30周年大会上指出，宪法是公民享有基本权利的根本保证，必须要进一步健全宪法实施的监督机制和具体制度。〔13〕

（三）基于“State”的依法行政

“有法可依，有法必依，执法必严，违法必究”曾是我国法制建设的基本原则，也可以简化为4个字，即“有法”“依法”。以发展的眼光回头去看时，彼时提

---

〔11〕 参见[美]乔万尼·萨托利：《民主新论》，冯克利、阎克文译，上海人民出版社2009年版，第417页。

〔12〕 马小红：《中国法思想史新编》，南京大学出版社2015年版，第366页。

〔13〕 参见习近平：《在首都各界纪念现行宪法公布施行30周年大会上的讲话》，载人民网：http://cpc.people.com.cn/xuexi/n/2015/0720/c397563-27331671.html，2019年4月4日最后访问。

出的16字方针至多是对"法制"一词动态意义上的解读,其无法保证法律是良法,也并无限制公权力的意蕴。[14] 在党的十八大之前的依法治国实践中,更多的重心是放在"有法"方面,即秉持的是规则中心主义的基本立场,但是现代法治的精义乃是限制国家权力,建立法治政府。在规范层面,国务院分别于2004年和2010年通过了《全面推进依法行政实施纲要》和《关于加强法治政府建设的意见》,提出依法行政是坚持执政为民、建设法治政府的有效路径,具体要求执法主体、执法依据、执法权限和执法程序等方面皆符合法律的规定。

在中国特色法治建设进程中,国家是推动法治发展的主导力量,同时,法治发展又要限制国家权力。国家主导与法治的二律背反[15]在某种程度上易导致执法效果事与愿违。譬如,在2009年上海"钓鱼执法"事件中,据媒体报道,闵行区交通执法大队短短两年时间内就超额完成了上级下达的查处非法营运车辆的指标任务,共查处5000多辆"黑车",罚没款超过5000多万元。[16] 打击黑车确是国家的法定职责,但是当执法指标比执法规范更具执行力时,管控、惩戒的手段必定会刺激公权力的膨胀乃至走向异化。另外,在禁止卖淫嫖娼、禁止(限制)燃放烟花爆竹、整治群租房等领域,面对大量存在的违法违规行为,执法机关囿于执法资源往往只能采取选择式执法、突击式执法、运动式执法等方式,虽然能获得短期效果,但在本质上是与规则之治背道而驰。一言以蔽之,政府是国家的具体化身,国家主导不等同于全能政府、无限政府,只有"把权力关进制度的笼子里",才能保证国家权力的正确行使。

(四)基于"Party"的法治建设主导

"一个国家实行什么样的政党制度,由该国国情、国家性质和社会发展状况

---

〔14〕 参见张志铭、徐媛媛:《法治共识与法治中国》,载《石河子大学学报》(哲学社会科学版)2015年第1期。

〔15〕 参见于浩:《共和国法治建构中的国家主义立场》,载《法制与社会发展》2014年第5期。

〔16〕 2009年"孙中界案"引发了上海钓鱼执法调查。参见《上海闵行钓鱼执法调查:2年罚没款达5千余万》,载中国青年网:http://china.huanqiu.com/roll/2009-10/604442_2.html,2019年4月7日最后访问。

所决定。”[17]中国人民在长期的革命、建设和改革实践中，基于历史和现实选择了我们的政党制度，并在国家根本大法中予以确认。相对于国家和社会来说，中国共产党是缔造者、领导者，在民众与国家之间并非承担简单的连通功能，而是一种决定性的政治力量，引导着社会发展的方向。

中国共产党既是领导党也是执政党[18]，执政权是党拥有的特定权利，发挥着比国家权力更大的功能，特殊的权力格局造就了中国法治实践的显著特性，即共产党是法治建设的实际主导者。“依法治国，首先是依宪治国”，党领导人民制定宪法和法律，也包括修改宪法和法律。以修宪程序为例，尽管党不是修宪提案权的法定主体，但在我国的宪法惯例中，党通常以提出修宪建议或修宪草案的方式参与其中。实践中，每次修宪都发生在执政党的全国代表大会之后，如先有1997年党的十五大报告中关于依法治国的提法，后在1999年《宪法修正案》中才将法治作为基本治国方略确定下来；党的十五大报告和十六大报告中提出了“尊重和保障人权”，2004年《宪法修正案》中便规定了该项原则；党的十八届六中全会出现“监察机关”的提法，随后2018年《宪法修正案》赋予了监察委员会的宪制正当性。

## 三、新时代国家主导型法治道路的进阶完善

党的十九大把“法治国家、法治政府、法治社会基本建成”确立为到2035年基本实现社会主义现代化的基本目标，并指出“全面依法治国是中国特色社会主义的本质要求和重要保障”“全面依法治国是国家治理的一场深刻革命”[19]。这意味着，党将全面依法治国上升为坚持和发展中国特色社会主义的全局性方

---

〔17〕《〈中国的政党制度〉白皮书》，载人民网：http://cpc.people.com.cn/GB/64107/65708/66065/66076/7210918.html，2019年4月7日最后访问。

〔18〕“领导”与“执政”是内涵不同的两个概念，不可混同使用。前者通过理论的科学性、路线、方针、政策的正确性和先进性，获得人民的拥戴和服从；后者则关涉国家权力的行使，必须遵循合法程序。参见张明军：《领导与执政：依法治国需要厘清的两个概念》，载《政治学研究》2015年第5期。

〔19〕习近平：《决胜全面建成小康社会　夺取新时代中国特色社会主义伟大胜利——在中国共产党第十九次全国代表大会上的报告》，人民出版社2017年版，第22页、第38页。

略,并将其定位为“五位一体”总体布局和“四个全面”战略布局的核心组成部分,以推动实现国家治理现代化,建成富强民主文明和谐美丽的社会主义现代化强国。[20]

新时代全面推进依法治国,构筑“科学立法、严格执法、公正司法、全民守法”法治新格局,国家主导型法治道路需要不断进阶完善,具体表现如下。

第一,重新认识规则之治。站在新时代的起点,法治所要求的规则之治不仅是要有法,更重要的是有良法。中国特色社会主义法律体系的形成,是建设法治国家、法治政府和法治社会的第一步,绝不可能毕其功于一役。以劳动法律法规为例,尽管《劳动法》《劳动合同法》等规范性文件为调整劳动法律关系提供了基本依据,但是,以互联网为基础设施和创新元素的经济社会发展新形态层出不穷,现有立法在诸多新型劳动关系面前早已力不从心。所以,有法可依只是一个阶段性目标的达成。同时,规则之治的规则也并非仅指国家法,还应包括但不限于党规、村规民约、习惯、当事人合议等非国家法则。在过去依法治国的实践中,公权力制定的官方法(国家立法和国家政策)在法律体系中占据了主导地位,这种建构主义思路使得“立法”往往囿于“国家制定”,而“国家认可”的概念几乎处于空转的状态。有学者将这种现象称为“法条主义的单边情结”,它或隐或现地抑制或排拒道德、宗教、习惯等非正式规范,破坏了法律与非正式规范之间的包容性与互动性,从而形成与实际脱节又单边宰制的法条构架模式。[21] 党的十八届四中全会通过的《中共中央关于全面推进依法治国若干重大问题的决定》明确指出要“注重党内法规同国家法律的衔接和协调”,此举正是对多元规范协同的积极肯认。

第二,更注重法律的实施。党的十八大以来,中国法治进程中的规则中心主义日渐式微,法律实施问题愈发显著。首先,解决宪法的可操作性。依宪治国、依宪执政是依法治国、依法执政的第一要义,健全宪法实施和监督制度,将助力于消解和破除我国法治建设中的宪法尴尬,从而治愈中国特色法治进程中的一个顽症痼疾,树立宪法权威亟待在可操作层面进行更为深入的思考和实

---

〔20〕 参见张文显:《中国法治40年:历程、轨迹和经验》,载《吉林大学社会科学学报》2018年第5期。

〔21〕 参见马长山:《国家“构建主义”法治的误区与出路》,载《法学评论》(双月刊)2016年第4期。

践。其次，严格政府权力清单制度。权力法定是法治社会中公权力必须恪守的信条，在倚赖国家与限制公权之间寻求平衡绝非易事，从“无限政府”迈向“有限政府”必须坚持以法治思维和法治方式规范执法。最后，深化司法改革。2019年最高人民法院发布了《人民法院第五个五年改革纲要（2019～2023）》，始于20世纪90年代末的司法改革仍在继续，公正是司法永恒的价值追求。案例指导制度正是旨在通过“同案同判”保障司法公正，从指导性案例的司法应用来看，单纯的国家供给模式似乎并未让其充分发挥解释和补充制定法的作用。从司法规律的角度而言，惟有立法制定与司法生成双管齐下，方能为司法活动提供饱满的规则，从而“让人民群众在每一个司法案件中都感受到公平正义”。

第三，全力打造法治型政党。如前所述，在“党政体制”[22]的复合结构下，中国共产党深度嵌入在我国的政权结构和法治现代化进程中，是中国法治建设的实际主导者。自党的十八大以来，依法治国、依法执政、依法行政共同推进，法治型政党建设的成功与否攸关法治中国的伟大事业。首先，坚持以法治思维和法治方式行使执政权。经由“党的领导”原则衍生而成的权力现象和制度现象理应接受法治原理的有效检验和法治规范的有效制约，任何例外或特殊都可能成为法治中国事业的“溃堤蚁穴”。[23] 其次，协同依规治党与依法治国。国法与党规之间的关系是中国法治建设中必须直面的问题。在法理逻辑上，党规不能违反宪法法律的禁止性规定，即国法高于党规；良善充分的法秩序需要各种规范形态的协力，即党规协同国法。[24] 最后，党管政法，紧握政权的“刀把子”。我国历经近代百余年改革和革命的历史浮沉，逐渐形成了独具特色的制度符号——政法。2019年1月，中共中央印发《中国共产党政法工作条例》，明

---

〔22〕“党政体制”是一个复合体，既超越了政党组织的逻辑，也超越了政府组织的逻辑。通过下列六种方式加以表现，即在非党组织的领导机关中设置党组、以党中央的某个直属部门为主导进行“归口管理”、设置高规格的常设性或临时性的领导小组、党的中央领导人在国家机构中任职、“一个机构，两块牌子”、党政合署办公。参见景跃进、陈明明、肖滨主编：《当代中国政府与政治》，中国人民大学出版社2016年版，第6～8页。

〔23〕参见田飞龙：《法治国家进程中的政党法制》，载《法学论坛》2015年第3期。

〔24〕参见张志铭：《党规与国法关系的法理逻辑》，载“法学学术前沿”微信公众号：https://www.sohu.com/a/132439743_671251，2017年4月7日最后访问。

确规定了要坚持和加强党对政法工作的绝对领导。人民法院是政法单位之一,独立依法行使审判权就是对党的意志的最大服从与遵循,就是坚持党的领导的正确形式。正如习近平总书记所言,所谓"党大还是法大"不过是个伪命题,是一个政治陷阱。

## 四、结　语

时至今日,法治是人类的共同价值追求,是善治的价值符号,是复合性、多义性的概念,不仅指规则之治,还包括良法之治以及法律主治,各自国家的文化传统、历史进程与现实国情塑造了不同的法治模式。[25] 以马克思主义为指导,由执政党担当法治进程的终极权威,依凭国家强力推进的自主构建型进路是中国特色法治的现实选择。当中国特色社会主义迈入新时代,法治国家、法治政府、法治社会的一体建设仍然需要继续坚持党的领导、坚持国家主导,与此同时,共建共治共享的现代社会治理格局意味着国家不应是唯一的权威治理主体,单向、封闭的构建主义需要适时而变,提高社会治理法治化水平离不开国家、社会、个体的多元协同。

State's Role in the Rule of Law of China

Xu Yuanyuan

**Abstract**: Choosing the rule of law is the most important institutional achievements in the past 70 years. Autonomous construction approach is the realistic choice of the rule of law in China. Guided by Marxism, promoted by state shaped this special approach, and the ruling Party took as the ultimate authority. Before the 18th National Congress of CPC, our construction of the rule of law paid more attention to and relied on state power, and preferred rule-centered position and constructivist methodology. Law-based governance is an essential requirement and important guarantee for socialism with Chinese characteristics at the 19th

〔25〕 参见张志铭、徐媛媛:《宣示法治:文本、立场与实践》,载《中州学刊》2014 年第 12 期。

National Congress. The rule of law approach in the new era will continue to be improved by pluralistic coordination of the state, society and individuals.

**Key words**: The rule of law; State; State domination; Party leadership

# 作为民法释义学独立范畴的法律行为效果

## ——基于对法律行为的成立、生效、效果发生之区分的阐释*

王　琦**

**内容摘要:**

法律行为是大陆法系经典民法皇冠上的明珠。然而,传统观点对法律行为的理解并不完整,这首先是因为传统观点通常使用"构成要件—生效前提"这一模型来把握法律行为,由此,忽视甚至遮蔽了在"生效范畴"之外还分化形成了一个独立的"效果范畴"。生效的法律行为无须立刻发生效果(如当附有延迟条件或开始期限时),法律行为的效果发生变动却不影响法律行为的生效,大量民法现象只有在这组区分的背景下才能获得正确理解。经过补完并修正的法律行为论由三大范畴构成,即"成立"、"生效"和"效果"(法律行为的三阶段论)。可以期待的是,拥有百年历史、构成大陆法系经典民法基石的法律行为论至此将别开生面,向我们展示一条富有前景的发展新路。

**关键词:**

法律行为　合同　单方法律行为　民法总则　民法典

## 一、引言:法律行为的效果范畴需要"去遮蔽"

法律行为堪称最精密、复杂的一种法构造物,真可谓"横看成岭侧成峰,远

---

* 本文系国家社科基金青年项目"《民法总则》体系解释视角下法律行为理论再造研究"(项目号:19CFX056)的阶段性研究成果。

** 北京航空航天大学法学院讲师。

近高低各不同”。想要完整准确地认识法律行为,关键在于对其进行“范畴化”(Kategorisierung),这要求提炼打磨出法释义学上的合用范畴,以此一方面对法律行为加以定型并在内部分割出不同的部分,另一方面将民法对法律行为的规范根据其意义整理收纳入相应的范畴,最终形成一个条理分明而又衔接紧密的体系,这也是法律行为理论承担的首要任务。按照本文立场,法律行为的主轴或者说最上层架构需用三大范畴来界分,即“成立”(Zustandekommen)、“生效”(Wirksamkeit)、“效果”(Wirkung),由此形成一种法律行为的“三阶段论”[1](见图1)。

**图1 法律行为的最上层架构(通用模型)**

如果说民法传统释义学,比如我国《民法总则》中对法律行为“成立”和“生效”的区分还有所意识(尽管往往并不准确和彻底),[2]那么对“生效”和“效果”的区分却几乎完全没有认识到,这典型地体现在将法律行为的“效果未发生”(Wirkungslos)误认作法律行为的“不生效”(Wnwirksam)。

---

〔1〕 另外,“成立”、“生效”和“效果”这一组区分同样可用来对作为法律行为创设工具的意思表示的范畴化分析,所以整体上就形成了一种对意思表示和法律行为的“双层六阶段理论”。这种理论由德国柏林自由大学民法学教授德特勒夫·莱宁(Detlef Leenen)在改造传统观点的基础上提出,是德国民法基础理论近年来最重大的理论发展。Vgl. Detlef Leenen, BGB AT Rechtsgeschäftslehre, 2. Aufl. 2015, Kap. 3 Vorbemerkung; Detlef Leenen, Willenserklärung und Rechtsgeschäft in der Regelungstechnik des BGB, in Festschrift für Claus-Wilhelm Canaris, 2007, Band 1, SS. 699 – 727. 参见王琦:《德国法上意思表示和法律行为理论的新发展:兼论对中国民法总则立法的启示》,载《清华法学》2016 年第 6 期;张芸:《单方法律行为理论基础的重构与阐释:兼论〈民法总则〉法律行为规范的若干重难点问题》,载《清华法学》2017 年第 4 期。

〔2〕 如《民法总则》第 136 条、《合同法》第 44 条、《物权法》第 15 条等条文都提及了法律行为成立和生效的区分,学理上的新近讨论参见金可可:《〈民法总则〉与法律行为成立之一般形式拘束力》,载《中外法学》2017 年第 3 期。

要初步理解这一点,我们只需想到延迟条件或者开始期限这组制度。通过附延迟条件或者开始期限,民事主体可以打破法律行为生效和效果发生的同时性。《民法总则》第 158 条和第 160 条(《民法典》第 158 条、第 160 条)因袭《合同法》第 45 条和第 46 条,将"延迟条件"称为"生效条件",将"开始期限"称为"生效期限",并将其后果分别描述为"(法律行为)生效"或者"失效",正反映了传统观点中"生效范畴"对"效果范畴"的遮蔽。事实上,所谓的"生效条件成就"和"生效期限界至"并非法律行为生效的前提,而是(已生效)法律行为效果发生的前提。[3]

举例而言,房东与承租人于 2018 年 2 月签订租房合同,由于房屋目前尚为他人所居住,双方约定 5 月 1 日入住并在入住前现场支付租金,作为附开始期限的法律行为,此合同不是在 5 月才生效,而是在 2 月随着缔约完成就已生效,只是合同的效果(房客的租金支付义务以及房东的房屋交付使用义务)迟至 5 月才发生,此时合同生效和效果发生的"时间差"符合双方利益:一方面,合同尽早生效给双方都带来一个稳定可预期的法律前景,承租方不用忧惧到时无房可住,出租方也免于担心房屋闲置受经济损失;另一方面,合同效果被推迟,由此租房者无须在缔约完成后立刻支付租金,其租金支付义务直到 5 月实际入住前才产生,房东同样也不必立刻腾出房间供对方使用,而可以从容等待现房客的搬出。这带来的启示是,一个生效的法律行为无须立刻发生效果,反过来,法律行为的效果延后发生,却不妨碍法律行为的生效。另外一个例子是劳动合同,在实践中如果双方按照我国《劳动合同法》第 10 条第 1 款以书面形式订立合同,那么合同一般在签约时生效,其效果(劳动者的劳动义务和用人单位的报酬支付义务)则在一个约定的未来用工起始时间发生(如"我们 3 月签合同,你 6 月上班并领工资")。[4]

笔者主张,法律行为的效果范畴需要"去遮蔽"和"再发现",由此,我们将找回法律行为模型缺失的最后一片组件,实现对法律行为理论的补完。补完后的法律行为理论不仅能给民法中的常规现象带来富于新意的洞见,还能给大量

---

〔3〕 Vgl. Detlef Leenen, Ist das so richtig-Typen von Defiziten der Zivilrechtsdogmatik, JuS 2008, S. 578; Petersen, Bedingung und Befristung, JURA 2011, S. 275.

〔4〕 这一进路上的详细分析,参见 Nord/Linnert-Epple, Wirksamkeit und Wirkungen der Arbeitgeberkündigung: Was erfasst die Ausschlussfrist des § 4 KSchG, JURA 2009, S. 801 ff。

的非常规现象提供更具说服力的解释。

## 二、法律行为的三阶段总览：成立、生效、效果发生

在走进法律行为效果范畴之前，让我们先简单勾勒出法律行为三阶段的一幅全景图，在这幅全景图中对效果范畴作总体定位。

（一）法律行为的成立

法律行为的成立意味着法律行为事实上存在了（Tatbestand Nach Vorliegen），这是一个最低门槛的陈述，其意义在于：在法律的视野下，出现了一种存在，这种存在可以被视作法律行为，由此区别于好意行为（例如，代邻居浇花）和现实行为（例如，移转对物的占有、拾得遗失物）；此外，该行为的类型和具体内容也得以确定。

需指出的是，应避免在成立阶段提出任何关于法律行为生效和效果的问题，后两者需随后依据专门规则再做检验。这意味着，法律行为虽然成立，但其能否生效尚在未定之间，更遑论其效果是否（当附有开始期限时）或者能否（当负有延迟条件）发生。[5] 反过来，无论是不生效（如违背法规禁令）、生效待定（如无权代理人缔结的合同在获本人追认前）、被撤销（如法律行为系基于相对方欺诈而实施），或者效果确定不发生（如延迟条件未成就）的法律行为，都是事实上已经存在即成立了的法律行为。所以文献中流行的“合同（法律行为）成立且生效”这种说法太“着急”了，将前后两个环节混为一谈，成立和生效各有各的前提，成立的合同不一定能生效，生效或不生效的合同都是已经成

[5] 由此可见，《合同法》第 8 条第 1 句（《民法典》第 465 条第 2 款前半句）称“依法成立的合同，对当事人具有法律约束力”，显然是未将“成立”和“生效”的区分贯彻到底，“对当事人具有法律约束力”最恰当的关联点不是合同的“成立”，而是合同的“生效”。一个虽成立但却不生效的合同，通常并不足以在当事人间证成法律约束力。

立的合同。[6]

(二)法律行为的生效

如果确认法律行为成立,下一步则需判定该行为能否生效。传统论述对生效概念的使用严重泛滥,这是导致效果概念被长期遮蔽最主要的原因。鉴于此,法律行为理论迫切需要一个精确限定的,能够避免掩盖效果概念的生效概念。

莱宁(Leenen)为我们提供了一个合用的概念,生效意味着,法秩序对一个成立的法律行为加以审查检验,认定其满足生效前提,因此,对其作出认可(Anerkennung)。[7] 这一概念需加解说。

第一,法律行为生效基于的是法秩序的许可,而非行为人的私人意愿。民事主体不能随心所欲地令法律行为生效,他能做的是为法律行为的生效创造前提,即完成准备工作使得法律行为成立,然后等待法秩序的审查。只要法律行为在私人自治的界限内,那么法秩序将允许法律行为生效并为之保驾护航,但如若这一行为越界,如危害到他人或社会利益,法秩序将拒绝法律行为生效。如前文所述,延迟条件和开始期限的作用对象不可能是法律行为的生效,因为既然私人根本不具有令法律行为生效的权能,那么他当然同样不可能通过附条件或者期限的方式令法律行为生效。[8] 反过来说,一个被法秩序拒绝认可的法律行为,即便其所附有的《民法总则》第 158 条、第 160 条(《民法典》第 158

---

〔6〕 由于法律行为是由意思表示创设的,所以法律行为的成立要求的是相关意思表示的生效。具体而言,单方法律行为只需相应意思表示发挥效果即可成立[《民法总则》第 134 条第 1 款后半句(《民法典》第 134 条第 1 款后半句)]。以合同解除为例,为了实施这种法律行为,行为人必须发出“解除通知”[《合同法》第 96 条第 1 款第 1 句(《民法典》第 565 条第 1 款第 1 句)],这一通知作为有相对方的意思表示在到达相对方时生效[《民法总则》第 137 条(《民法典》第 137 条)],由此使得作为单方法律行为的“合同解除”成立。至于这一(成立的)法律行为能否生效,首先取决于表示人是否享有合同解除权[《合同法》第 93 ~ 95 条(《民法典》第 562 ~ 564 条)]。如果他没有合同解除权的话,法秩序将拒绝该行为生效,但法秩序没有必要否认的是,这一行为事实上已经成立(行为人作出的“解约表示”已经生效)。

〔7〕 Vgl. Detlef Leenen, BGB AT Rechtsgeschäftslehre, 2. Aufl. 2015, § 9 Rn. 1.

〔8〕 Vgl. Medicus/Petersen, Allgemeiner Teil des BGB, 11. Aufl. 2016, § 52 Fn. 12.

条、第160条)所谓的"生效条件"成就或者"生效期限"到达,也不生效。[9] 例如,甲和乙达成合意,只要丙进入某市(作为延迟条件),乙就绑架丙交由甲处置,甲向乙支付报酬。由于绑架行为是《刑法》所禁止的行为(基于我国《刑法》第239条),这一(虽已成立的)合同由于内容违反法规禁令而无法生效[基于《民法总则》第153条第1款(《民法典》第153条第1款)与《刑法》第239条],故而即便丙入境(条件成就),合同也不会生效,其结果是,一方面,甲对乙没有履行(绑架丙)请求权;另一方面,乙即便绑架丙,也没有向甲要求支付报酬的合同请求权。[10]

第二,法秩序对法律行为的生效审查是一个有限的审查。出于促进和保障私人自治之目的,法秩序在常规情况下对法律行为只作一种消极性审查,即审查的是法律行为的内容是否违反法规禁令或者违背公序良俗,在有形式要求时(法定或约定要式)审查法律行为是否具备必要形式,如书面形式、公证形式等。[11] 在特殊情况下,法秩序也会要求法律行为必须满足特定必要要件才能生效。例如,如果限制行为能力人执行实施的法律行为会带来显著法上的不利后果,法秩序出于保护限制行为能力人的目的,要求该行为必须额外获法定代理人的同意或者追认才能生效[基于《民法总则》第145条第1款(《民法典》第145条第1款)]。[12]

第三,法秩序在进行生效审查时无须考虑的是,按照当事人的意愿,法律行为的效果应在什么条件下或者什么时间发生。让我们用打比方的方式来说明,

---

〔9〕 Vgl. Palandt/Ellenberger, Einf v. § 158 Rn. 9; Jauernig/Mansel BGB § 158 Rn. 7; Brox/Walker, BGB AT, 41. Aufl. 2017, Rn. 488; Medicus/Petersen, Allgemeiner Teil des BGB, 11. Aufl. 2016, § 52 Fn. 12.

〔10〕 Vgl. Bork, Allgemeiner Teil des BGB, 4. Aufl. 2016, Rn. 1103.

〔11〕 "违反法规禁令""违背公序良俗""要式缺乏"作为法律行为的生效一般阻却要件。参见张芸:《单方法律行为理论基础的重构与阐释:兼论〈民法总则〉法律行为规范的若干重难点问题》,载《清华法学》2017年第4期。

〔12〕 张新宝:《〈中国人民共和国民法总则〉释义》,中国人民大学出版社2017年版,第212页。对法律行为生效的详细分析参见王琦:《论民法典的规范技术:以〈民法总则〉为主要例证的阐释》,载《北大法律评论》编辑委员会编:《北大法律评论》(第19卷第1辑),北京大学出版社2018年版,第40~62页。

这就好比主管机关审核某申请人提出的律师资格申请时,要看的是他是否通过国家统一法律职业资格考试,是否因故意犯罪受过刑事处罚等(基于《律师法》第 5 条、第 7 条),不问的是他打算具体在什么时候、什么情况下从事律师职业,即便申请人暂时(甚至永远)没有律师执业计划,也不妨碍主管机关批准其申请,授予其律师资格。类似地,生效的法律行为既包括效果即刻发生的法律行为,也包括效果延后发生的法律行为。法律行为只要生效,即便其效果延后发生,也已经足以产生一系列的法律后果,最重要的有两方面:一是奠定法律行为对当事人的约束力,这尤其体现在双方负有的"诚信义务";〔13〕二是产生"期待权"。〔14〕

另外,在某些例外情形下,甚至会出现法律行为虽生效但却不发生效果的状态。同样可能的是,行为人或法秩序一方面对法律行为的效果作出变更,另一方面保持法律行为的生效不变。

(三)法律行为的效果发生:基本前提和额外前提

经由上述铺垫,法律行为效果的概念已呼之欲出。这里的关键问题在于:生效对效果发生到底意味着什么?答案:法律行为的生效是法律行为效果发生的基本前提。虽然很多法律行为的效果发生只有生效这一基本前提,但同样存在大量法律行为,其"效果发生"除了"生效"这一"基本前提"之外,还有别的前提,即"额外前提"。由于这些额外前提的达成又另外耗费时间,这就导致法律行为的"效果发生"和"生效"时间上不同步。而且,越是经济意义大,复杂程度高的法律行为就越不可能在效果发生层面只有生效这一个前提,而是存在额外前提,这样法律行为才能更好地回应各类复杂性和不确定性。

效果发生的额外前提可能源自行为人的私人意愿,例如,当行为人为法律行为附上延迟条件或者开始期限时;也可能源自法律。比如,按照《继承法》的有关规定,遗嘱(作为单方法律行为)效果发生的基本前提是遗嘱生效,额外前

---

〔13〕　在奠定约束力这方面,效果被延后的法律行为和效果即刻发生的法律行为并无不同,参见 Köhler, BGB Allgemeiner Teil, 41. Auf. 2017, § 14 Rn. 22。

〔14〕　Detlef Leenen, Anspruchsaufbau und Gesetz: wie die Methodik der Fallbearbeitung hilft, das Gesetz leicht zu verstehen, Jura 2011, S 726。另参见王利明:《合同无效制度》,载《人大法律评论》编辑委员会组编:《人大法律评论》(2012 年第 1 辑),法律出版社 2012 年版,第 67 ~91 页。

提是“被继承人死亡”这一事件；另外，民法中常见的“附有终约期限的通知终约”作为一种单方法律行为其特征也在于，法秩序为之设定了效果发生的额外前提，即“终约期间经过”。这两类法律行为将在下文专门论述。

（四）区分效果范畴和生效范畴对法律行为论的影响：两项例证

在重新发现效果范畴并将其引入法律行为理论之后，法律行为的基本面貌将发生重大变化，由此，我们可以消除传统论述中的错谬之处并为相关现象找到正确的解释。限于篇幅，下面选两项例证加以说明。

1. 立遗嘱人死亡是遗嘱效果发生的前提，而非遗嘱生效的前提

绝大多数传统观点将立遗嘱人死亡称作遗嘱的生效前提。[15] 仔细推敲就会发现，这种说法不能令人信服。因为这意味着人只要在世一日，就无法立下有效的遗嘱。可以想象，如果立遗嘱人在离世之前竟不能看到对自己后事的安排生效，实在令人无法安心，真是“死难瞑目”，而且这也有违常人的经验认知，当某人按照《继承法》第 17 条第 1 款（《民法典》第 1139 条）的要求经公证机关立下公证遗嘱时，他当然并且完全有理由相信这份遗嘱是有效的。

深入分析不难发现，传统观点真正想表达的是，在立遗嘱人死亡前，遗嘱的效果并不发生，比如，遗嘱指定的继承人并不在立遗嘱人仍在世时就获得后者的财产。传统观点的错误在于把法释义学上的关联点搞错了，正确的关联点不是法律行为的生效，而是法律行为的效果。只要立遗嘱人具有行为能力，其所立遗嘱在形式上符合要求，在内容上不违反法规禁令，不违背公序良俗，法秩序就没有任何理由拒绝遗嘱的生效并为之提供保护。法秩序做的仅仅是，令生效遗嘱的效果延迟至立遗嘱人死亡时方始发生。[16] 所以，立遗嘱人死亡不是遗

---

〔15〕 Vgl. Flume, Allgemeiner Teil des bürgerlichen Rechts, 4. Aufl. 1992, § 2, 3c; Olzen/Looschelders, Erbrecht, 5. Aufl. 2017, Rn. 208.

〔16〕 实证法基础为《继承法》第 2 条（《民法典》第 1121 条第 1 款），其内容为：“继承从被继承人死亡时开始。”该条所说的继承既包括法定继承，也包括遗嘱继承［《继承法》第 5 条（《民法典》第 1123 条）］。《继承法》第 2 条（《民法典》第 1121 条第 1 款）对遗嘱的意义在于，为其效果发生设置了一个额外前提，即“被继承人死亡”，由此推后遗嘱的效果发生（而非生效）。

嘱“生效”的前提,而是遗嘱“效果发生”的前提。[17] 立遗嘱人在世时,遗嘱已经生效只是其效果尚未发生。

2.“延时终约”以“法律行为生效”加“终约期间经过”为效果发生的前提

通知终约(Kündigung)一般用于终止长期法律关系(如租赁合同、劳动合同、借款合同、合伙合同等),在性质上属于形成性单方法律行为,其效果在于使主法律关系无回溯力地终止。[18] 在常规情况下,法律会为通知终约行为附上一个“终约期间”(Kündigungsfrist),这主要是考虑长期法律关系中双方牵扯较深较多,因而需要更多的时间为终约作准备。由于终约期间的存在,此类行为表现在外是“延时终约”,这同样反映了法律行为生效和效果发生既区分又互动的机理。具体而言,只要附有终约期间,那么终约行为的生效并不立即导致法律行为效果发生,其直接作用在于启动终约期间,要等到终约期间经过后,终约行为的效果才发生。所以总结来说,终约行为的效果发生预设了:(1)终约行为生效(作为基本前提);(2)终约期间经过(作为额外前提)(见图 2)。

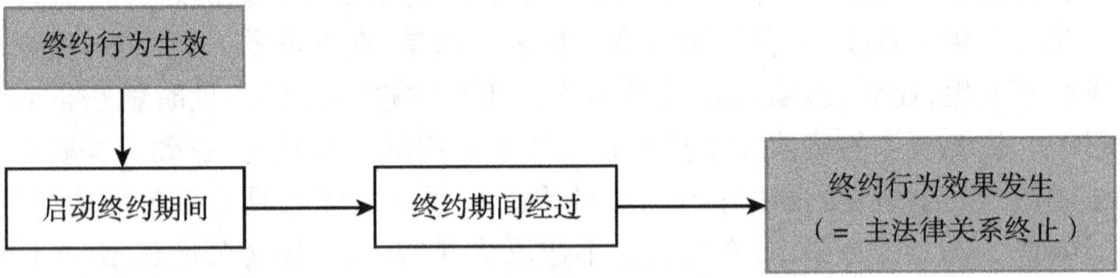


**图 2 终约行为的效果发生**

例:当劳动者不能胜任工作,并且经过培训或者调整工作岗位,仍不能胜任工作时,用人单位按照《劳动合同法》第 40 条第 2 项享有法定终约权(满足终约行为的生效特殊必要要件),该条同时规定了 30 日的终约期限。如果用人单位发出书面终约通知,该通知(作为意思表示)于 2018 年 1 月 1 日到达劳动者,那

---

〔17〕 Vgl. Detlef Leenen, Ist das so richtig-Typen von Defiziten der Zivilrechtsdogmatik, JuS 2008, S. 577; Wolf/Neuner, Allgemeiner Teil des bürgerlichen Rechts, 11. Aufl. 2016, § 28 Fn. 12.

〔18〕 由此,“通知终约”区别于“合同解除”(Rücktritt),前者不影响已经完成的给付交换,后者则使得对已经履行的给付也需原样返还或价值补偿,参见 MükoBGB/Gaier *Vormerkung* § 346 Rn. 12。我国实证法上未作明确区分,统统用“合同解除”一语指称。

么终约行为(作为单方法律行为)在1月1日成立并生效,由此启动终约期间[基于《民法总则》第201条第1款(《民法典》第201条第1款),自1月2日起算],终约行为的效果在30日法定终约期间经过后即2018年2月1日发生,由此劳动合同终止。

(五)作为民法规制内在逻辑和案例分析基本框架的三阶段论

法律行为的三阶段论并非凭空想象,而是对民法内在规制逻辑的反映和重述,还以合同履行请求权的产生为例说明。在民事法律中,没有任何一条条文直接规定这种请求权在什么前提下产生。这是因为,按照民法的逻辑,合同履行请求权的产生(作为合同的效果)被分解成3个环节来规制:第一个环节是合同的成立,如缔约方通过要约、承诺达成合意[基于《民法总则》第134条第1款(《民法典》第134条第1款)、《合同法》第25条(《民法典》第483条)];第二个环节是(已成立)合同的生效,如不违反法规禁令,不违背公序良俗[基于《民法总则》第153条(《民法典》第153条)];第三个环节是(已生效)合同的效果发生,例如所附延迟条件成就、开始期限到来[基于《民法总则》第158条、第160条(《民法典》第158条、第160条)]。[19] 这3个环节前后承接,每个环节都有独立的意义并适用专门的规则,管前一个环节的规则不管后一个,如果检验后一个环节,这就预设必须已经通过前一个环节。所以传统论述中常见的"合同成立(或者生效)后,双方获得履行请求权"等类似提法是不准确的,合同履行请求权的产生既不是合同"成立"的结果,也不是合同"生效"的结果,而是已"成立"的合同"生效"后发生的"效果"。

正因为三阶段论本身是法律内在逻辑的体现,所以我们可将其用为案例分析的基本结构和思考指南,借此可以有条不紊地把案例事实分解成若干个小单元,然后为各个小单元找到正确的管辖规则,再将各个小单元整合成一个严丝合缝的体系,逐步检验,层层递进,这样不但能确保结果正确、过程完整,而且还有一种精准严谨、从容不迫的法律美感。

---

〔19〕 Vgl. Detlef Leenen: Anspruchsaufbau und Gesetz: wie die Methodik der Fallbearbeitung hilft, das Gesetz leicht zu verstehen, Jura 2011, S. 724 ff.

## 三、法律行为效果的具体内容

### (一)法律行为的效果作为法律行为全体法律后果的子集

民法规制体系发展到今日,已经基本实现对法律行为各个阶段的全覆盖甚至深入细微边缘之处,这使法律行为除效果外,还会引发其他法律后果作为"副产品"或者"余波",因此,法律行为的法律后果不限于法律行为的效果,或者说法律行为的效果不过是法律行为全体法律后果的一个子集(当然是最重要的子集)(见图3)。

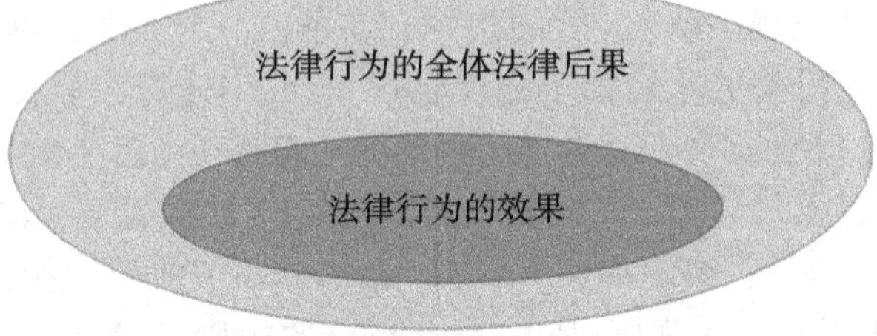


**图3 法律行为的效果作为子集**

这要求我们将法律行为的"效果子集"同其他子集准确界分开来。界分的出发点是法律行为的基本功能,即法律行为(连同作为法律行为创设工具的意思表示)是法秩序提供给民事主体追求私人自治目的的工具,[20]因此,法律行为的效果即是使民事主体所追求之目的得以实现。但这里所说的"目的"并非日常语言意义上的泛泛的动机或意图,而是经由民法预先编码的、模式化的,因而能够为法计算机解读并且能同其他程序协作的指令。不同类型的法律行为用来实现不同类型的目的,因此也有不同的效果。如果要获得一个全局认识,我们需回到多方法律行为和单方法律行为这组基本区分,在前者又需区分债上合同(作为负担行为)和处分行为,在后者则可区分形成性单方行为和非形成性

〔20〕 参见张芸:《单方法律行为理论基础的重构与阐释——兼论〈民法总则〉法律行为规范的若干重难点问题》,载《清华法学》2017年第4期;Vgl. Medicus/Petersen, Allgemeiner Teil des BGB, 11. Aufl. 2016, Rn. 175。

单方行为。[21]

（二）多方法律行为

1. 作为负担行为的债上合同

在民法的意义世界中，民事主体缔结债上合同（Obligatorische Verträge）目的在于获得对相对方的履行请求权，或者说使对方负有给付义务，所以合同的效果就体现在履行请求权以及给付义务的产生。这里所说的履行请求权或者给付义务是每种合同的“必备成分”（Essentialia Negotii），最简单的识别方法就是一瞥《合同法》分则（《民法典》合同编）各章的标题和各章第1条，如买卖合同的效果在于（从履行请求权的角度来说），买方获得要求卖方交付并转移标的物所有权的请求权，卖方获得要求买方支付价款的请求权[《合同法》第130条（《民法典》第595条）]；承揽合同的效果在于（从给付义务角度来说），承揽人负有交付工作成果的义务，定作人负有支付报酬的义务[《合同法》第251条（《民法典》第770条）]。

需注意的是，合同具有一种产生“义务群”的能力，即不仅会产生给付义务，而且也会产生一系列的附随义务（Nebenpflicht）和保护义务（Schutzpflicht），前者如信息义务、协助义务、单据开列义务、保密义务等，后者如在合同执行过程中对相对方人身、财产权益的注意义务。[22] 这些合同义务可以因缔约方的明确约定产生，也可以基于交易习惯和法律原则（如诚实信用原则）通过补充解释的渠道被纳入合同[《合同法》第60条、第92条（《民法典》第509条、第558条）]。

这里的关键是，合同的保护义务和附随义务与合同的效果（给付义务）具有一定的独立性，也就是说属于另一子集，其产生和延续通常基于合同的生效。这一区分的意义首先在于，当合同附延迟条件或开始期限时，被推迟的仅仅是作为合同效果的给付义务，附随义务和保护义务则在合同生效时就已然产生。[23] 另外，当合同效果终止时[如给付义务因如约履行而消灭，《合同法》第

〔21〕 Vgl. Wolf/Neuner, Allgemeiner Teil des bürgerlichen Rechts, 11. Aufl. 2016, S. 336f.

〔22〕 参见韩世远：《合同法总论》，法律出版社2011年版，第243页。

〔23〕 Vgl. Detlef Leenen, BGB AT Rechtsgeschäftslehre, 2. Aufl. 2015, § 10 Rn. 15; Palandt/Grüneberg § 241 Rn. 7.

91 条第 1 项(《民法典》第 557 条第 1 款第 1 项)],这些义务同样可能在一定时间内延续。[24]

例:甲公司同专营广告业务的乙公司约定,如果甲公司的新产品在本年度内获批上市,那么乙公司则为产品设计广告,这是一个附延迟条件(新产品本年度获批上市)的承揽合同。双方约定,在新产品上市前,甲向乙提供新产品的基本信息以便乙预备广告设计,这一协助义务在合同生效后就已经产生,不受延迟条件的推迟作用。可见,一个合同只要生效,即便其效果(给付义务)尚未发生,也已经在双方间奠定了一种拘束关系。

另外,按照双方的保密约定,无论是延迟条件不成就导致合同最终无法发生效果,还是在合同履行完毕后,乙都负有对所获得产品信息的保密义务。可见,一个效果未能发生或者已经终止的合同并非法律上的"空无",而依然是一个生效合同,只是转为在法计算机的后台运行,由此,使合同附随义务和保护义务能够存续下去。

总的来说,合同义务群中给付义务和其他义务之间"既不同生,也不同灭"的现象反映了合同生效和效果的区别。

2. 处分行为

在以《德国民法典》为代表的大陆法系经典民法中,在负担行为外尚有处分行为。和负担行为不同,民事主体实施处分行为不再是为了引发履行请求权或者给付义务,而是直接变动现有权利关系,故而处分行为的效果即体现在现有权利关系的变化。买卖交易中,处分行为(所谓"物上合同",Dinglicher Vertrag)的效果是使所有权从卖方转至买方(连同交付或登记);[25]在债权让与交易中,处分行为的效果则是使债权从让与人转至受让人(新债权人)。

(三)单方法律行为

在民法体系中,单方法律行为的用途更广泛分散,这也使其效果更多样,不像多方法律行为那样有明确的类型化,但总体而言依然可以区分出如下两类:

---

〔24〕 Vgl. Muko, BGB/Bachmann § 241 Rn. 50.

〔25〕 参见柯伟才:《物权合同的发现:从尤里安到萨维尼》,载《比较法研究》2016 年第 6 期;孙鹏:《物权行为理论:事实、价值与体系建构》,载《人大法律评论》编辑委员会组编:《人大法律评论》(2001 年第 2 辑),法律出版社 2001 年版,第 166 ~ 230 页。

1. 形成性单方行为

形成性单方法律行为用来依单方意愿变更现有法律关系。[26] 这类法律行为通常针对另一法律行为，例如，撤销(Anfechtung)的效果是令被撤销的法律行为被拟制为“自始没有法律约束力”[《民法总则》第155条(《民法典》第155条)]；[27] 合同解除(Rücktritt)的效果是使原合同被整体重塑为一种“还原关系”[《合同法》第97条(《民法典》第566条)]；债务抵销(Aufrechnung)的效果是使己方债务和对方债务在相等范围内一齐消灭[《合同法》第91条第3项(《民法典》第557条第1款第4项)]。

鉴于形成性单方法律行为既能影响对方利益，又无待同对方达成合意即可实施，是一种非常“霸道”的法律行为，所以法秩序对其在生效和效果层面各采取了一项约束措施。其一，在生效层面，法秩序对形成性单方行为设定了特殊的生效必要要件，即相应的形成权，如撤销权、解除权、抵销权等。如果没有相应形成权的支持，法律行为无法生效；[28] 其二，在效果层面，法秩序对这类法律行为的效果预先加以明定，行为人无从改动，这带来的一个后果是，形成性单方行为一般属于不可附条件或者期限的法律行为，这是为了避免行为人通过条件或者期限来改动法律行为的效果。[29] 这两项约束措施使形成性单方行为区别于下面即将论述的非形成性单方行为。

2. 非形成性单方行为

非形成性单方行为的共同特征在于，由于其不具备单方变动法律关系的“霸道性”，一方面，其生效无须特定形成权的支撑；另一方面，法秩序不越俎代庖预定行为的效果，而是允许民事主体自行对法律行为的效果作出安排。因此，对这类法律行为通常不存在附条件或期限之禁止。

---

〔26〕 Vgl. Detlef Leenen, BGB AT Rechtsgeschäftslehre, 2. Aufl. 2015, § 11 Rn. 6.

〔27〕 Vgl. Detlef Leenen, Ist das so richtig-Typen von Defiziten der Zivilrechtsdogmatik, JuS 2008, S. 577.

〔28〕 也正因如此，形成性单方行为经常被描述成用来行使相应形成权的法律行为。参见龙卫球：《民法总论》，中国法制出版社2001年版，第434页。

〔29〕 我国实证法上只对抵销明确禁止附条件或者期限[《合同法》第99条第2款第3句(《民法典》第568条第2款第3句)]，但学理上一般肯定这一禁止类推适用于其他形成性单方行为。参见朱庆育：《民法总论》，北京大学出版社2013年版，第123页。

兹举两类加以说明。第一类是遗嘱,遗嘱的效果体现在对本人财产的处分,如规定与法定继承不同的继承人以及继承顺序,排除个别甚至全部法定继承人,确定遗赠人和遗赠范围,指定遗嘱执行人[《继承法》第 16 条(《民法典》第 1133 条)],为遗嘱附上义务[《继承法》第 21 条(《民法典》第 1144 条)]又或是撤回、变更先前作出的遗嘱[《继承法》第 20 条(《民法典》第 1142 条)]。第二类是意定代理权授予(Bevollmächtigung),即我国实证法上所说的委托代理。这种行为的效果在于使被授权人(委托代理人)获得代理权[《民法总则》第 162 条(《民法典》第 162 条)]。授权人可以对代理权(作为法律行为的效果)作出更细的规定,如明确代理权的范围和适用事项,规定代理权由一人或数人行使,还可以为授权行为附上延迟条件,如“若我届时出国旅行未归,即由甲代理我签署合同”;又或者附上期限,如“代理权有效期为从 2018 年 1 月 1 日(开始期限)到 2018 年 12 月 31 日(终止期限)”。

## 四、对法律行为效果范畴内部的观察和初步建构

法律行为生效后进入效果阶段,这并不意味着法律行为的生命由此归于波澜不兴,而是还可能经历各种各样的起伏曲折,法秩序也为之提供了相应的规制,这使法律行为的效果范畴不是一个空虚的点或者单薄的面,而是内里大有乾坤。从学术研究角度来说,法律行为的效果范畴是一片有待开垦的肥沃“处女地”,可以按照一定逻辑再作分层,并将民法有关制度整理纳入。债法与之联系尤其紧密,可以说,半部债法都能装进法律行为的效果范畴中。限于篇幅,本文仅讨论两项制度:一是前文已多次提及的延迟条件和开始期限,在法律行为论中,其扮演的角色是法律行为效果发生的专门设置工具;二是民事实体法上的抗辩权,在法律行为论中,其作用在于对法律行为效果的限制。

### (一)延迟条件和开始期限作为法律行为效果发生的专门设置工具

#### 1. 作用原理:设立法律行为效果发生的额外前提

民事主体是在一个充满不确定性和一切因时间而相对化的世界里开展私人自治活动。其中,机会和风险一体并存,需求与供应随时而异,所以法秩序不仅为民事主体提供了从事私人自治的法工具——法律行为,而且还准备了一组对法律行为的效果进行特殊化设置的工具,即条件和期限。从这个意义上来

说,条件和期限是"对工具的工具"。[30] 其中设置法律行为效果发生的即是延迟条件和开始期限。在前者,行为人将法律行为效果是否发生系于一个不确定的事件之上,由此将"不确定性"转化为"可计划性";在后者,行为人将效果发生延迟到一个靠后的时间点,由此作出一种更符合行为人意愿的时间安排。

延迟条件和开始期限是在民法中获得广泛运用的两类功能模块,构成了很多民法制度的重要组成部分,前者的例子如所有权保留买卖[以价款全部支付为延迟条件,《合同法》第 134 条(《民法典》第 641 条)]、试用买卖[以买方的认可表示为延迟条件,《合同法》第 170 条(《民法典》第 637 条)];后者则常见于各类长期法律关系,典型的如明定租期(附开始期限)的租赁合同[《合同法》第 213 条、第 214 条(《民法典》第 704 条、第 705 条)]、固定期限的劳动合同(《劳动合同法》第 13 条)等。

总而言之,延迟条件和开始期限共同的功能原理就是增设法律行为效果发生的"额外前提",由此打破效果发生和生效的同时性,营造一段从生效到效果发生的"中间期"。通过引入这段"中间期",行为人可以降低、排除所面临的不确定性或者实现自己在时间维度上的利益。

2. "中间期"的法律规制:合同诚信义务和期待权

"中间期"同样提供了一个观察法律行为生效和效果之区分的窗口。在这段已生效但效果尚未发生的"中间期"内,法律行为的受益人处于一种权利期待状态,这种期待直到条件成就或者期限到来才成为现实,但是生效的法律行为已经证成了受益人的需保护性,所以法秩序对他的保护早在法律行为生效时(而非等到法律行为的效果发生时)就已经开始,这主要体现于如下两种保护机制:其一,行为人在中间期负有的不得操纵条件达成或者阻止条件成就的诚信义务[《民法总则》第 159 条(《民法典》第 159 条)];其二,相对方的期待权(Anwartschaft)。下面以所有权保留买卖为例说明。

例:甲(卖方)和乙签订关于某名犬的买卖合同,约定乙须在 3 个月分 3 次付清价款,犬即时交付乙,但直到全部价款支付前甲保留所有权。自合同生效起,甲即负有诚信行事的义务。如果甲为自己利益不正当地阻止条件成就,比如甲找到出价更高的买家,所以故意在支付期限内拒绝领受或者兑现

[30] See HKK/Finkenauer § § 158 – 163 Rn. 1.

乙开具的有效支票,[31]那么法律的对策是将事实上未成就的条件拟制为成就[《民法总则》第159条(《民法典》第159条)],使甲的企图落空,乙获得标的物所有权。

另外,在中间期内乙虽然尚未取得标的物所有权,但是他已经获得一种期待权。这种权利虽然在我国实证法上未获明确规定,但在以《德国民法典》为代表的大陆法系经典民法中存在已久(《德国民法典》第161条第1款),而且在我国学界也获得了详细讨论。[32] 期待权的主要作用是对抗保留所有权的出卖方在中间期内作出的其他处分。例如,甲利用代为饲养犬的机会,再将该犬出售给丙,并且丙知悉甲和乙之间的附条件买卖(不构成善意取得),[33]那么只要乙依照约定付清价款(条件成就),该处分即无效。乙取得所有权,可向丙主张所有物返还[《物权法》第34条(《民法典》第235条)]。

由此,可发掘出一项一般性启示:如果法律行为不生效,那么根本不存在对受益人专门保护的必要性;如果法律行为的效果已经发生,那么受益人已获得完全权利(如标的物所有权),自可依据完全权利主张保护,期待权也成多余。只有在这段中间期内,受益人才需要期待权的保护。在法律行为理论的视角下,期待权制度的分化形成回应的是法律行为生效和效果发生在时间上的分离,其功能即在于填补因这一分离而生的保护空白。

(二)抗辩权作为对法律行为效果可强制执行力的限制机制

1. 问题:民事实体抗辩权如何嵌入法律行为理论

抗辩权(Einrede)嵌入法律行为理论的联结点同样是法律行为的效果范畴。在法律行为论中,抗辩权直到效果阶段才登场。具体而言,抗辩权的作用既不针对法律行为的生效,甚至也不针对法律行为效果的发生,而仅体现在对法律行为已发生的效果的强制执行力加以限制。

具体而言,相当多法律行为的效果在于产生一项履行请求权(作为负担行为的债上合同通常属于此类)。但是请求权产生(Bestehen)并不等于其具有可

[31] Lgl. Palandt/Ellenberger § 162 Rn. 4.

[32] 参见申卫星:《所有权保留买卖买受人期待权之本质》,载《法学研究》2003年第2期。

[33] Vgl. Wolf/Neuner: Allgemeiner Teil des bürgerlichen Rechts, 11. Aufl. 2016, § 52 Rn. 52.

强制执行力(Durchsetzbarkeit)。如果债务人拥有抗辩权,即作为请求权对抗权的拒绝给付权,并且债务人主张这种抗辩权,那么请求权的强制执行力将被暂时或者永久排除。[34]

抗辩权依其强度又可分为两类。第一类只能暂时排除请求权的强制执行力,属于这类的有合同法中的三大抗辩权,即同时履行抗辩权、先履行抗辩权、不安抗辩权[《合同法》第 66 ~ 68 条(《民法典》第 525 ~ 527 条)]以及一般保证人的先诉抗辩权[《担保法》第 17 条(《民法典》第 687 条)]。这类抗辩权的暂时性限制体现在,只要债权人满足相应的要求(先履行、同时履行、提供担保、先诉无果等),就能使法律行为的效果恢复强制执行力。

第二类抗辩权可以永久性地排除请求权的强制执行力,这类抗辩权中最重要的一种规定于《民法总则》,即因诉讼时效超过而生的抗辩权,详见下文。

2. 诉讼时效抗辩权的法律后果:永久排除法律行为效果的可强制执行性,但不影响法律行为效果的存续

《民法总则》第 188 条第 1 款(《民法典》第 188 条第 1 款)所规定的诉讼时效的适用范围包括因法律行为而生的请求权,[35]诉讼时效超过的法律后果规定在《民法总则》第 192 条(《民法典》第 192 条)。这里的要害是,就法律行为而言,《民法总则》第 192 条(《民法典》第 192 条)的规制完全运行在法律行为效果范畴的内部,其运作基础正是对请求权(作为法律行为效果)的存在和强制执行力的区分。

在此视角下,《民法总则》第 192 条第 1 款(《民法典》第 192 条第 1 款,"诉讼时效期间届满的,义务人可以提出不履行义务的抗辩")的意义在于,时效经过后,虽然请求权的存在延续,但义务人获得一项拒绝履行的抗辩权,运用这一抗辩权他能够永久排除请求权的强制执行力。正因为时效超过只针对请求权的"武装"即强制执行力,请求权的存在本身不受影响,所以义务人一旦向权利人作出履行,后者保有给付也不构成不当得利,故而义务人无权要求返还,这是《民法总则》第 192 条第 2 款第 2 分句(《民法典》第 192 条第 2 款第 2 分句义务

---

[34] 参见王利明:《民法总则研究》,中国人民大学出版社 2012 年版,第 431 页。

[35] 参见陈甦主编:《民法总则评注》,法律出版社 2017 年版,第 1348 页。

人已自愿履行的,不得请求返还)的内涵所在。[36] 形象地说,时效抗辩权使得法律行为的效果失去强制执行力的“牙齿”,但却不会使其失去容纳给付的“肚量”。《民法总则》第 192 条(《民法典》第 192 条)对时效届满的法律后果的规制,让我们一瞥法秩序如何在法律行为效果内部实施一种外科手术般精确的“切除”(针对请求权的强制执行力)和“保留”(针对请求权自身)。法秩序对法律行为效果更多的调控,将在下一部分讨论。

## 五、法秩序对法律行为效果的调控:以合同为重点

在某些情况下,法秩序会主动或者应当事人的请求介入对法律行为的效果作出调整。这主要发生于合同法领域,为了集中论述,下文将限定于讨论合同。法秩序的调控作用可能体现在使一个合同虽生效却不发生效果,也可能体现在对法律行为的效果作出变更;这种变更既可能是一种整体性的重置,也可能是一种局部性的补漏或者替换。

### (一)法秩序令合同生效却不发生效果

#### 1. 不完全债务新解:以最高人民法院对民间借贷合同确立的“两线三区规则”为例

法律允许合同生效,但却拒绝合同的效果发生,这样的一个例子涉及所谓的不完全债务或者说自然之债。[37] 这种债务的特征在于,债务人可以自愿给付,但债权人不得要求强制执行,而只要债务人自愿给付,他也不能再要求返还。不完全债务作为一种反常现象,在学理上引发了很多争议,[38] 而法律行为的三阶段论借助对生效范畴和效果范畴的区分能够自然顺畅地提供一种解释方案。下面以我国法律上新近出现的一种具有重要实际意义的不完全债务为例说明,这涉及《最高人民法院关于审理民间借贷案件适用法律若干问题的规定》(以下简称《民间借贷解释》)中所确定的“两线三区规则”。

---

[36] 参见龙卫球、刘保玉主编:《中华人民共和国民法总则释义与适用指导》,中国法制出版社 2017 年版,第 670 页。

[37] Vgl. Palandt/Grüneberg Einleitung vor § 241 Rn. 12.

[38] 参见李永军:《自然之债源流考评》,载《中国法学》2011 年第 6 期;施鸿鹏:《载自然债务的体系构成:形成、性质与效力》,载《法学家》2015 年第 3 期。

按照这一规则,如果借贷合同约定年利率在 24% ~36% ,那么这一部分债务属于所谓的“自然债务区”。在这一范围内,作为债权人的出借人如果要求支付,人民法院不予支持;但只要作为债务人的借款人自愿支付,他如果再要求返还,法院同样不予保护。年利率 24% 以下的债务属于“司法保护区”,超过 36% 的部分属于“无效区”(《民间借贷解释》第 26 条)。[39]

法律行为三阶段论提供的解释方案是,当约定利率在 24% ~36% 范围内,合同依然生效,这一生效合同为出借人提供了一个保有给付的法律基础,故而不构成不当得利。这解释了为什么借款人如果自愿给付不能要求返还;但是同时在这一范围内,借贷合同的效果(出借人的支付利息请求权)被法律排除,这解释了为什么这部分利息支付要求不能得到法院支持,因为出借方根本就没有相应的实体法上的履行请求权。[40] 如果约定利率在 24% 以内的话,该合同是一个正常的法律行为(生效并且效果发生),出借人享有支付利息的请求权,借款方负有相应的给付义务。[41] 而约定利率超过 36% 的话,法律直接拒绝合同在这一部分内生效,不生效的合同既不能发生效果,也不构成保有给付的法律基础,所以借款方支付的钱款属于给付型不当得利,出借方负有返还义务[42](见表 1)。

---

〔39〕 制定背景见最高人民法院负责人就《最高人民法院关于审理民间借贷案件适用法律若干问题的规定》答记者问(2015 年 8 月 6 日)。

〔40〕 Vgl. Larenz, Lehrbuch des Schuldrechts, Band 1: Allgemeiner Teil, 14. Aufl. 1987, S. 20.

〔41〕 《民间借贷解释》第 26 条第 1 款规定:“借贷双方约定的利率未超过年利率 24%,出借人请求借款人按照约定的利率支付利息的,人民法院应予支持。”

〔42〕 《民间借贷解释》第 26 条第 2 款规定:“借贷双方约定的利率超过年利率 36%,超过部分的利息约定无效。借款人请求出借人返还已支付的超过年利率 36% 部分的利息的,人民法院应予支持。”

**表 1 民间借贷合同的生效与效果**

| 法律状态判定 | 约定利率范围 | | |
|---|---|---|---|
| | 未超过年利率 24% 的"司法保护区" | 年利率 24% ~ 36% 的"自然债务区" | 超过年利率 36% 的"无效区" |
| 合同是否生效?<br>= 是否存在允许出借方保有借款方所支付之相应利息的法律基础? | 是 | 是 | 否 |
| 合同是否发生效果?<br>= 借款方是否负有相应的利息支付义务?(或者:出借方是否享有相应的利息支付请求权?) | 是 | 否 | 否 |

由此可见,一个合同,在其产生不完全债务的范围内(在上例中即 24% ~ 36% 利率范围内产生的利息),确实处于某种"灰色地带",但是法秩序对这一"灰色地带"的规制并非直接拒绝合同生效,而是从排除该合同的效果入手。法律把直接拒绝合同生效这一更严厉的制裁措施留给了对"黑色地带"的规制(超过 36% 范围的利息),这种评价上的宽严权衡和处理上的轻重拿捏在法规范上的实现基于的正是对法律行为生效和效果的区分。

2. 自始履行不能的合同作为效果被排除的生效合同

另一个例子涉及在现代合同法中占据主流地位的"自始履行不能无碍合同生效"的规制模式。[43] 具体而言,如果导致履行不能的原因早在合同缔结时就已存在,那么合同一方面依然生效,另一方面合同效果(合同给付义务)因履行不能而被排除。合同生效带来的首要便利之处是合同其他部分——如关于保护义务、结算清理、违约责任的部分——依然能发挥作用,以及生效合同还可作为损害赔偿的请求权基础。这种规制模式不仅为《德国民法典》第 311a 条所吸收,还为相当多的国际统一示范法采用,如《欧洲合同法原则》(The Principles of

---

〔43〕 Vgl. Florian Faust, Anfängliche Unmöglichkeit, in Handwörterbuch des Europäischen Privatrechts, Online Version, http://hwb-eup2009.mpipriv.de/index.php/Anf%C3%A4ngliche_Unm%C3%B6glichkeit, April 4, 2019.

European Contract Law, PECL)第4条、《国际商事合同通则》(Principles of International Commercial Contracts, PICC)2016年版第3.1.3条。[44]

例:货物公司同运输公司签订货运合同,约定由后者将前者的一批货物从A国运至B国。尔后发现,早在合同签订前B国政府就发布对此类货物的进口禁令,这构成基于法律原因的自始履行不能,合同的效果(如运输公司的运输义务)因此被排除。但是,合同的生效不受影响,运输公司基于此生效合同依然负有一系列的附随义务和保护义务,如对受领货物的妥善保管义务。如果运输公司出于过错未妥善保管导致货物受损,货物公司同样有权以合同为基础提出损害赔偿请求。[45]

(二)法秩序对法律行为效果的变更

1. 整体性重塑:以合同解除为例

当合同一方行使解除权时[《合同法》第96条(《民法典》第565条)],法秩序并不因此收回对合同的生效许可,而只是将合同的效果逆向重塑为一种还原关系(Rückgewährverhältnis),这导致原生给付义务(Primäre Leistungspflicht)消灭,次生给付义务(Sekundäre Leistungsplicht)产生。[46] 可见,从原生给付义务到次生给付义务,这仅仅是合同效果的内部变迁,两者都系于同一生效合同之上。[47]

法律对这种重塑的一般性规定见于《合同法》第97条(《民法典》第566条第1款,文字略有改动),条文为:"合同解除后,尚未履行的,终止履行;已经履行的,根据履行情况和合同性质,当事人可以要求恢复原状、采取其他补救措施、并有权要求赔偿损失。"具体而言,这种重塑首先意味着,合同原有效果消失,即双方都失去了原有的履行请求权,同时也从原有给付义务中解脱出来(对应于条文中的"尚未履行的,终止履行");随后,重置后的合同产生了新的效果,

[44] 对我国法也应采用这一模式的呼吁。参见王晗:《自始履行不能的合同效力问题研究》,载《法律适用》2007年第5期。

[45] Vgl. Staudinger/Cornelia Feldmann/Manfred Löwisch (2012) BGB § 311a Rn. 23.

[46] Vgl. Finkentscher/Heinemanm, Schuldrecht, 11. Aufl. 2017, Rn. 529; Palandt/Grüneberg Ein v § 346 Rn. 6.

[47] Vgl. Larenz, Lehrbuch des Schuldrechts, Band 1: Allgemeiner Teil, 14. Aufl. 1987, S. 405 ff.

即双方现在负有次生给付义务,这种义务可以指向将所受领之给付原样返还("当事人可以要求恢复原状"),在原样返还全部或者部分不能时,这种义务则指向价值补偿("采取其他补救措施")。此外,次生给付义务还可能包含有损失赔偿的内容("并有权要求赔偿损失")。

《合同法》第 97 条(《民法典》第 566 条第 1 款)规定的是一般性重置,如果双方针对合同解除预做了安排。这通常包含于结算和清理条款当中,另外,还可能涉及违约金和定金条款[《合同法》第 114 ~ 116 条(《民法典》第 585 条、第 586 条)]。由此,法秩序也将尊重当事人的意愿,依据其意愿做一种个别性重置。《合同法》第 98 条(《民法典》第 567 条)确认了这一点:"合同的权利义务终止,不影响合同中结算和清理条款的效力。"该条反过来也证明了:当合同被解除时,受影响的仅仅是合同的原生效果(原生给付义务),合同自身作为一个统一体则依然保持生效,因此结算、清理以及其他有关条款不受影响,这些条款将参与到合同效果的重置进程中去。

由此可见,一个生效的合同在效果层面具有被整体性逆向重置的能力,这使合同的程序功能进一步完整和丰富,即合同不仅可以执行民事主体在私人自治权限内输入的操作指令,而且还可以在必要时将已执行的操作还原和进行自我清除。

2. 局部性介入:两个例子

第一个例子体现了法律对合同漏洞的填补,这涉及《合同法》第 62 条(《民法典》第 511 条)提供的法定补漏规则。按照该条,万一出现了对合同给付义务的约定漏洞,并且这一漏洞既不能经由当事人间的补充协议,也无法通过补充解释来填补[《合同法》第 61 条(《民法典》第 510 条)],那么直接适用本条提供的补漏规则(关于履行质量、价款、地点、时间、费用等)。这体现了法秩序鼓励和促进已生效合同发挥效果的基本立场,即合同只要生效,法律就不希望合同受困于局部性的约定漏洞不能发生效果,因此提供了这种应急补漏机制来帮助合同越过漏洞执行下去。

第二个例子体现了法律对合同效果个别内容的替换,这涉及《合同法》第 215 条(《民法典》第 707 条)对具有形式瑕疵的长期租赁合同的规制。该条第 1 句明示,租赁期限 6 个月以上的,应当采用书面形式。第 2 句随即规定,当事人未采用书面形式的,视为不定期租赁。由此,法律打破了对形式瑕疵的通常规制模式,一个约定期限超过 6 个月的租赁合同,如果未满足第 1 句设定的形式要求,法秩序既不拒绝其生效(形式瑕疵作为法律行为的一般生效阻却要件),也并非让形式瑕疵在合同获实际履行时被完全弥补[《合同法》第36条(《民法典》第490条第2款)],而是一方面允许合同生效,另一方面对合同的效果作出替换,即将约定期限替换为不定期,其目的是缩短合同的约束时长,避免当事人陷入长期合同的过重负担。[48]

上面的例子进一步证明了,在法律行为的机体内确实分化形成了区别于生效范畴的效果范畴,前者好比植物的根茎,后者好比植物的枝叶,就像园艺匠人可以修枝剪叶而无伤根茎一般,法秩序同样完全可以在法律行为效果范畴内操刀游刃而不同时触及法律行为的生效性。

## 六、观点总结与延伸评论

### (一)观点总结

以下简要总结本文观点。

第一,按照民法的规制逻辑,法律行为的生效和效果是两个完全不同的规制对象,这首先体现在两者的决定力量不同。法律行为是否生效的最终决定权操于法秩序之手,行为人不能随心所欲地令法律行为生效或者不生效。民事主体依其私人自治权限能够决定的其实是已生效法律行为的效果在何种条件、什么时候发生或终结(通过附条件或期限)。换句话说,法律行为是否生效,这是一个需要法秩序严格管控的问题;生效行为的效果是否发生,则是一个可放手由行为人自行规划的问题。借由对生效范畴和效果范畴的区分,民法实现了一种规制上"严管"和"放权"的协调统一。

第二,这两个范畴所涵盖的法律制度和规则也不相同。从法典体系的角度来说,生效范畴涵盖的规则主要存在于民法总则,而效果范畴涵盖的规则数量更多,范围更广,只有一小部分在总则(条件和期限),绝大多数位于债法—合同法内。所以,尽管民法总则的绝大多数笔墨花在了法律行为的生效上,效果范畴只在边缘处被一笔带过,但就整体而言,效果范畴收纳民法规范的总量其实要远远多于生效范畴,而且在法律行为论中,起到联通民法总则和债法—合同法桥梁作用的也是效果范畴。

---

[48] 参见王利明:《合同法研究》(第3卷),中国人民大学出版社2012年版,第284页。

第三,民法中相当多制度都直接或者间接反映了法律行为生效和效果的区分,有些甚至完全是为了回应这一区分而发展起来的,这涉及条件和期限、遗嘱、延时终约、合同义务群、不完全债务(自然之债)、期待权、合同解除、自始履行不能等,上文已经逐一详论。

(二)延伸评论:法学作为一门区分的艺术

最后补充简评一点:法学蕴含着一种区分的艺术,区分带来发现,发现带来准确,准确带来合用,法学的每一次进步都离不开并且也往往体现在获得和掌握新的区分。法学上的诸多概念区分(如本文所论述的对法律行为生效和效果的区分)也许在非法律人看来似乎是纯粹语言问题甚至有点像玩文字游戏,事实上却体现了法学技艺的精妙之处,不仅照亮了法律内在结构中迄今为止人所未见的部分,而且还增强了法学的"工具库藏"。善用这些工具,我们能够为各种法律难题找到更具实践合理性和体系融贯性的答案。

## Completing the Theory of Juristic Act: Effect of Juristic Act as a Separate Category of Doctrine of Civil Law

Wang Qi

**Abstract**: Juristic act is the pearl in the crown of the classical civil law of the continental law system. However, the traditional view of juristic act is not complete, this is because traditional view usually uses model of "constituent elements-requirement for validity" to grasp the juristic act, therefore, it ignores and even obscures that there is a separate "effect category" in addition to the "validity category". A valid juristic act does not need to have effect immediately (by suspensive condition or start date), and a change in the effect of a juristic act does not influence the validity of the act, a large number of civil law phenomena can only be accurately understood in the context of this set of distinction. The theory of juristic act, which has been completed and amended, is composed of three categories, namely, "formation", "validity" and "effect" ("the three-stage theory of juristic act"). What can be expected is that the theory of a juristic act, which has a history of more than 100 years and constitutes the cornerstone of the classical civil law of the continental law system, will open up a fresh outlook and show us a promising new way of development.

**Key words**: Juristic act; Contract; One-sided juristic act; General rules of civil law; Civil Code

# 行政案件快速办理程序构造论*

李文姝**

**内容摘要：**

行政案件快速办理程序，是指对不适用简易程序，事实清楚，违法嫌疑人自愿认错认罚，对违法事实、法律适用无异议的行政案件，行政机关可以简化取证方式和审核审批手续。其以新行政法多元化政府治理为基本立场，以反思型法治为规范路径，以程序成本与失误成本的关系衡量为正当性基础。《公安机关办理行政案件程序规定》修订增设"快速办理程序"，依其论证、设立与实施过程归纳其基础构造，即适用范围、程序权利保障规范、调查证据制度创新、程序衔接。程序构造的关键技术包括内部程序的外部化及程序的类型化、全面收集证据原则的例外与独立的证明标准、行政调查与证据形式的多元与可替代性，可为完善行政处罚立法、建构程序法制提供待考的视角。

**关键词：**

快速办理程序　新行政法　反思型法治　失误成本　行政调查与证据制度

## 一、行政案件快速办理程序构造的基本立场与正当性基础

### （一）新行政法多元化政府治理工具的基本立场

在新行政法视角下，新监管安排需要设计更灵活、情境化、"智能"的行

---

* 本文系教育部人文社科基金青年项目"警察枪支使用裁量权的事实与规范实证研究"（项目号：17YJC820025）、辽宁省社会科学规划基金青年项目（项目号：L18CFX001）、公安部理论及软科学研究计划项目"基于精准问责的警察执法责任审查及免责容错制度研究"（项目号：2020LLYJXJXY028）的研究成果。

** 中国刑事警察学院副教授。

动规则,[1]监管安排的定位开始从防止权力恣意拓展至多元化的政府治理工具。行政效率是行政权的生命,[2]应当兼顾权利保障、权力控制与效能提升。与司法实践相比,行政理性与民主背景下的行政执法需要考量合法性与管理绩效的多元目标实现。绩效目标及协商规制是作为新控权模式的基本预设,反思并试图从新的规制结构弥补行政规制理论、规则与实践的壑域。"高效实现行政目标和任务",以符合"合目的性原则""行政效能原则"。[3]

新行政法并非违背高度抽象的解释体系或反对规范主义,而是反对学术简化主义。学术简化主义认为,行政法是衡量行政失当的消极标准,忽视法律对行政的建构和扶持功用。新行政法主张以权力行使的规范性为前提,发挥行政权的积极功用,规则及其适用必须回应公共行政多元目标(公共秩序维护、公共福利供给等)及成本效益分析方法,实现规范的灵活、情境化、智能。

程序,作为行政权运行所依据的方法、顺序、步骤的集合,往往与科层制联结。不断完善多样化的程序制度,是科学化配置程序价值和功能的需要,在制度建构层面具有一定的法律基础。《宪法》第27条规定了"一切国家机关实行精简的原则""不断提高工作质量和工作效率"。近年来,程序的简化由诉讼程序起始,逐步向行政过程扩张。《最高人民法院关于进一步推进案件繁简分流优化司法资源配置的若干意见》(法发〔2016〕21号)提及"创新刑事速裁工作机制""探索建立行政速裁工作机制"。2018年10月,《刑事诉讼法》修订增加"速裁程序"。在实践中,刑事诉讼程序的效率导向开始从公诉与审判阶段扩展至侦查阶段,如公安机关在刑事案件侦查阶段的单警讯问。[4]《中共中央办公厅、国务院办公厅关于深化公安执法规范化建设的意见》规定了简化公安机关办理行政案件程序,"减负增效、服务实战"成为当前执法规范化建设的重要目

---

〔1〕 See Andreas Voßkuhle and Thomas Wischmeyer, "The 'Neue Verwaltungsrechtswissenschaft' Against the Backdrop of Traditional Administrative Law Scholarship in Germany", in Susan Rose Ackerman and Peter L. Lindseth, eds., *Comparative Administrative Law*, $2^{nd}$., Edward Elgar Publishing Limited, Northampton, 2017, pp. 85-101.

〔2〕 参见姜明安主编:《行政法与行政诉讼法》,北京大学出版社2015年版,第561页。

〔3〕 沈岿:《监控者与管理者可否合一》,载《中国法学》2016年第1期。

〔4〕 参见李玉华:《同步录音录像下单警讯问的突破》,载《法学》2019年第4期。

标。2016年始,多地陆续出台公安机关简化行政执法办案程序的相关规范,〔5〕主要涉及受案、传唤、检查、辨认、送达等。例如,办理人数众多的吸毒、赌博等案件时,在确保辨认过程客观性、真实性的前提下,考虑可由被询问人对已编号、汇总的所有嫌疑人照片逐一进行交叉指认,通过指认来认定嫌疑人,并在询问笔录中予以记载,无须制作专门的辨认笔录。〔6〕

*(二)形式法治与实质法治相结合的反思型法治*

形式法治尤其注重形式性保护下法律的安全性,强调法的普遍性、稳定性和逻辑一致性等形式要件。在一定意义上,纯粹的形式正义的实现要远比实质正义艰难,也有观点认为:"形式思维依然是现代文明的核心,实质思维只是法治的补充手段。"〔7〕但"形式正义优先于实质正义"的主张导致了法律形式主义的盛行。冗繁的内部流程与文书主义〔8〕在实践中增加形式负担,导致行政效能不足:一方面,导致执法不作为、慢作为,破坏的社会秩序无法得到及时修补,有限的行政资源分散于事实基本清楚、证据基本充分且无争议的案件,无法集中解决重大疑难案件;另一方面,导致机械执法风险,因为法律实务者崇尚法律的工具性,认为法条主义、机械执法的确定性更强、执法风险更小,如格式化的组卷取代了基于个案具体情境的调查取证、说理推演。

〔5〕 例如,《南京市公安局简化行政执法办案程序工作实施意见》(宁公发〔2016〕125号)规定收缴、追缴涉案财物手续的简化(在《呈请处罚/不予处罚报告书》中一并呈请审批,不另行办理涉案财物处理的书面审批手续)以及治安调解中法律文书的简化(对符合当场治安调解条件的警情,双方当事人同意现场调解的,处警民警可以将当事人基本情况、主要事实、达成协议情况等主要调解协议内容在《接处警登记表》中载明,双方当事人签名确认,不再制作《现场治安调解协议书》)。

〔6〕 参见《浙江省公安厅关于优化行政案件办理程序若干问题的意见》第16项。

〔7〕 陈金钊:《实质法治思维路径的风险及其矫正》,载《清华法学》2012年4期。

〔8〕 比如,以公安机关行政案件办理过程中扣押赌资为例,需要制作《行政强制措施告知书》《证据保全决定书》《收缴物品清单》等法律文书。以P市D派出所的行政案件数据为例,2017年行政处罚的赌博类案件、冒用居民身份证案件、非法携带管制器具、不按规定登记住宿旅客信息、殴打他人五类案件的人数占全部行政处罚人数的60%以上,且事实清楚、证据确凿,当事人对违法事实及法律适用无异议。《公安机关办理行政案件程序规定》(公安部令第149号,以下简称《程序规定》)修订之前,这些案件耗费基层公安机关大量警力,从开始询问到笔录制作结束,平均每人2小时,需要954个小时,按每天每名民警工作8小时计算,消耗警力近120人次。

实质法治主张"与法律程序有关的'公平原则'只能导致那种重视情节和特殊条件、对具体情况进行具体分析的'情境伦理'与基于功利主义的裁量权等因素的不同形态的实质性组合"。[9] 但精细化的正义标准在实现过程中出现新问题,行政过程广泛存在程序裁量,如行政处罚程序裁量的合法性,[10]《治安管理处罚法》第 87 条中"确有必要"的"当场检查"在实践中成为检查实施的常态,部分裁量开始以非正式的方式作出,出现大量内部程序省略,亟须回归形式法治将法律关系确定化。"撇开形式正义过多地谈实质正义将使太多的非法律因素进入法律实施的过程,从而可能造成执法者、司法者的专断",[11] 实质法治目标必须在法的安定性的前提下实现。

伴随形式法治与实质法治的争执与各自主张的纠偏,反思理性[12]在现代法治中的重要性逐步显现。"现代性的特征并不是为了新事物而接受新事物,而是对整个反思性的认定,这当然也包括对反思性自身的反思。"[13] 更详尽的法律规定,并不意味着必然确保安全与正义,反而会减损个案中行政机关衡量多方利益的能力。[14] 而以利益法学为代表的实质正义优先的主张,又制造了个案正义与一般正义的冲突。因此,学者们开始关注"开放的、反思的形式法治",[15] 旨在修正对形式法治的误解,识别实质法治的风险,提出"包容性实质主义""以开放反思的形式来理解法治"。[16]

行政案件快速办理程序起始于基层行政机关基于成本效益考量而广泛存

---

〔9〕 季卫东:《法律程序的形式性与实质性:以对程序理论的批判和批判理论的程序化为线索》,载《北京大学学报》(哲学社会科学版)2006 年第 1 期。

〔10〕 参见熊樟林:《论〈行政处罚法〉修改的基本立场》,载《当代法学》2019 年第 1 期。

〔11〕 江必新:《严格依法办事:经由形式正义的实质法治观》,载《法学研究》2013 年第 6 期。

〔12〕 See Gunther Teubner, "Substantive and Reflexive Elements in Modern Law", *Law and Society Review*, Vol. 17, 1983, p. 266.

〔13〕 [英]安东尼·吉登斯:《现代性的后果》,田禾译,译林出版社 2000 年版,第 34 页。

〔14〕 See Jürgen Schwarze, *European Administrative Law*, Office for official Publications of European Community & Sweet and Maxwell, 2000, p. 276.

〔15〕 沈岿:《因开放、反思而合法:探索中国公法变迁的规范性基础》,载《中国社会科学》2004 年第 4 期。

〔16〕 陈金钊:《实质法治思维路径的风险及其矫正》,载《清华法学》2012 年第 4 期。

在的程序裁量,而后依托部门规章、规范性文件初步确立,进而在法律修改层面得以讨论。[17] 在形式与实质相结合的反思型法治中,法律不再是封闭的逻辑系统,而是可争辩的规范命题,关注规则的内在正当性、可接受性。快速办理程序旨在发挥程序的平衡功能,规则的制定吸收实践理性的成果,缓和形式正义与情境理性的紧张关系。

(三)程序成本的克减与失误成本的衡量

程序具有独立于实体与形式以外的独立价值,程序原则的改变与程序成本的克减是否会减损程序的价值和功能,是否对实质合理性和目标合理性造成影响。法定程序的克减需要遵循实质理性及目标理性标准而使克减的边界变得有章可循,进而指导规则制定(例如,人民警察可以不经警告程序而直接使用枪支的情形[18])、明晰法律实施(例如,如何认定程序瑕疵的界限及其补正)。

对实质合理性和目标合理性造成影响的表现形式是行政过程的失误成本。失误成本是"因决定错误而造成的资源浪费和各种形式的损害",具体的衡量因素包括"时间压力、结果责任、裁量权以及满意度等制度设计上的特征"。[19] 在建构行政案件快速办理程序的考量中,程序成本与失误成本的关系成为程序设计的正当性基础。例如,快速办理程序适用范围的界定是以争议大小这一失误成本量化指标作为衡量基准,将以往办案数据及经验作为推定失误成本大小的参考;快速办理程序作为行政案件一般程序的特殊类型,在程序取舍时考虑一般程序中的部分程序设计对失误的克服效力有限,[20] 或者在特定情境下失误成本的基数有限(违法嫌疑人自愿认错认罚,且对违法事实和法律适用没有异议),利益衡量或将特殊价值内容正当化的需求有限,行政过程陷入几近无失误成本的关系处理中;快速办理程序对程序进行中发现的可能的失误成本设置程

---

〔17〕 参见苏艺:《论行政案件快速办理程序的构建:以〈行政处罚法〉的修改为契机》,载《行政法学研究》2019 年第 5 期。

〔18〕 《人民警察使用警械和武器条例》第 9 条规定:来不及警告或者警告后可能导致更为严重危害后果的,可以直接使用武器。

〔19〕 季卫东:《法律程序的形式性与实质性:以对程序理论的批判和批判理论的程序化为线索》,载《北京大学学报》(哲学社会科学版)2006 年第 1 期。

〔20〕 从各地公安机关实践来看,快速办理程序对程序成本的克减并没有导致复议或诉讼案件增加。

序转换机制,也是对程序成本与失误成本关系的动态回应。

程序成本分析的另一面向是公正与效率的关系。公正与效率是行政程序立法的双重价值追求,[21]二者并不是绝对的互斥关系,效率原则与公正、公开、参与原则构成了最低限度公正行政程序标准的基本内涵。“没有正当的理由,人们不能使程序在运作过程中的经济耗费增大。”[22]回应法律内在的经济逻辑,将成本效益分析应用于公法领域,实行行政程序繁简分流,实现资源的优化配置。

## 二、行政案件快速办理程序的基本范畴与实施效能

### (一)行政案件快速办理程序的基本范畴与构造

行政案件快速办理,是指对不适用简易程序,但事实清楚,违法嫌疑人自愿认错认罚,且对违法事实和法律适用没有异议的行政案件,行政机关可以简化取证方式和审核审批手续。[23] 其目的是推行繁简分流机制,缓和有限执法资源与巨量行政案件间的矛盾,将有限资源集中于重大复杂事项。《程序规定》于2019年1月1日实施,将第六章“简易程序”修改为“简易程序和快速办理”,增加“快速办理”一节。其设立借鉴了刑事案件认罪认罚从宽及速裁程序制度,但目标和功能上存在实质区别。快速办理不是简易程序,[24]而是行政机关在适用一般程序办理行政案件时,对符合法定条件的案件所适用的“简化取证方式和审核审批手续等措施”的特殊程序。与辩诉交易不同,快速办理程序是以案件事实清楚为前提,在法律规定的范围内,对违法嫌疑人从轻、减轻或者不予处罚。[25]

通过基本构造来协调行政效能原则与其他行政法一般原则[26]间的关系。快速办理程序的基本构造:一是适用条件的标准及禁止适用的情形;二是行政调查与证据制度的简化与创新,如被询问人自书材料,执法音视频记录替代书

〔21〕 参见应松年:《中国行政程序法立法展望》,载《中国法学》2010年第2期。

〔22〕 陈瑞华:《刑事审判原理论》,北京大学出版社1997年版,第92页。

〔23〕 参见《程序规定》第14条。

〔24〕 《行政处罚法》第33~35条规定了简易程序,《治安管理处罚法》第100~101条规定了当场处罚程序,快速办理是对行政处罚一般程序的简化,非简易程序、当场处罚程序。

〔25〕 参见《程序规定》第46条。

〔26〕 沈岿:《论行政法上的效能原则》,载《清华法学》2019年第4期。

面询问笔录,以及全面调查原则的例外;三是当事人基本程序权利与程序正义的保障,如告知、审批审核制度;四是与一般程序的衔接与回转。

(二)2015 ~2018 年公安机关试点述评

基于各地公安机关行政案件数据,一些案件如赌博、不按规定登记住宿旅客信息、冒用他人居民身份证等,占比高且案情简单,对违法事实及法律适用无争议,但这类案件必须按照一般程序办理,造成非必要的内耗。公安机关在办理上述案件时存在大量程序简化裁量,涉及适用范围、证明标准以及审核流程等。《程序规定》的修改也是对地方公安机关程序简化试点及惯常做法的摘取与修正。

2015 年开始,浙江省公安厅将探索行政案件快速办理程序作为执法权力运行机制改革的重点项目。2016 年 9 月,颁行《浙江省公安机关行政案件快速办理规定(试行)》,快速办理试点的核心构造。一是适用范围,即“案情简单,违法事实基本清楚、证据基本充分”“对违法事实无异议”“法律适用无争议”,违法行为人众多、案情复杂、涉外案件等不得适用。二是取证要求,即在事实清楚、证据能相互印证的前提下,取得主要证据即可,不再要求收集所有证据。三是证据收集方式,即对需要现场即时询问的证人,采用执法记录仪等设备对询问过程当场录音录像,不再制作询问笔录;提倡当事人及证人自行书写书面材料;推行格式化询问笔录,根据不同案件类型使用模版;采取录音录像为主、简易笔录为辅的取证方式;现场勘验、检查、辨认可以采用全程录音录像并附简要书面说明,不再制作笔录。县级以上公安机关可以根据本地的执法实际自行确定适用快速办理的案件类型。[27] 2017 年、2018 年,快速办理程序已经成为浙江

---

〔27〕 不同地区公安机关试行的行政案件的快速办理范围及程序各有特色。以部级试点单位浙江省公安机关为例,A 市公安局对常发的伤害、赌博、卖淫嫖娼、吸毒、盗窃、诈骗等 8 大类案件,在案件事实清楚、当事人对适用法律无争议、对处理无异议时,明确要求进行快速办理。J 市公安局要求在违法嫌疑人到案后 24 小时内办结,特殊情况不得超过 48 小时。民警经过初查认为符合快速办理条件的,口头报办案单位负责人同意后,进入快速办理程序。P 市公安局规定,情节较轻、可适用罚款处罚的赌博案件等可以优先适用快速办理程序。涉案人员已经到案,行政案件在受理后 24 小时内办结的,不再向相关人员出具《受案回执》;在检查中发现的、需要采取行政强制措施的物品,在检查笔录中体现对物品持有人的权利义务告知即可,无须单独出具《行政强制措施告知笔录》。

省公安机关办理行政案件的主要程序形式。2018 年,40% 左右的治安案件实现当日受理当日办结。[28] 试点城市快速办理案件数量激增,以浙江省 H 市为例,2018 年 1 ~ 11 月,全市公安机关受理行政案件 34,257 件,办结数 11,031 件,处罚人数 20,248 人,其中,快速办理程序办结数 5644 件,快速办理处罚人数 8822 人。

(三)部门规章对试点成果的摘取与修正

《程序规定》修订的民主过程表现在两方面:一是由地方到中央的程序立法过程;二是公安部法制局针对征求意见稿开展的两次各省公安机关内部意见征求。笔者尝试对比代表性省份的试点性行政规范性文件、《程序规定》两次修订征求意见稿以及最终出台的《程序规定》修订稿,探索行政案件快速办理程序建构逻辑。

总体而言,一方面,公安机关行政案件快速办理程序的创制沿袭了我国程序立法"先地方,后中央"的模式。不同省份、阶段的行政规范性文件呈现对适用范围、证据获取、内部程序等的不同主张,展示地方行政程序规则对国家立法的补充功能。《程序规定》修订第二次征求意见稿仅规定了行政案件快速办理的原则式规范,以及不适用快速办理的案件范围。而最终修订稿增加调查、证明、终止等规定,厘清了部门规章对快速办理程序的统领式作用,收缩了地方自行制定规则的空间。另一方面,针对快速办理程序时限、审批程序等的取舍,呈现部门规章对程序公正与效率关系处理的审慎态度。

第一,适用范围规定范式的变化。地方试点性规范性文件、征求意见稿以及最终出台的《程序规定》,对适用快速办理程序的范围界定标准均采用了主观标准与客观标准相结合的方式,即行为人认错认罚且符合特定客观条件的案件,可以适用快速办理程序。但是,不适用快速办理程序的客观标准规定范式有所差异,由征求意见稿中的行为模式标准[29]转变为以处罚的种类及幅度(可能作出 10 日以上行政拘留处罚的)、特殊行为人(违法嫌疑人系盲、聋、哑人,未成年人或者疑似精神病人的)、特殊程序(依法应当适用听证程序的)等作为界

[28] 参见《浙江省公安厅关于 2018 年上半年全省公安法治建设情况的通报》。

[29] 如浙江省、湖南省规定"违法嫌疑人涉嫌两种以上违法行为的案件、违法嫌疑人或者同案违法嫌疑人涉嫌犯罪的案件",《程序规定》第二次征求意见稿规定"涉外,涉港、澳、台的;案情疑难、复杂的"。

定标准。[30] 地方行政规范性文件列举规定了适用快速办理程序的具体案件类型,如《浙江省公安机关行政案件快速办理工作规定》第9条列举了赌博类案件,殴打伤害类案件,故意毁损公私财物案件,非法携带管制器具案件,网吧、旅馆、出租房屋、流动人口管理类案件等;《湖南省公安厅关于公安机关快速办理行政案件的指导意见》第8项增加了制造噪声、饲养动物干扰他人正常生活案件;上海市公安局2019年4月公布的征求意见稿增设违反养犬管理的案件;辽宁省公安厅征求意见稿以案件及处罚类型的双重标准规定了适用范围;[31] 2019年5月正式实施的《湖北省公安机关快速办理行政案件工作规定(试行)》第4条新增"共同实施违法行为,违法嫌疑人未全部到案的"以及"强制隔离戒毒案件"不适用快速办理程序。而《程序规定》修订征求意见稿、最终修订稿均未涉及具体类型的列举。

第二,快速办理的时限起算及时长的修正。第二次征求意见稿规定的时限是询问查证结束后24小时内。一些省份,如浙江省、湖南省,试点性行政规范性文件规定的时限为违法嫌疑人到案后24小时。个别城市最初试点时时限为8小时,个别单位在试点成熟期很多案件可以在3~4小时内办理完毕。《程序规定》中,快速办理程序的时限起算点规定为违法嫌疑人到案时。程序简化主要体现在调查取证阶段,故将询问查证结束时作为起算点难以体现程序简化的绩效功能。同时,为确保达到证据收集标准,防止发生新的超期结案风险,未采纳8小时、24小时的时限建议,而将时限确定为48小时。

第三,审核程序的必要性及可选择性。浙江省最初的试点性规范中,快速办理程序可以不经法制部门审核。《程序规定》修订稿出台前,湖南省的地方行政规范性文件征求意见稿曾经参照浙江省的规定,但最终出台的规范未明确取消法制审核程序。《程序规定》修订稿增加了由专兼职法制员或者办案部门负

---

[30] 参见《程序规定》第41条。

[31] 《辽宁省公安机关行政案件快速办理工作规范(试行)》(征求意见稿)第3条规定,以下案件可以适用快速办理程序:(1)违反《治安管理处罚法》单处警告或者罚款的;(2)因邻里纠纷原因殴打他人,情节较轻的;(3)处5日以下拘留的,但违反《治安管理处罚法》第62条、第66条、第67条、第68条、第70条、第71条、第72条之规定的除外;(4)在行业管理中对企业行政处罚的;(5)违反《治安管理处罚法》第23条、第24条、第32条之规定,处5日以上10日以下拘留的。

责人审核,报公安机关负责人审批,保留了确保规范性的上下级审批程序,但也折中地规定了可选择的审批模式。另较具有代表性的是《上海市公安局行政案件快速办理工作规范(试行)》(征求意见稿)第 12 条,对审核程序作类型化规定:一是对警告、500 元以下罚款的行政案件适用快速办理的,由专兼职法制员审核后,直接报公安机关负责人审批;二是对适用快速办理的其他行政案件,由专兼职法制员或者办案部门负责人审核后,报公安机关负责人审批。

此外,《程序规定》修订稿与各省试点的差异,还体现在证据制度、程序的衔接以及最终对违法嫌疑人的处理上。修订稿仅规定主客观关键证据相互印证,浙江省、湖南省等规范性文件中还规定了类型化案件的具体证据形式。浙江省、湖南省的规定是在法律规定的量罚幅度内酌情从轻处罚,最终出台的修订稿规定为从轻、减轻处罚或者不予行政处罚。

(四)部门规章修订后的程序实施初探

"尽管公共行政似乎是无特性的、非人格化的甚至是丧失人性的。相较于社会其他大部分活动,公共行政强烈地反映出人性的本质,因此,深深地根植于地方文化之中。"[32]不同地区社会治安环境、经济状况、人文风俗各异,针对同一规则的理解适用不尽一致。规章修改后,快速办理程序在不同地区呈现不同的实施样态。以审批程序为例,如北京市公安局规定由公安派出所案管组法制员审核、经所领导审批后,直报分局领导审批。但相比而言,很多省市的公安机关基层派出机构欠缺具有法律职业资格的审核人员,仍然需要大量内部手续制度,影响快速办理的实现。

各地快速办理程序实施数据呈现明显的不均衡。一些前期试点成熟的省市,快速办理程序适用率较高,[33]但其他省市存在畏难和观望情绪,担心引发复议、诉讼,甚至不得已依托考核加以推进。一些地区公安机关考虑到录音录像方式证据固定的方式、自书材料制作与使用规则尚不明确,仍在等待统一细则和格式化笔录的出台,没有立即开始适用快速办理程序。一些地区随即出台

---

〔32〕 [美]尼古拉斯·亨利:《公共行政与公共事务》(第 8 版),张昕等译,中国人民大学出版社 2002 年版,第 3 页。

〔33〕 例如,2018 年 12 月至 2019 年 3 月浙江省 H 市公安机关行政案件受案数 10,355 件,办结数 3259 件,处罚人数 6308 人,其中,快速办理程序办结数 1815 件,处罚人数 3150 人。

快速办理规程,例如,北京市公安局出台《关于印发贯彻落实新〈公安机关办理行政案件程序规定〉若干问题解答(一)》(公法发字〔2018〕1310 号),规定证据规则、审批权限及流程等;辽宁省、四川省等制作了快速办理程序法律文书,包括部分案件现场视音频取证规范格式、格式化询问笔录、快速办理告知书、自行书写材料通用模板、部分案件违法人员陈述"违法经过"模板,由民警根据情况自行选择适用。

此外,作为国家治理能力现代化的重要标识,现代信息技术在快速办理程序中的创新应用带来执法资源、工具与形式的扩张,也拓展了传统行政执法方式及理论。实践中呈现丰富的理论研究素材,例如,在自行书写材料、格式化询问中,以人工智能技术人机问答方式进行调查取证,〔34〕涉及法律保留与授权、人工智能应用的标准化与个案裁量的平衡、自动化行政的规范等问题。

## 三、行政案件快速办理程序构造的关键技术

"'程序'系由诸多行为与互动所构成……作为可变的安排其并非固定的法律制度,程序的要素与其建构形式取决于其目标以及其所处之更大的程序与组织脉络……应将程序调控理解为一种脉络调控,个别程序行为的意义不应孤立判断,毋宁应由其整体作用脉络而为评价。"〔35〕由公安机关行政案件快速办理程序设立过程及实施效能,可以甄别快速办理程序构造的基本脉络,包括主观与客观双重标准的适用范围、当事人基本程序权利与形式正义的保障规范、不同类型行政程序的衔接与转化等。在诸多关键技术中,证成快速办理程序独特性与正当性的关键技术,是实践争议疑难最为集中的行政调查与证据制度的简化与创新。

### (一)内部程序的外部化与类型化的程序建构

程序正义具有理性与民主的独立评判标准,之于规则体系与规制目标的实

〔34〕 例如,浙江省 J 市公安机关启用自行书写辅助系统,内置各类案件模板,由违法嫌疑人选择板块,按既定格式填写或以人机问答方式陈述案情,完成后系统自动将菜单式模板转化成自行书写材料,提交民警核对,作为当事人陈述的重要证据形式。

〔35〕 陈爱娥:《我国台湾地区"行政程序法制"之检讨与展望》,载《师大法学》2017 年第 2 期。

现而言,具有服务功能,是达到目的的手段,但其对结果正义的实质影响不容忽视。同时,承认法定程序具有独立价值,并不意味着所有违反法定程序的行政行为都必须撤销,其独立价值有时可在利益权量中被权衡掉。[36] 僵化地坚持程序规则会导致官僚主义、文牍主义,滋生更多的恣意与侵犯,程序繁简分流具有必要性。

"根据是否有公民、法人或者其他组织的参与以及对其影响的直接和间接情况,行政程序可以分为外部程序和内部程序。"[37] 内部程序包括负责人集体讨论等内部决定程序、上下级审查、批准与备案[38] 以及文书制作等。内部行政程序会产生对相对人的影响进而产生外部效应;对内部程序的舍弃,会引发外部行政法构造的改变。公安机关行政案件快速办理程序涉及审批制度、上下级手续制度等内部程序变动,进而对违法行为处理、预防,以及社会关系的恢复产生实质影响。此即快速办理程序之于行政处罚立法的启示,在于建构多元类型化的行政执法程序。

类型化的逻辑起点在于"行政调查程序是多种多样的,不适合于千篇一律的规定"。[39] 现行行政案件办理程序以复杂程度为标准,分为简易程序与一般程序。类型化的程序建构有两种思路,扩张简易程序的范围或针对特定情形适当地简化一般程序。有学者提出,"相当数量的执法案件,事实问题并不存在争议……以罚款数额的大小来确定程序类型并不合理",可以"根据执法事实需要查证程度、执法决定对当事人的影响等""扩大简易程序的适用范围",[40] 与前一思路相契合。从已有的规则构造看,快速办理程序归属于后一思路,两种思路的具体实现路径不同,但初衷是一致的。

### (二)全面收集证据原则的例外与独立的证明标准

《行政处罚法》规定了除当场处罚外,行政处罚"必须全面、客观、公正地调

---

[36] 参见章剑生:《对违反法定程序的司法审查:以最高人民法院公布的典型案例(1985—2008)为例》,载《法学研究》2009 年第 2 期。

[37] 于立深:《地方行政程序法的实施与实效分析:以福建、广西、湖南为例》,载《江汉论坛》2014 年第 9 期。

[38] 参见何海波:《内部行政程序的法律规制》(上),载《交大法学》2012 年第 1 期。

[39] [日]盐野宏:《行政法总论》,杨建顺译,北京大学出版社 2008 年版,第 174 页。

[40] 王万华:《完善行政执法程序立法的几个问题》,载《行政法学研究》2015 年第 4 期。

查,收集有关证据”。全面收集证据原则,要求“行政机关在事实认定过程中,不得遗漏应调查的事实”,“不得事先对特定具有关联性的证据材料加以排除,不得对某些证据材料弃之如敝履”。[41] 但《行政处罚法》未明确规定具有可操作性的证明标准,导致行政调查与证明疑难:一是行政机关收集的证据要达到何种程度才能确认违法行为的存在,在实践中以行政诉讼证明标准倒逼行政复议,导致复议司法化,造成不必要的内耗,行政案卷越来越厚,大量案件久拖不决,而违法行为证据规格的编制引发证据收集标准与逻辑的碎片化;二是对违法嫌疑人认错认罚且无争议的案件一味强调证据全面收集与“确实充分”,对行政案件事实近乎完美的证明标准不符合行政案件的证明规律。因此,考虑行政管理的复杂性和多样性,设立多层次的证明标准[42]和证据收集规则。《程序规定》第43条提及行政案件快速办理程序中全面收集证据原则的例外,违法嫌疑人承认违法事实、认错认罚,并有关键证据能够相互印证的,公安机关可以不再开展其他调查取证工作。这在事实上打破了“案件事实清楚,证据确实充分”的一元化标准,即只要取得的证据能够证实主要违法事实即可。

快速办理程序适用全面收集原则的例外与独立的证明标准的理论基础有两方面:一方面,全面收集证据原则例外的前提是关键证据相互印证。印证是指“两个以上具有独立信息来源的证据”,“由于所包含的事实信息方面出现重合或者交叉,使得这些事实信息的真实性得到证明”,“在印证与证明标准的关系上”,“存在直接证据的案件与只有间接证据的案件”的区分。[43] 快速办理程序的适用条件是违法嫌疑人认错认罚,违法嫌疑人陈述是直接证据,直接证据所包含的事实信息与案件主要事实相重合,当直接证据所包含的案件主要事实被其他具有独立信息源的证据印证,即可认为已经完成对案件主要事实的证明活动。另一方面,可裁量范围内,行政机关对实体与程序具有专业判断。“行政机关由专家组成,认定事实的能力较强,而且行政机关所裁决的事实和法院所审判的事实,性质不同……证明程序应因事制宜,对不同性质的事实,需要适用不同的证明程序。”[44]综上,全面收集证据的例外与独立的证明标准具有理论

[41] 宋华琳:《行政调查程序的法治建构》,载《吉林大学社会科学学报》2019年第3期。

[42] 参见应松年主编:《行政程序法》,法律出版社2009年版,第123页。

[43] 陈瑞华:《论证据相互印证规则》,载《法商研究》2012年第1期。

[44] 王名扬:《美国行政法》(上),中国法制出版社2015年版,第466~467页。

基础。以《程序规定》增设快速办理程序为契机，探索行政处罚类型化的证据收集规则与证明标准，规范依据经验、专长形成内心确信的过程，具有可行性。

全面收集原则例外以及独立证明标准的核心是关键证据及其印证。公安部规章及各地规范性文件中有“关键证据”[45]“基本证据”[46]“主要证据”[47]等不同表述，《行政诉讼法》有“主要证据不足”的表述。“关键证据”是违法嫌疑人实施了可责性事实的判断依据，应当能够证明违法行为是否存在、是否为违法嫌疑人实施，实施的时间、地点、手段、后果，有无从轻、从重、减轻以及不予处罚等情形，用以证明定性、处理结果及其他有关被处理人权利义务。例如，殴打伤害类案件需要收集违法嫌疑人的陈述与申辩、被侵害人陈述及其伤势照片、证人证言等。并且，仅有违法嫌疑人的陈述（包括询问同步录音录像），没有其他证据相互印证的，不能定案。但行政执法情境的个性化与不确定性导致适用“不再开展其他调查取证工作”规则时的顾虑，且因缺少系统的证据相互印证理论而存在执法碎片化与僵化的风险。

一元化的规则标准的实践争议逐步显现，也推动“根据案件的性质、事实的重要程度、证明的困难程度、处理后果的严重程度等”建构多元的证据收集规则及证明标准。[48] 针对快速办理程序的案件设置全面收集证据规则的例外，或将相对人认错认罚（自认）作为适当降低证明标准的情形。[49] 同时，精细化符合行政机关执法规律的行政证据印证规则，并在法律共同体间形成一致，司法审查应当遵从行政机构关于正当程序事项的专业判断，除非这些判断是武断、任意的。[50]

---

〔45〕 参见《程序规定》第43条。

〔46〕 参见《湖南省公安厅关于公安机关快速办理行政案件的指导意见》。

〔47〕 参见《浙江省公安机关行政案件快速办理工作规定（试行）》。

〔48〕 徐继敏编著：《行政程序证据规则与案例》，法律出版社2011年版，第84页。

〔49〕 参见晏山嵘：《行政处罚实务与判例释解》，法律出版社2016年版，第351页。

〔50〕 See Adrian Vermeule, “Deference and Due Process”, 129 *Harvard Law Review*, 2016, p. 1890. 也有观点对司法遵从程序事项行政专长提出挑战。See Ronald M. Levin, “Administrative Procedure and Judicial Restraint”, 129 *Harvard Law Review*, 2016, p. 338.

(三)行政调查形式的多元化与可替代性

1.自行书写材料与格式化询问

被询问人自行书写材料、格式化询问是证据形式简化的典型样例。自行书写材料是言词证据的表现形式,内容完整、要素齐全,具备证据效力的,可以不再对被询问人制作询问笔录,在以往的行政执法实践应用较少。但调研中,多地公安机关将违法嫌疑人、被侵害人或证人自行书写材料作为启动适用快速办理程序的突破口。一些地方甚至明确规定适用快速办理程序应当优先由当事人及证人自行书写材料。

调研数据显示,相较自行书写材料和音视频取证,基于不同案件类型的格式化询问是快速办理程序较早启动实施的改革内容,各地适用率较高。一些地区已经启动适用,部分地区格式文书正处于论证阶段。格式化询问笔录应当进行类型化编制,且除询问笔录的格式化外,还涉及现场笔录、检查笔录的格式化。赌博等案件的格式化检查笔录,以及日常治安检查中发现出租房屋、宾馆违法行为使用格式化现场笔录的适用率较高。

2.执法音视频记录对书面笔录的替代

书面笔录是行政调查的主要记录形式,《行政处罚法》第37条规定了“询问或者检查应当制作笔录”。《程序规定》第45条第3款新增“使用执法记录仪等设备对询问过程录音录像的,可以替代书面询问笔录”。一般程序的现场勘查、辨认笔录、检查笔录也有类似规定。音视频记录替代笔录涉及两项问题:一是经验论的操作规程与疑难;二是行政调查记录形式的非唯一性与事实证明的可替代性,[51]即笔录的基本功能以及音视频记录形式的替代效力。

音视频记录替代笔录的实践操作方案,是以询问时全程录音录像并刻盘保存的方式取代传统书面询问笔录,对不需要带至公安机关询问的证人或需要进行现场勘验、检查、辨认的,采用执法记录仪等设备对询问过程当场进行录音录像,刻录成光盘作为证据使用。总结已经出台的地方行政规范性文件,实施模式有三种。第一种模式规定了音视频取证规范格式,包括通用版本及类案的特殊格式,如不按规定登记住宿旅客信息案件向住宿人员取证、不按规定核对登记上网消费者信息向上网人员取证规范格式,确保取证过程的规范性,也增强了执法行为的可预见性,但与以往的询问笔录差别不大,未体现与一般程序应

---

〔51〕 参见王景龙:《论笔录证据的功能》,载《法学家》2018年第2期。

有的差异，未实现程序简化效果。第二种模式是同步解说模式，即现场勘验、检查中，民警对现场的解说与录音录像同步进行，并重点突出核心现场及是否提取痕迹物证，该模式对警务人员的要求甚至高于一般程序的勘验检查笔录制作。第三种模式是文字说明模式，即应当对视听资料的关键内容等作文字说明。实践数据显示，一些地方公安机关对音视频取证的规格与内容把握不清，尚未启动实施，并倾向于在音视频记录之外，仍然以书面形式复述证明内容形成案卷，以免在行政复议与诉讼争议中出现证据瑕疵。因而，即便执法音视频记录替代书面笔录具有过程式记录、打破取证活动封闭性、修正证据的传闻性、证明力优先等优越性，但其在实践中适用率仍然不高。应当理清行政执法笔录证据的基本理论，清晰笔录证据范围与功能定位，健全相应证据规则。

“笔录”概念在行政调查与证据制度中广泛存在，包括勘验、检查、辨认笔录、现场笔录，功能是证明存在可责性事实。而具有“笔录”称谓的询问笔录，从证据种类上涉及当事人陈述、证人证言等，其功能是办案主体调查过程的记录，或进行证据固定的书面形式。围绕“笔录证据”概念体系的争论即便在证据制度已经相当成熟的刑事诉讼法学领域仍然存在，进而引发对证据种类与功能的争议。例如，音视频记录替代书面笔录的实质，是用视听资料替代当事人陈述、证人证言、勘验笔录和检查笔录，抑或行政调查记录形式或证据固定载体的扩张？

笔录的功能，包括作为证据的独立功能，以及作为记载形式与载体的工具功能。针对作为言词证据的询问笔录等，其工具功能可以由执法音视频记录替代，即记录形式的转变；同理，具有独立证据功能的勘验检查笔录所证明的勘验检查过程，以音视频记录的形式记录下来，且附关键事项说明，结合该证据类型的创设初衷，应当被认定为勘验笔录、检查笔录为宜。依此，或可成为笔录形式扩张与替代的契机，进而理顺存在诸多争点的行政调查与证据制度，如证据瑕疵与补正理论的适用。同时，健全执法全过程音视频记录制度，[52]尤其是执法音视频记录完整性制度、内容说明制度与监督制度。但若将替代勘验检查笔录的音视频记录认定为视听资料，即替代导致证据种类的变

〔52〕《国务院办公厅关于全面推行行政执法公示制度执法全过程记录制度重大执法决定法制审核制度的指导意见》(国办发〔2018〕118 号)、《公安机关现场执法视音频记录工作规定》(公通字〔2016〕14 号)。

化,则涉及立法语言的精细化修正,应当作“笔录”“笔录证据”“书面笔录”“记录”的区分。

## 四、结　语

对公安机关行政案件快速办理程序进行大题小做式的研究,旨在揭示快速办理程序制度建构在知识论、经验论、制度论层面的理念、范畴与技术。而除公安机关外,类似的程序简化在工商行政管理等部门行政领域亦有相对成熟的试验与创造。行政案件快速办理程序具有普适性与必要性,可为《行政处罚法》《治安管理处罚法》的完善,以及《行政程序法》的创制提供待考的视角。

Preliminary Exploration of the Construction of Rapid Handling Procedure of Administrative Cases

Li Wenshu

**Abstract**: Rapid handling procedure of administrative cases, which is not applicable to the summary procedure, but the facts are clear, the illegal suspect voluntarily admit guilty to punishment, and no objection to the illegal facts and the law application, the administrative organs can simplify the method of evidence collection and approval procedures. Taking the new administrative law as the basic position of pluralistic government governance, the reflective rule of law as the normative path, and the relationship between procedural cost and error cost as the basis of legitimacy. The revised department regulation has added rapid handling procedure. The basic structure includes the scope, the guarantee norms of basic procedural rights, the innovation of administrative investigation and evidence system, and the convergence of procedures. The key technologies include the externalization of internal procedures and the type of procedures, the exceptionalness of the principle of comprehensive evidence collection and independent certification standards, and the diversity and substitution of administrative investigations and forms of evidence. It could provide a perspective for the construction and perfection of administrative penalties and procedural legislation.

**Key words**: Rapid handling procedure; The new administrative law; Reflective rule of law; Error cost; Administrative investigation and evidence system

# 宗教场合中捐献行为的性质界定与财产归属*

吴昭军**

**内容摘要：**

宗教信仰场合中的捐献行为主要包括神誓与奉献，具有宗教性和符号性，不同于民事赠与和公益捐赠。其中，神誓不属于实证法上的法律行为，但可以产生自然法上的效果；奉献是已经现实交付财产的捐献行为，宜界定为单方法律行为。借助神法物、代理或代表关系等制度均难以阐释宗教捐献行为中的财产权属，应引入默示信托理论，塑造"信众→神明→寺庙"的权属关系理论模型。在实证法层面，宗教捐献作为单方法律行为，信众丧失捐献财产的所有权，由接受捐献的寺庙取得。信众向寺庙捐献财产蕴含一个隐含的信托——基于宗教目的与宗旨使用财产。

**关键词：**

寺庙财产　捐献　赠与合同　默示信托　单方法律行为

## 一、问题的提出

在宫观庙宇中，信众投钱捐献、供养三宝、"积累功德"极为普遍。但在实

* 本文系国家社科基金2017年重大项目"宗教工作法治化研究"（项目号：17ZDC149）阶段性研究成果。

** 法学博士，中国农业大学土地科学与技术学院讲师，中国土地政策与法律研究中心研究人员。

践中频频曝出的"功德箱"乱象〔1〕及方丈财产与寺庙财产混同所导致的财产纠纷〔2〕等,最终纷纷指向了信众捐赠财产权利归属的话题。以民法视角审视宗教场合中的捐赠行为〔3〕,其中存在很多值得深入思考的问题。例如,信众对寺庙的捐赠是否属于普通民事合同中的赠与?或者说是否为附条件的赠与合同?此种捐赠与赠与合同之间存在何种关系?"受赠人"究竟为何?财产归属于僧尼共有,还是寺庙所有,抑或归受赠僧尼个人享有?

宗教场合中的捐赠行为,表现形式较为多样,不宜进行"一刀切"式的性质界定。例如,以捐赠人意思表示和"相对人"的不同作为标准,可以将统称的"捐赠"区分为四类行为:寺庙设立中的捐助行为〔4〕、符合《公益事业捐赠法》要求的公益捐赠行为、与宗教活动场所特别法人或特定僧尼达成的赠与合同行为,以及基于信仰的宗教捐献行为。前三类行为较容易进行定性,其法律效果可以依照我国现行《公益事业捐赠法》《合同法》《民法典》等予以调整。最后一类即宗教捐献行为是实践中最为常见,且法律性质与财产权属界定难度最大的一类行为,也是实践中财产纠纷的焦点与难点所在。本文拟以宗教捐献行为作为研究对象,以民法视角尝试对其进行性质界定,并分析由此引发的财产权利变动。

---

〔1〕 参见曹华飞:《非法"功德箱"敛财乱象必究》,载《光明日报》2014年12月23日,第2版。

〔2〕 如玉溪灵照寺住持遗产纠纷案、钟某某等与株洲市龙门寺财产所有权纠纷案等,详见玉溪市中级人民法院(2010)玉中刑初字第116号刑事判决书、云南省高级人民法院(2010)云高刑终字第1484号刑事判决书、株洲市天元区人民法院(2014)株天法民一初字第746号民事判决书。

〔3〕 "捐赠"一词在立法和学理上并无严谨明确的定义,有学者根据我国《公益事业捐赠法》第2条的规定将捐赠界定为"基于公益事业等目的而自愿无偿向公益性社会团体和公益性非营利的事业单位让渡财产的行为",详见王利明:《合同法研究》(第3卷),中国人民大学出版社2012年版,第231页;也有学者将范围扩大,界定为"为了公益或公共等目的而向他人无偿给予财产的行为",详见江平主编:《民法学》,中国政法大学出版社2007年版,第681页。此处使用"捐赠"这一表述,是为了与赠与合同、捐助行为相区别,在含义上泛指自愿无偿给与他人财产的行为,以尽可能覆盖寺庙场合中的"捐""赠"行为。

〔4〕 参见吴昭军:《"宗教活动场所"法人化与民法典的路向选择:解读〈民法总则〉第92条第2款》,载陈小君主编:《私法研究》(第22卷),法律出版社2018年版,第51页。

## 二、宗教捐献行为的特点

宗教捐献主要包括神誓与奉献两种行为,其主要表征为:通过寺庙"功德箱""功德簿"等奉献;通过特定的宗教仪式向神明允诺将来奉献一定的财物;在法会、道场等特定场合捐献香火钱、特定祭祀物品等。

(一)宗教捐献的行为特征

宗教捐献行为的主要特征有如下三点。

其一,宗教性意图。捐献人的内心真意在于向神明表达宗教性情感或意义,如表示其信仰虔诚,或者为自己积累功德,或者实现某种修行成果等。这种主观意图均具有宗教性,捐献人的主观意思并不刻意追求发生所有权移转给特定主体等世俗法律效果,是跳脱于外的。当然,作为理性主体,捐献人在捐献财物时应当知晓所有权将发生移转,但究竟移转给世俗世界中的哪个主体并不明确,而且这个问题对捐献人而言是不重要的,甚至是不予考虑的。所以,世俗世界中发生的所有权移转效果仅为宗教行为的附属影响。

其二,无明确的捐献相对人。捐献人的行为在于向神明展示某种意义,至于世俗世界中谁为相对方并不重要。寺庙的"功德箱"、百年"神树"、池塘、水缸等,被信众投以钱币、放置财物等十分常见。在这种捐献场合中,另一方主体是缺位的,仅存在单个的主体。

其三,无意思表示一致。既然无明确的捐献相对人,则更不存在关于捐献财产所有权移转的合意。之所以强调这一点,是在部分宗教捐献场合中,似乎存在"相对人",如寺庙设置功德箱,若将其理解为功德箱乃为寺庙接受赠与的表示,则信众向其中捐献则构成赠与合同。笔者对此并不以为然。如第一点所指出的,信众内心并无追求所有权移转之法权效果的意图。关于意思表示构成的通说认为,行为意思、表示意思和法效意思为其内部要素,法效意思乃行为人所意图发生的某种法律效果之意思。[5] 在宗教捐献中,这种效果意思甚至可以说是指向神明的,通过捐献这种符号达到心灵上的某种追求,而在客观世俗法律层面上,究竟所有权归属于寺庙还是整体佛教,抑或部分僧侣、宗教事务部门,并非捐献人所虑。所以,在此并无关于赠与的意思表示一致。

---

〔5〕 参见朱庆育:《民法总论》,北京大学出版社 2016 年版,第 197 页。

### (二)宗教捐献的符号性与宗教性

宗教捐献不是单纯的世俗所有权的移转,而是基于对特定宗教和神明信仰的情感,通过世俗财物的奉献,表达内心的信仰虔诚,实践自己的宗教信念。故捐献是一种将世俗财物向神圣性转化的形式,属于一种宗教行为,是一种信仰符号,建构了宗教团体发展上所必需的经济资源。[6]

第一,宗教捐献具有宗教性和神圣性,是连接世俗与神圣的桥梁,是信众经由世俗通向神圣体验的机会。有学者认为,施主通过施舍财物,所获得的不是经济利益的回报,而是宗教领域中抽象的象征性资本。[7] 涂尔干指出,宗教信仰将世界划分为两个对立的领域——神圣与世俗,其不仅表达了神圣事物的性质,也表达了神圣事物之间的关系以及神圣事物与凡俗事物之间的关系。[8] 从历史上的宗教发展经验观之,可发现在诸宗教的教义及理念中,并不认为世俗的金钱和神圣的宗教情怀之间存在无法跨越的鸿沟,也不会单纯地将金钱简化为罪恶之象征;相反地,反倒将金钱的世俗性格,做了神圣性的转化。金钱的捐献往往被行动者理解为救赎的快捷方式。[9]

第二,宗教捐献是一种宗教符号。卡西尔(Ernst Cassirer)曾指出:"对于理解人类文化生活形式的丰富性和多样性来说,理性是个很不充分的名称。但是,所有文化形式都是符号形式,因此,我们应当把人定义为符号的动物,以此取代人是理性的动物这个定义。只有这样我们才能指明人的独特之处,也才能理解对人开放的新路——通向文化之路。"[10] 符号在人类文化、情感、活动等具有极为重要的作用,甚至具有本质性意义。对于宗教信仰亦是如此。宗教是人的一种符号活动,通过各种理性和非理性力量形成一整套符号系统,在宗教活

---

〔6〕 参见郑志明:《宗教组织的发展趋势》,台北,大元书局2005年版,第57页。

〔7〕 参见陈晓聪:《古代佛教法对当代的影响与启示》,载《学术界》2016年第7期。

〔8〕 参见[法]爱弥尔·涂尔干:《宗教生活的基本形式》,渠东、汲喆译,商务印书馆2011年版,第50页。

〔9〕 参见蔡维民:《分配正义与宗教捐献:从分配正义观点来反省台湾宗教捐献现象》,载《辅仁宗教研究》2013年第26期。

〔10〕 [德]恩斯特·卡西尔:《人论——人类文化哲学导引》,甘阳译,上海译文出版社2013年版,第45页。

动中的特定的仪式、行为,如诵经、修戒、捐献等,都是其中的一种符号表达。[11] 人类生活的现实世俗世界与宗教推崇的神圣的世界存在巨大的鸿沟与隔阂。信众体验神圣只能借助于现实世俗世界中的事物,而宗教符号则是来自世俗世界的一种工具,将有限的事物与神圣世界联结,传递宗教的神圣性与超越性。[12] 捐献作为一种宗教符号,表达着救赎、虔诚等意义,其目的不在于经济利益的创造,而在于意义的建构,沟通世俗世界与神圣世界。[13]

## 三、宗教捐献行为的法律性质界定

在民法上如何对宗教捐献行为定性,是选择规范依据,将其纳入相应的调整范畴的前提。目前,文献研究将其或界定为赠与合同,或界定为公益捐赠行为,这两种定性在学理上均有缺陷。[14]

### (一)宗教捐献不同于民事赠与合同

第一,宗教捐献行为与民事赠与行为的"相对人"存在差异。赠与合同的性质为双方法律行为,既需要赠与人的表意,也需要受赠人的表示接受,唯有两者合意,才能成立赠与合同。[15] 而在宗教捐献场合中,与捐献人相对的"主体"有所特殊,或为抽象的神明,如信众基于对神明的崇拜和信仰而在神殿捐献财物,此时并无具体的相对人;或为寺庙,如信众向寺庙功德箱捐献财物。故宗教捐献往往造成相对人"缺席"的景象,与传统民事赠与合同须双方合意有所区别。

第二,宗教捐献具有特殊的意思和目的。在民事赠与合同中,赠与人的行

---

〔11〕 参见丁峻:《宗教的意象价值和符号功能:兼论文化与宗教的变化形态》,载《齐鲁学刊》1992年第5期。

〔12〕 参见区建铭:《当代宗教对话理论:宗教符号的解释》,载游斌主编:《比较经学》(2013年第2辑),宗教文化出版社2013年版,第12页。

〔13〕 参见高长江:《符号与神圣世界的建构:宗教语言学导论》,吉林大学出版社1993年版,第332页。

〔14〕 参见张永明:《宗教商品化之法律争议》,台北,翰芦图书出版有限公司2010年版,第42页。

〔15〕 参见崔建远主编:《合同法》,法律出版社2007年版,第398页。

为为无偿,受赠人不需要支付任何对价。而信众对寺庙的捐献,是基于本身的信仰,将财物奉献给寺庙或者抽象的神明,其所寻求的是精神层面的满足,如求平安或祈求财运等物质上的满足等。[16] 但无论如何,都不是要求寺庙或僧侣直接给予回馈,符合宗教行为的"任意性"及"无对价性"特征。[17] 这也决定了在宗教捐献场合中,捐献人并没有将自己的财产所有权无偿移转给对方的意思,而是向神明表明自己的信仰与虔诚。

第三,宗教捐献一般有特定的履行方式或仪式。一般的民事赠与合同在履行和移转所有权时并无特别的方式或程序,仅需依照法律规定交付或登记等即可。但宗教捐献行为往往对时间、地点、人物、仪式等有特定的要求,如在一定的时辰通过某种宗教仪式捐献特定的物,又如捐献的地点多在神殿而非普通公共场合或私宅。

第四,宗教捐献的标的物具有限制性。法律对赠与合同中的标的物一般并无限制,除法律明令禁止之物,其他均可成为赠与的客体,甚至如部分器官也可捐献。但在宗教捐献场合中,则有诸多禁忌,为宗教教义所禁忌的物品不仅不能捐献,甚至还会给捐献者、携带者、拥有者等带来厄运或祸患。例如,佛教有"八不净物""三十六种不净物"等说法。

### (二)宗教捐献不同于公益捐赠

基于佛教寺庙和团体经常参与公益事业,往往使部分人认为佛教寺庙或宗教组织是公益类组织,而进一步将佛教寺庙的宗教捐献定性为公益捐赠。虽然二者具有很多相似性,如信众捐献经常被用于公益事业,寺庙的财产来自四面八方的不特定主体捐赠,但也应看到二者存有差异,宗教捐献不同于公益捐赠。

第一,受赠人不同。我国《公益事业捐赠法》对公益捐赠的受赠人有明确的规定,限于公益性社会团体和公益性非营利的事业单位,或代表受资助不特定人利益的临时机构。前两者主要为《公益事业捐赠法》第 10 条第 2 款和第 3 款所规定,最后一类是指为资助不特定社会成员而成立的临时性机构,该机构仅

---

〔16〕 参见许育典:《宗教团体、宗教法制与宗教教育》,台北,元照出版有限公司 2014 年版,第 67 页。

〔17〕 参见李惠宗:《宪法要义》,台北,元照出版有限公司 2008 年版,第 203 页。

为完成以上社会公益目的而存续。[18] 宗教捐献则未有法律对受赠人范围的明确限制,而且受赠人的世俗世界通常表现为寺庙或僧侣,而非公益性社会团体或事业单位。

第二,受益人不同。公益捐赠中的捐助具有普遍性,受益人不得是封闭、有限的群体。[19] 意即资助对象为不特定的个体。而在佛教之捐献场合中,未有明确的受益人,而且往往实际使用管理捐献财产的为特定范围的群体,如受捐献的寺庙僧团。

第三,捐献目的不同。公益捐献的目的主要在于公益事业用度,维持教育、济贫、医疗等事业,而不是用于特定主体之私益。而宗教捐献则不能与公益完全等同。宗教团体取得捐赠收入后,是否有义务用于公益,似有疑义,因为宗教团体的设立目的是提供信众精神上的信仰,而非补充社会大众的物质的不足。换言之,宗教团体并无为社会提供服务的义务,故对宗教团体的捐赠是否属于公益的捐赠有疑义。[20] 宗教组织的功能或者使命主要在于整合或团结其信仰群体共同的宗教活动与礼仪规范,集中在精神领域的价值追求上,至于社会的公益作用是附带的具体成效,即宗教的公益行为是附属在宗教的宣扬教义与教化人心的工作上,其团体的构造意义在于宗教信仰,而非社会公益。只不过在强烈的宗教使命下,宗教组织带动出公共性的服务信念与组织行动,有效地动员人力资源与经济资源,展现出人道主义的爱人精神,从而成为当代社会最为庞大的"非营利组织"。[21] 也正因如此,一般人往往误以为佛教寺庙有丰富的经济资源,应投入于公益慈善与社会教化等福利事业,其实这是对寺庙财力资源的过分期待,忽略了寺庙自身维系生存的经济需求。[22]

(三)法律性质定位

关于宗教捐献在法律上为何性质,可依据是否实际履行捐献行为,即是否

---

〔18〕 参见吴勇敏、竺效:《论公益捐赠行为的法律性质》,载《浙江大学学报》(人文社会科学版)2001年第4期。

〔19〕 参见郑冲:《德国:捐赠的概念与优惠》,载《法制日报》1997年1月25日,第8版。

〔20〕 参见许育典:《宗教团体、宗教法制与宗教教育》,台北,元照出版有限公司2014年版,第67页。

〔21〕 参见郑志明:《宗教组织的发展趋势》,台北,大元书局2005年版,第50页。

〔22〕 同上书,第51页。

现实交付财产,将宗教捐献行为分为两个子类型,予以进一步分析。

1. 神誓

第一种子类型——神誓,即信众基于某种动机而向神允诺为一定财产捐献的行为。笔者认为,其不构成民法中的法律行为,不产生法律上效果。但这并不意味着无任何效力,因为神誓可能会引发宗教性或者神法上的后果。在罗马法中,违反神誓不仅会被界定为渎神而招致宗教性惩罚,而且会引发世俗法中债的效果。神誓被认为是有效力的,虽有学者通过拟制神的同意而将神誓塑造为合意之契约,但实际上神誓应属于单方允诺,并无相对方的同意,神明的同意仅为假设和虚构。这种单方允诺的强制效力是由当时的宗教城邦秩序和神誓的神圣性所共同决定的。[23] 将神誓纳入法律体系,是对神法的一种延续和承袭,也表现了古罗马法对形式主义的坚定恪守。当然,时至近现代,早已“恺撒的归恺撒,上帝的归上帝”,现代法律体系已将宗教性的内容涤除,政教分离原则也要求法律不得为宗教神圣事务提供强制效力,故神誓在民法中已经无法找到任何依据。

不过,神誓在宗教领域仍然广泛存在,其依然具有宗教性或民间秩序上的效力。对此,可以借助民法制度作为解释工具,分析神誓在神法/自然法中的效果。基于神誓的单方性,神明对捐献的接受仅为臆想,故可借用单方法律行为中的单方允诺来类推解释。若神誓没有特定的仪式,也就意味着神圣性的缺失和形式的欠缺,无任何拘束力。若神誓伴随特定的宗教仪式,则意味着具备了一定的神圣性,从而产生自然法上的效力。在世俗民法中,单方允诺为债的产生原因,神誓也依此规则产生债的关系。[24] 但此种债并非民法中的债,不受世俗法律保护,宜将其界定为自然债务。有学者援引韩国的一则宗教奉献金债务纠纷案,该案被告向教会承诺捐献一块土地,但并未实际履行,教会诉至法院,请求履行。法院最终裁判,教徒的献金取决于其信仰和道义,即便以书面形式作出,亦不应有任何勉强。该种约定系自然债务,法律不赋予强制力保障其实

---

〔23〕 参见徐涤宇、黄美玲:《单方允诺的效力根据》,载《中国社会科学》2013 年第 4 期。

〔24〕 参见黄美玲:《论古罗马时期的“神誓”(votum)》,载《华东政法大学学报》2013 年第 2 期。

现。[25] 此种观点殊值赞同,既可以回避法律和宗教之间的界限问题,也未完全否认宗教在当代社会中的影响和作用,在某种程度上认可宗教在民间秩序中的地位,但排除法律的介入。

2. 奉献

第二种子类型——奉献,即信众所进行的已现实交付财产的宗教捐献。如上文所述,此种现实捐献,其本质为宗教符号,是一种宗教性的行为。从这种行为特征来看,在神圣层面上,与捐献者相对的为神明,而人类难以获知神明对信众捐献是否有接受的意思表示;在世俗层面,捐献者所进行的现实捐献行为将使其失去所有权,并为寺庙、僧侣等主体所占有,其所有权归属在我国现行法中仍处于不明确的状态,有待进一步探究。

笔者已在上文反对将奉献行为界定为契约,在性质上其亦不属于事实行为,应属法律行为。事实行为的法律效果直接由法律规定而产生,与行为人的意志没有关系,不会因行为人有无行为能力而受影响,也不会存在可撤销、无效等问题。[26] 所谓法律行为,是指“私人的、旨在引起某种法律效果的意思表示”。[27] 在现实捐献中,虽然捐献人所追求的是神圣性期待,但其同时也知晓并应当知晓,所进行的宗教捐献行为会发生世俗法中的丧失所有权效果。虽然捐献人不关心在法律层面上财产所有权将移转于哪个主体,而且也没有指明相对人,但其同时也知晓并应当知晓,其所捐献的财产将被某一主体实际占有。所以捐献人是存在效果意思的,捐献构成一种意思表示。之所以将其界定为法律行为而不是事实行为,原因有3点:其一,事实行为的法律效果为法律所直接规定,而我国法律中并无宗教捐献效果的规定;其二,法律对意思表示和法律行为有较为完整的制度,涉及可撤销、错误等,在捐献人错误交付财产等情形中可以提供法律救济;其三,虽然捐献人对失去所有权后的财产归属未明确表示,也置之不顾,但其对此种法权后果是预知和认可的,可以说是符合其内心意愿的。

笔者认为,宜将此种现实捐献界定为单方法律行为。单方法律行为,是“只

〔25〕 参见崔吉子:《教会奉献金与自然债务:韩国宗教赠与纠纷案评析》,载《法学》2004年第6期。

〔26〕 参见朱庆育:《民法总论》,北京大学出版社2016年版,第83页。

〔27〕 [德]迪特尔·梅迪库斯:《德国民法总论》,邵建东译,法律出版社2000年版,第142页。

需要一项意思表示就可成立的法律行为”。[28] 其与契约、决议一同构成法律行为体系,但是在近代民法契约主义框架下,单方法律行为处于例外和从属性地位。“债之关系因法律行为而发生者,原则上应基于契约,单独行为属例外,例外规定则应从严解释。”[29] 在此背景下,单方法律行为极为有限,而且如悬赏广告等极具单独行为性质的法律行为也往往通过契约路径予以解释。对此,应承认单方法律行为的独立性和体系性地位,将其作为法律行为的一般子类型予以规定,避免将其契约化消解或限缩。首先,单方法律行为与契约存在较大差异。其虽然不需要相对人对意思表示的受领,但是仍然具备意思表示的构成,行为人有其行为意思、表示意思和效果意思,并依此意思创设、变更一定的法律关系。行为人一作出该意思表示便立即发生效力,与契约的承诺规则差异较大。若将契约规则强制嵌套于单方法律行为,不仅需要拟制相对人的意思表示,而且无法解决承诺人行为能力问题、承诺的时间节点与单方法律行为成立时间节点的错位等问题。[30] 其次,从制度效果上分析,认可单方法律行为的一般性具有制度上的效率性和公平性。单方法律行为除解除、追认等法律特别规定之法权外,多为相对人单纯获益之行为,故而正常理性人一般都会作出同意的意思表示,如果僵硬地套用契约规则,难免造成逻辑多余和资源配置低效。在相对人欠缺行为能力或不知晓行为人意思表示时,要么需要借助法律例外规则实现行为效果,要么剥夺相对人获益和行为人赋权的机会,难谓公平。[31] 最后,单方法律行为符合意思自治之民法原则。意思自治不完全等同于契约自治,其核心意旨在于私主体的自我决定和自我负责,除却契约方式,其他行为亦可实现意思自治。例如,对于使相对人获益之行为,法律直接认可该行为的效力更能够防止行为人的随意反悔,更有利于保护相对人利益,使行为人自我决定并自我负责,而不是任意许下承诺而无须担责。[32] 在这种意义上,单方法律行为更

---

〔28〕 [德]迪特尔·梅迪库斯:《德国民法总论》,邵建东译,法律出版社 2000 年版,第 165 页。

〔29〕 王泽鉴:《民法学说与判例研究》(第 2 册),中国政法大学出版社 2005 年版,第 56 页。

〔30〕 参见许中缘:《论民法中单方法律行为的体系化调整》,载《法学》2014 年第 7 期。

〔31〕 参见李和平:《论民法对单方法律行为的控制》,载《法学杂志》2012 年第 8 期。

〔32〕 参见许中缘:《论民法中单方法律行为的体系化调整》,载《法学》2014 年第 7 期。

能体现意思自治原则。故而,应将单方法律行为与契约、决议三者平等化对待,其并不是契约之余的例外,在生活实践和立法中具有丰富类型和多种样态,对此可创立单方法律行为的一般性条款,为形式民法作列举之外的类型提供法律基础。[33]

有学者将我国现行法中的单方法律行为细分为 3 种类型:第一种是单纯处分自己的权利,如抛弃;第二种是为他人设权,如遗嘱、授权行为等;第三种则是基于法律特别规定或约定而产生的单方性权利,如解除权、追认权等。[34] 因此,很难将宗教捐献行为归入现行立法中任何一种具体单方法律行为或权利。在现行法框架中,其与单方法律行为中的捐助行为十分相似。所谓捐助行为,是财团法人产生和维系的必要方式,在法律规定的范围内,捐助人向财团法人提供财产并移转所有权,是一项不需要受领的意思表示的单方法律行为。[35] 宗教捐献与捐助行为都是行为人对自己财产的单方处分,且都不需要受领的意思表示。但是将宗教捐献纳入捐助行为之中予以调整,也存在问题。捐助行为以设立财团法人为目的,已成为财团法人设立的专有概念。[36] 有学者指出,捐助行为为单独的要式行为,须订立捐助章程。[37] 宗教捐献与这一目的难以耦合,捐献人的宗教行为即便附随所有权丧失的效果,也难谓其有设立财团法人的意思。而且捐献人的行为所指向的对象系神明,乃向神的奉献,“信教群众捐献的财产是给予他们心中的‘神仙’、‘上帝’、‘真主’等的”,[38] 只不过在世俗世界中由其他主体占有该财物而已。通过上述分析,现行法中既有的具体单方法律行为均难以通过法学方法容纳宗教捐献行为,唯有未来立法创立单方法律

〔33〕 参见王长发:《单方法律行为地位正常化研究》,载《法治研究》2010 年第 3 期。

〔34〕 参见江平主编:《民法学》,中国政法大学出版社 2007 年版,第 153 页。

〔35〕 参见[日]山本敬三:《民法讲义》(Ⅰ · 总则),解亘译,北京大学出版社 2004 年版,第 302 页。

〔36〕 参见高言、赵广成主编:《合同法理解适用与案例评析》,人民法院出版社 1996 年版,第 137 页。

〔37〕 参见史尚宽:《民法总论》,中国政法大学出版社 2000 年版,第 231 页;林诚二:《民法总则》(上册),法律出版社 2008 年版,第 232 ~ 234 页。

〔38〕 孙宪忠:《财团法人财产所有权和宗教财产归属问题初探》,载《中国法学》1990 年第 4 期。

行为的一般性条款，宗教捐献行为为其具体表现之一。

## 四、默示信托理论下的捐献财产归属

经上论述，宗教捐献乃以神明作为“接受人”的单方法律行为，但世俗世界和神圣世界的区隔导致捐献人的财产所有权在民法上已丧失，而作为“接受人”的神明却无法在民法上客观取得所有权。即便认为神明已成为所捐献财产的所有权人，那么也需要在世俗世界中建立相应的所有权承接机制，即由世俗主体来对神明的“所有权”予以现实承担并行使。对于信众捐献给神明的财产，在世俗法中有两种处理方式：其一，将其界定为“神法物”，世俗法律规范不作具体制度规定，所谓“恺撒的归恺撒，上帝的归上帝”；其二，寻找世俗主体来代替神明享有所有权或行使管理处分之权。

### （一）神法物

第一种路径以古罗马法为典型，划清神法与人法界限，对属神的领域，世俗法主动退出。《盖尤斯法学阶梯》在第二编“关于物”中这样写道：“物的最基本的划分体现为这样一种两分法：有些物是神法的，有些物是人法的。”“那些属于神法物的东西不归任何人享有。而那些属于人法物的东西多数则归某人享有。”[39]将神法物交由神法调整，在世俗法中没有任何人能够取得所有权，世俗法也不能对该物进行任何权利义务的设置。盖尤斯的这一分类被查士丁尼继承和发展，《查士丁尼法学阶梯》第二卷第一篇《物的分类》中记载：“某些物依据自然法是众所共有的，有些是公有的，有些属于团体，有些不属于任何人，但大部分物是属于个人的财产，个人得以各种不同方式取得之。神圣物、宗教物、神护物都不属于任何人所有因为属于神法范围的东西不构成任何人的财产。”[40]在古罗马法中，神法物基于其神圣目的而被排除在交易之外，包括神圣物、神息物和神护物 3 种类型。向神明捐献的物品，属于神圣物。这些物品由神的规范所调整，不被人间规范调整，其既不归属于任何人所有，也不能用于经

---

〔39〕 ［古罗马］盖尤斯：《盖尤斯法学阶梯》，黄风译，中国政法大学出版社 2008 年版，第 56 页。

〔40〕 ［古罗马］查士丁尼：《法学总论》，张企泰译，商务印书馆 2009 年版，第 48 页。

济目的,是非财产的物。[41]

这种路径并不可取。一方面,现代民法已经在现代性浪潮中涤除神明与宗教,代之以人的理性,故而不会"开历史倒车",将立法重新回到神的荫护与掩盖之中。我国在立法中坚持中国特色社会主义,不宜将古老的"神法物"纳入法律中,否则不仅与时代相悖,而且难以化解法律体系冲突。另一方面,古罗马法中之所以规定"神法物",其真正意旨仍在于维护人的价值。古代社会乃"城邦—宗教"共同体,神明崇拜对于维系城邦秩序极为重要,故而法律通过神法物的特别规定而强化宗教秩序。譬如,坟墓乃祖先的象征物,对坟墓的特殊保护既是对善良风俗、公共利益之维护,也是对罗马法父权体制的守护;神圣物则可以在赎回俘虏等情形下转为普通财产;神护物如城墙,之所以受特殊保护,乃是为了保护罗马城邦的公共安全。[42] 所以,"神法物"仅为实现特定社会秩序的一种法律制度选择,如有其他更好的制度设计,则可放弃延采这种古老的方式。

(二)默示信托的引入

1.默示信托的引入与理论模型的塑造

中世纪西欧基督教会主要采取三种方式解决财产权属问题。

第一种方式为通过经义阐释,将教会塑造为上帝的代理人,从而由教会代持财产。在近现代民法中,由该路径延伸出的代表或代理制度已无法解释宗教捐献的权利归属问题。代理制度要求代理人在行为时以本人名义进行,而且行为后果由本人承担。若将寺庙视为神明的代理人,信众向神明捐献之财产自然可由寺庙占有,但寺庙基于其代理人身份,并不能取得财产的所有权,而且寺庙使用这些财产均须以神明的名义而非寺庙的名义进行,其所从事的交易行为法律后果也由神明承担,这显然是不符合现实的。法律上的代表制度一般存在于法人中,代表人本身即为法人的机关,其行为也就是法人的行为。[43] 将寺庙作为神明的内部机关显然不合理,即便是称为神明的化身,也是西欧中世纪便已站不住脚的古老噱头,缺乏任何说服力。

---

[41] 参见[意]彼得罗 · 彭梵得:《罗马法教科书》,黄风译,中国政法大学出版社 1992 年版,第 187 页。

[42] 参见徐国栋:《优士丁尼〈法学阶梯〉中的价值论——纪念〈法学〉复刊 30 周年 · 名家论坛(六)》,载《法学》2011 年第 10 期。

[43] 参见梁慧星:《民法总论》,法律出版社 2007 年版,第 212 页。

第二种方式是将教会塑造为法人，作为法律上的主体享有财产权。我国现行立法已于《民法总则》及单行立法中规定捐助法人、基金会等诸项制度，但仅可解释世俗层面的权利关系，仍难以解释宗教捐献如何由神到人、由神圣转为世俗的对接问题。

第三种方式即信托制度，中世纪教会的财产权利实践多运用了信托的制度或理念，而且信托与基督教教义也存在相互协调的地方。在基督教教义中，财产往往被认为是罪恶的，导致人的堕落，但教会的发展壮大和财富的积累需要修正这一观念，以致财产权的合理性问题在教会法学者中引发了极大的论战。但可以明确的是，教会财产对于宗教信仰来说，不是目的而是手段。教会将财产用于善良的事业，为上帝与教会的利益而管理使用财产则是合理合法的。圣奥古斯丁（Saint Augustine）借用罗马法中寄托制度的财产支配权与收益权分离，阐释了教会财产的信托观念，即教会乃是为了上帝受益的目的来持有并管理财产，教士是为了上帝和教会的用益来持有并管理财产。〔44〕 正如伯尔曼（Harold J. Berman）所谈及的，一切都属于上帝，教会乃作为上帝的仆人进行妥善的管理，以致在向教会进行的与“圣事”有关的财产捐献中，受赠人总是以上帝起头，而后跟随指定的上帝财产的代管人，如“献给上帝，献给某某大修道院的院长和修士们”。〔45〕

笔者认为，可以引入默示信托理论来解释宗教捐献的财产权属状态。信托制度的形成与发展和中世纪教会具有密切关系，教会在对宗教财产的权利义务关系中也深刻体现甚至熟练运用了信托制度。〔46〕 默示信托，是根据委托人没有明示的假定意图或者法律的实施而成立的信托，该制度源于英美法的衡平法，是从特定的事实、当事人的行为等推断出的隐含的信托。〔47〕 默示信托包括归复信托和拟制信托两种。归复信托，又称为回复信托，是指出让方将财产移

〔44〕 参见吕富强：《论中世纪教会对普通法信托制度的起源和形成所发挥的作用》，载《暨南学报》（哲学社会科学版）2013 年第 12 期。

〔45〕 ［美］伯尔曼：《法律与革命：西方法律传统的形成》，贺卫方等译，中国大百科全书出版社 1993 年版，第 288 页。

〔46〕 参见吕富强：《论中世纪教会对普通法信托制度的起源和形成所发挥的作用》，载《暨南学报》（哲学社会科学版）2013 年第 12 期。

〔47〕 参见何宝玉：《信托法原理研究》，中国法制出版社 2015 年版，第 35 页。

转给受让方,若没有明确使受让方受益的意思,衡平法基于利益公正而使受让方承担出让方受益的信托义务。[48] 对于我国佛教寺庙与宗教捐献财产权利的关系,可引入默示信托理论,将其界定为归复信托,进行理论模型的搭建。此种基于默示信托的理论模型具体为:信众基于宗教行为将财物奉献给神明,由神明取得该物之"所有权";神明与寺庙之间形成归复信托关系,神明作为"出让方"将信众之宗教捐献的所有权移交给寺庙,使寺庙作为世俗世界中的实际所有权人,对宗教捐献行使世俗法上的权利义务;寺庙对宗教捐献财产的管理使用,须以神明受益为目的,意即应用于宗教事业和信仰目的。

采默示信托之归复信托制度塑造理论模型,在应然或抽象层面解读"信众→神明→寺庙"在宗教捐献中的财产权利归属问题,该路径优势有如下3点;

其一,能够在逻辑上较为圆满地化解信众之意思表示与寺庙实际占有捐献财产之间的龃龉。如上文所述,信众在宗教捐献场景中具有向神明奉献的"直接故意",同时,基于理性人考量,其具有放弃自己的所有权并由其他主体取得所有权的"间接故意"。将这种捐献界定为民法中的抛弃或赠与合同,均有悖于捐献人的真实意图。笔者将此种捐献行为界定为单方法律行为,尊重捐献人的内心真意,该行为指向的"相对人"系神明,"信教群众捐献的财产是给予他们心中的'神仙'、'上帝'、'真主'等的"。[49] 所有权在世俗层面切断,转归神法中的神明所有。在世俗世界的实践中,之所以由寺庙实际占有捐献财产,乃是基于神明的默示信托。

其二,能够填补捐献财产由信众到神明,再到寺庙的法权状态断裂,解决信众捐献财产的世俗所有权问题。将寺庙作为神明的代理人或代表人则与民法制度多有冲突,逻辑难以理顺。采用默示信托制度则将权利移转路径变为"信众→神明→寺庙",填补了中间缺失的一环,使之成为完整链条。默示信托的特点在于不存在当事人明确的信托的意思表示,与宗教捐献场景中缺失神明的明示意思相吻合。故而,可在世俗法层面中进行法律的拟制,认为神明存在默示的意思,即以自己为受益方,使寺庙享有世俗所有权,但同时负担信托义务。通过这种方式,将捐献财产的所有权归属,从神圣世界重新拉回世俗世界。

---

[48] See *Black's Law Dictionary*, $8^{th}$ Edition, Thomson West, 2005, p. 1551.

[49] 孙宪忠:《财团法人财产所有权和宗教财产归属问题初探》,载《中国法学》1990年第4期。

其三,能够在制度上支撑宗教财产使用的目的性,对接我国现行法律中对宗教财产管理使用的限制性规定。伯尔曼指出,“教会财产所以能与封建财产形成鲜明的对照,不仅仅是由于在许多情况下它不受封建义务的束缚,而且也由于它的教会社团的特征;也就是说,它总是某个教会社团的财产,而从来不是某个个人的财产。不仅如此,它总是服务于该团体的目的。它是德语中所谓的Zweckvermögen(‘为着一定目的的财产’)。依照教会法,它须用于它所赖以取得的目的”。[50] 所以,教会财产的运行也不是纯粹的“俗事”,而是通过某种制度设计,被证明了合理性的“俗事”。[51] 我国2017年修订的《宗教事务条例》第52条强调了宗教财产的用途限制,限于符合宗旨的活动或公益慈善事业。默示信托之归复信托制度能够为此种宗教财产目的性提供制度支撑。归复信托的要义在于虽然财产所有权已经脱离出让人,在无明示信托意思表示的情况下,法律创设出信托关系,使受让人享有所有权须以出让人之利益为目的,这便是受益的归复。在宗教捐献场景中,神明以默示方式将财产所有权交给世俗主体——寺庙,寺庙在享有民法上所有权的同时须以神明为受益人,意即寺庙管理使用财产应限于宗教目的和信仰范畴。这便与我国立法相衔接,也与我国理论界及实务界关于限制宗教财产用途的观点相符合。[52]

2. 实证法层面的默示信托引入路径

上述通过默示信托塑造的“信众→神明→寺庙”法权模型终究仅为一种模型,仅为一种应然的解释路径,毕竟“神明”缥缈难定,无法在客观世界确定身份、享有民事权利义务,在民法中也无对应概念,难以构成民事法律关系的一环。解释信众捐献财产权属关系仍然需要回到民法的实证法层面,默示信托的引入也需要立足于实证法。

---

〔50〕 [美]伯尔曼:《法律与革命:西方法律传统的形成》,贺卫方等译,中国大百科全书出版社1993年版,第288页。

〔51〕 张力:《法人独立财产制研究》,法律出版社2008年版,第66页。

〔52〕 例如,孙宪忠教授、张建文教授等学者提出宗教财产之使用处分应予以合理限制,详见孙宪忠:《财团法人财产所有权和宗教财产归属问题初探》,载《中国法学》1990年第4期;张建文:《宗教财产的所有权归属与目的性使用问题》,载《法学》2012年第6期;冯玉军:《中国宗教财产的范围和归属问题研究》,载《中国法学》2012年第6期;陈晓林:《论我国宗教财产的监管》,载《青海民族研究》2015年第4期。

笔者认为,在我国实证法层面,借鉴默示信托制度解决捐献财产权属仍具有合理性和可行性,但在主体与法律关系等方面均与“信众→神明→寺庙”法权模型有所不同。

第一,就信众捐献财产权属问题而言,归复信托制度的引入虽非必然,但却是目前现代法治框架中较优的选择。在不同的法系、不同的国家和地区,处理同一问题的法律手段往往是不同的,譬如物权变动关系中存在意思主义、形式主义等不同模式,大陆法系中的物权及债权等权利体系在英美法中则用财产法予以统一解决等。解释信众捐献财产权利归属问题同样也存在多种路径,如法律直接规定宗教捐献的法律效果,或者直接拟制意思表示而归入赠与合同等。但细究下来,每种路径又多有不足,或在逻辑上难以理顺,或忽视当事人真实意思表示而径行作出规定。笔者认为应遵循“制度价值—制度目的—制度设计”的思考理路进行探究。之所以考究宗教捐献财产的归属,是基于宗教捐献的神圣性具有凝聚信众、维系信仰、寄托心灵之价值功能,是为了在世俗法层面对宗教财产予以保护,这种保护是对人性属灵的一面的尊重。故而,就法权层面而论,制度目的有3点:解决捐献财产的权利归属问题;确保宗教财产合理地使用处分,防止流失、滥用等;为在一定程度上对宗教财产管理使用监督提供可能。立足于此种制度价值和制度目的,揆诸各可供选择的路径,唯默示信托之归复信托制度最优,可最大程度上实现此3种制度目的,彰显制度价值。

第二,宗教捐献行为的定性与默示信托在实证法中的实现。在我国现行立法中,无“神明”这一主体类型的存在,上述理论模型也就自然无法直接外化,尚需进行调适,在实证法层面寻求可以解释和落实的方案。笔者在上文将信众捐献界定为一种单方法律行为,虽外观与捐助行为极为相似,但因捐助行为乃财团法人的设立行为,须有设立财团的目的和特定形式,而信众的宗教捐献显然与之不同,更多的是宗教信仰层面上的神明崇拜。即便信众内心知晓捐献会导致财产权的移转,其对所有权移转的相对人究竟是寺庙,还是佛教,抑或相关主管部门等并不刻意明确。所以说财产所有权的移转仅是宗教捐献行为在客观世界的附属效果。这种附属效果正是实证法所需要重视并调整的。故而笔者提出将宗教捐献作为一种新类型的单方法律行为。至于该行为的法律效果,宜同样遵循“制度价值—制度目的—制度设计”的逻辑思路。基于民众信仰维系和寺庙财产的保护,立法应明确捐献财产的所有权人。寺庙作为神明崇拜和佛教信仰的集中场域、捐献财产的直接占有者,无疑是最佳的“相对人”。所以,宗教捐献为单方法律行为,信众丧失捐献财产的所有权,由接受捐献的寺庙取得。在此法权设计下,信众向寺庙捐献财产的行为中同样隐含着一个默示的信托——基于宗教目的与宗旨使用财产。[53] 意即,与“信众→神明→寺庙”法权模型不同的是,在实证法层面,因缺失神明这一“主体”,由信众和寺庙构成默示信托的当事人,捐献财产形成“信众→寺庙”的权利移转结构;相同的是,寺庙仍负有维持财产目的性的义务。

## 五、结　　语

在信仰场合中,信众的财产捐献行为具有符号意义,同时产生世俗法上的物权变动效果。民法应就捐献行为中世俗性的一面,即财产权利变动关系进行调整和规制。需要注意的是,除了宗教捐献行为,信仰场合中的财产捐赠尚包括其他类型的行为,如公益捐赠、民事赠与等,应区分不同类型具体界定法律性质和财产归属。

Nature and Property Ownership of Donation in Religious Occasions

Wu Zhaojun

**Abstract**: Religious contribute mainly includes divine oath and dedication, which is religious and symbolic, and which is different from civil gift and public welfare donation behavior. Among them, God swore that it does not belong to the legal act of positive law but can produce the effect of natural law; dedication is the contribute behavior of delivered property in reality, which should be defined as unilateral legal act. With the help of theocracy, agency or representative relationship, it is difficult to explain the property ownership in the act of religious contribution. The theory of implied trust should be introduced to shape the theoretical model of the ownership relationship of “religious temple”. At the level

[53] 早在1813年的克雷格诉艾克曼案(Craigdallie v. Aikman)中,艾尔登勋爵(Lord Eldon)便指出教会财产存在一个隐含的信托,即教会财产应被用于特定目的。See Craigdallie v. Aikman, (1813) 3 Eng. Rep. 606 (H. L.).

of positive law, religious contribution, as a unilateral legal act, loses the ownership of donated property and is obtained by the temple receiving the donation. The believer donates property to the temple with an implicit trust-the use of property based on religious purpose.

**Key words**: Temple property; Donation; Gift contract; Implied trust; Unilateral legal act

# 农村土地征收补偿费分配请求权的诉讼时效

龙松熊*

**内容摘要:**

在司法实践中,对于农村土地征收补偿费的性质,存在债权说、物权说和生存权说3种观点。债权说认为土地征收补偿费分配请求权应当适用诉讼时效,物权说和生存权说认为不适用诉讼时效。理论上,物权说与生存权说无法成立;债权说依托旧有的诉讼时效理论进行说理,存在说理不足的问题。事实上,诉讼时效制度的设立目的和具体期间应当是一个二元构造,其设立目的在于避免因债务人举证困难而导致的二次清偿;具体期间应当兼顾债权人与债务人的利益平衡和法律的特殊价值追求。以此出发,农村土地征收补偿费的分配请求权存在避免债务人举证困难的必要,应当适用诉讼时效。在起算点上,无论分配请求权人集体成员资格是否得到确认,诉讼时效都应当从请求权人知道或应当知道生效决议之日起计算。

**关键词:**

土地征收补偿费　诉讼时效　请求权

## 一、问题的提出

土地征收补偿费分配请求权的诉讼时效问题在司法实践中存在巨大的争议,但学界却鲜有关注。目前,对于土地征收补偿费分配请求权是否适用诉讼时效的问题,不同省份、同一省份的不同法院、同一法院的不同时期,其判决截然不同。通过案例整理,笔者发现关于农村土地征收补偿费的诉讼时效在实践

---

* 清华大学法学院博士研究生。

中存在3种观点。[1] 第一种观点认为,农村土地征收补偿费属于土地的替代物。对于土地征收补偿费的分配请求权,属于物权请求权的范围,不适用诉讼时效(以下简称物权说)。[2] 第二种观点认为,土地征收补偿费关系农民的生存,既具备福利性质,又具有社会保障性质,如果因为诉讼时效的经过,而无法得到相应的保障,可能影响征地农民生存利益的实现,损害基本人权。[3] 第三种观点认为,分配土地征收补偿费的请求属于债权请求权的范围,应当适用诉讼时效(以下简称债权说)。[4] 在实践中,第三种观点占据绝对主流地位,但也存在相应的不足。首先,在实践中以共同共有作为征地补偿费的性质,并以此对诉讼时效进行说理并未考虑农村集体土地并非共有的事实。其次,纯粹的以债权适用诉讼时效的理由进行判断,而不进行相应的理论展开,将难以解决为何同样涉及生存利益的保障,赡养费、抚养费和扶养费不适用诉讼时效,但土地征收补偿费却要适用诉讼时效的困境。再次,目前主流学说认为诉讼时效的一个重要功能在于维护社会的稳定,但土地征收补偿费诉讼时效的计算方式却与诉讼时效维护社会稳定的主流学说相悖。最后,尽管目前司法实践中,债权说占据主流地位,但是其自身仍需进行相应的理论证成,以此应对物权说、生存权说以及可能出现的其他学说的挑战。

---

〔1〕 笔者于2018年11月14日以"农村集体经济组织"、"土地征收补偿费"和"诉讼时效"为关键词,在"无讼案例"上搜到中级人民法院案例149个,整理得到77个有效案例。以"农村集体经济组织""决议""无效""诉讼"为关键词,搜到314个案例,其中,有效案例172个。以"农村集体经济组织""征地补偿款""诉讼时效"为关键词,得到最高人民法院案例1个,高级人民法院案例58个、中级人民法院案例758个、基层人民法院案例1024个。后述的三种观点,均来自对这些案例的整理。

〔2〕 贵州省贵阳市中级人民法院(2016)黔01民终4058号民事判决书;贵州省贵阳市中级人民法院(2016)黔01民终2844号民事判决书;贵州省贵阳市中级人民法院(2017)黔01民终4595号民事判决书;湖南省湘西土家族苗族自治州中级人民法院(2013)州民一终字第252号民事判决书。

〔3〕 浙江省温州市中级人民法院(2017)浙03民终3416号民事判决书;海南省三亚市中级人民法院(2016)琼02民终349号民事判决书;福建省厦门市中级人民法院(2016)闽02民终804号民事判决书。

〔4〕 郴州市中级人民法院(2014)郴民一终字第889号民事判决书。

在赞同土地征收补偿费适用诉讼时效的前提下,对于诉讼时效的起算点,理论和实务界也存在争议,主流学说认为诉讼时效应当从决议确认无效之时起算。[5] 但此主流学说在农村土地征收补偿款的分配中却面临三大难题:一是难以与现有诉讼时效主流观点相衔接;二是无法保持农村稳定,甚至会导致现有农村秩序的颠覆;三是无法平衡分配请求权人与集体经济组织及其成员的利益。

农村土地征收补偿费的分配始终是农村治理的重点和难点,妥善解决农村土地征收补偿费的分配是维护农村稳定,促进农村发展的关键所在。目前,学界对于农村集体经济组织决议甚至是整个决议的诉讼时效,简单地类推法律行为的相关规定,未有深入的探讨。事实上,诉讼时效的适用和起算点的确定应当统一于诉讼时效的目的之中,现有土地征收补偿费是否适用诉讼时效以及如何适用诉讼时效的问题,均因对诉讼时效存在理由的错误理解而产生。本文以农村土地征收补偿费诉讼时效的现有争议为原点,阐述现有诉讼时效价值理论存在的不足,并在对诉讼时效的目的进行论证的基础上,探讨农村土地征收补偿费分配请求权的诉讼时效问题。希冀通过对土地征收补偿费分配请求权诉讼时效的探讨,对决议行为的诉讼时效制度构成做出贡献。

## 二、诉讼时效的唯一存在理由——避免举证困难

对于农村土地征收补偿费是否适用诉讼时效以及如何适用诉讼时效的判断,其最理想的路径应当是从诉讼时效的目的出发,将诉讼时效的目的与农村土地征收补偿费的特殊情形相结合,以此来进行相应的路径选择。因此,在论证农村土地征收补偿费诉讼时效之前,有必要对诉讼时效的目的进行相应的探求。

### (一)诉讼时效存在理由的现有观点

对于诉讼时效的存在理由,学者之间的观点存在细微的差异,主流观点认为诉讼时效的目的在于维护现有秩序、督促权利人行使权利、减轻法院负担、防

---

〔5〕 参见陶恒河、胡四海:《无效合同诉讼时效起算点的确定》,载《人民司法》2014 年第 22 期。

止义务人举证困难。[6] 但也有学者认为主流学说不具合理性,诉讼时效的基本价值是合理配置、有效利用有限的司法资源;确立公权力对私权利提供救济的界限;平衡权利人与义务人之间的利益关系。[7] 这实际上是从减轻法院负担与保护债务人利益两方面论述了诉讼时效的合理性。也有学者从原告、被告和社会公众的角度出发对诉讼时效的价值进行相应的阐释。其认为,从原告的角度来说,诉讼时效的存在可以使其注意相应的诉讼时效,及时行使权利;对于被告来说,诉讼时效的价值在于避免举证不能;对于社会公众来说,在于提高司法效率,使法院从旧的司法诉讼中解放出来。[8] 也有学者认为,诉讼时效的正当性体现在实现效益与安全和维护法律利益平衡。[9] 也有学者认为,诉讼时效仅具有一元的价值,如柳经纬教授对诉讼时效的目的是维护社会秩序和方便案件处理的观点进行了批评,认为诉讼时效的存在理由是出于社会秩序的需要。[10] 日本学者我妻荣教授也持此观点。[11] 孙鹏教授认为,诉讼时效的存在理由为权利推定,即在法定期间届满后,推定权利人为合法占有人,推定债务人已经清偿债务,且不允许以通常证据打破此种推定。[12] 在日本法上,一般认为

---

〔6〕 参见王泽鉴:《民法总则》,北京大学出版社 2009 年版,第 492 页;王利明:《民法总则研究》,中国人民大学出版社 2012 年版,第 727 ~ 728 页;梁慧星:《民法总论》,法律出版社 2017 年版,第 248 ~ 249 页;张玉敏主编:《民法》,高等教育出版社 2011 年版,第 131 ~ 132 页。

〔7〕 参见杨巍:《反思与重构:诉讼时效制度价值的理论阐释》,载《法学评论》2012 年第 5 期。

〔8〕 See Calvin W. Corman, *Limitation of Actions*, Little, Brown and Company, 1991, pp. 11 – 16.

〔9〕 参见李群星:《法律与道德的冲突:民事时效制度专论》,法律出版社 2011 年版,第 16 ~ 17 页。

〔10〕 参见柳经纬:《关于时效制度的若干理论问题》,载《比较法研究》2004 年第 5 期。

〔11〕 参见[日]我妻荣:《我妻荣民法讲义》(新订民法总则),于敏译,中国法制出版社 2008 年版,第 400 页。

〔12〕 参见孙鹏:《去除时效制度的反道德性:时效制度存在理由论》,载《现代法学》2010 年第 5 期。

诉讼时效的价值具有3种,即防止举证困难、债务人的信赖保护、诉讼经济的考量,[13]但也存在其他学说。[14]

综上可知,诉讼时效的观点纷呈,完全列举,显非可能,但无论诉讼时效的存在理由在论述上有何不同,从利益保护的角度来看,其都没有超越债权人利益保护、债务人利益保护、社会利益保护和法院利益保护这4个方面(见表1)。[15]

**表1 不同学说的利益保护范围**

| | 债权人 | 债务人 | 法院 | 社会公共利益 |
|---|---|---|---|---|
| 四元说 | √ | √ | √ | √ |
| 三元说 | √ | — | √ | √ |
| 二元说 | — | √ | √ | — |
| 一元说 | — | √ | — | — |
| | — | — | — | √ |

〔13〕 参见野々村和喜:《時効法改革とヨーロッパ契約法原則(PECL)第一四章》,载《同志社法学》2007年第4期。

〔14〕 对此,日本学者新井敦志对消灭时效的存在理由进行过详细的考察,在其文章中详细列举了日本学者的观点。如松本克美教授、前田达明教授认为消灭时效的存在理由为债权人权利不行使的非难可能性;大木康教授、加藤雅信教授认为消灭时效的存在理由包括证据的举证困难和债权人权利不行使的非难可能性;曾田厚志教授从意思自治的角度出发,认为意思经过后,意味着债权人放弃了权利。参见新井敦志「消滅時効準則に関する一考察(一)」立正法学論集43卷1号(2009年)。

〔15〕 值得一提的是,在理论上,也有观点认为诉讼时效的目的是在避免债权人免于不安定的法律地位和债务应当履行之间的权衡。但笔者认为,此观点名为利益权衡,但是此中观点事实上是对债务人利益的保护,而在合理合法的债权人与债务人之间,法律对于债务人的保护,其应当具有更深层次的理由。此即要么保护社会利益,要么避免举证困难。否则,对于债务人的保护,将会缺乏合理性基础。参见冯洁语:《诉讼时效正当理由和中断事由的重构》,载《法律科学》2018年第4期。

(二)诉讼时效存在理由之评析

1. 债权人保护说难以成立

从债权人利益保护的角度来看,有学者认为,诉讼时效的设立能够保护时效主体的利益,其理由在于诉讼时效能够督促权利人及时行使权利,避免因为时间经过而造成自己举证不能。笔者认为,此种观点不能成立。第一,从诉讼时效的法律后果来看,诉讼时效的法律后果不利于债权人。诉讼时效的经过使债权人本身的权利无法得到强行法的保护,只能依靠债务人的内心意愿来获得相应的赔偿。第二,从债权人行使权利的自由来看。债权人属于权利人,作为一个理性的人,其自身在正常情况下,都是清楚地知道如何使自己的债务得到相应的清偿。其可以自由地在自己认为合适的时间内,对相应的债务进行相应的请求。而诉讼时效的应用,是对其债权自由行使权利的限制。第三,从债权人的角度来看,诉讼时效能够督促债权人行使权利的观点也难以成立。诉讼时效能够督促债权人及时行使权利的前提是债权人知道诉讼时效的存在,以此提醒自己要在诉讼时效期间内行使债权。但依据我国国情,我们无法否定很多的债权人(尤其是农村村民)并不知道诉讼时效的存在,既然债权人都不知道诉讼时效的存在,那肯定无法起到督促的作用。第四,从我国法律体系的人性假设来看,我国民事法律制度构建的根基在于民法的经济人假设。[16] 法律用诉讼时效的行使来督促权利人行使权利,其内在的解释就是债权人无法凭借自身的智识、理性处理事物,这与民法的经济人假设相违背。综上,笔者无意否定诉讼时效制度的设立或许能在某种程度上发挥督促权利人行使权利的作用,但那仅是诉讼时效产生的一个可能影响或意外收获,而不是设定诉讼时效的理由。

2. 社会利益保护说存在矛盾

从社会利益的角度来看,有观点认为诉讼时效的作用在于维护社会稳定和促进资源的流转。而对于维护社会的稳定,其内在的含义是能够使权利义务关系及早得到确定,维护第三人的交易安全。[17] 在制定诉讼时效司法解释时,最高人民法院也持此观点,认为维护社会秩序、保护社会公共利益是诉讼时效的

---

〔16〕 参见徐国栋:《人性论与市民法》,法律出版社2006年版,第168页。

〔17〕 参见冯恺:《诉讼时效制度研究》,山东人民出版社2007年版,第50页;朱岩:《消灭时效制度中的基本问题》,载《中外法学》2005年第2期。

根本立法目的。[18] 然而,详细考究,此一理由也难以成立。第一,关于维护第三人的安全。在债务人与第三人的客体为非货币的情况下,我国善意取得制度包括动产和不动产,对于不动产的返还请求权,我国目前并不适用诉讼时效制度,不存在保护的可能。而在客体为动产的情况下,我国已有善意取得制度进行相应的保障。在第三人善意的情况下,其能依据善意取得制度获得保护。在非善意取得情况下,与无辜的权利人相比,法律自然没有保护第三人的必要。而且善意的含义具有一定的包容性,司法实践可以根据不同的情况进行合理的判决。第二,在债务人与第三人为金钱货币的情况下,由于货币实行占有即所有的原则,那么在其进行相应的交易的情况下,货币已经交付的,并不影响第三人的利益,如果是在货币未交付的情况下,债务人依然可以选择给付主体,并不一定会给债权人,此并不会影响相应的第三人的利益。况且,在商业交易中,对于不能给付的情况,属于正常的商业风险,并无理由以牺牲债权人的正当利益为代价。第三,从利益衡量的角度来说,正如前述,所有权保护是近代民法的基本原则之一。交易安全并未有能够从法理上获得优越地位的必然理由,其仅是基于不同国家价值选择而产生的相应的结果。因此,在原所有权人保护与善意第三人利益衡量之中,保护善意第三人利益也不具有充足理由,而在主观上无法达到善意的第三人与原所有权人权利的保护之间,很难说第三人的法益应当居于优先保护的地位。第四,社会秩序稳定与公共利益必然相关,而《民法典》第 8 条规定了民事主体从事民事活动,不得违背公序良俗。如果权利人不行使权利,就破坏了社会的公共利益,应当是无效的。而在诉讼时效的规定之中,法院和司法实务界的人士对于有可能破坏社会秩序的诉讼时效却保持着极端的小心谨慎。不仅不允许法院进行主动的适用,而且在司法上,也并不严格执行诉讼时效的规定,尽可能地认可诉讼时效的中断。[19] 这显然与破坏社会秩序所应承担的法律后果不符。

促进社会资源流转的观点也并不成立。促进资源流转,提高社会效率的作用包含两层含义。第一层含义是诉讼时效的发挥,能够促进社会交易;第二层

---

〔18〕 参见最高人民法院民事审判第二庭编著:《最高人民法院关于民事案件诉讼时效司法解释理解与适用》,人民法院出版社 2008 年版,第 10 页。

〔19〕 参见连光阳:《诉讼时效制度的伦理危机及其消解之道》,湖南大学 2015 年博士学位论文,第 60 页。

含义是资源在债权人的手中比在债务人的手中,更有利用效率或相反。就第一层含义而言,很难成立。毕竟,交易的促进与诉讼时效的作用,并不存在等价的关系,正如有学者指出的,债权人完全可以在行使债权后将其收益弃之不用。[20] 就第二层含义而言,其也很难成立。事实上,根本无法判断出资源在债务人手中还是在债权人手中能更好地发挥作用。诉讼时效的存在会产生两种法律后果:一是通过诉讼时效的督促作用,使债权人及早地行使权利。这会导致债务人无法利用资源,而债权人可能在收回资源后弃之不用。这样对社会来说,并不一定是有利的,如多数企业破产的原因是现金流无法面对到期债务,导致资金链断裂。如果此时能够给予一定的期限,企业或许可以起死回生。二是在诉讼时效经过后,债务人可以以诉讼时效为由进行相应的抗辩。但此种情况,无法避免部分债务人在不履行债务后,对资源置之不理的情况。因此,片面地利用诉讼时效来稳固社会的权利义务关系,不仅无法促进资源的流转,反而会导致相应的伦理危机。事实上,从当事人理性的角度来看,债权人不行使权利,说明其对资源的利用并不着急,而债务人不主动地履行债务,说明其对资源或有依赖作用。如果不用诉讼时效进行相应的约束,反而更加有利于资源的利用。

3. 减轻法院负担说欠缺合理依据

有观点从法院的立场出发,认为诉讼时效的存在能够使法院从之前的负担中解脱出来,提高司法效率。[21] 而笔者认为此种理由难以成立。首先,从法院的职责来看,此种观点难以成立。法院的职责是公平地裁判案件,使社会纠纷能够得到良好的解决,让当事人感受到司法的公平正义。利用诉讼时效将陈旧案件拒于诉讼之外,与法院的职责不符,在法理上难以成立,在政策上不可取。其次,减轻法院的负担应当从需要审理的案件数量和审理成本来进行相应的判断。从案件的审理数量上来看,诉讼时效的存在并不能有效减少需要审理的案件数量。因为根据我国现有规定,不管债权人的债权是否经过诉讼时效,法院都必须进行相应的审理,只有在审理阶段由债务人进行相应的主张,才能得以

---

〔20〕 参见孙鹏:《去除时效制度的反道德性:时效制度存在理由论》,载《现代法学》2010 年第 5 期。

〔21〕 参见杨巍:《反思与重构:诉讼时效制度价值的理论阐释》,载《法学评论》2012 年第 5 期。

抗辩。这样,事实上,法官就需要对案件进行相应的审理,诉讼时效的存在并不能达到减少案件数量的目的。从前述法院的职责来看,也不应该通过减少法院裁判数量的方式来减轻法院的负担。从案件审理的时间来看,在司法之中,法院应当居于中间地位,根据双方提供的证据进行相应的判决。在债权人怠于行使自己的权利导致相应的举证不能的情况下,完全可以由债权人承担相应的法律后果,与法院并没有任何的关系。而且,在法院已经受理案件并已经进行实质审理的情况下,一方所主张的诉讼时效,对减少法官的审理任务并不能有实质性的帮助。因此,不适用诉讼时效并不会使法院审理案件的时间变短或变长。而认为诉讼时效可以节约司法资源的观点,其仍是停留在法院需要实地调查证据的情形。因此,从法院的立场来说,诉讼时效的经过并不能使其进行相应的受益。

(三)诉讼时效存在理由之证成

笔者认为,诉讼时效制度是有利于债务人的制度,其是一个二元结构。此即在设立目的上属于保护债务人的制度,避免其举证困难而导致二次清偿;在具体诉讼时效期间上,兼顾了债权人的权利行使和法律的目的追求。对于债务人,一旦诉讼时效经过,其就可以自己决定是否履行。而债务人获得保护的理由在于避免举证困难导致的二次清偿。在一定的时间经过后,由于社会生活或者其他原因,债务人无法或不宜将相应的证据再继续予以保留。在债务人已经进行了相应的清偿后,别有用心的债权人却利用自己精心准备的证据,再次要求债务人进行相应的清偿,在此情况下,债务人极有可能面临无法举证的困境。而债务人诉讼时效的确立,能够避免债权人因为时间经过或记忆淡忘所产生的不良后果。这样的推理绝非妄想,而是具有相当的法理基础和符合我国现行法律规定的。

第一,诉讼时效存在的理由定位为保护债务人的举证困难符合我国现有法律的规定。其一,从保护债务人利益的角度,能很好地解释物权请求权(停止侵害请求权、排除妨碍请求权、消除影响请求权)不适用诉讼时效的原因。物权请求权不适用诉讼时效,其理由在于无论是停止侵害请求权、排除妨碍请求权还是消除影响请求权,其行为都是持续性的,而这种持续性,并不像我们通常情况所理解的因为诉讼时效还没有起算,而是因为在持续性侵权的行为中,对于侵权人(债务人)一直有侵权行为的存在,不存在举证的必要和困难,没有适用诉讼时效的必要。其二,我国《民法典》第196条第2项对于动产和不动产的诉讼时效进行了不同的规定。对于不动产物权和登记的动产物权,不适用诉讼时效,而对未登记的动产物权却适用诉讼时效,其正是此种诉讼时效保护债务人举证困难的体现。因为不动产物权和登记的动产物权,其登记具有相应的公信力,并不需要诉讼时效再来进行相应的举证。从此原因出发,也可以审视《民法典》第196条第3项和第4项的合理性。其三,就《民法典》第196条第3项而言,对于请求支付抚养费、赡养费或者扶养费的不适用诉讼时效。此条规定的法理依据在于支付抚养费、赡养费或者扶养费涉及生存利益的保护。但正如前述学者所言,此种费用具有强烈的时间性,而且我国已经规定了3年的诉讼时效。在规定其适用诉讼时效的情形下,如果被抚养人已经成年或者被赡养人、被扶养人已经去世的,再以生存保证为由进行相应的论证于理不合。也有学者从家庭伦理的角度对其进行了论证,认为赡养费、抚养费和扶养费不适用诉讼时效的理由在于对家庭伦理的保护,如果这些费用适用诉讼时效,那么,比这些更重要的亲属关系也应当适用诉讼时效。[22] 笔者认为,这一观点也无法成立,因为作为基础性权利的赡养费、抚养费和扶养费请求权与具体的请求权是两个概念。对于赡养费、抚养费和扶养费作为一种基础性身份权不适用诉讼时效,但其产生的具体的债权请求权则应当适用诉讼时效。[23] 而从避免举证困难的角度来说,其却能得到清楚的证明。因为请求支付抚养费、赡养费和扶养费的人与义务人具有亲属关系,而在家庭的环境中,其支付行为一般为家庭成员或邻里所知,并不会因为时间经过而导致证明困难。因此,也就不适用诉讼时效。其四,就《民法典》第196条第4项而言,第4项以兜底条款的方式作出了相应的规定。而我国之前相关的法律法规和司法解释,对于不适用诉讼时效的情形已经进行了相应的规定,在之前已有法律进行规定、现有法律并未明确的情况下,原有法律的规定不可避免地会产生两种解释的可能:一种是认为原有的法律继续有效;另一种是认为原有的法律有规定,但新的法律并没有进行相应的确认,就应该认为现有的法律在事实上已经否定了原有法律的相关规定。因此,对于两种解释的差异,具有确定的必要。[24] 而我们正好可以利用诉讼时效的本

---

〔22〕 参见朱晓喆:《诉讼时效制度的立法评论》,载《东方法学》2016年第5期。

〔23〕 参见尹田:《论诉讼时效的适用范围》,载《法学杂志》2011年第3期。

〔24〕 参见李永军主编:《中华人民共和国民法总则精释与适用》,中国民主法制出版社2017年版,第300页。

质对之前的规定进行相应的检验,以此来确定原有条款是否具备相应的效力。

第二,诉讼时效的目的在于保护债务人的举证困难具有法理依据。前已述及,诉讼时效的存在理由,其始终无法超出债权人、债务人、法院和社会四方利益主体。尽管目前国内外学者,对于诉讼时效的存在理由存在巨大的争议。但绝大多数的学者都认为,保护债务人的举证困难是诉讼时效的存在理由之一。而笔者在前文已经从目的论的角度出发,论证了保护债权人利益、社会利益和法院利益的不合理性。从比较法看,日本对于诉讼时效的伦理性或道德性探讨最深入。日本学者对于诉讼时效制度的目的在于维护债务人的举证困难早有论述。〔25〕 如星野英一教授认为除非某种特殊的利益需要保护或者需要在特别短的时期内处理的事情外,诉讼时效原则上应当是维护真实权利人的权利,避免债务人的二次清偿。〔26〕 在新近的债权法修改中,日本对于诉讼时效的本质达成了共识。此即时效制度的本质在于将人们从维持事实关系清晰的负担(证据保存负担、证据收集负担、是否收集证据的判断负担)和危险中解放出来。〔27〕在德国法上,尽管德国学者对于诉讼时效的存在理由观点不一。但《德国民法典立法理由书》对消灭时效的目的进行了详细描述。其具体为:

请求权消灭时效之原因与宗旨,乃使人勿去纠缠于陈年旧帐之请求权。不过有些事实可能年代久远,一方亦已长期缄口不提;而今一方却以此类事实为依据,向对方主张权利,这是民事交往难以容受的。因为时间已使此类事实黯然失色,对方欲举出于己有利之免责事由并获致成功,纵然并非全然不能,亦属难矣。就常规而言,此类要求或自身并不成立,或已具结完案。消灭时效之要旨,并非在于侵夺权利人之权利,而是在于给予义务人一保护手段,使其毋需详查事物即得以对抗不成立之请求权。消灭时效乃达到目的之手段,而非目的之本身。于具体情形,若消灭时效于实体公正有损,即若权利人因消灭时效届满失却其本无瑕疵之请求权,此亦属关系人须向社会公共利益付出之代价。盖若

〔25〕 参见大村敦志「「時効に関する覚書」に関する覚書:星野民法学の存在理由あるいは70年代日本の民法の一側面」慶應法学10卷3号(2007年)。

〔26〕 参见星野英一『民法論集』(第4卷)(有斐阁,1986年)303頁。

〔27〕 参见解亘:《〈民法总则(草案)〉中时效制度的不足》,载《交大法学》2016年第4期。

权利人非于请求权之行使置若罔闻,消灭时效本无发生之由,故权利人于请求权内容之利益,实属微不足道,其因此付出之代价,亦难谓严酷也。[28]

尽管《德国民法典立法理由书》详列了举证困难、权利推定、债务人防御手段和债权人因权利微不足道而不及时行使权利的处罚。[29] 但权利推定、债务人防御手段事实上可以归入举证困难之中。而对债务人因为权利微不足道的懈怠罚,其事实上并不成立。一是权利不分大小,都应当受到法律的平等保护,并不能因为其权利轻微而不予保护;二是债权人事后起诉,就反证了权利对其来说并不轻微;三是权利的行使,应当是一种自由,对于诚信的义务人来说,其应当自觉履行债务,仅仅因为债权人未在期间内履行权利,就失去对其的保护,说理不足。因此,在《德国民法典立法理由书》中,其重视且正确的,应当只有赋予债务人保护手段,避免举证困难此一目的。

## 三、农村土地征收补偿费诉讼时效的具体适用

上已表明,诉讼时效的目的在于避免债务人的举证困难。农村土地征收补偿费诉讼时效的构造,也应当以此为出发点。对于农村土地征收补偿费请求权的诉讼时效,存在两种情形。一种是农村集体经济组织已经确认了村民具备集体成员资格的情形;另一种是以村民不属于农村集体经济组织成员为由,进而否定村民土地征收补偿费分配请求权的情形。在第一种情况下,仅需要解决农村土地征收补偿费分配请求权是否适用诉讼时效的问题;在第二种情况下,还需要解决农村土地征收补偿费分配请求权的起算点问题。

### (一)农村土地征收补偿费分配请求权应当适用诉讼时效

#### 1.农村土地征收补偿费分配请求权适用诉讼时效符合诉讼时效的存在目的

在已经确认村民具备集体成员资格的情形下,其对于土地征收补偿费是一

---

〔28〕 参见[德]迪特尔·梅迪库斯:《德国民法总论》,邵建东译,法律出版社2013年版,第91~92页。

〔29〕 参见冯洁语:《诉讼时效正当理由和中断事由的重构》,载《法律科学》2018年第4期。

种单一的债权请求权。对于农村土地征收补偿费的分配请求权应当适用诉讼时效。尽管传统农村属于熟人社会,相互之间都较熟悉,在正常情况下,对于村民之间是否已经领取了相应的土地征收补偿费,其证明貌似较为容易,并不存在适用诉讼时效的方式来进行相应的证据保护的必要。但事实上,设立相应的诉讼时效却具有极大的必要性。

第一,诉讼时效的设立有利于将农村集体经济组织从相应的举证中解脱出来。在我国当前的环境下,由于农村集体经济组织在组织规范和议事程序上还有待加强,因此,在进行会议记录时,可能存在相应的不足。加之,在很多地方,农村集体经济组织与村民委员会是两块牌子,一套人马的关系,〔30〕因此,在换届时,也可能会出现相应的资料转交不齐的情况。〔31〕 在短时间内,由于村民之间具有一定的熟悉度,在举证上尚能满足,但一定时间经过,依然会产生举证不能的风险。这似与诉讼时效产生之时,乃是因为裁判官的任期限制有异曲同工之妙。〔32〕 而土地征收补偿费的分配关系村民的切身利益,如果分配不合理,将会造成严重的社会效果。因此,运用诉讼时效进行相应的规制具备合理性。

第二,诉讼时效的设立客观上有利于农村民事关系的稳定。在农村治理中,我国实行的是农村村民自治,此种方式是有效的治理方式。但是在村民自治的情况下,其难免存在疏漏。有些决议在当时的环境下,具有相应的合理性。但是随着社会的发展,由传统熟人社会所衍生出来的制度并不一定适应现代商业社会的发展。如出嫁女、入赘婿的集体成员资格问题。在现有的判决中,一般认为出嫁女、入赘婿如果没有其他的生活来源,就具有集体经济组织的成员资格。但是,在传统的熟人社会,集体经济组织成员相对固定,只要大家都遵循此种习惯,尽管可能对独立的家庭会存在不公平,但家族内部利益应该是较为平衡的。〔33〕 因此,如果不对此种情况运用诉讼时效进行相应的规制,长年累月后依然允许诉讼,那么农村原已形成的稳定格局将会受到破坏。

---

〔30〕 参见韩松:《论农民集体土地所有权的管理权能》,载《中国法学》2016 年第 2 期。

〔31〕 在巫某滔、罗某英农村土地承包合同纠纷中,当事人就对农村决议中存在的不规范的现象进行了陈述,尽管最终法院并未采信其观点,但是也不能否定此种现象在农村中的存在。参见广东省惠州市中级人民法院(2017)粤 13 号民终 518 号民事判决书。

〔32〕 参见徐国栋:《优士丁尼〈法学阶梯〉评注》,北京大学出版社 2011 年版,第 547 页。

〔33〕 参见费孝通:《乡土中国》,三联书店 1985 年版,第 2 ~ 3 页。

第三,诉讼时效的设立有利于保护作为弱势群体的村民的利益。尽管农村是熟人的社会,但是我们也很难否认部分强势主体的存在,如果不用诉讼时效来对集体经济组织进行相应的保护,难保某些村霸不会利用不限期限的诉讼,伪造或消灭证据,以获得多次请求的机会,来损害村民的利益。

2. 农村土地征收补偿费分配请求权无关生存利益,可以适用诉讼时效

生存权属于基本人权,法律应当保障人的基本生存,任何民事制度的技术设计都不应当影响到生存权的实现。如果农村土地征收补偿费适用诉讼时效制度真的损害到相关当事人的生存权,那基于生存权的上位价值,应当不适用诉讼时效。[34] 我国在立法和司法上也已承认生存权的优越地位。[35] 众多学者在论述土地制度时,一般都认为土地不仅关涉村民的财产利益更关系到村民的生存问题。[36] 司法案例中更不乏此种观点。[37] 但任何制度的设计都应当经过理性的思考,而不应该高举保护弱者的大旗,[38] 土地征收补偿费无关集体成员生存权的实现。

第一,尽管我们一般将土地与当事人的生存利益联系在一起,并将是否以土地为生存保障作为判断农村集体经济组织成员资格的核心标准之一。但应

---

〔34〕 参见阳雪雅:《返还原物请求权不适用诉讼时效新论:兼评〈民法典 · 民法总则专家建议稿〉》,载《湖北社会科学》2016 年第 3 期。

〔35〕 在司法上,《最高人民法院关于依法妥善审理涉及夫妻债务案件有关问题的通知》就明确要求,要树立生存权优先于债权的理念。在立法上,众多权威学者主张《民法总则》第 196 条(《民法典》第 196 条)所规定的对于支付抚养费、赡养费或者扶养费的请求权不适用诉讼时效,正是基于保障生存权的考虑。参见梁慧星编:《中国民法典草案建议稿附理由》(总则编),法律出版社 2013 年版,第 383 页;郭明瑞:《关于民法总则中时效制度立法的思考》,载《法学论坛》2017 年第 1 期;王利明主编:《中华人民共和国民法总则详解》,中国法制出版社 2017 年版,第 936 页。

〔36〕 参见刘俊:《土地权利沉思录》,法律出版社 2009 年版,第 116 页;刘冰:《农村承包土地经营权的破产处置》,载《法学》2018 年第 4 期;吴晓秋:《村民自治中民主决策与个体权利的冲突之辨——以农村集体土地征收费分配纠纷为据》,载《西南民族大学学报》(人文社会科学版)2013 年第 9 期;唐林垚:《论中美两国征地补偿之异同》,载《农村经济》2015 年第 10 期。

〔37〕 参见重庆市第一中级人民法院(2015)渝一中法民终字第 06462 号民事判决书。

〔38〕 参见朱庆育:《民法总论》,北京大学出版社 2016 年版,第 226 页。

当对在进行成员权认定时的生存保障标准与对诉讼时效认定时的生存标准进行区分考虑,两者并不是等同概念。作为农村集体经济组织成员权判断标准的生存利益保障,由于成员权的判断关系到权利主体今后能否获得其他权利。因此,在判断时为了保护被认定人的利益,一般以是否具备社会保障等作为判断标准。其想保障的是在农民(集体经济组织成员)没有城市居民所必备的社会保障的条件下,对农民生存进行基本保障。在此种情况下,由于农村集体经济组织成员的资格判断涉及农民过去的金钱损失和未来权益的保障;加之,农村集体经济组织成员权属于一个权利束,而成员权的认定属于基础性权利。因此,成员权认定中的生存保障标准判断较为宽泛和宽松。一个典型的例子是,未有承包地或者未以土地收入为主要生存来源的村民,只要其未加入其他的农村集体经济组织,其也是农村集体经济组织成员。而土地征收补偿款的请求权是单一的请求权。换言之,对于单一的土地征收补偿费,其是独立的个体,对于它的判断,并不会影响村民其他利益。因此,在对农村集体经济组织成员权进行判断时,所采取的宽泛的认定标准,对土地征收补偿费的诉讼时效不应适用。其应当根据土地征收补偿款的特点,进行相应的判断。而对于生存权的标准存在实际生存标准和生存发展利益标准两种。前者以保障人的存活为标准,后者还需要保持人的尊严。[39] 如果纯粹以人的实际存活为生存保障的标准,则很难将土地的征收补偿费理解为生存权的标准。现代保障体系相对发达,特别是在土地被征收的地方,一般不会因为土地被征收后未获得征地补偿费而丧失生存利益。况且,在生无所依的情况下,其还不去主张相应的权利,这种存在的可能性也相对较小。如果将此处的生存权理解为与生存发展密切相关,那么任何权利的散失,都会导致自身生存发展权利的丧失,农村村民并不是诉讼时效情况下唯一的可能丧失利益的主体。对于土地征收补偿费的保障标准并不具备相应的优越性。况且,由于各地经济发展水平并不一致,农村村民在经济上并不一定处于劣势的状态。

第二,关涉生存利益制度的费用,具有很强的实效性。[40] 根据《民法总则》

---

〔39〕 参见[日]大须贺明:《生存权论》,林浩译,台北,元照出版有限公司2001年版,第121页。

〔40〕 参见姜海峰:《论〈民法总则〉中诉讼时效适用的例外》,载《上海政法学院学报》(法治论丛)2017年第3期。

的规定,诉讼时效为 3 年,如果请求权人经过了 3 年的诉讼时效,其权利的行使将不会受到强行法的保护。从土地征收补偿费本身来说,对于关涉生存的费用,其在行使时,应当是急切和紧迫的;而且,由于社会的变化,目前关系生存的,到以后并不一定关系生存。因此,如果关涉生存利益的权利,3 年的诉讼时效,也足够当事人行使权利。如果其在 3 年内未行使,而是在 3 年后进行相应的行使,这种让集体为其保管财产的行为并不值得鼓励。

第三,生存利益是一个抽象的概念,以生存利益的保障直接介入到民法诉讼时效的判断并无相应的具体制度进行支撑。在我国现有法上,诉讼时效适用的依据主要是原《民法总则》第 196 条和原《民法总则》颁布之前的具体法律规定,而在原《民法总则》的规定之中,对于生存利益能否纳进不适用诉讼时效的范围,其只能依托于第 4 项。尽管有学者认为,第 4 项的"依法"应当扩大解释为依法和依性质两项,[41]但是,无论如何都无法从其规定中推出因为生存利益而不适用诉讼时效的规定。此也是为何支持不适用诉讼时效的法院,只能将生存利益的保障用作辅助手段,加强物权说的说理,而无法以此为独立的理由。无独有偶,在日本法上,《日本宪法》第 25 条规定了所有国民享有维持健康且文化性的最低限度的权利。从日本现有的司法判例来看,尽管学说上存在争议,[42]但是法院认为,宪法的规定属于一个纲领性的规定,对于生存的保障仍应由法律来进行具体规定,因此在日本法上,也无法直接以生存权为由进行具体的权利救济。[43]

(二)诉讼时效从知道或应当知道生效决议之时起算

在以村民不具备农村集体经济组织成员资格,进而不对其分配相应的土地征收补偿款的情况下。其请求的土地征收补偿费分配请求权是一种复合的请求权,包含农村集体经济组织成员资格的确认和农村土地征收补偿费的请求。尽管法院以农村集体经济组织成员资格的确认属于村民自治的范畴为由,对于

〔41〕 参见杨巍:《论不适用诉讼时效的请求权:我国〈民法总则〉第 196 条的问题与解决》,载《政治与法律》2018 年第 2 期。

〔42〕 尾形健:「生存権—「権利」であるとはどういうことだろう?」法学教室 5 号(2018 年)。

〔43〕 田中千香子「朝日訴訟以後の生存權訴訟の展開」国際経営・文化研究 2 号(2008 年)。

单一的农村集体经济组织成员资格确认案件不予受理。但是在土地征收补偿费等分配请求权的案件中,法院不可避免地会对成员资格确认进行判断。因此,在分配请求权的案件中,法院事实上需要对两类诉讼时效的案件进行相应的判断。一是农村集体经济组织决议确认无效的诉讼时效的判断;二是对于村民的土地征收补偿费的诉讼时效是否经过的判断。

在合同法上,对于合同无效所引发的财产问题的诉讼时效的计算,在实践中存在两种观点。一种观点认为,应当从合同履行期届满之日起算。如在中国五交化公司与光大银行合肥分行借款担保合同纠纷案中,最高人民法院认为为稳定民事法律关系,诉讼时效应从合同履行期届满之日起算。[44] 另一种观点认为,应当从确认无效之时起进行相应的诉讼时效的计算。其理由在于,确认无效的权利在法院,个人无权判决诉讼时效的效力是否存在,因此,只有在决议已经被确定无效后,诉讼当事人才能够进行相应的诉讼。如在广西北生集团有限责任公司与北海市威豪房地产开发公司、广西壮族自治区畜产进出口北海公司土地使用权转让合同纠纷二审案中,最高人民法院认为,由于原告不具有确认合同无效的法定权利,诉讼时效应该自合同被确认无效之日起算。[45] 事实上,最高人民法院已经注意到这一问题并尝试解决,但目前尚未有较为妥善的方案。[46] 但一般认为,其不受诉讼时效期间的限制。[47] 尽管对于决议与法律行为之间的关系,学界目前存在较大的争议。但是,在法律行为与决议的司法

〔44〕 参见最高人民法院(2003)民二终字第38号民事判决书。此处需要解释的一个情况是,合同属于法律行为,而决议是否属于法律行为实践中还存在相应的争议。但决议的法律性质的争议,对于其外部的法律适用,并不应该产生影响。毕竟,在决议一经作出之后,其在外部的法律适用上,与法律行为并不存在相应的区别。参见陈小君:《我国农民集体成员权的立法抉择》,载《清华法学》2017年第2期。

〔45〕 参见最高人民法院(2005)民一终字第104号民事判决书。

〔46〕 在2008年最高人民法院民事审判第二庭负责人就《关于审理民事案件适用诉讼时效制度若干问题的规定》答记者问时,民事审判第二庭负责人就提出,因为归于合同无效的诉讼时效问题未提出倾向性的意见,而未进行规定。在最高人民法院于2010年《关于无效合同所涉诉讼时效问题的规定》(征求意见稿)中列出了解决方式,但也无疾而终。

〔47〕 参见陶恒河、胡四海:《无效合同诉讼时效起算点的确定》,载《人民司法》2014年第22期。

适用,特别是在诉讼时效的适用上,似乎不存在区别对待的理由。但在实践中,农村土地征收补偿费诉讼时效的起算点却与合同无效后的财产返还截然不同,有法院认为应当从知道或应当知道生效决议之日起进行计算,如在黎某仪(曾用名曹某霓)与佛山市高明区荷城街道罗西村民委员会西黎经济合作社侵害集体经济组织成员权益纠纷案中,法院认为:"案涉征地补偿款于 2004 年已经分配完毕,在该次分配中,黎某仪作为黎某的继子女分配了 10% 的土地补偿款。如果黎某仪认为案涉土地补偿款的分配侵害了其民事权益,黎某仪应在法定期限内提起民事诉讼,黎某仪于 2013 年才提起本案民事诉讼,即使从 2012 年黎某仪向基层政府申请行政处理主张案涉权利时算起,黎某仪的诉讼请求也早已超过诉讼时效。"〔48〕也有法院将确认决议无效之时作为诉讼时效的起算点。如在上诉人定安县龙门镇龙门村委会龙门岭村民小组与被上诉人王某不当得利纠纷一案中,法院认为:"本院于 2014 年 5 月 26 日才做出(2014)海南一中民二终字第 184 号终审判决,确认王某在土地补偿款分配时不具有上诉人集体经济组织成员资格,上诉人于 2014 年 7 月 1 日向法院起诉并未超过 2 年的诉讼时效期间。"〔49〕笔者认为,根据诉讼时效的存在理由,即可以解决无效合同或决议的诉讼时效问题。具体来说,决议无效的确认因为涉及相应的社会公共利益,不应当适用诉讼时效,但对于财产请求权,其应当适用相应的诉讼时效;而且,其起算点,应当自当事人知道或者应当知道农村集体经济组织的生效决议之时起算。

首先,确认决议无效和财产的请求权应当进行区分对待,两者并不存在必然的联系。确认决议无效之诉不适用诉讼时效,其理由并不是举证责任的问题,而是决议无效涉及法律法规的强制性规定或者社会的公共利益,如果允许相应的决议能够得到诉讼时效的保护,事实上等于承认违反法律行政法规或者社会公共利益的行为,能够随着时间的经过而得到相应的弥补,这与法律的立法宗旨不符。因此,无论时间经过多久,只要是违反法律、行政法规强制性规定或者社会公共利益的决议,都不能因为经过诉讼时效而得到相应的弥补。

其次,无效决议所引发的财产问题,由于涉及相应的财产给付,其在进行相应的决议时,集体经济组织也需要履行相应的证明义务,具有诉讼时效制度的

---

〔48〕 广东省高级人民法院(2014)粤高法民一申字第 1342 号民事裁定书。

〔49〕 参见海南省第一中级人民法院(2014)海南一中民一终字第 550 号民事判决书。

适用空间。其理由如下。第一,虽然决议可能涉及相应的社会公共利益,但是从单纯的土地征收补偿费的发放来看其仅是财产在村民个人之间的流转,并不会涉及社会公共利益。第二,在确认决议无效的场合,由于决议违反的是社会公共利益或者法律法规的强制性的规定,只要决议依然存在,就有相应的证据,并不存在举证困难的问题。但是,土地征收补偿费的分配请求权却涉及利益给付,存在举证的问题。随着时间流逝,双方当事人都会面临举证困难的可能。第三,决议的作出与决议的履行,并不完全统一。社会中还存在决议作出但并未履行的情况。如果不对相对人的请求权进行诉讼时效上的限制,就无法避免集体经济组织成员用尚未被履行的决议,来行使分配请求权的现象。

最后,土地征收补偿费的诉讼时效从决议确认无效之时起算的观点,存在两点不足。第一,不利于法院对违反法律、行政法规和社会公共利益的情形及时处理。毕竟,法院的司法资源有限,其很难有时间和精力去主动地审查无效的决议。第二,在决议无效的情况下,如果当事人不主动地提起确认之诉,法院也不主动检查,这意味着,债权人的诉讼时效期间一直未进行相应的起算,这显然不利于农村的稳定和集体经济组织证据的保留,违反了诉讼时效制度的基本价值取向。而从知道或应当知道生效之时进行起算,能避免上述问题,并鼓励权利人及时地行使自己的权利。

## 四、结　语

农村土地征收补偿费的分配关系农民的切身利益和农村的稳定,农村土地征收补偿费诉讼时效的适用应当尊重法理,以增强其法律适用的信服力。诉讼时效制度存在的根本原因是保护真实权利人的权利,避免债务人因举证困难而导致的二次清偿。至于维护社会秩序、督促权利人行使权利和节约司法资源,这些均是诉讼时效可能产生的有益影响,不是其存在的根本原因。农村土地征收补偿费属于债权,为避免农村集体经济组织的举证困难,应当适用诉讼时效。在农村集体经济组织成员资格被确认的情况下,集体经济组织成员享有的分配请求权,从知道或者应当知道生效决议之日起算。在农村集体经济组织成员资格未被确认的情况下,确认决议无效之诉不影响分配请求权的诉讼时效,其依然应当从请求权人知道或者应当知道生效决议之日起算。由此可得,合同无效所产生的财产问题的诉讼时效应当自合同履行期限届满之日起算。

# On the Limitation of Action in Compensation for Land Expropriation

Long Songxiong

**Abstract**: In the judicial practice, for the nature of compensation for land expropriation, there are three views which are the theory of creditor's rights, the theory of property rights and the theory of survival rights. The theory of creditor claims the allocation of compensation for land expropriation should be applied to the limitation of action. The theory of property rights and the theory of survival rights think the compensation for land expropriation isn't applied to the limitation of action. In theory, the theory of property rights and the theory of survival rights can't be established. The theory of creditor relying on the old theory of limitation of action leads to the problem of insufficient reasoning. In fact, the purpose and specific period of the limitation of action should be a dual structure. The purpose is to avoid the second settlement caused by the debtor's difficulty in proofing. The specific period should balance the interests between the creditor, debtor and special. As the result, the right to allocate compensation for rural land expropriation is a creditor's right, and there is also a need to avoid the difficulty of the debtor's proof. The limitation of action should be applied. For the starting point, regardless of collective membership of the claimant is confirmed or not, the limitation of action should be counted from the date on which the claimant knows or should be aware of the effective resolution.

**Key words**: Compensation for land expropriation; Limitation of action; Right of claim

# 评　　论

# 民间力量何以可能？

## ——中国司法的社会化传统*

曾令健**

**内容摘要：**

司法社会化是中国司法之一重要传统。晚清以降至改革开放前夕，司法社会参与可以分别概括为“自噬型社会参与”“补充型社会参与”“建构型社会参与”“顺应型社会参与”。晚清“官批民调”将官府审断与民间调处连接起来，但民间调处仍受制于社会宰制状态，而非理想型自治。法律形式主义与司法专业化塑造出民国基层司法的双层构造，而在实践中社会调解仍构成法院审判的补充力量。抗日根据地与解放区坚持司法群众化路线，这具有司法技术价值且含有社会治理、政治动员的建构意义，由是，打破国民政府基层司法的双层构造。中华人民共和国成立至改革开放前夕，由于国家正统性已然确立，除了司法技术意义，社会力量参与司法的重心转移至贯彻、落实党与国家的方针、政策及法律。特定时期之纠纷解决方式及其意义皆与所处时代之社会结构、经济状况、文化意识诸要素息息相关，中国司法的社会化传统正是不同历史时期客观社会环境的产物。

**关键词：**

司法社会化　自噬型社会参与　补充型社会参与　建构型社会参与　顺应型社会参与

---

* 本文系西南政法大学校级科研资助重点项目“清末民初基层司法中的‘官批民调’研究(1875—1927)”(项目号:2019XZZD－07)、国家社科基金一般项目“法治化视野下涉及民族因素的社会矛盾纠纷化解机制创新研究”(项目号:16BZZ032)以及教育部人文社会科学研究一般项目“严复‘群学’思想及其当代价值研究”(项目号:20XJC840003)的阶段性成果。

** 西南政法大学教授。

## 一、问题与路径

司法社会化系司法活动之社会参与及其投诸社会治理,集中表现为法院审判尤其法院调解与社会调解之衔接、互动乃至制约。本文认为,司法社会化是中国司法的重要传统,且一直得以承继、发扬。

瞿同祖先生曾语及传统社会家族长处理纠纷及其官府回应。〔1〕萧公权先生描述过 19 世纪州县官将纠纷推回民间处理的方式以及社会参与之动机、效果。〔2〕黄宗智先生分析清代衙门审断与民间调处之互动且提出法律表达与实践之背离、纠纷解决第三领域诸命题,〔3〕并尝试以“集权的简约治理”打通晚清、民国及当代乡村治理的理路。〔4〕侯欣一先生探讨了陕甘宁边区大众化司法制度。〔5〕苏力先生剖析了当代基层法院借助社会资源处理纠纷并提炼出“送法下乡”主题。〔6〕范愉女士较早提及“诉讼调解社会化”“司法社会化”表述,并倡导诉讼调解“适度社会化”理念。〔7〕缘于理论关怀与研究旨趣,这些研究没有(也无必要)专门讨论司法社会化,遑论司法社会化传统,晚清以降中国司法社会化传统之长时段、整体性考察仍属空白,不同时期司法社会参与之间的分殊与关联尤待厘清。

---

〔1〕 参见瞿同祖:《中国法律与中国社会》,中华书局 1981 年版,第 13 页、第 23 ~ 26 页。

〔2〕 See Kung Chuan Hsiao, *Rural China: Imperial Control in the Nineteenth Century*, Seattle, University of Washington Press, 1960, pp. 291 – 292, 651(note 117).

〔3〕 参见[美]黄宗智:《清代的法律、社会与文化:民法的表达与实践》,上海书店出版社 2001 年版,第 2 ~ 3 页、第 10 ~ 13 页、第 107 ~ 129 页。

〔4〕 参见[美]黄宗智:《过去和现在:中国民事法律实践的探索》,法律出版社 2009 年版,第 62 ~ 87 页。

〔5〕 参见侯欣一:《从司法为民到人民司法:陕甘宁边区大众化司法制度研究》,中国政法大学出版社 2007 年版,第 79 ~ 312 页。

〔6〕 参见苏力:《送法下乡:中国基层司法制度研究》,中国政法大学出版社 2000 年版,第 25 ~ 53 页。

〔7〕 参见范愉:《诉前调解与法院的社会责任:从司法社会化到司法能动主义》,载《法律适用》2007 第 11 期。

秉持实践主义法学研究范式,[8]本文基于历史社会学进路,[9]以"国家—纠纷解决—社会"作为框架,考察晚清以降司法社会化传统,尤其司法社会化的具体样态,该种样态与该时代之关联,以及不同传统的转换逻辑与时代影响。

亟待指出,文中"司法"一词在当下中国大抵上业已形成共识,兹不赘述。在晚清、民国语境中指称官方直接支配下的纠纷解决,于晚清主要为官府"当堂问谳",于民国则系官方审判及调解(包括法院调解处的调解)。当官方、纠纷当事人之外的第三方组织或个人介入该纠纷解决,或主持,或推进,或协助,即谓"司法社会化""司法社会参与"。在抗日根据地与解放区、改革开放前夕,"司法"含义相对特殊,前者中的官方资源与民间力量往往交织在一起,后者中司法的表现形式与前者相近,但在法律、社会、政治诸层面意义有别。

本文将晚清、民国、抗日根据地与解放区、改革开放前夕社会力量参与基层司法,分别概括为"自噬型社会参与"、"补充型社会参与"、"建构型社会参与"及"顺应型社会参与"。晚清州县司法官倾向于将纠纷推回民间社会自行处理,而纠纷在民间社会既定结构中受制于社会宰制状态,该种民间力量介入纠纷调处可称作"自噬型"或"自我消解型社会参与";在民国基层司法的双层构造中,社会调解构成法院审判实践的补充力量,即"补充型社会参与";在坚持司法群众路线的抗日根据地与解放区司法中,社会参与具有司法技术价值且富有社会治理、政治动员的建构意义,即"建构型社会参与";在国家正统性已然确立之后,除了司法技术意义,社会力量参与司法的重心转移至贯彻、落实党与国家的方针、政策及法律,即"顺应型社会参与"。

本文尝试提供自噬型、补充型、建构型、顺应型4种司法社会参与类型,毋宁说本文旨在描述司法社会参与的实践历史。该4种类型均以社会自治理想型为叙事的出发点,以展示实践对理想型的偏移。大抵上,自噬型、补充型、建构型、顺应型社会参与的偏离度是逐步加大的,而顺应型社会参与基本上脱离社会自治理想范畴。无疑,但凡理想型均非实践意义的,更多的是规范意义乃至叙事意义。

---

[8] 参见曾令健:《实践主义法学研究范式》,载《浙江大学学报》(人文社会科学版)2018年第4期。

[9] 参见曾令健:《政府推动型人民调解的意涵变迁(1931~2010):法学研究的历史社会学进路》,载周赟主编:《厦门大学法律评论》(总第27辑),厦门大学出版社2016年版,第1~16页。

## 二、自噬型社会参与:晚清州县司法中的“官批民调”

### (一)徐廷燮们的词讼遭遇

清同治十三年(1874 年)十二月十八日,担任家庭教师的徐廷燮诉至台州府黄岩县衙,催促东家支付坐馆报酬。据状,徐寄函索还无果,遂邀东家叔父陪同往讨,复遭诱拖。途遇东家,又受詈骂,几至被殴。再邀绅董立说,东家“避匿不面”。纵然徐认为“若不急求饬差严拘讯追,蒙师之业废矣”,但县正堂权衡后批“或仍凭土屿张绅等妥为理息,以免讼累”。这是晚清黄岩诉讼档案第 1 宗的故事。[10] 当事人急切且满怀希望地诉至衙门,而州县官大笔一挥又将纠纷推回民间,这一场景绝非个例。晚清“官批民调”正是传统中国司法社会化之一集中体现。不同于“当堂问谳”,州县官往往将诉至衙门的纠纷批令基层社会设法调处,再将结果呈报衙门。

“官批民调”现象在黄岩诉讼档案中占比较大。在 78 宗有确切年代记载的案件中,批令民间调处的占 40%。官批民调纠纷中,绝对多数是户婚、田土、钱债类纠纷(80%强),钱债类纠纷为 30%,还有少量轻微人身伤害或关乎社会风化的纠纷(人身伤害纠纷往往因钱债或其他生活琐事而起)。在处理方式上,亲族调处、自行和调、保甲调处、乡绅调处、中人调处等均有,其中,亲族调处占 40%。在州县官将纠纷大量推回民间社会调处的现象背后,蕴含帝制晚期“官批民调”的运行逻辑:官僚体系有意识、制度化地将纠纷阻挡在衙门之外,将其坚定地推回基层社会,而调解在很大程度上契合了乡土社会生存逻辑并成为民众之一有限选择。[11] 正是衙门审断与民间调处的接触、配合及制约,不仅呈现官僚体系对待民间细故的态度,也折射民间社会对待“官批民调”的立场,还涉及在“州县衙门—官批民调—民间社会”范畴中阐释调处之社会参与。

### (二)官府态度:“拒之门外”的策略与表达

为将细故推回民间,批词的主要表述策略如下。

---

〔10〕 参见清代黄岩诉讼档案影印件及录文,载田涛、许传玺、王宏治主编:《黄岩诉讼档案及调查报告:传统与现实之间——寻法下乡》(上卷),法律出版社 2004 年版,第 73 ~ 229 页、第 233 ~ 335 页。

〔11〕 参见曾令健:《晚清州县司法中的“官批民调”》,载《当代法学》2018 年第 3 期。

其一，"直接了当"型，即州县官批令当事人寻求民间调处，且未对调处作正当性、必要性阐释。这类批词最多，第 20 宗的批词为"著即自向理还"，第 21 宗为"著邀房族理处毋讼"，再如第 28 宗、第 34 宗、第 36 宗、第 50 宗、第 56 宗、第 70 宗等。这类案件多数未再呈递，但有例外。如第 35 宗，光绪十年（1884 年）二月一日批词为"即著持批投告院桥局绅杨旦查明理处"，但"杨旦以顺官寄唤未到，兼有情面，不便出理，延搁"；辛再次诉至衙门，这次批词遂改为抵押权人出面，"尽可邀同陈崇厚妥理清楚"。除批令社会调处，批词往往会重述状词的要点，或表达官方疑虑，或提示调处操作事项等，但这些无关调处之正当性、必要性。这在以下几种情形中也会存在。

其二，"路径依赖"型，即州县官批令民间调处并以纠纷业经后者调处作为批令的正当性、必要性说明。如第 13 宗的批词为"既经族理，著持批再邀族众劝令听理"，第 25 宗为"既经局董卢汝舟理说于前，应再邀同妥理，当有公论"，再如，第 41 宗、第 46 宗、第 47 宗、第 49 宗、第 57 宗、第 73 宗等。既经调处而未息，再度民间调处且不说必定效果欠佳，至少表明官府亟欲将纠纷"抛出"，这可能诱发"缠诉"。如第 68 宗的数份批词分别为"邀同蔡贤登理处，周克礼自无遁饰"、"即邀同原中妥理清楚，毋庸肇讼"及"查两造呈词均难取信，著即邀同契中妥理清楚"。

其三，"以进为退"型，即批令先行民间调处且表示会以官府介入为后盾。如第 1 宗的批词为"或仍凭土嶼张绅等妥为理息，以免讼累。如理处不下，准即带案讯办"。第 14 宗的当事人希望官方出文申斥"逆媳"，批词为"如果属实，亟宜治以家法，否则尽可呈请提究，非传谕申斥所能了事也"。这既阐释了民间调处的必要，也以"尽可呈请提究"给当事人打气。当然，批词的出发点在于尽可能将纠纷推回民间。

其四，"设身处地"型，即以"推己及人"的道德说教口吻引导当事人寻求民间调处。如第 4 宗批词为"何必讦讼公庭，播扬家丑也"，第 7 宗为"小本经营何堪讼累"，还有第 18 宗、第 63 宗等。批词在个人心理、纲常伦理等方面下功夫，既实现将民间细故拒之门外的初衷，还契合国家的意识形态。

其五，"就坡下驴"型，即借状词用词为发挥将纠纷推回民间。第 9 宗的当事人希望官府"电赐批饬阮氏房族带回训戒"，批词为当事人"尽可妥向说明，带交阮临海亲属领回管束，自无他患"。"归宗"大事遂成文字游戏。

其六，"视若罔闻"型，即以所呈案情不明等由头将纠纷推回民间。第 10

宗,年已甲子的王潘氏因养子受唆擅自归宗而要求补偿,州县官"一脸懵懂"地表示"据呈是何纠葛",且不失机时地要求"著自妥为理明,毋庸肇讼"。

上述分类旨在描述"官批民调"的措辞、动机及态度,且各情形之间也可能含义重叠。此外,不同情形还可能出现在同一案件。第 6 宗,州县官起初"直接了当"地批令"著投局理明,毋庸滋讼",后基于"路径依赖"再三批令"仍照前批,投绅理息"、"著仍自投局绅理处,不必诉渎"及"仍邀原理之林兰友等,妥为调停息事"。

(三)张汝龙案与"拉锯"现象

呈递与推回的拉扯折射出晚清司法面向:民间细故不值得消耗帝国极其可怜的司法资源,纠纷解决成本转移至民间社会乃首选。这在第 4 宗体现得尤为明显。可怜的布店伙计张汝龙希冀官府惩戒其出轨的妻子及一干人等。对于光绪元年(1875 年)六月二十三日的状纸,州县官"设身处地"地劝道"李氏不守妇道,究应如何设法,以杜后患。尽可投知亲族妥议行之,何必讦讼公庭,播扬家丑也"。龙再呈,批词表示"妇女犯奸,即使到案,照例亦应本夫领回,听其去留,不能官为断离"。七月初三,龙复呈提究奸事,批词为"奸情暧昧之事,律应奸所捕获方能准理,若以奸情指控,其事无凭,断难究追,仍不准"。十三日,龙又呈,官府认为缺少凭证。

随后,张家改由张父于二十八日呈递,州县官恢复了耐性,既指令家族设法处置,又解释官方依例不得介入,即"李氏深恶万分,披阅情词,断难相安,或去或留,尔父子尽可自行主张。控之不已,其意何居。既无妇女仗毙之例,不能由递行断离。即使予以责惩,亦未必能改前过。著邀族从长计议,呈情立禁可也。毋生他心,希图彼累"。八月初八,张父再呈,批词话锋一转:"案节据具呈,本县批之详矣。既不愿留,亦不使之遁去,徒以无据奸情哓哓不已,为意何居。特饬。"

尔后情况变得更遭。李氏归家后"毫无介意,愈藐翁夫","仍与林崇高等往来不忌",而奸夫甚至扬言"定要了龙性命",后李氏又"席卷衣物与奸夫私逃",以至局董派员侦得李氏行踪,李氏舅母竟称"永不望回,听侯官断"。九月十三日,龙再呈。或许州县官疑龙影射,批词语气甚烈:"尔妻李氏淫奔,已犯七出之条,若无所归,固难离异。兹既逃回母舅家中,亦可谓有所归,听其自去可也。尔乃先请断离,今又欲领回设法,实属无耻已极!犹敢哓渎,深堪痛恨。特斥。"尽管各批词之措辞、说理不同,为把案子推回民间,州县官将律例、纲常、人情等资源援作说辞,语出羞辱,甚至出言恐吓,如第 36 宗、第 56 宗。

张氏父子的遭遇绝非个例,“拉锯”现象在黄岩诉讼档案中可谓普遍,如第6宗、第18宗、第20宗、第25宗、第35宗、第37宗、第41宗、第57宗、第63宗、第67宗、第68宗等。对于动辄将案件推回民间的做法,有学者称之为“狡猾的机会主义”,即没有原则地尽最大可能抑制争讼的裁判倾向,且断案大多凭直觉,几乎不依法。[12] 相应地,具呈人用词夸张,如用“四字珠语”等夸大案情。[13] 也有学者认为,诉状用语平和,且“官府处理日常诉讼词状细腻而又准确”。如对“一词多事”状词,大部分被识破,批示“控情支离”、“呈词支离”和“妄渎朦混”,或批复听单案审理。[14] 笔者认为,对于夸张用语尤其“珠语”,州县官往往是“看破不说破”。第1宗,徐廷燮以“噬修被殴”夸大事实以求重视,最终也达至目的。批词为“欠修逞横,侮慢师长,所控如果属实,张乘鳌殊出情理之外。着值役蒋昇、方玉贰名持批速往查理”。因徐张偶遇时,正是绅董张敷纪等力阻且陪徐至张家说理,故如是批,“或仍凭土屿张绅等妥为理息,以免讼累”,并叮嘱“如理处不下,准即带案讯办。去役不许滋扰。定限廿日禀复,勿延”。该讼案处理方式多样化且考虑较为周全,而非一味“简单粗暴”。该案之谨慎可能与追讨训蒙报酬有关,毕竟清帝国对训蒙及意识形态控制极为重视。[15]

如从现代权利视角观之,“狡猾的机会主义”之说不为过;从案情把握及理解来看,也称得上“细腻而又准确”。这幅矛盾图景惟纳入官方立场才能理解。换言之,州县官是“揣着明白装糊涂”。由于热衷将纠纷推回民间,故往往为了该目的而寻找说辞,这才有“就坡下驴”“视若罔闻”等策略。

(四)民间回应:“因势而动”

拉锯中,衙门总是强势。民间力量参与调处更多是被动介入,惟特殊情形

---

〔12〕 参见邓建鹏:《清代州县讼案的裁判方式研究:以“黄岩诉讼档案”为考查对象》,载《江苏社会科学》2007年第3期。

〔13〕 参见邓建鹏:《讼师秘本与清代诉状的风格:以“黄岩诉讼档案”为考察中心》,载《浙江社会科学》2005年第4期。

〔14〕 参见巴哈提牙尔·米吉提:《黄岩诉讼档案状词真实性研究》,载《社会科学辑刊》2013年第3期。

〔15〕 See Kung Chuan Hsiao, *Rural China: Imperial Control in the Nineteenth Century*, Seattle, University of Washington Press, 1960, pp. 235 –244.

下主动介入,故通常持“因势而动”立场。材料有限,黄岩社会力量介入调处唯凭借反复呈递的状纸探寻“雪泥鸿爪”。当官府一再批令张氏父子邀族人处置,但“持批投局,邀族从长计议,亦令龙自行设法”。李氏再度私奔后,张“投诉局董”,尽管派人探得李氏舅母语,也只“局董忿恨,令龙赴案叩究”。族人似对案件不上心,绅董很出力却也手段有限。第 6 宗,因设坛祈雨成功后演戏“以报神庥”而发生费用纠葛,具呈人持批邀调差点被人蒙骗。虽因事起祈雨,有人出面理息也“不了了之”。尽管调处不成,状纸通常将调处描述为公允的,以声讨对方,也作再呈理由,如第 23 宗、第 24 宗、第 41 宗、第 44 宗、第 46 宗等。有以局绅不作为、不公道作为再呈原由,如第 35 宗、第 37 宗等。总之,因缺少供词、堂谕、和解状等,对民间调处细节仍难把握。

距黄岩 200 公里的处州府龙泉县的司法档案相对详尽。28 宗档案有 7 宗涉及“官批民调”,民间力量被动介入 6 宗,主动介入 1 宗且与官方批令有间接关联。持批被动介入调处在宣统二年(1910 年)瞿绍文控瞿自华等“不凭契墨毁物凶殴”案中很清晰。[16] 先后托族人、公人理息未成,瞿绍文呈至县衙,县正堂批“着传谕该族房长瞿亲□等,妥为理说”。被呈人之一“深描”了该次调处:

者奉谕,讯后旋于十七日开祠。耆遂请尊长瞿振文等来祠,破除情面,秉正不阿,着两造香燃祠台,切心告祝。祷告后,尊长诘(该字存疑)问绍文:“据曰,道光十年间,瞿水元将瞿发寿冬至祭头,抵于尔祖。何道光至光绪,毫无尔太祖及尔祖父之名登凿?!……”是日,尊长等在祠理说,着瞿绍文于所拾伪纸,焚烧祠炉,以杜后争。亦劝耆前被文替贴各田,亦归一串与文,以后毋得绍文干预。文时稍有悔意,未几旋听旁人怂恿,朝许夕□,实难了结。为此,家法莫治。

这与瞿振文的具禀状几乎一致。该调处在瞿绍文的状纸中是另一番模样,除由己“设席祠中”,还列明参与调处的房族长及一干长辈(惟没提及振文,但振文却是被呈人状中惟一指名之人),众人验查契约、票据后均支持绍文,却遭被呈人拒绝。另一位参与调处的族人呈状声援绍文,并谴责“振文一非族长,又非房长,岂能徇私不通族众,擅自为之祖禀!”。对此,县知事一再声明“原理房族

〔16〕 档案影印件载包伟民主编:《龙泉司法档案选编 · 第一辑 · 晚清时期》(上),中华书局 2012 年版,第 714 ~ 748 页。

来案备质”之意，对振文禀状批“违式，着遵用正式呈状另呈核夺”打发，在绍文呈状批“该监生倘能退一步想，仍许调处了事”。县知事对案情已然有所掌握，惟希将纠纷推回社会而已。后经房族亲友理息，官方在和解状上批令销案。

主动介入民间调处通常因争讼日久，房族亲友、保甲长等为求平息事端或因操办其他批令而理息。前者如光绪二十九年(1903年)殷韩氏控廖永年等蓄谋罩占案，[17]县正堂一再批令“俟谕商务会秉公查理覆夺”未果。延至光绪三十二年(1906年)，监生张、吴联名投递息呈，称“沐恩提究在即，□□□□均属戚亲，前因外出生理不家，以致两造纏讼不休。□□□□□□□不忍坐视，出而理息”。尽管息呈所载与官府查明的情况出入甚殊，但县正堂仍予认可。后者如光绪十九年(1893年)发生在台湾地区北部农村的一起遗产纠纷，尽管官府仅要求族人调查汇报案情，但族人没有响应而径直调解，且为官府认可。[18]

无论被动介入抑或主动介入，纠纷推回民间后势受各方力量综合作用，处理方式、过程及结果无法摆脱民间社会这一场域。这使民间力量保持了对社会秩序维系、重构的较高参与度。这种社会参与可概括为“自噬型”或“自我消解型”。如将纠纷比作“烫手山芋”，则“官批民调”就是让基层社会“自个吞噬掉它”。

对于“官批民调”之民间调处环节没有回音的案件(这类情形在档案占比较大)，无论出于何种原因，与前述案件一样映射出民间社会的宰制力，即社会结构对个体行为的制约，可能是当事人接受了冷处理的现实，放弃救济，也可能受谈判力量制约而不得不承受某种“不平等”方案，承认现实。整体上，放任基层社会去面对、处置、承受、消解乃至吞噬个中种种积极的、消极的方式、过程及结果，甚或将纠纷作为一起事件、一种生存方式、一项社会条件而长期存在并影响社会生活。自噬型社会参与(绝非一无不是)却在社会自治解决纠纷的基本含义外突出了“把孩子和脏水一并端回家”的苦涩与无奈。这种局面受社会结构与“官府—官批民调—社会”的框架形塑，个体往往无解也无法摆脱。这与社会自治的理想型有含义偏差，即没有充分的个体性，取而代之的是社会整体的宰制状态。

诚然，传统社会结构中亦蕴含某些个体解放性要素。譬如，第4宗张汝龙

〔17〕 档案影印件载包伟民主编：《龙泉司法档案选编·第一辑·晚清时期》(上)，中华书局2012年版，第36~81页。

〔18〕 案情见[日]寺田浩明：《权利与冤抑：寺田浩明中国法史论集》，王亚新等译，清华大学出版社2012年版，第277~283页。

案中李氏及其舅母之“任性”与“蛮横”、张氏父子之“执著”均在传统社会结构的罅隙中展现着“个性”(也包括“无奈”)。再如,我国台湾地区北部农村那起遗产案中族人们在纠纷解决中充分展示民间力量的能动性。之所以用“自噬型社会参与”概括该时期司法社会化实践(尤其从“官府—官批民调—社会”角度看待该时期纠纷解决实践),一是为了突出显著特征,故而对例外情形着墨不多;二是个体解放性要素的发挥空间相对有限。除张汝龙父子诉请被州县官再三驳回,类似遭遇在黄岩档案还有诸多记载,尤以第 20 宗档案最为典型。具呈人再三禀于衙门,州县官多次批示“情词扭捏支离,显有不实不尽。著即自向理还”“前呈业已批理,毋再架词耸渎”“呈词支离……哓渎不休,明系讼棍伎俩”。具呈人最终作具结状“具结状蒋德赠,今当大老爷台前,结得赠控吴显得等窝窍牛只诱禁殴抢等情一案。如讯有子虚,原甘赔坐。所具结状是实。光绪四年十二月□日具甘结蒋德赠(花押)右食指”。衙门批词则为“特斥,仍不准,切结掷还”。此外,出于在长时段研究中突出各阶段特征之故,故对不同时段之间的延续性因素皆强调较少。

## 三、补充型社会参与:民国基层司法的双层构造

### (一)司法专业化浪潮中的调解社会化

清末修律昭示传统司法模式开始经历结构性转换,“官批民调”亦受到司法体制西方化及法律形式主义的冲击。在司法专业化转型中,司法审判没再给社会力量提供参与空间。从致力于打造现代型司法体制的努力来看,该时期的司法除了受人力、物力、财力以及国民意识诸因素所限而恢复了部分传统司法因素之外,西方诉讼程序与司法体制俨然是整个民国司法之模板,亦谓清末修律的延续与升华。在注重形式主义的诉讼体制中,社会力量几乎完全被排除在外。

在立法层面实现诉讼程序西方化的势头在南京国民政府时期略有变化。1930 年《民事调解法》主张,在第一审法院附设民事调解处,以“杜息争端、减少讼累”。该法贯彻了司法调解的社会化思路。其一,调解主体必须由推事与非职业人员共同组成。第 3 条规定:“民事调解以推事为调解主任,两造当事人各得推举一人为调解人协同调解。”第 4 条规定:“调解人应具备左列各款资格:(1)中华民国国民年在三十岁以上者;(2)有正当职业者;(3)识中国文义者”,且规定“现任司法官或律师不得为调解人。”其二,非职业调解人的签名乃调解

之成立要件。第12条规定，“调解笔录经调解主任向当事人说明，调解结果由当事人两造同意并签名及调解主任、调解人签名后，为调解成立”。其三，非职业调解人促成之调解，其效力与判决等同。第13条规定，“调解成立与法院确定判决有同等之效力”。[19] 除了将非职业人员引入司法调解之中，该法在案件范围的规范化、调解申请的要式化、调解申请书的规范化、课处无故不参加调解者、调解笔录的规范化等方面也予以规定。该法是有关传统中国调解规范化的首次尝试，但无时不体现出司法制度西方化潮流的影响，是法律形式主义理念下对传统纠纷解决因素的吸纳与整合。进言之，调解社会化与调解规范化成了该立法的两个不同侧面。

尔后，《民事调解法》的立法精神与具体制度被吸纳至1935年《民事诉讼法》，社会力量进入司法活动得以明确，调解社会化思路首次得以在《民事诉讼法》中体现。第416条规定：“当事人两造各得推举一人为调解人，于期日到场协同调解。不问当事人有无推举调解人，如法院认有第三人适于协同调解时，得选任为调解人。……法院选任之调解人，应通知其于期日到场。当事人选任之调解人，经预行陈明法院者，亦同。”第421条规定：“调解成立者与诉讼上和解有同一之效力。”不同于《民事调解法》的规定，《民事诉讼法》表示调解人“得请求法定之日费及旅费”，调解人“所需之旅费得依其请求预行酌给之”。该时伪满洲国政府也出台调解制度及调解社会化制度。1937年《调停法》第27条规定，“法院得询当事人之意见，使认为适当之人为调停之辅助”；第28条规定，“法院就调停认为相当者，得在法院外为调停”；第40条明确了辅助调停人的待遇及补助，即“对于调停委员及依第二十七条之规定辅助调停之人，依司法部大臣之所定，给予旅费、每月津贴及止宿费”。[20] 鉴于该时代的特殊性，这种相似性是比较容易理解的。

（二）法院调解实践中的社会力量

不同于立法层面，法律实践却不尽然：一方面，法院调解的实际功效与预期有所出入；另一方面，社会调解对法院调解、司法审判助益甚大。以调解人制度

---

〔19〕《民事调解法》之相关条文引自《国民政府公报》（第375号），国民政府文印铸局印行，1931年1月22日，第3～4页。

〔20〕伪满洲国《调停法》的相关条文引自蔡鸿源主编：《民国法规集成》（第90册），黄山书社1999年版，第128～129页。

观之,自《民事调解法》施行之后,当事人推举调解人的效果并不突出,要么当事人不推举调解人,要么所推举之调解人往往帮助该方当事人为利益主张,有失居中调解之意旨。[21] 故1933年《修正民事调解法施行规则》对调解人制度予以变更,即“不问当事人有无推举调解人,如调解主任依关系人之陈述或其他调解之结果,认为第三人适于协同调解时,得选为调解人”;1935年《民事诉讼法》亦规定“不问当事人有无推举调解人,如法院认有第三人适于协同调解时,得选任为调解人”。法院调解的成立比例不高,大抵20%;调解人参与法院调解的比例为20%～40%;法院调解案件受理数也变化不大。1931～1936年民事案件调解情况见表1。

**表1　南京民国政府法院民事调解案件**　　单位:件

| 年度 | 受理件数 | 有调解人者 | 调解成立者 | 调解不成立者 | 调解撤案者 | 调解进行中者 |
|---|---|---|---|---|---|---|
| 1931 | 67,806 | 24,134 | 17,347 | 64,180 | 282 | 1245 |
| 1932 | 83,054 | 23,261 | 17,859 | 48,393 | 253 | 1301 |
| 1934 | 115,453 | 31,728 | 18,643 | 95,251 | 0 | 1559 |
| 1935 | 83,773 | — | — | — | — | 731 |
| 1936 | 84,974 | — | 12,419 | 68,016 | 3438 | 1101 |

资料来源:1931年度、1932年度的数据,参见(民)司法行政部统计室[编辑]:《中华民国二十一年度司法统计》,京华印书馆1935年版,第248页;1934年度、1935年度、1936年度的数据,源自(民)司法行政部统计室[编辑]:《中华民国二十五年度司法统计》(下册),出版者不详,第98页(扫描版载http://www.cadal.zju.edu.cn/book/singlePage/08007540,2016年10月19日最后访问)。1934年度的“有调解人者”“调解成立者”“调解不成立者”数据,源自(民)司法行政部统计室[编辑]:《中华民国二十三年度司法统计》。转引自赵建蕊:《民国时期的民事调解制度——以〈民事调解法〉为中心》,中国政法大学2007年硕士学位论文,第25页。1934年度、1936年度的“调解撤案者”数据乃根据现存数据推算而来(1934年度与1936年度的“调解撤案者”数据,要么为零,要么高达数千件。此二者,或情形极端,或与此前情况的反差极大,故而其真实性尚待考证)。前列《司法统计》中所称之年度均为该年7月至来年6月。如1931年度,即1931年7月1日至1932年6月30日。

---

〔21〕 参见(民)石志泉:《民事调解制度》,载《法学专刊》1935年第5期。

当前公开的1912～1937年龙泉司法档案计286宗，[22]笔者抽取出99宗与法院调解、社会调解有关的案件。其中，法院直接组织调解的案件(包括调解动议未得到当事人响应)为59宗，仅8宗批交社会力量调解，60宗系社会力量主动介入调解。[23] 法院直接调解达成协议者为19宗，达成率约1/3，鉴于7宗案件出现反复或遭遇“执行难”，实际纠纷解决率仅1/5。在法院调解因流于形式而效能低下时，社会调解为基层司法提供了补充。在前述99宗龙泉司法档案中，法院批交社会力量调解或社会力量主动介入调解者计68宗，约70%；形成合意的计55宗，约80%；而合意达成之后出现反复、遭遇“执行难”或不为法院认可的计4宗，实际纠纷解决率为3/4。[24] 虽然立法对于社会力量参与诉讼活动没有提供太多的制度空间，但民国政府对于民间调解的重视几乎没有受到法律形式主义及司法体制西方化潮流的过多影响。为规范并推动社会调解，政府出台了一系列法规，区公所、乡公所、镇公所、坊分别设立调解委员会，以调解民事纠纷及部分刑事案件。[25]

至于司法实践中社会调解与法院调解、法院审判的互动，可见1933年龙泉司法档案游潘珠与游国铨等因聘金及遗产涉讼等案。[26] 游潘氏《民事调解声请书》称：

---

〔22〕 数据统计参见包伟民主编：《龙泉司法档案选编·第二辑·1912～1927》载和包伟民主编：《龙泉司法档案选编·第三辑·1928～1937》载。

〔23〕 部分案件先后经历法院调解、社会调解，故各子项之和与总数有出入。另需说明：1923年第8宗《山场纠葛案》，乡警因执行标封与被执行人发生纠葛，经他人调解结案。统计时亦单独作为一例；1925年第8宗《砍木纠葛案》虽有和解文书在卷，但据尔后原告所言，和解文书皆系捏造。依浙江高等法院令看，亦未认可该次和解。统计时仍将其计算在内。

〔24〕 所谓“不为法院认可”，如1915年第9宗《灭界侵占案》，亲友在诉讼过程中主动调解并促成合意，但官方以案涉刑事为由未对合意作评价。

〔25〕 如1930年《乡镇自治实施法》、1930年《区自治实施法》、1930年《市组织法》、1931年《区乡镇坊调解委员会权限规程》以及1934年《区乡镇坊调解委员会规程》。参见蔡鸿源主编：《民国法规集成》(第39册)，黄山书社1999年版，第51页、第200页、第236页、第239页、第266页。

〔26〕 档案影印件载包伟民主编：《龙泉司法档案选编·第三辑·1928～1937》(1933[1])，中华书局2018年版，第8～151页。

氏年十八,由父潘道璋凭媒嫁与游国鉴为妻,生有一女名潘珠,现年九岁。不幸,氏夫于民国十八病故。夫弟游国铨、游业养恃蛮丧良,谋占家产,于十九年,逼氏再嫁与项茂芳为妻。当时有项茂芳交出聘金洋陆拾元,由游国铨收存,说明储放为氏女潘珠嫁资。有游国铨收洋单可证。距至今年,游国铨等不惟吞没存储聘金,且将家中遗产房屋全堂田租壹百叁拾余石,山场数处,灰寮牛栏等项,概行拍作二份,为国铨、叶养二人二三两房分管。□□(疑为"灭却",依游潘氏尔后呈递《民事状》推测之)氏夫国鉴长房名分,将氏女潘珠女子承继权□(疑为"剥",且依氏《民事状》亦如是)夺。理论莫何,为此依法请求传案调解,责令交出聘金本利,并分出氏夫国鉴长房持分产业,使氏女潘珠继承,以抑强叔而保弱女。实为德便。谨书。

法院民事调解处遂通知"两造"到场调解,并要求各自"推举调解人一人,到场协同调解",甚至声称对无故不到场者将予罚款,但游氏兄弟拒绝到场。项(游)潘氏随即提起诉讼,诉讼中法院试行和解且达成协议:"被告自愿给还原告洋八元,原告其余聘金自愿让免不争。"拖至项潘氏身故,聘金仍未给付,遗产纷争亦扯锯不休。法院除反复派员执行聘金外,批示"两造在外调处"。终经亲友调解,申请撤案:

被告将原告(潘珠)领回抚养,视同己出。俟原告长大出嫁,将土名外寮田租二石五斗,又土名社殿下田租一石七斗,共计四石贰斗以为原告妆奁。其余原告父遗些微产业,概留与被告子辈,继承宗祧兼继承遗产,以免原告父亲坟茔日后无人祭扫。

社会调解与法院调解、审判的互动也见于四川省新繁县吕龙氏诉吕文祥离婚一案:

吕文祥被指控隐瞒业已娶妻之事实而骗娶吕龙氏,且不付给吕龙氏生活费,还动辄打骂吕龙氏。案件系属于法院之后,亲族龙泽生、周继光等人多次劝二人和解。经协调,两造和好,遂向主审司法官递交和解申请书,请求撤销案件，为司法官所准许。[27]

依据民国之若干部诉讼法之规定，推事得于任何时间促使当事人实现诉讼上之和解，并有终结诉讼之效力。无论龙泉县游氏讼案抑或新繁县吕氏讼案，族人事实上代替推事完成和解促进工作，并借助撤诉制度将民间调解与诉讼上之和解对接起来。

司法官也可能借助地方组织来处理讼案。龙泉县刘廷琛控沈宗耀等纠众抢割案批示为"著即执批邀请公正人士理息"。[28] 李光福等控李昌衍等藐族强砍案批示为"籍祠砍木，殊属不合。仰即邀请族房长，谕饬赔偿损害可也。一本之亲，毋庸兴讼"。[29] 新繁县吕少芳与族人吕国珍因契约纠纷而闹上法庭。司法官认为案情简单，遂于收到诉状之后批示原告请保甲主持调解："状悉，仰该民投凭该管保甲向其理讨可也。此批。"[30]司法官们的做法几乎是传统"官批民调"的翻版，甚至连语气与表述形式也很是相仿。这体现出传统司法在民国的延续，至少揭示出其对民国司法的影响，尤其民国初年基层司法实践的连续性。不仅民间力量在调解成功之后会设法影响诉讼程序，司法官员也可能主动向社会寻求配合。虽然这些做法在立法上没有明确规定，但基层司法实践仍然依循惯常、实用的做法。在此意义上，有学者认为："在民国时期，法律制度的变化主要在城市而不在农村，主要在其表达而不在其实践。比较民国和清代的案件记录，就可以看到民事裁判的实践在县城和村庄这一层次的基本延续。"[31]

---

[27] 《吕文祥案》（目录号3、案卷号701），载《民国新繁县司法档案》，四川省新都区档案馆。转引自刘昕杰：《以和为贵：民国时期基层民事纠纷中的调解》，载《山东大学学报》（哲学社会科学版）2011年第4期。

[28] 档案影印件载包伟民主编：《龙泉司法档案选编·第二辑·1912～1927》（1912［下］），中华书局2014年版，第327页。

[29] 档案影印件载包伟民主编：《龙泉司法档案选编·第二辑·1912～1927》（1913［中］），中华书局2014年版，第460页。

[30] 《吕国珍案》（目录号3、案卷号698），载《民国新繁县司法档案》，四川省新都区档案馆。转引自刘昕杰：《以和为贵：民国时期基层民事纠纷中的调解》，载《山东大学学报》（哲学社会科学版）2011年第4期。

[31] ［美］黄宗智：《清代的法律、社会与文化：民法的表达与实践》，上海书店出版社2007年版，第4页。

换言之,该学者认为,民国法律制度的最大变化在于制度表达方面,其制度实践层面并没有随之发生根本性变化,这在基层司法中尤为突出。

至此,我们可以洞察到民国时期民事纠纷解决在立法层面的二分结构:法院审判与社会调解被作为两套相对独立的纠纷解决体系予以规范。对于法院审判,由于民国司法延续清末修律以来所秉持的法律形式主义与司法体制的西化趋势,诉讼程序未给社会力量的参与提供太多的制度空间。同时,受诉讼程序西化的影响,调解人制度等司法社会化尝试的实践效果也并不突出,其在整个司法体系中产生的作用较为有限。至于社会调解,政府出台诸多法律规范以调整和推动民间调解。与清代传统司法体制相比较,民国时期的法院审判与社会调解的界限在立法层面是相对明晰的,彼此间似乎自成体系。出于打造西方司法体制的自由,法院审判在形式上具有现代诉讼特征。当然,这种两套系统彼此独立运行的情况主要是通过法律条文表现出来的,但在制度实践层面,尤其在基层司法实践中,法院审判与社会调解又保持相应的连续性。这与传统的基层司法运行颇为近似。

但是,法律表达与制度实践之间的背离现象不是问题的全部,正式审判系统与民间调解体系之互动在传统中国与民国时期有较大差异。在刘廷琛控沈宗耀等纠众抢割案中,刘"奉批……邀请周起郃、李万青、熊佐文等,向伊理说",沈"非但不遵该绅等理说",还趁夜纠集众人再度抢割。对此,县知事旋即表示:"一再抢割,实属胆大已极。仰侯饬警拘提讯究,以儆效尤!"[32] 当李光福等控李昌衍等藐族强砍案的族房长调解未果之后,审检所立马表态:"侯派吏查勘明白并著赔偿损害。违即提究!"[33] 当吕少芳以保甲调解没有效果而再度诉之法院时,司法官亦不再像黄岩诉讼档案中州县官那样将纠纷反复而近乎"执著"地推回民间社会,而是依法办理。[34] 法律条文或制度表达在推动诉讼体制改革

[32] 档案影印件载包伟民主编:《龙泉司法档案选编 · 第二辑 · 1912 ~ 1927》(1912[下]),中华书局 2014 年版,第 327 ~ 328 页。

[33] 档案影印件载包伟民主编:《龙泉司法档案选编 · 第二辑 · 1912 ~ 1927》(1913[中]),中华书局 2014 年版,第 463 页。

[34] 作为例外,龙泉县"王恒丰控王寮奶占地盖厕案"的县知事在五度批示民间调处未果之后才予裁判。档案影印件载包伟民主编:《龙泉司法档案选编 · 第二辑 · 1912 ~ 1927》(1914[下]),中华书局 2014 年版,第 979 ~ 1016 页。

与形塑社会生活方面仍然有着不容小觑的拉动力。如说清代的社会调解与州县审断在某种意义上呈现一种围绕纠纷解决而此止彼续的连续体，那么民国的基层司法则体现了较为明晰的双层构造，虽然法院审判与社会调解受司法习惯的影响而仍然保持着相当程度的关联，但业已没有清代基层司法实践中那样足够强有力的联结组织及互动制度。基于这种双层构造，诉讼程序试图纳入社会调解等纠纷解决要素，但在司法专业化路线下，基层司法系统不再可能对社会调解抱有更多期待，更不可能如晚清黄岩、龙泉司法那般对待纠纷及社会调解，故民间力量参与司法调解更多地处于辅助、补充地位（清代黄岩诉讼档案中批示民间调解者达40%，而民国龙泉司法档案中约3%），而这种司法调解社会化的成效总体上相对有限。

这种低效益也引发追问：作为传统纠纷解决机制的调解在引入高度西化的诉讼程序之后，是否与民间社会脱离了联系，这是否系问题之关键所在？司法力量不深入民众是否就无法在司法调解与社会调解间找到适当的结合途径？

## 四、建构型社会参与：马锡五审判方式中的“群众路线”

### （一）马锡五审判方式：以个案为中心

据不完全统计，在抗日战争时期与解放战争时期，各根据地及解放区共出台了二十余项乡村调解规定。[35] 当然，司法调解社会化之典范仍属陕甘宁边区马锡五审判方式，即坚持群众路线，倡导调解与审判相结合的办案方法、思路及策略。马锡五曾将该种审判方式归结为“就地审判、不拘形式、深入调查研究、联系群众、解决问题”。

马锡五审判方式就是群众路线在司法实践中的具体运用，这最能体现马锡五审判方式的实质内涵。当时司法活动是如何具体地贯彻群众路线，可以通过马锡五处理华池县封捧的婚姻纠纷予以考察：

封捧年幼时与张家次子订有“娃娃亲”。后来“聘金”大增，封父于1942年将其暗中许配南源某人，并要与张家解除婚约。张家向县政府告发，县裁判部撤销了后一次婚约。封父随后又将其许配庆阳县某人，张父遂纠集众人抢亲。

〔35〕 参见常怡主编：《中国调解制度》，重庆出版社1990年版，第12页。

封父告至县司法处,封捧与张家次子的婚姻被宣告无效,并以"抢亲罪"判张父六个月徒刑。封张两家均不服判,当地群众也不满意。时逢马锡五巡视该县,路遇封捧,遂在一棵树下受理了她的上诉。马先后找区乡干部、当地群众调查情况,还邀请封捧的亲近者与之谈话,得知她"死也要与张柏(张家次子)结婚"。弄清案情后,马遂与司法处工作人员一起在村公所举行公开审判。在审明封父屡卖女儿、张父聚众抢亲以及封捧的婚事意见之后,马当场征得群众意见:应罚封父,其违犯政府法令;也罚张父,其聚众抢亲,既伤风化,又碍治安,"否则,以后大家仿效起来,还成什么世界";封张的婚事合理合法,绝不能断散。二审遂改判为:封捧与张柏的婚姻有效;判处张父以徒刑,附和者予以批评;封父科以劳役,以示警戒。[36]

该案被改编成评剧《刘巧儿》且颇受民众喜爱。该案之所以轰动有较大偶然性,一个技术性原因在于,一审时县司法处对案件事实查理不清,由此产生了较大负面影响。发动群众以查明案情可谓司法活动中坚持群众路线之一核心要义,这在合水县王治宽与王统一的地基纠纷中也有体现:

县、区、乡干部及相关群众共二十余人,一面展开约据,对照方向仔细丈量段数亩数,同时征询老年人及四邻意见。群众、干部先后发言,王治宽理屈,只得认错,群众们哈哈大笑起来。土地终归王统一所有,双方互请吃饭,王治宽给王统一装了一烟(农民敬人土俗),取和了事。

该地基纠纷案较清晰地展示了群众线路在案情查证方面的作用。在此案中,由于一审时县司法处没有针对案件开展实地调查,而仅依据一方当事人的诉状予以裁判,以致裁判者先入为主,对案件事实作出了错误的认定。吸引群众参加司法调解以查清案件事实的情形,还可见合水县丑丁两家的土地纠纷:

1938年,丁丑两家因土地纠纷诉至宁县民国党县政府。丑家侄女婿任县保

〔36〕 若无说明,本部分所援引个案材料均源自《马锡五同志的审判方式》,载《解放日报》1944年3月13日,第1版;另参见马锡五:《新民主主义革命阶段中陕甘宁边区的人民司法工作》,载《政法研究》1954年第1期;张希坡:《马锡五审判方式》,法律出版社1983年版,第26~28页、第34~38页。

安队长，遂从政府领取了“补契承业执照”。依执照，不仅丑家梁山地归丑家所有，连丁家田产也归丑家所有。丁家告至平凉高等法院，并杀猪请客，以金钱贿赂得力士绅和法官。经判决，争议土地一并归丁家所有。纠纷拖至1943年，石推事会同合水县干部到当地四邻中进行调查，搞清基本案情后，又召集干部群众勘查地形。随后，经群众讨论处理办法之后，由石推事、区长、当地群众和干部组成调解组，依当时法令进行调解。最后两家接受了“川子河及附近山地归丁家，丑家梁山地归丑家”的调解结果。

除了借助群众力量查清案情，另一个核心技术性问题是如何理解规范及适用规范。这在一起缠讼事件中有体现。缠讼事件不仅与事实认定极为攸关，也与选择、理解、适用规范紧密相连。[37] 缠讼可谓中国司法一道景观，除了黄岩、龙泉司法档案有记载，抗日战争时期也有发生：

延安县军属杨兆云的缠讼事件困扰当地政府达数年之久。1946年秋，马锡五与该县司法处审判员赵志清先到区政府开干部会，了解杨的抗粮经过。乡干部多次催杨交公粮未果，遂请示区上强令交粮，否则让民兵去打麦，区上表示同意。杨见势不对，叫儿子背了二斗麦送到仓库。乡上未再调查，贸然派民兵强打了一石多麦子。杨随即控告，除了公粮事，还说被人侵占了土地。马赵开会批评区乡干部不深入调查的官僚主义作风，应当道谦；多交公粮如数退还；杨作为军属，生活有困难可以给予适当照顾。马赵以帮助农民生产的途径展开侵占调查，在争执地界处与农民共同研究历年来土地纠纷情况，发现别人没有侵占杨的土地，反倒是杨霸占别人土地。马赵召开晚间群众大会，群众揭露与批评杨屡次侵占别人土地。杨认错并接受政府和群众的批评：“大家心平气和，尊敬我，又批评了区乡干部，指出了我的错误，我再没啥说，只有服从。”

（二）司法“群众路线”的多维考察：司法、社会与政治

1. 作为司法技术的“群众路线”

群众路线在马锡五审判方式中的运用体现为借助群众查清案情事实以

---

〔37〕 笔者田野调查时接触到几起缠讼事件，部分缠讼（访）者对法律法规、政策文件中的字眼“死死咬住不放”，即使从专业角度看，他（她）们的认识也可能是错误的。

及群众参与评理说教。以现代司法的眼光视之,群众参与司法的首要技术性功能就是协助查清案件事实,然后介入纠纷评价活动,这相当于现代司法活动中的规范选择、理解及其适用。这是马锡五审判方式中贯彻群众路线时的两大核心要素。正是群众参与使司法活动得以展开,也塑造出在结构、性质方面与晚清时期、民国时期有显著差异的司法形态,此即建构型社会参与的司法技术之维。

暂且抛开意识形态、政治运动等影响,这种群众路线与当时之纠纷类型、社会状况极为吻合。在新民主主义革命时期,发动群众参与司法具备有效性。当司法活动中需要查证某一事件时,司法人员就通过当事人的邻里、亲友、同事、领导来了解情况,掌握与案件相关的信息与材料。随着共产主义运动在根据地的开展,传统结构被改变甚至被彻底颠覆。一些新的制度与措施,如废除保甲制、削弱地主经济、经济的合作制转变、塑造新型社会权威、通过教育改革形塑新人等,[38]既达到了对零散的个体民众予以高度组织化的目的,同时也使社会关系相对简约化,甚至有整齐划一的倾向。在生活生产关系相对简约的基本样态下,由邻里、亲友、同事、领导评价案件具有可操作性,即具有相应的社会基础。不仅生活生产关系相对简约,而且民众之间的高度组织化亦使彼此更易完成某种微观权力意义上的规驯与监控。在将群众路线贯彻至司法活动时,马锡五审判方式也实现了司法的社会化与大众化。

2. 作为组织策略的"群众路线"

这种司法社会化、大众化在当时属于资源整合策略,原因是当时司法队伍的规模、水平皆非常有限。司法人员不足、专职司法队伍缺失,除了少数司法人员外,工农干部大量参与司法,行政人员兼任司法人员是普遍现象。毛泽东表示"司法也该大家动手,不要只靠专问案子的推事、审判员"。[39] 司法技术层面倾向探索简便办法,如不拘泥烦琐的法律程序、让群众参与司法,强调具体问题

---

[38] 参见黄正林:《1937~1945年陕甘宁边区的乡村社会改造》,载《抗日战争研究》2006年第2期。

[39] 毛主席在延安领导中国革命纪念馆编:《毛泽东在延安的故事》,陕西人民出版社1978年版,第169页。转引自杨永华等:《陕甘宁边区法制史稿(诉讼狱政篇)》,法律出版社1987年版,第73页。

具体分析、强调中国的实践经验等。[40] 边区高等法院曾尝试司法规范化、专业化改革，但终因社会观念、利益冲突、物质条件等而未竟事功。[41] 在司法资源极为有限的情况下，将民众力量纳入司法活动就成了解决民间纠纷的现实选择之一，此即建构型社会参与的组织策略之维。

与其说陕甘宁边区司法系统将民众力量引入纠纷解决中，毋宁说是陕甘宁边区政府对民间力量的动员与整合。不仅陕甘宁边区高等法院要受边区政府的领导与监督，法院系统的负责人也是由边区政府领导兼任的。马锡五担任陕甘宁边区陇东专区的专员，兼任陕甘宁边区高等法院陇东分庭庭长。司法机关作为政府系统的一部分，各级法院之间又是隶属、领导关系，这确保了司法机关组织民众参与司法的动员能力。在司法因素与行政因素交织的体系中，动员群众有助于贯彻共产党的政策、法令及方针，如宣传婚姻法令、推广调解等。封捧婚姻纠纷正是贯彻、宣传共产党禁止"抢亲"政策的好机会。边区政府、边区高等法院在普及调解、减少诉累方面可谓不遗余力。1942 年，民事司法调解结案率仅 18%，后两年分别升至 40%、48%，而民间亦大量涌现调解模范村、乡和人物等。[42]

3. 作为斗争手段的"群众路线"

有学者将马锡五审判方式视为群众智慧的结晶。[43] 有学者认为，马锡五审判使共产党的路线、方针、政策被有效贯彻至乡村社会，打通了国家政权建设及社会全面治理的渠道。[44] 如从社会参与的斗争策略之维看，司法调解社会化契合政治环境与武装斗争情形下服务政治角力的需要，是探寻新型司法体制以区别清末修律以降的制度发展样式，是司法体制层面的"革命"。如何看待这

---

〔40〕 参见侯欣一：《从司法为民到人民司法：陕甘宁边区大众化司法制度研究》，中国政法大学 2007 年版，第 249～256 页。

〔41〕 参见侯欣一：《陕甘宁边区高等法院司法制度改革研究》，载《法学研究》2004 第 5 期。

〔42〕 参见马锡五：《新民主主义革命阶段中陕甘宁边区的人民司法工作》，载《政法研究》1954 年第 1 期。

〔43〕 参见张希坡：《马锡五审判方式》，法律出版社 1983 年版，第 25 页。

〔44〕 参见强世功：《权力的组织网络与法律的治理化：马锡五审判方式与中国法律的新传统》，载强世功编：《调解、法制与现代性：中国调解制度研究》，中国法制出版社 2001 年版，第 256 页。

种革命性?

延伸历史的纵深,从宏大背景观之,倡导司法调解社会化的马锡五审判方式既是对清末修律以及民国司法制度西方化的修正,同时,也继承了若干有益的传统司法因素,包括向民间社会吸取纠纷解决资源。在修正及反思清末修律以降司法制度与法律程序借鉴西方的过程中,首当其冲的是矫正法律形式主义。在诸多论及马锡五审判方式的文献中,通常会找到相同或相近的表述,即马锡五审判方式改变了州县官员"坐堂问案"的司法传统。此处的"坐堂问案"不限于晚清司法传统,还指代民国司法制度及诉讼程序的西方化倾向。坚持群众路线的司法传统激活了许多传统中国司法中的积极因素,也将基层社会力量重新整合起来。虽然难以排除在宣传方面夸大该种审判方式之于司法技术层面的开拓价值,但在很大程度上,马锡五审判方式及社会化策略的确从司法形式上突破了帝制司法中的官僚远离民间生活的审断模式(强调群众路线的马锡五审判方式已不再是简单地将纠纷推回民间社会,而是主动将政府力量深入基层民众中),也突破了清末修律以来尤其民国时期建立的西方诉讼程序(在强调社会化思路的马锡五审判方式中,裁判者须深入实地,注重实质正义的实现,将政府力量向基层社会渗透得很彻底)。概言之,坚持群众路线的马锡五审判方式是将中国古代帝制的民间调解及民国时期的社会调解的诸多因素与特征吸纳至司法裁判中。

由是,原来由村庄领袖、厢友坊亲、行会头目扮演的纠纷解决者角色部分转移到乡区县的政府官员及其他裁判者身上。这种角色转换既满足了亲近民众、解决纠纷的根本目的,还达到了将政府力量进一步推向基层社会、实现社会动员的政治目的。这反映出借助各种途径让政府力量深入基层社会、通过各种方式动员基层群众对于共产主义运动的重要性,群众路线在当时中国共产主义运动的领导者心中的重要性由此也可见一斑。在司法实践中坚持群众路线是发动和推进共产主义运动的法宝,也是共产主义政权最为根本的政治路线与最为基础的组织路线。这种司法路线及其实践在某种程度上阐释了"法之理在法外"。司法调解社会化既是一个政权力量渗透与深入基层社会的过程,也是一个通过纠纷解决动员社会民众与整合社会力量的过程,故而,该种司法调解社会化也是司法调解政治化的体现。总体上,无论基于探寻新型司法制度的立场,抑或立足于提升既有纠纷解决资源与司法力量的角度,该时期的司法调解社会化之根本意义在于服务政治角力的需要。

## 五、顺应型社会参与："后革命"年代的个案重叙与政治意涵

中华人民共和国的成立使解放区确立的司法制度得以在更大领域内付诸实施，法院调解制度亦然。在新中国成立后的相当长时期以内，马锡五审判方式仍是基层司法的主流方式，群众路线仍然得以贯彻与坚持，法院调解社会化的思路被广泛地运用于基层司法活动之中。这需要将研究视角再度集中到司法实践材料之上。新中国改变了传统的社会结构，这种变化的标志性运动之一是土地改革，经由土地改革运动改变了整个社会的生活基础、治理方式。无论在农村地区抑或在城镇里，均经历了这种数千年未遇的变革。[45] 法律实践包括法院调解在基层社会中的运作也同样受到这一急风暴雨式的社会结构转换的影响，立足于新近形成的社会结构样态，服务于新近确立的社会秩序。这种社会变革，一方面，极大地改变了改革开放前的社会纠纷样态；另一方面，也深深地影响该时期的纠纷解决。

囿于资料所限，暂时无法确定在土地改革运动之后土地纠纷的数量是否骤减，社会生活的高度集体化、格式化减少了民众围绕土地进行的交易与往来，土地纠纷的类型因而减少，往往与土地改革运动有关，如土界划分、土地越界之类。在中华人民共和国成立初期，私人借贷一类经济活动仍然被留有一定的制度空间，但"公有化"程度的逐步提升压缩了民间经济的活动空间。总体而言，由于引发财产类纠纷的社会基础业已发生了变化，该时期纠纷主要集中在人身关系方面，如婚姻纠纷。

中华人民共和国成立后，废除一切私有关系似乎成了一种普遍化的趋势，除了婚姻家庭领域（如果将意识形态、政治运动等层面纳入考察范围，婚姻家庭层面也同样受到程度不一的影响）。在公有制占据绝对支配地位的社会经济生活中，每一个个体均被格式化地系属于特定的组织、单位、部门，个人的生产、生活均不同程度地依附于特定的部门、单位、组织。国家权力几乎可以全方位地渗透至社会机体的各个单元。这种国家与社会的关系使司法社会化更加成为可能。在"国家—纠纷解决—社会"的框架中，国家的正统性已然确立，生活、生

[45] 有关土改运动以及社会结构变迁的重要文献，可参见［美］韩丁：《翻身——中国一个村庄的革命纪实》，韩倞等译，邱应觉校，北京出版社1980年版。

产的政策、方针、法律皆自上而出,社会力量参与司法更为简便,但建构的意味已然消褪。尽管从司法社会化的技术维度,民众尚保有较高的参与度与一定的自主性,但就组织策略及斗争策略而言,主要意义集中在贯彻落实自上而下的各种方针、政策及法律。

改革开放前夕的社会生活与纠纷状况适合贯彻司法社会化的思路,而事实上也仍在坚持司法群众化路线。中华人民共和国司法制度包括法院调解在基层社会的运行基本上仍然立足于解放区以及抗日根据地的司法经验,且在党与国家的方针、政策及法律实施上更便捷。深入群众并借助民众力量解决纠纷在该时期的基层司法实践中仍然占有重要地位,而马锡五审判方式在改革开放前夕中国基层司法中继续发挥着重要功能,并成为那个时代法院调解社会化的典型样式。至于社会力量如何具体参与法院调解,可凭借该时期一起法院调解案件考察一二:

1977 年 9 月,某农妇向县法院起诉离婚。称夫妻婚后与鳏居的公公同住。在她生病后,公公以照顾为名对她动手动脚。被拒后,公公对她的态度徒变,甚至殴打她。丈夫却站在父亲一边,不仅恼她诉苦,还殴打她。[46]

正如该时期基层社会生活及社会治理中所普遍体现出的那样,对于夫妻俩经常吵架的问题,生产队与大队等基层组织开始积极介入。依该时期制定法之精神,基层组织介入民间纠纷被视作攸关“人民生产”“国家建设”的大事。[47]对于具体的基层纠纷解决者而言,介入纠纷可能更多地源自基层社会的生活逻辑以及纠纷解决者的“特殊身份”。在相对闭锁的生活圈子中,任何波动均会牵

---

〔46〕 [美]黄宗智:《过去和现在:中国民事法律实践的探索》,法律出版社 2009 年版,第 94 ~ 100 页。

〔47〕 1954 年,政务院的《人民调解委员会暂行组织通则》表示,立法目的在于“及时解决民间纠纷……以利人民生产和国家建设”。1989 年,国务院的《人民调解委员会暂行组织条例》在相当程度上弱化了人民调解制度的政治意涵,但仍然明确表示:“及时调解民间纠纷,增进人民团结,维护社会安定,以利于社会主义现代化建设。”关于基层纠纷解决机制尤其人民调解的意涵变迁,详见曾令健:《政府推动型人民调解的意涵变迁(1931 ~ 2010):法学研究的历史社会学进路》,载周赟主编:《厦门大学法律评论》(总第 27 辑),厦门大学出版社 2016 年版,第 1 ~ 16 页。

涉并可能无形中影响许多人的生活。作为基层纠纷解决者的基层干部往往有国家权威作为介入纠纷的象征性资源，这一定程度上也使纠纷解决者负有“对国家负责”“向上面交差”的任务。在该案中，不仅大队与生产队干部着手调解该纠纷，还邀请纠纷各方的亲戚参与调解。在一个相对闭锁的场域中，动员社区力量介入纠纷往往具有巨大的象征性力量，并对当事人产生极大的心理触动。

在一个公开场合，妇人诉说了公公的行径。后者起初抵赖，遂引发了两天两夜的调解。但夫妇俩从此更不受公公待见。起诉后，丈夫反对离婚，但确认了公公行为不检点等事实，认为经济恶化加剧了摩擦，“搬出去住”就能解决问题。后来，审判员与人民陪审员“下到”村里调查，先后会见大队党支部书记、治保主任、生产队代理队长、周遭群众（如男方叔叔），最后会见公公。

可以发现，“下乡”仍是该时期审判工作的一个显著特征。无论在农村抑或在城镇，“深入群众”“依靠群众”仍是审判工作的重要方针与策略。这就是马锡五审判方式的具体运用。“下乡”是弄清案件事实的一个重要的技术性手段，而且该时期社区生活的相对闭锁与高度熟人化使这种司法技术运用具有极大的操作性与实效性。在本案中，正是法官与陪审员深入基层调查，从而弄清楚离婚诉讼当事人的双方真实意愿以及纠纷背后的深层原因。这些皆是处理案件的关键信息，否则又可能出一个“刘巧儿”。

公公不承认调戏媳妇，审判员当场反驳，并要求他反省。在下午会谈中征得公公帮助夫妇俩盖新房的表态后，法官建议各方见面，要公公把错误担下来。另一位法官则到女方娘家了解其人品、工作及“政法表现”。在走访干部群众后，法官会见了女方父亲，命他劝劝女儿。

此外，还可发现，“动员”在该时期审判工作中仍得以清晰地体现。在该案中，法官在对公公这个纠纷关键人物进行批评、教育之后，最终转移到“为盖新房提供帮助”这一实质性问题上，并成功地“动员”他把过错承担下来，同时帮助建造新房。虽然该案系夫妻关系纠纷，但真实原因是公公的行为使夫妻关系趋于紧张，同时经济状况差又加剧了矛盾。因此，成功地动员公公承担错误并为建造新房提供帮助，就使该案的解决迈出了实质性的一步。但另外，该案终究是离婚诉讼，虽丈夫反对离婚，但妻子态度强硬。因此，在调查妻子背景材料后，法官动员其父亲出面调和。

随后一周内，审判员、陪审员、治保员又找妻子、女方父亲及母亲会谈，讲明法院的看法及计划。在批评公公并说明丈夫已动手盖房后，女方态度缓和。五天后，审判员、保主任又找公公、丈夫谈话。大队重申调丈夫去大队种子场干活。一周后，审判员、陪审员、夫妇俩、公公、大队党支书、生产队队长、治保主任在新房里开了一个"家庭和好会"。各方轮流发言，劝诫三人，后者也做了预期的表态。法院同志们最后总结，希望他仨"搞好团结，共同抓革命、促生产"。

在本案中，司法社会化体现为"下乡""动员"，坚持群众路线，通过深入民众，查清案情，并借助大队、村庄的干部与群众的支持，"调解和好"了该起离婚纠纷。本案中体现出的深入群众、依靠群众、调解纠纷的做法与马锡五审判方式是一脉相承的，是马锡五审判方式在改革开放前的具体实践。正如本案所展示的，法院对于离婚案件会有意无意地体现出"调解和好"的倾向。有观点认为，"调解和好"是毛泽东思想原则和方法完全支配离婚法实践的体现。[48] 笔者认为，这种婚姻案件中的"调解和好"倾向还源于中国人的生活体会，如俗语所言"宁拆十座庙，不拆一桩婚"。另外，离婚案件中的"调解和好"倾向与法律的社会治理功能攸关。婚姻作为构成社会的基本细胞，保持既有婚姻关系在某种意义上维系了社会秩序。这种"调解和好"的司法倾向正是法律作为社会秩序维护、社会问题治理之一手段的体现。

不仅改革开放前夕法院调解社会化承继了抗日根据地与解放区的司法传统，纠纷解决机制的建设与实践中也有明确的政治意义。这在中华人民共和国成立前夕业已旗帜鲜明地表达了出来。1949 年 2 月，中共中央发布《关于废除国民党的〈六法全书〉与确定解放区的司法原则的指示》，新中国成立后不久开展的司法改革运动再度将这种"蔑视"与"批判"演绎得淋漓尽致。1952 年 8 月 13 日，政务院第 148 次政务会议批准了时任司法部部长史良的《关于彻底改造

〔48〕 参见[美]黄宗智:《过去和现在:中国民事法律实践的探索》，法律出版社 2009 年版，第 104 ~ 108 页、第 120 页。

和整顿各级人民法院的报告》。[49] 在此前后，六大行政区开展了声势浩大的司法改革运动，不仅涉及反对旧法观点与旧司法作风，也涉及清除旧司法人员与旧中国执业律师等。1953 年 2 月，运动基本结束。5000 余名司法人员被清除或调离；纠正了"不调查研究、主观臆断"等司法作风。[50] 通过司法改革运动，根据地、解放区所树立的司法作风与办案方式得以更加全面地推广，也"纯洁"了法院组织、司法队伍，且"密切了人民法院与群众的联系"。此后，深入群众、联系群众、开展调解得到更加全面、深入地运用，调解成为基层司法的核心手段。1958 年，"调查研究、调解为主、就地解决"被作为民事审判工作基本方针。1962 年，这一方针发展为"依靠群众、调查研究、就地解决、调解为主"，并一直为实践所奉行。1979 年草拟《人民法院审判民事案件程序制度的规定（试行）》时还确认过该方针。据统计，1956 ~ 1981 年，全国案件年均调解率为 59.51%。[51]

## 六、司法社会化的意涵变迁

概言之，特定历史时期之纠纷解决方式及其意义皆与所处时代之社会结构、经济状况、文化意识诸要素息息相关，中国司法的社会化传统正是不同历史时期客观社会环境的产物。

传统中国的州县官倾向将民间细故推给社会调处体系。当州县事务的目的旨在维系帝国权力体系的运转时，官僚体系对于社会自行解决纠纷是有所期待的，且会鼓励民间社会如此行事。由是，传统中国的家长、族长等不仅可以解决纠纷，且解纷行为及后果为国家法律、正式权力所认可。[52] 批词中大量出现"毋遂肇讼"类措辞，这既是希望当事人息诉罢词，也是在向族长、乡绅、保甲施

〔49〕 参见武延平、刘根菊等编：《刑事诉讼法学参考资料汇编》（中册），北京大学出版社 2005 年版，第 731 ~ 733 页。

〔50〕 参见何兰阶、鲁明健主编：《当代中国的审判工作》（上册），当代中国出版社 1993 年版，第 39 ~ 41 页。

〔51〕 参见佟季：《新中国成立 60 年人民法院诉讼调解情况分析：马锡五审判方式在我国的当代司法价值》，载《人民司法》2010 年第 7 期。

〔52〕 参见瞿同祖：《中国法律与中国社会》，中华书局 1981 年版，第 23 ~ 27 页。

加压力,[53]促使后者调处。但是,必须意识到民间调处与社会宰制状态之关联,这与帝制司法、社会生活样态息息相关,以致个体难以拥有、展现自主性,而不得不受制于特定社会结构。该时期民间力量参与纠纷调处可以表述为"自我消解型"或"自噬型社会参与"。

民国时期,司法体制与诉讼程序的西方化成为主流趋势,司法社会化空间在立法层面被极度压缩。南京国民政府时期尝试将传统性、民间性纠纷解决机制引入日常司法中,并形成了民国基层司法的双层构造。在实践中,受司法惯习影响,法院审判与社会调解仍保持相当程度的关联。当国家权力强化对地方社会的渗透,即便正式审判系统高举司法专业化大旗,但其与社会调解系统的交接与互动也势在必行。由于立法层面对司法体制与诉讼程序的形式主义追求,以及权利保障等法律理念的宣扬,基层司法机关不可能像传统司法那样消极对待民间细故,而地方社会的纠纷解决能力也在发生着变化:一方面,民国时期有对应基层社会组织并对地方秩序维护产生着影响;[54]另一方面,基层社会经济与生活方式在急剧变化,既包括沿海地区的工业化进程,也包括内陆生产仍旧停滞于传统模式,但经济破产却是各地农村的共同现象。[55] 社会经济与生活样态的此种变化从深层结构上消损着民国基层社会解纷能力。这也影响正式审判系统对社会力量的借用。个案显示,民间力量在很大程度上是作为正式司法活动的能力补充机制而存在的,旨在缓减司法压力,这可以描述为"补充型社会参与"。

不同于民国政府的做法,抗日根据地与解放区的基层司法主要坚持司法群

---

〔53〕 清代保甲长之职责在于确保地方治安,维系本地秩序。参见闻钧天:《中国保甲制度》,直学轩1933年版,第319页。

〔54〕 如1942年国民政府颁布的《乡(镇)保应办事项》规定,调解纷争乃乡镇保甲之职能所在。参见胡次威编著:《地方自治实施方案法规汇编》(上册),大东书局1947年版,第329页。

〔55〕 有关民国时期的社会组织、社会生产及经济生活状况的调查,可参见李文海主编《民国时期社会调查丛编》(社会组织卷),福建教育出版社2005年版;李文海主编:《民国时期社会调查丛编》(乡村社会卷),福建教育出版社2005年版。关于民国时期普通民众生活的经典研究,还可参见林耀华:《金翼:中国家族制度的社会学研究》,庄孔韶、林宗成译,生活·读书·新知三联书店2008年版。

众化路线。群众路线在马锡五审判方式中不仅具有司法技术功能，还含有社会治理、政治动员意义，即通过发动群众、依靠群众开展司法活动，不仅将共产党的政策、纲领贯彻到基层社会，也通过大众司法将基层民众组织、动员起来，从而更利于党的政策、方针的灌输与执行。这种双向形塑更利于打造“坚固”的“革命堡垒”。相比传统基层司法，马锡五审判方式中的正式审判体系与社会调解之联结更紧密。这源于正式审判系统自身的改变，主动深入基层社会。此外，马锡五审判方式几乎完全打破国民政府基层司法的两层构造，将正式审判系统的能力及政府的力量直接插到民间社会。尽管民国基层司法实践在法律形式主义大旗下仍然保持社会调解系统与正式审判之间的关联，而马锡五审判方式中的正式审判与法院调解、法官行为与民众行动往往交织、耦合在一起，以至于很多场合下这些机构、个体及其行为对纠纷解决所发挥的功能难以被清晰地区分开。对于“革命年代”司法，民间力量在法律、社会、政治诸层面均有建构意义，故称作“建构型社会参与”。

马锡五审判方式之所以能够在偌大的地域中施行，这主要归结于传统社会结构被颠覆，而集体化时代的社会生产、生活面貌，使司法社会化方式不仅在司法技术层面成为可能，也赋予司法社会化方式政治层面的合法性，因为群众路线是党领导下的所有事务的根本路线。当民众被高度组织化，司法人员通过群众来调查案情更加可能，并通过发动群众以调解纠纷、处理矛盾。从意识形态层面来看，普通民众参与司法被视作人民当家作主的表现之一，法院调解更是与人民内部矛盾的属性相契合。司法作为国家治理的“刀把子”，民间力量的司法参与既是实践惯性使然，也是政治正确的实践需求。由于正统性已经确立，政策、方针、法律皆自上而出，社会力量可便捷地参与司法，但建构意味已然消褪，该时期的社会参与可称作“顺应型社会参与”。

当然，与其说本文尝试提供自噬型、补充型、建构型、顺应型 4 种司法社会参与类型，毋宁说是描述司法社会参与的实践历史。这 4 种类型均以社会自治理想型为叙事的出发点，以展示实践对理想型的偏移。大抵上，自噬型、补充型、建构型、顺应型社会参与的偏离度是逐步加大的，而顺应型社会参与基本上脱离社会自治理想范畴。无疑，但凡理想型均非实践意义的，更多的是规范意义乃至叙事意义。特定历史时期之纠纷解决方式及其意义皆与所处时代之社会结构、经济状况、文化意识诸要素息息相关，中国司法的社会化传统正是不同历史时期客观社会环境的产物。

## How Local Power Matters?
## —The Socialized Tradition of Chinese Justice

Zeng Lingjian

**Abstract**: Judicial Socialization is an important tradition in Chinese justice. From the eve of the Chinese Reform and Opening-up to the late Qing Dynasty, the judicial participation of the society can be summarized as "Self-resolution Social Participation", "Supplemental Social Participation", "Constructive Social Participation" and "Conforming Social Participation". In late Qing Dynasty, "Guan-Pi-Min-Tiao" linked the government's judgments to the peer mediations, but the latter was still subject to social domination, not idealistic autonomy. Legal formalism and judicial professionalization have shaped the two-tier structure of the grassroots judiciary. In practice, peer mediation still constitutes a supplementary force for court trials. In the period of the War of Resistance against Japan, the anti-Japanese base areas and the liberated areas adhered to the judicial mass line, which has judicial and technical significance and contains the construction meaning of social governance and political mobilization, which breaks the two-tier structure grassroots justice of the Nationalist Government. From the establishment of P. R. C to the eve of Reform and Opening-up, in addition to the judicial technical significance, the focus of social participation in the administration of justice shifted to the enforcement of CPC and country's policies, guidelines and laws. The dispute resolution methods and their meanings in a specific period are closely related to the social structure, economic status and cultural awareness of the times. The socialization tradition of Chinese justice is the product of the objective social environment in different historical periods.

**Key words**: Judicial Socialization; Self-resolution Social Participation; Supplemental Social Participation; Constructive Social Participation; Conforming Social Participation

# 康德刑罚情感基础

郭　晔*

**内容摘要：**

“报应”与“复仇”的区分，是康德报应主义刑罚观中非常重要的部分。二者最本质的不同在于，报应是一种基于正义的善的法则，而复仇则是恶的欲望和情绪表达。据此，刑罚不能是人们发泄私愤甚至公愤的一个手段，构成报应性刑罚之情感基础的只能是对正义的敬重，而不能是复仇或任何经验性情感。报应不仅与“恨”无关，而且能够与“爱”相容，即“犯罪人也是目的本身”，这是康德人性公式在刑罚观上的表现。对待罪犯要像对待作为理性主体的、具有内在价值的正常人一样，既要在法律政策上满足形式化的要求，又要在刑罚的实际执行中满足实质性的要求。澄清这两个语词的区别，并非概念游戏，而是揭示了康德哲学在刑罚观上的批判意义，并为我国刑罚理论和实践提供了新的思路。

**关键词：**

报应　复仇　康德　刑罚观　情感基础

在刑法中，报应主义（retributivism）被看作证成刑罚正当性的理据之一。而从表面看来，报应（retribution）和复仇就像是孪生姐妹，它们都是对侵犯他人者的一种强烈反制行动，二者都强调犯罪者应该得到惩罚，二者也都强调惩罚的性质上必须对犯罪者造成一定程度的痛苦。[1] 如果不理清“报应”与“复仇”之间那剪不断理还乱的复杂纠葛，我们便很难澄清报应主义面临的困难：在大多数人看来，回到报应就意味着回到了野蛮的、复仇的古代。正如这个巧妙的比

---

* 浙江大学光华法学院博士后研究人员。

〔1〕 参见许家馨：《应报即复仇?：当代应报理论及其对死刑之意涵初探》，载《中研院法学期刊》2014 年第 15 期。

喻:"刑法之于复仇情绪,正如婚姻制度之于性欲。"[2]拒绝报应主义在很大程度上只是表明我们讨厌复仇情绪。本文的目的在于,借助报应主义鼻祖康德(Immanuel Kant)的哲学思想,论清报应与复仇的关系,解除报应主义面临的"名誉危机"。同时,对康德刑罚思想的进一步解读,将展示一个合情合理的关于刑罚情感基础的论证,而这对我们进一步理解刑罚、改善我国刑罚实践均有裨益。值此之故,本文的论证将分为 4 个部分:第一,报应与复仇之概念的阐明;第二,报应与复仇的关系;第三,报应主义刑罚的情感基础;第四,犯罪人也是目的本身。

## 一、报应与复仇之概念的阐明

### (一)报应

在通常意义上,报应主义是指这样的观点:我们应该去惩罚那些犯罪者,因为并且仅仅因为他们应得惩罚。[3] 同时,报应主义也意味着罪与罚之间存在必要性的关联,更直接地说,刑罚与犯罪在量上要符合一定的比例。据此,报应便包含两种基本的含义:其一,从质上说,刑罚是犯罪的结果,犯罪在先,报应在后;其二,从量上说,刑罚与犯罪应该符合某种比例,重罪重罚,轻罪轻罚。

康德在《法权学说》中支持了报应主义,并且,也间接指出了报应的两个基本内涵。首先,他说,"惩罚的权利是统治者因为某个主体犯了罪而施加痛苦于其上的权利",[4]也就是说,惩罚的原因是罪犯犯了罪。同时,他还强调,"刑法是一条定言命令",[5]这意味着罪犯被施加惩罚是应得的。其次,康德提出:

---

〔2〕 See James F. Stephen, *A General View of The Criminal Law of England Charleston*, SC: BilioBazar, 1863, p. 99. 转引自许家馨:《应报即复仇? ——当代应报理论及其对死刑之意涵初探》,载《中研院法学期刊》2014 年第 15 期。

〔3〕 See Michael S. Moore, *Justifying Retributivism*, Israel Law Review, Vol. 27, No. 1 – 2 (1993), p. 15.

〔4〕 Immanuel Kant, *The Metaphysics of Morals*, trans. and ed. by Mary Gregor, Cambridge University Press, 1996, p. 104.

〔5〕 Ibid., p. 105.

“只有报应的法则(law of retribution)才能明确惩罚的质与量。”[6]康德把报应的法则与平等的原则等同起来,也就是“你把任何无辜的灾祸施加于其他人,就等于把它施加给了你自己”,[7]即等量报应。表面看来,这种“以牙还牙、以眼还眼”的等量报应原则,就是古老的复仇原则。但是,康德则指出二者有根本的不同,他对两者的区分建立在他对“复仇”独特的理解之上。

(二)复仇

在康德看来,复仇是人所具有的一种“恶”的情感和欲望。他把复仇的欲望归于“情节严重的幸灾乐祸(malice)”,[8]从而看作与人类之爱截然相反的人类之恨的恶习。在德行学说中,康德明确区分了两种不同程度上的幸灾乐祸:一种是人类本性使然的一般的幸灾乐祸,另一种则属于表现了人类之恨的情节严重的幸灾乐祸。他说道:

> 当别人的不幸和堕落与我们自己的条件放在一起时,前者就作为一个陪衬,把有光者照得更加明亮;通过想象的法则(也就是对比的法则),我们就更加强烈地感受到自己的福乐和良善的行动,这些都是非常自然的。然而,如果我们对这样的一种毁灭了整体世界中最好的东西的罪恶之存在,感到直接的愉悦,并且也希望它们发生的话,那么就是隐秘的对人类的恨;这是直接与我们对他人的爱相悖的东西,后者为我们义不容辞的义务。[9]

这种区别表现在:前者是基于对比的法则,在他人的不幸遭遇或者耻辱行径中,更体会到自己的幸福际遇或者良善行为,这体现了人的理性的认识能力,也是“人性的禀赋”(predispositions to humanity);[10]而后者是基于邪恶的情感或欲望,把他人的痛苦作为自己快乐的原因或者部分,这体现了人的邪恶倾向,

---

〔6〕 Immanuel Kant, *The Metaphysics of Morals*, trans. and ed. by Mary Gregor, Cambridge University Press, 1996, p. 105.

〔7〕 Ibid.

〔8〕 Ibid., p. 207.

〔9〕 Ibid.

〔10〕 Immanuel Kant, *Religion Within the Bounds of Bare Reason*, trans. and ed. by Allen Wood and George Di Giovanni, Cambridge University Press, 1998, p. 51.

是“魔鬼般的恶习”(diabolical vices)。[11]

在康德看来,复仇的欲望就是以一种招人喜爱的形式来表现这个魔鬼般的恶习的。也就是说,它已经超越了人的本性的底线,超越了能够被忍受的程度,以一种“恨”的形式表现出来。它令人迷惑的地方在于,似乎人们有最大的权利甚至是义务(作为一种对正义的愿望),来把伤害别人作为他的目的,即使于己无利。[12] 换言之,复仇的欲望是披着羊皮的狼,以正义之名行不义之事。更进一步说,复仇之所以是“恶”,在于它把他人的痛苦作为自己快乐的渠道,也就是把人仅作为达成自己某种目的的手段,视理性为器具。而这与康德在《道德形而上学奠基》中所表达的道德观点是一致的。

## 二、报应与复仇的关系

### (一)报应与复仇的区分

通过上文对两个概念的阐明,我们可以看出,康德严格区分了报应与复仇:一种是正义的刑罚理据,一种是建立在恨之上的恶习。结合康德关于惩罚的论证以及他的道德哲学,可以总结出报应与复仇的不同之处,包含 4 个方面。

第一,发出的主体不同。报应是由法庭代表国家主持公共正义的表现,而复仇则是私人之间的冤冤相报。依康德之见,刑罚不是被害的一方基于他私人的权威而采取的行为,而是一个不同于他的法庭的行为,它使最高权威者的法律对所有服从于它的人产生效果。[13] 他说道:“只有报应法则——当然只能被认为是适用于法庭而非个人的判断,才能明确惩罚的质与量。”[14] 更准确地说,报应是国家针对罪犯的行为,是国家的权利和义务;而复仇是施害者与被害者

---

[11] Immanuel Kant, *Religion Within the Bounds of Bare Reason*, trans. and ed. by Allen Wood and George Di Giovanni, Cambridge University Press, 1998, p. 51.

[12] See Immanuel Kant, *The Metaphysics of Morals*, trans. and ed. by Mary Gregor, Cambridge University Press, 1996, p. 207.

[13] Immanuel Kant, *The Metaphysics of Morals*, trans. and ed. by Mary Gregor, Cambridge University Press, 1996, p. 207.

[14] Immanuel Kant, *The Metaphysics of Morals*, trans. and ed. by Mary Gregor, Cambridge University Press, 1996, pp. 105 – 106.

之间的行为，既不是权利也不是义务，是嫁接在人性之上的恶意的外显。

第二，立足的情感基础不同。报应主要从正义感出发，而复仇则更多的是义愤和快感。康德将报应性的刑罚归之于正义的定言命令，而把复仇看成非理性的欲念之满足。当法庭对罪犯作出应得的刑罚判决时，它表达的是正义感，这是一种对定言命令的敬重感，既不是出于法官自己的自利感情，也不是借法庭抚慰被害人的情绪。关于这种敬重感，康德指出："来自这种强迫意识的情感不是病理学上的、即由一个感性对象引起的那种情感，相反，它仅仅是实践上的，也就是通过一个先行的客观的意志的决定和理性的原因性才可能的。"〔15〕因而这种感情并不是我们通常理解的愉悦感，甚至与愉悦恰好相反。与之相对，复仇的情感则恰好就是一种愉悦感，别人的痛苦就是自己最大的快乐，这样的快感是与人们的"爱"相对立的，体现出病态的怨恨。

第三，报应要服从理性的法则，而复仇则只屈从于欲望。报应性的刑罚要符合罪刑均衡的原则，也就是说，法庭始终按照正义的理性法则裁判，是自由的而非任意的。康德指出："报应法则总是刑罚权的原则，因为正是它决定了刑罚理念的先天性（而不是来源于判断哪种方式最有效地根除了犯罪）。"〔16〕但在复仇的情况下，人的行为完全受到怨恨之情的支配，理性成为情感的奴隶，人的自由也被完全束缚住了。于是，报应遵循的是"恰到好处"，而复仇则追求"越重越好"。复仇文学在中外文学史上都是重头戏，〔17〕一些复仇者以"斩草除根"为最终目标，手段非常残暴，并且伤及无辜甚至造成大屠杀。例如，赵氏孤儿的故事中，主人公的复仇一直到仇人屠岸贾被灭族为止。

第四，本质不同。报应是善的，而复仇则是恶的。功利主义通常的观念认为，刑罚因为给人带来痛苦也是一种"恶"，正如哈特（H. L. A. Hart）所言："这

---

〔15〕 Immanuel Kant, *Practical Philosophy*, trans. and ed. by Mary Gregor, Cambridge University Press, 1996, p. 205.

〔16〕 Immanuel Kant, *The Metaphysics of Morals*, trans. and ed. by Mary Gregor, Cambridge University Press, 1996, p. 130.

〔17〕 在西方社会中，从古希腊的《安提戈涅》《阿卡门农》到莎士比亚的《哈姆雷特》，乃至近现代的《基督山伯爵》《凯旋门》都反映或涉猎了复仇的主体。在中国，著名的有伍员鞭尸、卧薪尝胆、荆轲刺秦、赵氏孤儿等，还有武松血刃潘金莲为兄复仇的故事。参见苏力：《复仇与法律：以〈赵氏孤儿〉为例》，载《法学研究》2005 年第 1 期。

是一种奇妙的道德炼金术,其中两件道德上邪恶且造成苦难之恶,搅和在一起,居然成为一种善。"[18]康德哲学则并没有把报应性的刑罚看作恶,而是本身就是善的。而它之所以善,原因也不在于它阻止了恶这个结果,而是它本身就是正义的,善是报应的本质。因而,康德才在《实践理性批判》中说道:"在每一种惩罚中都必须首先有正义,它构成了惩罚概念的本质。"[19]与之相反的是,复仇却体现了恶的本质。它之所以是恶的,理由不在于它将带来诸如冤冤相报的后果,也不在于它将伤害人们的感情,最根本的在于,复仇的欲望是与对道德法则的违背相关联的,它显示出人的仇恨。而按照康德的说法,"对他人的仇恨总是可恨的,即使当它仅仅以回避他们的方式出现而没有真实的敌意。因为仁慈总是一种义务,即使针对厌世者,我们无法真正去爱,也仍然能够做到行善",[20]而复仇恰恰是站在了仁慈的对立面,把恨而不是爱作为伴随行为准则的唯一感情。

值得一提的是,当代政治哲学家诺奇克(Robert Nozick)对二者作了更精细化的区分,并与康德的观点有许多重叠之处。[21] 并且,他还指出了一点,即报应只能针对做了错事的人,而复仇则可能会涉及伤害无辜者。而这也构成康德报应性惩罚概念中核心的理念,他强调:"它(刑罚)必须总是仅仅因为他(罪犯)犯了罪才施加于他。"[22]更有趣的在于,这些区分不完全是概念意义上的,

---

〔18〕 H. L. A. Hart, *Punishment and Responsibility* ($2^{nd}$ *ed.*), Oxford University Press, 1969, pp. 234 -235. 另参见[美]哈特:《惩罚与责任》,王勇等译,华夏出版社 1989 年版,第 223 ~224 页。

〔19〕 Immanuel Kant, *Practical Philosophy*, trans. and ed. by Mary Gregor, Cambridge University Press, 1996, p. 170.

〔20〕 Immanuel Kant, *The Metaphysics of Morals*, trans. and ed. by Mary Gregor, Cambridge University Press, 1996, pp. 161 -162.

〔21〕 See Robert Nozick, *Philosophical Explanations*, The Belknap Press of Harvard University Press, Cambridge, Massachusetts, 1981, pp. 366 -368.

〔22〕 Immanuel Kant, *The Metaphysics of Morals*, trans. and ed. by Mary Gregor, Cambridge University Press, 1996, p. 105.

而且还体现出人类历史的不断向善发展。[23]

(二)是否存在复仇式正义

在日常理解中,复仇就是报应主义身上的一个毒瘤,它们只具有形式与实质的区别,而没有本质的不同。当代刑法哲学家摩尔(Michael S. Moore)也表达了这种看法,"对于报应的情绪之合理性的真正有力的批判在于:驱动报应判断的情绪永远是病态的,并非因为情绪的强度过高以至于动摇我们的理性,也不是因为这样的情绪能够满足特定的功能,而是因为其道德本质可疑"。[24] 在人们的眼中,在报应性的刑罚的华丽外表下,潜藏着一只邪恶的巨兽,就是复仇情绪。

在文学作品中,我们也很容易看到复仇与正义被搅在了一起。据《后汉书·列女传》所载:

> 酒泉庞淯母者,赵氏之女也,字娥。父为同县人所杀,而娥兄弟三人,时俱病物故,仇乃喜而自贺,以为莫己报也。娥阴怀感愤,乃潜备刀兵,常帷车以候仇家。十余年不能得。后遇于都亭,刺杀之。因诣县自首。曰:"父仇已报,请就刑戮。"禄福长尹嘉义之,解印绶欲与俱亡。娥不肯去。曰:"怨塞身死,妾之明分;结罪理狱,君之常理。何敢苟生,以枉公法!"后遇赦得免。州郡表其闾。太常张奂嘉叹,以束帛礼之。[25]

为父报仇的赵娥,虽然触犯了刑律,却因为孝悌之道而被赦免。宋代王安石在《复仇解》中说道:"《春秋传》以为父受诛,子复仇不可也。此言不敢以身之私,而害天下之公。又以为父不受诛,子复仇可也。此言不以有可绝之义,废

[23] 我国台湾地区学者许家馨认为,复仇与报应的区分,其所反映的是"前现代"的刑事裁罚体制和"现代"国家司法体制的区别。参见许家馨:《应报即复仇?——当代应报理论及其对死刑之意涵初探》,载《中研院法学期刊》2014 年第 15 期。

[24] 许家馨:《应报即复仇?——当代应报理论及其对死刑之意涵初探》,载《中研院法学期刊》2014 年第 15 期。Also see Michael S. Moore, *Placing Blame: A Theory of Criminal Law*, Oxford University Press, 1997, p. 119.

[25] 许嘉璐主编:《二十四史全译·后汉书》(第 3 册),汉语大词典出版社 2004 年版,第 1690 页。

不可绝之恩。”[26]“报仇”非但没有受到谴责,有时甚至彰显了正义和孝道,成为“以礼压法”的典范。

然而,如果按照康德的阐释,复仇是复仇,报应是报应,二者不但不是相伴随的,反而是互斥的。复仇在人们的惯常思维中存在,但存在并不意味着正当,康德一针见血地指出了复仇与人类之善的脱轨。所以,当我们用复仇的野蛮和恶意,来批评报应主义的情绪基础的时候,是指鹿为马了。

不过,又如何理解中国古代的“复仇式正义”呢？王安石已经作了回答:“故书说纣曰:‘凡有辜罪,乃罔恒获。小民方兴,相为敌仇。’盖仇之所以兴,以上之不可告,辜罪之不常获也。方是时,有父兄之仇而辄杀之者,君子权其势,恕共情而与之,可也。”[27]他将复仇之兴盛的原因归于乱世官员失察、百姓无处诉冤,“乱世”与“治世”之分,恰如康德所谓的“自然状态”与“法权状态”之别,[28]殊途同归。也就是说,公共正义将人们从复仇的情感中解脱出来,不是通过“替代”的方式,而是“善”战胜了“恶”,就好像太阳赶走了黑暗似的。

归根结底,报应与复仇的纠缠在康德眼中,不过是一种影子的假象,就好像邪恶的狼也拥有与忠诚的狗相似的外形,本质却迥然不同。在这个意义上,报应与复仇几乎是割断了亲缘关系,而完全成为风马牛不相及的异类,康德对这两个表象一致、本质却背道而驰的概念所作的区分,是彻底的、毫不妥协的、具有普遍意义的。它构成了长期以来把复仇当成报应的迷思的批判。

---

〔26〕 郭预衡、侯光复:《中国古代十大散文家精品全集》,大连出版社 1998 年版,第 105 页。

〔27〕 同上。

〔28〕 正如近代以来契约论者区分自然状态与文明状态一样,康德在《法权学说》中作了类似的区分。但是,稍有不同的在于,康德把社会契约视为一种理性契约,据此,自然状态并非人类曾经历的某种原始的、最初的真实状态,而不过只是一个理论假定。自然状态从根本上是指没有分配正义的状态、公共正义缺位的状态;而法权状态的理据和必然性在于,它带来了国家正义(法庭正义)来保证分配正义的实现。简言之,法权状态就是具备公共正义的“法治状态”。关于法治状态的详细阐释,参见吴彦:《法、自由与强制力——康德法哲学导论》,商务印书馆 2016 年版,第 223 ~253 页。

## 三、报应主义刑罚的情感基础

复仇与正义的分崩离析,又将问题推进了一步:报应的情感基础是什么?康德并没有忽视对这个问题的回答。

必须说明的是,康德反对把复仇之恨纳入任何关于刑罚的决定中来,他说道:

> (正如我们在伦理学中必须做的)当我们将人类视为在一个正当性的条件下,仅仅根据理性的法则(而非公民的法律),没有人有权施加惩罚并报复人们做的错事,除了同样是最高的道德立法者之外;并且只有他(上帝)能够说:"复仇是属于我的,我将要报应(repay)。"因此,不但避免出于仅仅复仇的仇恨来报应他人的敌意是一种德行义务,而且德行也要求世界的审判者不能复仇,部分是因为人类已经受够了自己的罪恶而需要宽恕,部分是因为没有任何惩罚,无论来自于谁,可以出于仇恨而得到施加。[29]

在康德看来,真正正义的惩罚只有全知全能的上帝可以作出,并且只有在作为人类道德立法者和审判者的上帝那里,复仇才是能够相融于正义的。但是,他同时又否定了仇恨之情在任何一种惩罚裁判(包括神的审判)中的正当性,甚至认为宽恕才是必需的,因为"原谅就是人类的一个义务"。[30]

不过,他又强调,宽恕并不意味着纵容:"但是这必须不能与对错误行为的逆来顺受(meek toleration),以及阻止别人再做错事而采取严格的手段混淆;因为如果那样的话,一个人就是抛弃他自己的法权,让别人踩在他的头上,从而也违背了他对自己的义务。"[31]"任何触犯了人类法权的行为都应得惩罚,它的功能是将对一个犯罪的报复(avenge)施加于犯罪者身上(而不仅是补偿已经造成

---

〔29〕 Immanuel Kant, *The Metaphysics of Morals*, trans. and ed. by Mary Gregor, Cambridge University Press, 1996, pp. 207 – 208.

〔30〕 Ibid., p. 208.

〔31〕 Ibid., pp. 207 – 208.

的伤害)。"[32]

凭借这些陈述,可以回答"报应的情感基础"的问题。

首先,刑罚不能是人们发泄私愤甚至公愤的一个手段。当代英美学界以墨菲(Jeffrie Murphy)和汉普顿(Jean Hampton)为代表的学者,尝试证立报应刑罚的情感基础。这些讨论也因二者论证路径的不同而被分为两类。一为墨菲对复仇情绪的辩护。他认为,复仇情绪并不是绝对不道德的,如果被控制在一定的限度内,复仇也能带来好的威慑和控制犯罪的效果,因为它有助于保护人的自尊(self-respect)、自卫(self-defense)以及对道德秩序的敬重(respect for moral order)。[33] 看起来,他的策略更像是"大禹治水",复仇就像洪水一样,一味地压制不如合理地疏导。二为汉普顿以愤恨(moral hatred)代替复仇来规定报应的情感基础。汉普顿认为,道德上的愤恨是一种以尊重的形式表达的恨,它与复仇表现出来的怨恨有很大不同。[34] 这种策略实际上是重申了复仇与报应的不同,而关于愤恨与报应间的关联的阐释却是模糊的。

如果从康德的立场出发,就会发现这两种策略都是有缺陷的,它们都把刑罚当作表达某种情感的工具。墨菲对复仇概念的重构,只是为了说明刑罚必须起到疏导人们复仇情绪的作用,才能达致控制犯罪的效果;汉普顿用愤恨替代复仇,也不过是表明,愤恨的满足就是报应性刑罚的正当性所在。这样,满足被害人以及公平的旁观者的某种情绪,便成了刑罚的一个功用,刑罚的价值仅仅是工具性的。

值得注意的是,康德对复仇与报应的辩白,并不仅排除了复仇作为刑罚情感基础的可能性,而且排除了任何经验性情感的证明力。其原因是,如果用经验性的情感去规定刑罚的基础,刑罚的价值就是外在的,情感的满足还可以选择刑罚之外的手段,如个人的报复。此外,无论是愤恨还是复仇,都不是具有普遍意义的,即不是所有的人都会产生这样的情感。经验也同样证明,对有些良

---

〔32〕 Immanuel Kant, *The Metaphysics of Morals*, trans. and ed. by Mary Gregor, Cambridge University Press, 1996, p. 207.

〔33〕 See Jeffrie Murphy, *Getting Even: Forgiveness and its Limits*, Oxford University Press, 2003, pp. 19 – 20.

〔34〕 Jeffrie Murphy, *Getting Even: Forgiveness and its Limits*, Oxford University Press, 2003, p. 137.

善的人来讲,原谅比愤恨是更可欲的。所以,刑罚与宣泄任何情感都是不相关的,无论是被害人还是社会大众,甚至是法庭本身,都不能用情感左右刑罚裁判,更不能完全成为情感的傀儡。

其次,唯有一种情感是与报应相关的,即对正义的敬重。规定报应之根据的不在于任何经验性的情感,如复仇或愤恨,而是惩罚正义的定言命令。就代表国家正义的法庭而言,作出刑罚决定应该是出于义务的行为,与这个行为相伴随的情感也只能是对规定义务的定言命令的敬重。康德关于"刑法是一条定言命令"的观点恰恰说明了法庭义务与公共正义的关联。而这种敬重的情感,"是一种通过智性的根据起作用的情感,这种情感是我们能完全先天地认识并看出其必然性的唯一情感"。[35] 因此,这就与经验性的情感区分开来。对正义的敬重情感,产生于正义的定言命令对意志(此处指法庭所代表的国家意志)的规定作用,因而定言命令在先、敬重情感在后;相反,经验性的复仇和愤恨,则是想要替代定言命令成为意志的规定根据,而把情感放在了前面。简单来说,康德的意思是,正义的定言命令规定了义务,我们在出于这样的义务去行为(刑罚)时,排除了所有诸如复仇这样的经验性的情感,而唯独只有对命令本身的敬重是被允许的。在《实践理性批判》中,康德也是以同样的方式,将对道德法则的敬重与其他经验性的道德情感(如哈奇森的"第六感")的界限进行严格划分。[36]

这也便再次确证了报应与复仇的区别。即使如墨菲那样,为复仇寻找各种各样与正面价值相一致的根据,也改变不了它作为经验性情感的定位。因为在当谈及复仇时,永远把情感放在了正义法则的前面,而把法则本身当成了手段,从而颠倒了二者的次序。相反,康德要说的是,包括刑罚在内的所有理性者的行为,都要始终把道德法则(此处是指正义的法则)放在第一位,以服从法则为

---

〔35〕 Immanuel Kant, *Practical Philosophy*, trans. and ed. by Mary Gregor, Cambridge University Press, 1996, pp. 199 - 200.

〔36〕 在《实践理性批判》中,康德说道:"在道德法则之前,不需要以实践性或道德情感的名义假定任何特定的情感,以作为这个法则的根据。" See Immanuel Kant, *The Metaphysics of Morals*, trans. and ed. by Mary Gregor, Cambridge University Press, 1996, p. 200. 与之相同,报应法则不但不需要以复仇情感作为基础,而且不需要任何经验性的情感来支撑,唯独对法则本身的敬重是可以相伴随的。

动机而产生的情感只能是敬重,它不但不属于经验性的情感,而且与其完全对立。

最后,正义的审判能够与爱相容。康德把"爱"作为人类的美德,并把"恨"从任何的审判中剥离出去;但同时他又反对放弃对正义法则的敬重,反对对做错事者的纵容。那么,正义能否与爱共存呢?换言之,能否在惩罚的同时,也爱着那些做了错事的人?这看起来是二律背反(Antinomies)的,因为刑罚就意味着给他带来痛苦,而我们又何以能给所爱之人带来痛苦呢?

悖论的消除,来自对"爱"的阐明,"爱不能被理解为感觉(feeling),也就是因为喜欢别人而产生的愉快(plesure);也不能理解别人的高兴(delight),因为其他人不能让他有义务来产生某种感觉。爱必须被认为是一种善意的准则(实践性的爱),由善意导致善行"。[37] 与"爱"相伴随的,还有"敬重"(respect),"它也不是在我和他人的价值的比较中产生的感情,而要被理解为这样的一个准则,即考虑他人所具有的同样的人性尊严而限制对自己的过高评估"。[38] 按照康德的解释,"爱"让我与他人越来越近,而"敬重"则让我与他人保持距离,通过这两种实践性的力量,人与人之间在"吸引"(attraction)和"排斥"(repulsion)间形成稳定的结构。[39] 据此,爱就不是施舍和迁就,而是出于善意;敬重也不是顺从和畏惧,而是出于对人性尊严平等相视。这也就意味着,即使正义的惩罚带来了痛苦,只要是出于善意和敬重,就是与爱相容的。

## 四、犯罪人也是目的本身

那么,该如何在刑罚中表达我们的"爱"?对此,必须要回到康德关于"人是目的"这个基本的论断上来,因为他在《法权学说》中无数次诉诸这个理念,并将其作为道德原则和判断的根据。

### (一)人性公式

在《道德形而上学奠基》中,人性公式是这样表达的:

---

〔37〕 Immanuel Kant, *The Metaphysics of Morals*, trans. and ed. by Mary Gregor, Cambridge University Press, 1996, p. 199.

〔38〕 Ibid.

〔39〕 Ibid., p. 198.

这样去行动，把不论是你自己人格中的人性，还是其他任何人的人格中的人性，总是同时作为目的，而绝对不能只是用作手段。[40]

这个公式包含两个要点：其一，不将任何人格中的人性仅仅作为手段来对待；其二，总是把人性作为目的。后者包含前者，也就是说，如果总是把人性作为目的，就不会将人性仅仅作为手段。人性，是内在于人格中的某种东西，而与人的“动物性”相对照。康德认为，理性存在者之所以被称为人格，是因为他们的本性（理性）已经凸显出他们自身就是目的，也就是作为那些不能仅仅用作手段的东西，因而就限制了一切任意对人的利用，而把人作为敬重的对象。[41] 同时，与那些仅用价格来标记的事物相比，人格的价值不是外在的而是内在的，没有任何等价物能够替代人格，这是人性的尊严所在。[42]

为什么人格中的人性具有尊严，并且只能作为目的本身？康德在《实践理性批判》中作了更清晰的阐释：

道德法则是神圣的（holy）（不可侵犯的）。一个人实际上是不够神圣的，但是内在于他人格中的人性对他来说却是神圣的。在包含所有存在者的世界中，人们所欲求的和有能力掌控的东西，都只能作为手段被使用；只有人类以及每一个理性存在者，自身就是目的。这是因为，凭借着他自由的自主性，他是道德法则的主人，而道德法则是神圣的。职是之故，每一个意志，甚至是每个人格所特有的针对他自己本人的意志，都被限制在与理性存在者的自主性相一致的条件下，也就是说，这样的存在者不能屈从于任何不能与产生自主体自己的意志中的法则相一致的目的；因此，这个主体就不能仅仅被用作手段，而是同时作为目的。[43]

---

〔40〕 Immanuel Kant, *Practical Philosophy*, trans. and ed. by Mary Gregor, Cambridge University Press, 1996, p. 80.

〔41〕 Ibid., p. 79.

〔42〕 Ibid., p. 84.

〔43〕 Ibid., p. 210.

一言以蔽之,人之所以必须作为目的本身,是因为他是道德法则的立法者,而道德法则是神圣的。康德认为,我们借助道德法则认识到自己是自由的主体,同时也认识到自己的崇高性,在与其他诱惑我们的目的的比较中,我们就更能够感受到自己对服从法则的命令的崇高使命的敬重。[44] 然而,我们需要时刻警惕"唯我独尊"的崇高感,因为"我"不是唯一的自身就是目的的有尊严的理性存在者,这就是说,"我"必须把所有其他人格也看作目的本身,而不妄想以自己的任意去支配别人的身体或者理性。

此处的"目的",并不是我们通常所说的意欲达到的"目的",而是指理性立法的价值,即我们永远不能与这样的立法者作对。根据迪安(Richard Dean)的解释,我们通常所说的"目的"和"目的本身"略有不同。目的是行动的理由或者目标,大多数的目的都是偶然的目的,取决于每个人不同的愿望或者感情。例如,学习外语可能是你的目的,但却不是我的目的,因为我们有不同的愿望和规划。没有人能够被要求拥有这种偶然的目的,我如果没有想要学习外语的欲望,而且学习外语对我自身想要达到的目的也起不到什么促进作用,我就没有理由把学习外语当作我的目的。而目的本身却不同,它为每一个理性主体提供了以特定方式行为的强迫性的理由,是每个主体都不能忽略和放弃的目的。这种"目的本身"只有一个,即理性的本质。由于理性本质的特殊地位,不能将它的意义仅仅停留于它能给我们带来什么,也就是说,不能把它只作为手段来对待。[45]

人是目的本身的论断,要求我们在考虑应当如何行为时,必须给予人性以特殊的对待。而人性独特的重要性也引发了一些特别的义务,如发展我们的理性能力、避免自取灭亡、重视别人的选择以及尊重别人。具体到刑罚,我们必须意识到,罪犯同样自身即是目的,因为他之所以做错事,恰恰就在于他拥有理性的本质。所以,我们对罪犯也要像其他理性存在者一样,把他们作为目的本身,而非作为自己或者他人任意的手段。理由是,我们不尊重作为理性主体的罪犯,就是放弃了对理性这个"目的本身"的价值,从而也就是把自己降低为动物

---

〔44〕 Immanuel Kant, *Practical Philosophy*, trans. and ed. by Mary Gregor, Cambridge University Press, 1996, p. 211.

〔45〕 See Richard Dean, "The Formula of Humanity as an End in Itself", in Thomas E. Hill ed., *The Blackwell Guide to Kant's Ethics*, Blackwell Publishing Ltd., 2009, p. 84.

性的存在,而非人格性的存在。"人是目的本身"的论断是内涵在康德道德哲学中的具有实质性的判断,它也使康德避免了有形式而无内容的指责,从而为我们的道德评价提出了明确的、实质性的要求。

(二)犯罪会丧失人格性吗

然而,对罪犯享有人性尊严的论断,需要更进一步的理由。一方面,关于"谁应该被看作目的本身"仍存在较大的争议;另一方面,康德在相关的论述中似乎表达了"犯罪行为减损了人格性"这样的看法,这似乎与"人是目的本身"相悖。

先看第一点。所有的人都应该被看作目的本身吗?或者说,真正作为自身就是目的的,是人的哪个部分?

按照康德的思路,应当作为目的本身来看待的,是人格中的人性,而人性指的就是人的理性本质(rational nature)。但是,"理性本质"却是模棱两可、充满争议的,这取决于对康德所谓之"理性"(rationality)概念的理解。我们必须将这个概念与经济学的理性模型区别来开,后者关涉工具理性,是指为满足欲求而选择最有效的手段;同时,也要区别于与"情感"相对的"理性"。当我们运用康德的理性概念时,并不是指为达致目标而精打细算的能力,也不是指压抑所有的情感保持冷静的能力。在康德哲学中,"理性"是一个基础性的概念,它包含理论理性和实践理性两个部分,或者说是理论和实践的两个面向。在理论面向,理性为认识提供原理,帮助我们把感觉印象组织成融贯的、可理解的模型,它体现了认识的主动性。在实践面向,理性是指意志的行为能力,又包括任意意志和自由意志两个方面。

那么,当我们说人的理性本质使人必须自身就是目的时,指的是哪种理性能力呢?

科斯嘉德(Christine M. Korsgaard)认为,康德把人性或理性本质的特征看作设定目标的能力,[46]也就是任意和自由意志。但是,鉴于康德强调选择服从理性的道德要求的重要性,如果选择的能力是无条件的、必须给予特殊关注的目的本身,将是很奇怪的。因为选择能力仅仅只是实践理性的一个方面,拥有

---

〔46〕 参见[美]克里斯蒂娜·科斯嘉德:《创造目的王国》,向玉乔、李倩译,中国人民大学出版社 2013 年版,第 126 页。

选择能力的人可能会作出违背理性意志立法的选择。[47] 所以,有更多的评论者倾向于另一种"道德能力"(capacity for morality)的解释,也就是说,不仅仅是任意,而且还有自由意志和道德情感(敬重感)共同结合成的"道德能力",才被赋予自身即是目的的地位。[48] 迪安则更进一步,他认为,当康德说一个存在者自身即是目的时,是指他总是按照自己的理性能力要求的道德法则行为。[49] 换句话说,自身即是目的指的就是善良意志。

这些争论是非常有趣的,评论者意在找到究竟是人身上的哪种能力特征,是真正配得上"目的本身"之称号的。可是,这些评论者显然忽视了康德在《单纯理性限度内的宗教》中对人的原初禀赋的划分,即动物性、人性和人格性,这个划分意味着康德把人性置于动物性和人格性之间。并且,康德指出,"人性的禀赋可以被一般地归于自爱的名目下,这种自爱是物理性的、但又包含比较(因此就需要理性);也就是,只有在与其他人的比较中,才能判定自己是否幸福";[50]"第二种禀赋虽然是实践性的,却是隶属于其他动机的理性为根源"。[51] 这样看来,似乎科斯嘉德的观点更符合康德对人性的界定。但康德同时说道:"这些都是源始的,因为它们都属于人的本性的可能性。我们既把理性存在者的禀赋理解为他必然需要的部分,又将它们的结合看作是组成了存在者本身。"[52]这表明动物性、人性和人格性,并不是可以分割开来的,它们都属于并同时存在于一个理性存在者身上。依康德之见,这三种原初禀赋都只是某种

---

〔47〕 See Richard Dean, "The Formula of Humanity as an End in Itself", in Thomas E. Hill ed., *The Blackwell Guide to Kant's Ethics*, Blackwell Publishing Ltd., 2009, p.86.

〔48〕 See Thomas E. Hill, *Dignity and Practical Reason in Kant's Moral Theory*, Cornell University Press, 1992, pp. 40 – 41. Also see Onora O'Neill, *Constructions of Reason*, Cambridge University Press, 1989, p. 138.(参见中译本:[英]奥诺拉·奥尼尔:《理性的建构:康德实践哲学探究》,复旦大学出版社2013年版,第175页。)

〔49〕 See Richard Dean, "The Formula of Humanity as an End in Itself", in Thomas E. Hill ed., *The Blackwell Guide to Kant's Ethics*, Blackwell Publishing Ltd., 2009, p.86.

〔50〕 Immanuel Kant, *Religion Within the Bounds of Bare Reason*, trans. and ed. by Allen Wood and George Di Giovanni, Cambridge University Press, 1998, p.51.

〔51〕 Ibid.

〔52〕 Ibid., p.52.

可能性,却不代表任何的善恶之别,我们不能通过一个人的习性或者行为就推测出他具有或者不具有人性或人格性,因为我们所见的都只是现象,而人性或人格性所指的则是人的本质。

如此说来,评论者们关于“什么应当是目的本身?”的争论,就显得徒劳了。当康德说“必须把人格中的人性作为目的,而不能仅仅作为手段”时,并不意在强调是哪种理性本质值得被视为自身即是目的,而是表明人这个理性的主体本身的独特性。换句话说,当我把你的身体仅仅作为手段时,同样是侵犯了你的理性本质,虽然从表面看来,我并没有想要把你的理性也作为工具。例如,当罪犯“强奸”了一个精神病患者时,只是利用了她的身体,却很难说是利用了她的性羞耻心,但是这个行为被犯罪化仍然是合理的,原因就在于,精神病患者从本质上也是具有那三种禀赋的人,即便她已经丧失了任意、道德情感和自由意志。

所以,第一点的争论并不能使我们放弃将罪犯视为目的本身,只要我们确定他在本质上仍然是个“人”,他就值得我们尊重。

关于第二点质疑,主要源于《法权学说》中的这段陈述:

> 当然,在一个国家中不可能有人不享有任何尊严,因为至少他还有作为公民的尊严。唯一的例外是,他通过自己的犯罪而丧失了尊严,正因此,他虽然活着,但却仅仅被作为其他人(无论是国家还是其他的公民)自由的任意之工具。那个成为他人的工具的人(他只能通过判决和法律而变成如此),就是一个奴隶,并且是另一个人的财产,这个他者不仅是他的主人,也是他的所有者,因此可以转让他、随心所欲地使用他(只要不是为了耻辱的意图)、剥夺他的能力,虽然不能剥夺他的生命或肢体……即使他通过犯罪而变成一个人格上的卑微者,但他的卑微不能遗传给后代,因为其仅仅是因为自己的罪恶而引起的。[53]

透过这段话,似乎可以推出,一个人犯了罪就丧失了人格和尊严,因而也就仅仅作为手段看待了。人性公式又如何能适用于一个丧失了尊严的人呢?此处,我们必须注意到隐含在康德道德哲学和政治哲学之中,两种不同的关乎尊严的概念:一是作为公民人格的尊严;二是作为自然人格的尊严。

---

〔53〕 Immanuel Kant, *The Metaphysics of Morals*, trans. and ed. by Mary Gregor, Cambridge University Press, 1996, p. 104.

《道德形而上学奠基》中对人性公式的强调,所指涉的是,人作为一种有别于动物的自然的理性存在者,应该被视为理性的主体而被其他理性存在者尊重。据此,任何人不能把别人作为自己任意的工具,而是必须将其作为目的本身,也就是说我不能捉弄、欺骗、利用任何人来达致自己的目标。

而上文所引的段落中"作为公民的尊严",则指涉的是,人作为在政治共同体中的成员,应该享有自由、平等和独立的法律属性,不能被任何人随意地剥夺。一个丧失了公民尊严的人,意味着不再享有表决权、不再拥有政治上的自由、不再保持与其他公民一样的平等地位。康德所谓的"他虽然活着,但却仅仅被作为其他人(无论是国家还是其他的公民)自由的任意之工具",并不是说罪犯就沦为如动物或无生命的物体那样的工具,任人宰割、由人伤害和侮辱;而仅仅是说,他将受到刑罚,不再享有一个正常公民在公共生活中拥有的法权。然而,犯罪只是让他丧失了作为正常公民的尊严,却并没有丧失作为自然的人格的尊严,所以,我们必须仍然把他作为"人格"而非"事物"来看待。把他作为人格,就是把他看作自身即是目的本身,尊重他除了刑罚所剥夺的法权之外的一切价值。

依这个区分,我们就在第二点上也消除了对"罪犯也是目的本身"的质疑。

(三)怎样对待罪犯

那么,怎样对待罪犯,才是满足了人性公式的要求呢?

在直接讨论这个问题之前,我们可以先参考一下西尔(Thomas E. Hill)对这个公式的分解。他认为,人性公式至少提出了6点戒律:第一,我们要无偏见地对待每一个人的人格,尊重他们的尊严;第二,因为尊严是不可通约的价值,所以就不能将一个人的价值与另一个人作比较;第三,我们必须把人格作为具有重要的道德地位来对待,其限制我们利用人格来获取哪怕是善的目标;第四,每个理性人格的存在是一个个客观的目的,他们应该被所有的理性人格都看作是有价值的东西,要阻止杀害任何人以及帮助他们为成为一个理性自主的人格创造条件;我们必须将他们作为理性主体进行沟通,而非对他们施加强制、欺骗和摆布;第五,避免对人格表达不尊重,积极地表达对他们的尊重,这些表达包括愿意商议、倾听、尊重隐私和信赖;第六,只有当我们把别人的人格性的目的看作值得我们关注和帮助的,哪怕这些目的是建立在道德上无关紧要的偏好之上,而非基本需要,才是充分地尊重了人性尊严。[54] 按照西尔自己的观点,前三点是形式化的,后三点是实质性的,它们构成了人性公式提出的基本要求。

这六点戒律,也同样暗含对刑罚程序和实体的诸多限制,这些包括:第一,与对待犯罪的方式有关的政策,必须对每个人来说都是可证成的,因而在相关法律程序中,罪犯也要有必要的表达意见的可能性;第二,刑罚的方式必须保护罪犯的生命和健康;第三,要尊重罪犯作为一个理性自主的主体正常生活的能力,不要使用一些野蛮的措施像对待动物那样对待罪犯,如拖拽、推搡、使用镣铐以及关在笼子里;第四,要避免刑罚之外的嘲笑、捉弄和蔑视,无论是来自警察、法庭官员还是普通大众,而且要防止让罪犯承受刑罚之外的其他痛苦;第五,要以各种方式鼓励罪犯发展他们的理性能力。[55]

康德在《法权学说》中直接提及要尊重罪犯的人性尊严的地方主要有两处:一是执行惩罚过程中不能虐待,"虐待将使得人格中的人性遭受到恶劣的对待";二是刑罚本身不能是非人性的,如以同态报应的形式来惩罚兽奸等违反人性的犯罪。除此之外,康德对人性公式的强调都是形式化的,而非实质性的。

值得注意的是,由人性公式引出的这几条戒律,与矫正措施有很大的不同。而这也是为什么我们称康德为报应主义者,而不能将他纳入矫正主义者或者特别威慑主义者之中的重要原因。其中,需要特别提及的是两个方面。

其一,人性公式提出的是必然性的要求,而矫正措施则具有偶然性,因为前者是定言命令,而后者则属于假言命令。按照人性公式提出的义务性要求,我们必须要把罪犯作为目的本身,不能剥夺他们睡觉的时间、不能施加刑罚之外的屈辱、不能破坏他们的身体等,如果做不到这些,我们便是没有履行义务,是不道德的。而矫正措施的要求则不同,矫正手段的选择取决于矫正目标的设定,一旦矫正目标发生了改变,所采取的矫正手段就可能被废弃。以投机倒把罪为例,1997 年我国《刑法》取消了该罪名,因此罪而被惩罚的罪犯也就不再有被矫正的必要了;从理论上看,矫正措施的要求也就不需要执行。

其二,"尊重人性"与"改造人性"有天壤之别。尊重,意味着在自然人格上

---

〔54〕 See Thomas E. Hill, "Treating Criminals as Ends in Themselves", *Jahrbuch für Recht und Ethik*, Vol. 11 (2003), pp. 25 – 26.

〔55〕 Thomas E. Hill, "Treating Criminals as Ends in Themselves", *Jahrbuch für Recht und Ethik*, Vol. 11 (2003), pp. 27 – 28.

的平等,也就是说,我们把罪犯也看作与我们一样的理性主体。而改造,则表明一种居高临下的位置关系,即按照我们自己的意图,把别人塑造成像我们一样的人。以监狱内的宣教为例,尊重人性,是指要让罪犯通过自己的理性能力认识到遵纪守法的重要性,而不是被当成改造人性那样,被强行灌输法律教条和纪律规范。

总结来看,人性公式要求我们对待罪犯像对待作为理性主体的自己一样,既要在法律政策上满足形式化的要求,又要在刑罚的实际执行中满足实质性的要求。归根结底,把罪犯看作自身即是目的本身,就是把罪犯也当作具有内在价值的"人"看待,而非如动物那样的"事物"。

## 五、结　论

透过康德关于报应与复仇具有批判意义的辨析,我们可以对康德关于报应主义情感基础的论证贡献作一个大致总结。报应主义刑罚理论之所以在西方的讨论中被唾弃、被改良、被忽视,原因恰恰在于,基于道德情感的经验论的意识残留始终没有被剥离出去。换句话说,评判理论价值的标尺始终是功利主义的,它将带来怎样的好处、满足人们特定的情感是首先被考虑的。而康德则在他的道德哲学中对这种根深蒂固的功利性视角作了批判,这也延伸到他对报应与复仇的区分上。为什么要对犯罪者予以惩罚?在康德看来,这并不是基于任何复仇情绪的宣泄,也不是复仇欲望的自然表达,当然也不可能来自当代学者所津津乐道的矫正主义,而仅仅基于正义的法则;如果这种法则能够与某种情感相融的话,那绝不是复仇或任何经验性的情感,而只是对法则本身的敬重。由是,报应与复仇的区分,便不是孪生兄弟之间的表象区分,而是"道不同不相为谋"的本质区别。

然而,值得思索的是,为什么在英美学界,人们对康德刑罚理论的研究兴趣总是停留于改善康德报应论,而不是真正地从康德哲学深处发掘他本身的理论力量?在很大程度上,是这种无法逃离的功利主义背景阻碍了他们对康德具有批判意义的解读。而这正是我们中国的研究者应当重视的。康德对报应与复仇的辨明,不仅仅在概念分析上具有重要的理论价值,而且也是一种哲学观念上的更新,具有巨大的批判意义。更难得的是,"人是目的本身"的论断,为我们在刑罚实践中实现保障罪犯的尊严与权利,提出了实质性的要求,这正是康德报应主义刑罚观的当代价值所在。

On Kant's Clarification of the Emotional Basis of Penalty

Guo Ye

**Abstract**: The distinction between "retribution" and "revenge" constitutes a very important part of Kant's view of retributive punishment. The fundamental difference between the two is that retribution is a good law based on justice, while revenge is an expression of evil desire and emotion. Therefore, punishment cannot be a means for people to release anger, even public anger is no good. The emotional basis of retributive punishment can only be respect for justice, instead of revenge or any empirical emotion. Retribution not only has nothing to do with hate, but also to be compatible with "love". "The criminals is also the end themselves" is a sign of Kant's humanity formula on the view of punishment. We should treat criminals as a rational subject with the intrinsic value of the normal people. It is necessary to meet the formal requirements in the legal policy, but also to meet the substantive requirements in the actual implementation of the penalty as well. To clarify the difference between these two words is not the concept game, but to reveal the critical significance of Kantian philosophy on the concept of penalty, and provide new ideas for the theory and practice of penal punishment in China.

**Key words**: Retribution; Revenge; Kant; The concept of criminal punishment; Emotional basis; Humanity formula

# 三重管理体系之下中国律师专业化发展的困境

钟　欣*

**内容摘要：**

中国律师管理体系是由司法行政部门、律师协会和律师事务所共同组成的三重结构，处于三重管理体系之下的律师个体，既需遵守结构所要求的职业规范，亦需从该结构中获得必要的支持，方能实现专业化发展。而由于个体所占比例的弱化、职业群体内部良性互动的消减，以及职业场域内的科层化氛围，使律师个体既无力自主决定专业化发展路径，又无法从形变了的结构内获得制度支持、职业指导和业务资源，故而虽热情高涨，却囿于条件限制而无法实现。所以，有必要深入了解律师个体专业化发展所受到的结构性压力，并探究其成因，对中国律师管理体系现状进行审视和改革，以实现其理想功能。

**关键词：**

律师专业化　三重管理体系　个体压力　结构活力

## 一、概念界定与问题提出

对律师职业的研究常见于法理学〔1〕、法律社会学〔2〕和诉讼法

---

* 华东师范大学博士研究生。

〔1〕 参见季卫东：《法律职业的定位：日本改造权力结构的实践》，载《中国社会科学》1994 年第 2 期；孙笑侠：《法律家的技能与伦理》，载《法学研究》2001 年第 4 期；贺卫方：《司法的制度与理念》，中国政法大学出版社 1998 年版。

〔2〕 参见李学尧：《法律职业主义》，载《法学研究》2005 年第 6 期；程金华、李学尧：《法律变迁的结构性制约：国家、市场与社会互动中的中国律师职业》，载《中国社会科学》2012 年第 7 期；刘思达：《分化的律师业与职业主义的建构》，载《中外法学》2005 年第 4 期。

学[3]三个领域,在相关著述中常出现一组关联表达——“专业”和“专业化”。“专业”强调律师的专门知识技能,该等知识和技能需要在专门的机构进行长期学习后方能掌握,如此长期艰苦的学习所带来的益处是,所获得的知识和技能由律师“专享”,并可为其带来其他专享权利,如职业自治、职业豁免等。[4] “专业化”除具备“专业”和“专享”的特点外,还需要满足“专注”的要求,即律师在具备专门知识、技能的前提下,实现专人专岗,精专于某一项或某几项业务领域而非全部,[5]以避免成为业界所戏谑的“万金油”。从词源上考察,“专”有“在学术、技能方面有某种特长”[6]“独自掌握和占有”[7]的含义,“专业”可理解为“专门从事某种工作或职业的”[8]“具有某种水平或知识的”[9],“化”的解释为

[3] 参见陈瑞华:《论协同性辩护理论》,载《浙江工商大学学报》2018 年第 3 期;陈瑞华:《独立辩护人理论的反思与重构》,载《政法论坛》2013 年第 6 期;陈卫东、亢晶晶:《我国律师辩护保障体系的完善——以审判中心主义为视角》,载《中国人民大学学报》2016 年第 3 期;王进喜主编:《律师流动法律问题与对策》,知识产权出版社 2013 年版;卞建林:《应当进一步完善辩护制度强化律师作用》,载《中国司法》2008 年第 2 期。

[4] 参见张志铭:《当代中国的律师业:以民权为基本尺度》,载《比较法研究》1995 年第 1 期;张志铭:《回眸和展望:百年中国律师的发展轨迹》,载《国家检察官学院学报》2013 年第 1 期;张志铭:《法律职业道德教育的基本认知》,载《国家检察官学院学报》2011 年第 3 期;孙笑侠:《法律家的技能与伦理》,载《法学研究》2001 年第 4 期;李学尧:《法律职业主义》,载《法学研究》2005 年第 6 期;程金华、李学尧:《法律变迁的结构性制约——国家、市场与社会互动中的中国律师职业》,载《中国社会科学》2012 年第 7 期;刘思达:《分化的律师业与职业主义的建构》,载《中外法学》2005 年第 4 期。

[5] See Ethan Michelson, *Unhooking from the State: Chinese Lawyers in Transition*, PhD. Dissertation Department of Sociology, University of Chicago, Chicago, 11, 2003, p. 127. 转引自刘思达:《分化的律师业与职业主义的建构》,载《中外法学》2005 年第 4 期。

[6] 中国社会科学院语言研究所词典编辑室编:《现代汉语词典》(第 6 版),商务印书馆 2014 年版,第 1707 页。

[7] 同上。

[8] 同上书,第 1708 页。

[9] 同上。

"加在名词、形容词之后,表示向某种性质、状态转变发展"。[10] 据此,本文得出"律师专业化"的概念,即掌握专业的法律知识和技能的律师,精专于某一项或某几项自己擅长的业务领域,并将该等业务领域作为主要工作内容。

梳理现有研究成果可以发现,学界大多数研究者将律师群体作为研究对象,而鲜少关注律师个体发展。但作为法律职业共同体的重要组成部分,律师个体在社会分工的基础上实现专业化发展,既是增加有效法律服务供给的前提,更是改变律师"万金油"形象、为律师职业正名的途径,所以,有必要对律师个体予以关怀,了解其在专业化发展过程中的需求与期望。通过实证研究发现,我国律师业内部涌动着强烈的专业化发展愿望,但身处于由司法行政部门、律师协会和律师事务所共同构成的三重管理体系之下,律师个体在进行职业规划时常常受到结构的挤压,而无法自主决定专业化发展方向和方式。职业社会学认为,个体职业选择受到个体因素和"非个人能够左右及控制的"社会因素的双重影响,[11] 具言之,律师专业化发展不仅需要个体自身的主观意愿、专业能力和人际关系,更需要国家政策、职业自治组织和职业场所等社会因素所带来的助力,本文将通过文本分析和实证研究,探究司法行政部门、律师协会和律师事务所在律师管理过程中所发挥的效用,并尝试解释在三重管理体系下,我国律师个体专业化发展所受到的结构性压力。

## 二、中国律师三重管理体系的结构

现代发达国家律师制度是"作为司法民主的一个重要表现确立起来的","在整个社会倡导民权,把保障和实现民权作为各种政治法律设计的基础的结果"。[12] 律师业的发展壮大系伴随国家政治、经济、社会的发展而自然生成,各国律师管理制度虽呈现不同样态,但以行业协会为管理主体的自治管理却是普

〔10〕 中国社会科学院语言研究所词典编辑室编:《现代汉语词典》(英汉双语),外语教学与研究出版社 2002 年版,第 285 页。

〔11〕 社会因素包括国家政策、行业兴衰、人事管理体制等。参见屈振辉、周红金、刘孝利:《职业与社会》,上海交通大学出版社 2014 年版,第 125 ~ 135 页。

〔12〕 张志铭:《回眸和展望:百年中国律师的发展轨迹》,载《国家检察官学院学报》2013 年第 1 期。

遍存在的，这种由律师自治组织所构成的管理体系在美国较为明显。美国的律师协会不仅是整个律师界的代言人，而且还是法律工作者的全国性机构；不仅拥有律师管理制度的制定权、律师准入的审核权，还承担律师违纪行为的惩戒和日常事务的管理职能；除此之外，律师协会的职权还延伸至法学教育领域，负责对全国法学院进行考察与监督管理，并对“律师再教育和职业培训进行规划和管理”。在律师协会之外，美国法院也在律师监管上承担一定职能，比如，“颁发律师执照”“对律师适用惩戒”“通过或创制有关律师执业的法规、规则”“行使司法监督权”，以及对律师协会的干预和制约等。〔13〕英国虽然在律师类别上有大律师和初级律师之分，但律师管理工作同样由律师协会（负责监管大律师的“律师公会”和负责监管初级律师的“法律协会”）予以实施。〔14〕在行业自管方面，日本比英国、美国体现得更为明显，日本的律师管理职责由律师联合会（又叫作日本辩护士联合会）和受其统领的律师会承担，律师联合会是“完全独立的自治团体和职业团体，负责领导、监督地方律师会及其工作”，〔15〕主要负责对律师的准入、惩戒、培训和业务活动的监督指导。律师会则承担律师“入会退会”、制定“律师报酬标准”、“向官公署和其他机关推荐律师”，以及处理律师执业行为引发的纠纷等职责。〔16〕在律师协会高度自治的管理模式之外，也有不少国家采取司法行政部门与律师协会共同管理的模式，如在丹麦和挪威，由司法部长或法务大臣授予律师职业资格；〔17〕德国的律师管理体系则由“司法行政机关、法院和律师协会”组成，三者各有分工、彼此协同地履行对律师的监管职责。〔18〕

---

〔13〕 参见王国良、黄瑞、肖萍：《中外律师制度比较研究》，江西人民出版社 2003 年版，第 80 ~ 83 页。

〔14〕 参见陶髦等：《律师制度比较研究》，中国政法大学出版社 1995 年版，第 228 ~ 229 页。

〔15〕 王国良、黄瑞、肖萍：《中外律师制度比较研究》，江西人民出版社 2003 年版，第 85 页。

〔16〕 参见徐静村：《律师学》，四川人民出版社 1988 年版，第 91 ~ 92 页。

〔17〕 参见陶髦等：《律师制度比较研究》，中国政法大学出版社 1995 年版，第 157 页。

〔18〕 参见陈宜：《“两结合”律师管理体制的经验总结与深化》，载《中国司法》2019 年第 2 期。

我国律师管理体系由司法行政部门、律师协会和律师事务所共同构成。其中,司法行政部门对律师业进行全面监管,通过法规和政策的制定,监督和指导律师协会工作,审批律师事务所的设立、变更与终止,批准律师执业许可与终止,对律师和律师事务所的违法行为予以行政处罚。[19] 律师协会作为律师自治组织,一方面,制定行业规范和惩戒规则,实施对律师和律师事务所的奖惩、调解律师执业活动中发生的纠纷;另一方面,也要履行律师业务培训和业绩考核、组织律师实习活动的义务,以实现职业群体内部的专业研究和经验交流。[20] 与司法行政部门的宏观管理和律师协会的监护监管不同,律师事务所承担的是业务承接审批、收费标准控制、职业风险监控、职业伦理教育、业务能力提升、继续教育支持等日常的、微观的管理职能。[21]

由于司法行政部门、律师协会和律师事务所的功能和角色不同,其在管理体系中的位置也不尽相同,三者对律师专业化发展所产生的影响亦各有侧重(见图 1)。司法行政部门的宏观调控功能决定了其在律师管理体系中的顶层地位,处于中层的律师协会、终端的律师事务所,以及律师个体均需接受它的监督与指导,按照顶层制度设计的指导思想和精神,完成自身发展规划,律师协会既接受司法行政部门的监督、指导,又对律师事务所和律师进行管理和管护。这种承上启下的角色,决定了其在结构中的中层位置,承担微观管理职能的律师事务所,是与律师联系最密切、互动最频繁的管理主体,它具备一定自主经营权,但在业务承办和日常管理方面,又必须严格遵照来自顶层和中层的制度指导,在业务类型的拓展和组织形式的塑造方面,亦需参考司法行政部门和律师协会的倡议,故此决定了律师事务所在律师管理体系中的终端位置。综观整个律师管理体系,三重主体在发展方向和思想精神上保持高度一致。由于我国律师业的发展和律师制度的建立系借助国家力量,通过理性建构而成,从律师、律师事务所人数的增加到律师管理制度的制定,再到律师职业化的养成,中国律师业发展的步伐和主题始终与中国经济发展和法治化建设的进程保持

---

〔19〕 参见《律师法》第 4 条、第 6 条、第 7 条、第 9 条、第 18 ~ 20 条、第 22 条、第 47 ~ 55 条,《中华全国律师协会章程》第 4 条。

〔20〕 参见《中华全国律师协会章程》第 6 条、第 8 条。

〔21〕 参见《律师事务所管理办法》第 38 ~ 52 条。

一致。[22] 所以,顶层制度设计所展现出的理性建构思路,直接决定了中层和终端的工作重点与重心,也间接决定了律师个体职业选择和职业前景。作为律师管理体系的中层,律师协会除履行自身使命之外,还需做好顶层和终端的连接工作,既要理解体会顶层制度理念,又需完成对律师事务所和律师执业活动的监督管理,对比司法行政部门和律师协会的职能可以看出,司法行政部门的重心在于对律师行业整体的监督和管理,通过政策和规范性文件的制定,指导律师行业整体的发展和走向。律师协会的职能则更倾向于管护而非管理,在对律师执业的合法性进行监督的同时,更注重对律师的支持与帮助,抵挡来自外部的侵害,保障律师的合法权利,并在职业群体内部为律师专业化发展创造成长的机会和条件。就律师个体专业化发展而言,律师协会担负最多责任,这不仅是国际经验,还是职业自治组织的职能要求。律师事务所虽具有一定自主发展空间,无须承担如律师协会般的重任,但由于处在管理体系的终端,需要同时遵守司法行政部门的政策指引和律师协会的具体指导,故而在规划发展方向、明确治理模式和制定律师管理制度时,除结合自身组织目标和业务优势外,尚需要尊重顶层和中层所发出的专业化倡议。

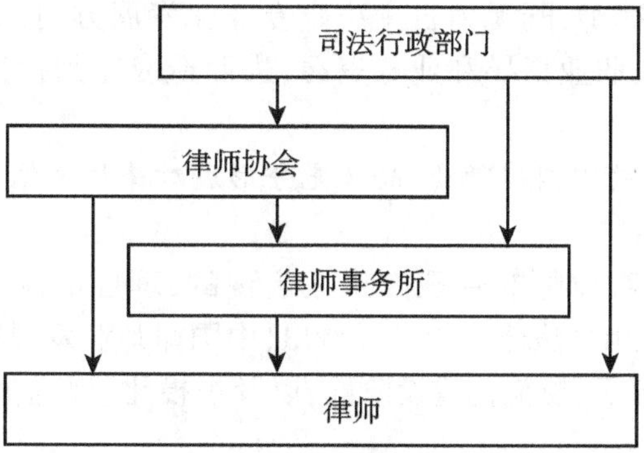


**图1　律师管理体系**

〔22〕 参见张志铭:《回眸和展望:百年中国律师的发展轨迹》,载《国家检察官学院学报》2013年第1期。

## 三、三股力量下律师个体专业化发展的压力

按照上文所述,律师个体专业化发展受到司法行政部门的间接影响,并与律师协会和律师事务所的管护、管理直接相关。在司法行政部门、律师协会和律师事务所共同构成的三重管理体系下,律师个体必须同时遵守三者所提出的要求,方能在整体结构中得以生存,通过与管理体系的互动、与管理体系内部各部分的互动,获取自身发展所需的养分。所以,管理体系中各层力量保持均衡且充分发挥功能,既是结构本身存在的理想状态,更是满足个体发展需求必不可少的条件。实现律师专业化发展,首要条件是完成"专业"要求,在丰富专业知识、提升专业技能的基础上,"专注"于某一个或几个业务领域,并在追求行业影响力和职业声誉双高的前提下,实现在业务领域内的"专享"地位。在上述三个方面中,仅"专业"可以通过律师个体的持续努力达成,而"专注"和"专享"的实现,既需要顶层制度支持,更需要来自律师协会和律师事务所的直接指导。然而,由于顶层制度的重整体、轻个体,律师协会的重管理、轻管护,使律师个体专业化发展需求难以得到满足。加之律师事务所追求效益的市场行为,导致身处结构之中的个体律师,既无力自主决定专业化发展方向,又无望从结构中获得充分的制度支持、职业指导和业务资源,进而造成律师探索专业化发展热情的消减。

### (一)理性建构的中国律师业,尚未充分形成对律师个体专业化发展的顶层制度支持

司法行政部门对律师的管理方式是宏观的、理性的制度建构,[23]梳理自1978年以来的律师相关法律法规可以看出,中国律师业发展轨迹可分为三个阶段,即规模化建设阶段、规范化建设阶段,以及规模化、规范化、职业化同步建设阶段(见表1)。

---

〔23〕 参见程金华、李学尧:《法律变迁的结构性制约——国家、市场与社会互动中的中国律师职业》,载《中国社会科学》2012年第7期;张志铭:《当代中国的律师业:以民权为基本尺度》,载《比较法研究》1995年第1期。

**表 1　律师执业发展阶段与代表性法律文件**

| 发展阶段 | | 代表性法律文件 | 主要内容 |
| --- | --- | --- | --- |
| 规模化建设 | | 1984 年 10 月 8 日<br>《关于加强和改革律师工作的意见》(失效) | 发展律师队伍<br>增设法律机构 |
| | | 1982 年 1 月 1 日<br>《律师暂行条例》(失效) | 律师职业准入 |
| | | 1984 年 10 月 7 日<br>《兼职律师和特邀律师管理办法(试行)》(失效) | |
| | | 1986 年 4 月 12 日<br>《关于全国律师资格统一考试的通知》 | |
| | | 1987 年 5 月 30 日<br>《司法部关于乡镇法律服务所的暂行规定》(失效) | |
| | | 1987 年 8 月 1 日<br>《司法部关于聘用离退休人员从事律师工作的意见》(失效) | |
| | | 1987 年 10 月 10 日<br>《律师职务试行条例》 | 律师职务<br>等级的划分 |
| 规范化建设 | 强化职业伦理 | 1990 年 11 月 12 日<br>《律师十要十不准》(失效) | 规范<br>律师执业行为 |
| | | 1993 年 3 月 1 日<br>《律师惩戒规则》(失效) | |
| | | 2004 年 3 月 19 日<br>《司法部关于 2004 年在全国律师队伍中开展集中教育整顿活动的意见》 | |
| | | 1993 年 2 月 24 日<br>《司法部关于设立司法部律师惩戒委员会和任命律师惩戒委员会成员的通知》 | 律师惩戒委员会<br>的成立 |

续表

| 发展阶段 | | 代表性法律文件 | 主要内容 |
|---|---|---|---|
| 规范化建设 | | 1993年12月27日<br>《律师职业道德和执业纪律规范》(失效) | 对律师职业道德和执业纪律的强调 |
| | | 2004年3月19日<br>《关于规范法官和律师相互关系维护司法公正的若干规定》 | |
| | 拓展业务模式 | 1991年12月3日<br>《司法部关于进一步加强律师担任企业法律顾问工作的通知》(失效) | 律师专业化发展 |
| | | 1992年6月15日<br>《司法部关于律师担任企业法律顾问的若干规定》 | 律师业务类型的增加 |
| | | 1997年5月3日<br>《企业法律顾问管理办法》 | |
| | | 1999年7月1日<br>《证券法》(已修订) | |
| | 对职业群体素质的要求 | 1993年1月19日<br>《司法部关于鼓励留学归国人员从事律师工作的通知》(失效) | 专业人才的引进和建设专业化律师事务所的提倡 |
| | | 1996年9月26日<br>《司法部关于严格执行〈律师法〉进一步加强律师队伍建设的决定》(失效) | |
| | | 1992年5月26日<br>《司法部关于外国律师事务所在中国境内设立办事处的暂行规定》(失效) | 外国律师事务所准入条件 |
| | | 1997年1月1日<br>《律师法》(已修订) | 第一部以律师职业为对象而制定的法律 |
| | | 1999年6月16日<br>《司法部关于特邀律师注册问题的通知》(失效) | 对特邀律师进行规范、减少数量 |
| | | 1999年10月31日<br>《关于清理整顿经济鉴证类社会中介机构的通知》 | 行业清理、整顿 |

续表

<table>
<tr><th colspan="2">发展阶段</th><th>代表性法律文件</th><th>主要内容</th></tr>
<tr><td rowspan="11">职业化建设</td><td rowspan="3">律师权利义务</td><td>2008年7月18日<br>《律师执业管理办法》(已修订)</td><td>针对律师的全面规定</td></tr>
<tr><td>2008年7月18日<br>《律师事务所管理办法》(已修订)</td><td>针对律师事务所的全面规定</td></tr>
<tr><td>2015年9月16日<br>《关于依法保障律师执业权利的规定》</td><td>律师执业权利</td></tr>
<tr><td rowspan="5">严格职业准入</td><td>2000年3月30日<br>《基层法律服务工作者管理办法》</td><td>基层法律服务工作者(专职、兼职)的职业准入</td></tr>
<tr><td>2001年7月15日<br>《国家对初任法官、检察官和取得律师资格实行统一的司法考试制度》</td><td>职业准入</td></tr>
<tr><td>2007年1月1日<br>《香港、澳门特别行政区律师事务所驻内地代表机构管理办法》</td><td rowspan="2">香港、澳门特别行政区律师事务所、居民在内地从事法律职业的准入</td></tr>
<tr><td>2007年1月1日<br>《取得内地法律职业资格的香港特别行政区和澳门特别行政区居民在内地从事法律职业管理办法》</td></tr>
<tr><td>2009年1月1日<br>《取得国家法律职业资格的台湾居民在大陆从事律师职业管理办法》(已修改)</td><td>台湾居民在大陆从事律师的职业准入</td></tr>
<tr><td rowspan="3">专业化发展</td><td>2001年3月8日<br>《司法部关于中国加入WTO后加快律师业改革与发展的意见》</td><td rowspan="3">律师专业化分工和建设专业化律师事务所的提倡</td></tr>
<tr><td>2003年8月12日<br>《司法部关于拓展和规范律师法律服务的意见》</td></tr>
<tr><td>2006年4月11日<br>《司法部关于加强律师队伍建设工作的意见》</td></tr>
</table>

续表

<table>
<tr><th colspan="2">发展阶段</th><th>代表性法律文件</th><th>主要内容</th></tr>
<tr><td rowspan="10">职业化建设</td><td rowspan="2"></td><td>2015 年 11 月 19 日<br>《国务院办公厅关于加快发展生活性服务业促进消费结构升级的指导意见》</td><td>加快律师队伍建设</td></tr>
<tr><td>2004 年 1 月 31 日<br>《国务院关于推进资本市场改革开放和稳定发展的若干意见》(失效)</td><td>提高律师(所)的专业化服务水平</td></tr>
<tr><td rowspan="8">作为“社会主义法律工作者”的身份转换</td><td>2009 年 2 月 9 日<br>《关于对律师参与信访工作予以经费保障的申请报告》</td><td rowspan="2">律师参与国家信访工作,协助纠纷解决</td></tr>
<tr><td>2016 年 12 月 16 日<br>《司法部、国家信访局关于深入开展律师参与信访工作的意见》</td></tr>
<tr><td>2009 年 4 月 23 日<br>《司法部关于在全国律师队伍中开展“中国特色社会主义法律工作者”主题教育实践活动的意见》</td><td>律师的“中国特色社会主义法律工作者”身份</td></tr>
<tr><td>2009 年 5 月 6 日<br>《关于加强残疾人法律救助工作的意见》</td><td rowspan="2">律师的法律援助义务</td></tr>
<tr><td>2013 年 4 月 25 日<br>《司法部关于进一步推进法律援助工作的意见》</td></tr>
<tr><td>2013 年 12 月 4 日<br>《中华全国总工会、司法部关于进一步加强工会公职律师试点工作的意见》</td><td>工会公职律师的设置</td></tr>
<tr><td>2017 年 11 月 2 日<br>《司法部、住房城乡建设部关于开展律师参与城市管理执法工作的意见》</td><td>律师参与城市管理执法工作</td></tr>
</table>

1979 年 9 月司法部重建,以“保障人权、体现司法民主和法治精神”为基本价值取向的律师,成为法治建设不可或缺的主体。为满足国家和社会法律需求,律师和律师事务所的数量需要迅速增加,所以,中国律师业第一阶段(1980 ~ 1990 年)的发展主题是规模化建设,发展重点是律师和法律服务机构在数量上的增加。除专职律师外,国家还增设兼职律师、特邀律师。部分曾在人民法院、人民检察院、司法行政机关、法律顾问处工作的离退休人员也可以作

为律师提供法律服务。在增设法律机构方面，除国办律师事务所外，国家还鼓励开办合作制律师事务所，并设立乡镇法律服务所，允许乡镇法律工作者“为社会治安综合治理服务”。[24] 这一阶段的法律法规，对律师专业化发展的规定极少，虽然《司法部关于聘用离退休人员从事律师工作的意见》中有对人员素质和业务培训方面的规定，但其目的并非促进律师个体发展，而意在“帮助他们提高律师业务水平”，“发挥他们的余热”。[25]

随着改革开放的深入和市场经济的推行，中国法律服务的需求进一步增加。新的需求主体和需求类型，既丰富了律师业务类型，也对律师的专业能力、职业道德提出了新的要求。这些新情况带来第二阶段(1990～2000年)律师业发展重心的变化，即以开放的心态增加业务类型，并审慎地进行规模化建设，不再单纯追求数量的增长，而是更注重律师的职业素养。这一阶段的发展主题包括职业道德建设、业务模式拓展和法律服务主体优化。为满足企业法律顾问的法律服务需求，国家提出了律师专业化的要求，《司法部关于进一步加强律师担任企业法律顾问工作的通知》中规定，要“有计划地推动和引导律师向专业化方向发展。企业对法律服务的需求是多方面的，涉及各种法律知识，因此，应当鼓励有条件的律师发展自己的专业方向，培养和提高律师的专业水平和技能”。[26] 同时，为引进法律人才和外语人才，国家“对归国留学人员从事专职律师工作采取特别优惠待遇”。[27] 这一阶段的律师业，虽已经显示出“专业化”的愿望，但仅是对法律专业知识和专业技能的渴望，并没有明确对律师业务领域的社会分工，即便是对专业化着重强调的企业法律顾问服务，也并非律师专享。

在律师业发展的第三阶段(2000年至今)，中国加入WTO且市场经济逐渐活跃，涉外法律事务、上市法律事务和商事法律事务日渐增多。为满足经济发展所产生的法律需求，部分专门从事上市业务和涉外业务的律所、律师团队逐渐成立，律师群体内部日渐呈现专业化分工的趋势，从2009年开始，律师个体

---

〔24〕《司法部关于乡镇法律服务所的暂行规定》第3条。按照第4条的规定，乡镇法律服务所可提供法律顾问、公证、调解等法律服务，并承担法治宣传的职责。

〔25〕《司法部关于聘用离退休人员从事律师工作的意见》第6条。

〔26〕《司法部关于进一步加强律师担任企业法律顾问工作的通知》中意见部分第一部分第二点“要提高律师队伍的业务素质”中第四点。

〔27〕《司法部关于鼓励留学归国人员从事律师工作的通知》。

开始逐步与整体结构进行互动,以社会主义法律工作者的身份,配合相关部门完成信访、法律援助、城市综合管理等事务。本阶段的专业化建设已经逐渐显现出专业、专享和专注的意味,[28]在《司法部关于拓展和规范律师法律服务的意见》和《司法部关于加强律师队伍建设工作的意见》中,司法部也对律师事务所的专业化发展提出倡议。[29]

(二)律师协会承上启下的功能弱化,律师自行组建的专业化发展社群因缺乏监管而无法实现良性互动

律师协会作为律师职业自治组织,处于三重管理体系的中层位置,其作用在于承上启下,理解来自结构上层的制度精神,并对律师事务所的管理行为和律师个体的执业行为进行监督、指导。按照我国现行法律规定,我国律师协会法定职责包括行业准入、[30]日常管理、[31]职业保障[32]和职业监督[33]。与司法行政部门相比,律师协会的职能更倾向于管护而非管理,在对律师执业的合法性进行监督的同时,更注重对律师的保护与帮助。

---

〔28〕 比如,在《司法部关于中国加入 WTO 后加快律师业改革与发展的意见》中规定:"鼓励律师事务所实行专业化分工,将一些目前专业较为集中、基础较好的律师事务所定型为专业化律师事务所"。

〔29〕 比如,"鼓励律师事务所的专业化建设,发展一批具有专业特色的律师事务所""通过多种方式,培养一批专业带头人,推动律师业务的专业化分工"。

〔30〕 主要关注实习律师的培训和培养、律师执业的审查和考核,通过实习期的表现和实习终结时的面试,决定其是否能够进入律师队伍定期考核、日常管理和应急管理。

〔31〕 参见《律师法》第 23 条、第 43 条、第 46 条;《律师法律顾问工作规则》第 24 条。主要包括建立健全执业管理、利益冲突审查、收费与财务管理、投诉查处、档案管理,组织交流律师工作经验,制定行业规范和惩戒规则,对律师、律师事务所进行考核并实施奖励和惩戒;应急管理指律师因故无法履行法律顾问职责时,及时另行指派其他律师,以保证法律顾问工作的连续性。

〔32〕 参见《律师法》第 36 ~ 37 条;《律师法律顾问工作规则》第 8 条;《中华全国律师协会关于律师事务所贯彻落实〈中华人民共和国劳动合同法〉保障律师最低工资权益的指导意见》。包括职业权利保障、职业继续教育保障、生命健康自由保障、职业地位保障、职业声望保障等内容。

〔33〕 参见《律师法》第 3 条,《关于律师作用的基本原则》第 14 ~ 15 条。包括个人自律、同行监督和组织监督。

可喜之处在于，律师协会在日常管理和业务培训方面已经显现出专业化发展思维，能够区分不同的业务领域，并在各领域内交流经验、培养人才。[34] 然而，不论是课程设计还是受众群体，都难以充分满足律师专业化发展的需求，面向全部律师开放的培训，内容广泛、话题前沿，但由于受众的专业化水平不尽相同，故而在深度和难度上较难平衡，各专业委员会内部举办的职业培训数量有限，且经验的交流和指导尚未完全开放，因此，仅少数律师能够从专业委员会处获得理论学习和业务交流的机会，而其余大部分律师的专业化发展需求依旧难以得到满足。在互联网、人工智能、城市管理、共享经济的带动下，法律服务对业务细分和专业知识的深耕细作的要求越来越强烈，在律师协会的功能无法充分发挥时，律师行业内部分有志于专业化的律师和律师事务所开始自发组成律师专业化发展社群，利用社交媒体和协同合作软件，探索律师专业化的实现路径。通过深入观察与了解，这种社群大致可分为两类：一类是以群内全体成员的专业化发展为目标，在社群内部进行法律知识分享、新的业务模式探索、跨地域的业务互换，以及定期、定主题的社员活动日。这类社群中的成员均属于相同的业务领域。而另一类社群是由来自不同地域、不同律师事务所、不同律师团队，甚至不同业务领域的社员组成，主要目的在于为个体专业化发展提供便利条件，以案件互换为主要活动。社员可在“案源池”内选择自己所属地域、专业范围内的案件；同时，也需要发布案件到“案源池”内，以供他人选择。

这种多元化、有活力的律师群体，在探索律师个人职业规划、律师事务所发展模式方面起到积极作用，进而吸引许多律师的加入。而由于群体成员来自不同的地区和律师事务所，且以社交软件为媒介进行互动，所以司法行政部门和律师协会很难对其进行规范和管理，它们仅依靠内部约定的纪律和个体自律来维持群体的秩序，并完成彼此间的合作。在群体的建设过程中，这种模式逐渐

---

〔34〕 以中华全国律师协会为例，中华全国律师协会设置了包括刑事、民事、经济、行政、知识产权、金融证券保险、海商海事、环境资源能源、网络信息与高新技术、劳动与社会保障、国际业务、未成年人保护、公司法、破产与重组、建设工程与房地产、财税法、政府法律顾问、企业法律顾问、仲裁、农村法律事务、反垄断、宪法与人权等 22 个业务领域的专业委员会，按照专业委员会活动规则，组织开展理论研究和业务交流活动，起草律师有关业务规范。参见《中华全国律师协会机构设置一览表》，载中国律师网：http://www.acla.org.cn/home/toMenu? menuIdStr = 1 - 62，2019 年 5 月 2 日最后访问；《中华全国律师协会章程》第 25 条。

显露出些许弊端。首先,按照我国现行法律法规的规定,律师需要在律师事务所实习满一年,参加律师协会组织的培训并通过面试,经司法行政部门的审核,取得律师执业资格证后,方能以律师名义开展执业活动。而在自发组建的律师群体中,存在部分非律师社员,他们并未取得律师执业资格,甚至未经过法学教育、未通过国家统一法律职业资格考试,但却以律师名义活跃于各个群体内,影响社群整体质量和律师职业的纯洁度。其次,社群的优势之一在于,社员之间可以互相交换业务,达致经济利益上的共赢,但跨所合作、跨地域合作所导致的是收费标准的不统一、洽谈案件的律师和承办案件的律师不一致,这会给当事人带来不良的体验感,进而降低委托人对法律服务的满意度和社会公众对律师职业的评价。[35] 最后,缺乏监管的群体存在的最大风险是,当事人对案件审判结果的不满,进而引发对律师的不满和投诉,案件的承接律师和承办律师可能同时成为被投诉的对象,由于他们分属不同地区,由不同的司法行政部门和律师协会监管,加之我国当前的律师惩戒联动机制尚不健全,所以,此类投诉的处理需要投入更多的时间和人力,潜在增加了律师管理成本。

### (三)以商业化思维引导的科层化律师事务所,不具备实现律师个体专业化发展的充分条件

实证研究发现,中国当下专业化律师事务所数量较少,大部分律师由于种种原因不得不放弃专业化的职业愿望和规划。所以,为深度了解律师业专业化发展的困境,笔者深入B市6所律师事务所进行观察,并对律师事务所的主任或高级合伙人进行访谈。该6所律师事务所以律师个人、律师团队、律师事务所整体的方式实现专业化,在专业化探索的过程中,又各自面临部分待解难题。对于律师专业化发展来讲,访谈对象均表现出期待与向往,但也因现实困难而感到困惑或沮丧。

第一,律师专业化难度大、成本高,律师事务所无法承担高昂的人才培养成本。实现律师专业化的路径有两种。一种是高级"螺丝钉"式,这部分律师从入行初期,便遵循指导老师的业务方向,专注于某一业务领域,他们从执业开始便进行专业化的知识、技能、思维模式的培养,并逐步设计、修正、完成职业规划。另一种是"半路转型"式,这些律师最初没有明确的职业规划,他们在从事律师职业的过程中找到兴趣点,并通过转型突破职业瓶颈。无论哪种养成模式,都

---

[35] 参见刘思达:《失落的城邦:当代中国法律职业变迁》,北京大学出版社2008年版,第240~251页。

需要投入长期艰苦的训练和经济支持方能实现。180806C 号访谈的受访者说:"像简单的公司法、合同法、民间借贷、离婚、劳动争议这些业务领域,涉及的法律知识都是通识的,门槛低,律师(在取得)执业(证)以后可以在短时间内实现独立执业,但是稍微有难度的案件,他就应付不来了。"正如这位受访者所讲,在律师现有业务领域中,提供简单的民商事、婚姻家事、企业法律顾问等法律服务,所需要的专业知识属于大学法学教育的通识教学内容,加之在实践中这类案件数量较多,所以律师对这些法律知识和技能的简单运用,便可应付日常的法律咨询或简单的诉讼案件。一旦选定专业领域,律师为保持自身的职业敏感度和专业度,不仅需要熟练掌握相关法律、法规、司法解释,还需要了解不同地区不同法官的裁判风格、时刻关注业务领域动态、持续学习新的理论知识。部分法律与其他专业学科的交叉业务,对律师专业能力的要求极高,除需要完成律师职业训练之外,还需掌握交叉业务领域的知识。[36] 这样长期的专业化训练会带来经济成本的增加,而大部分律师事务所都无力承担如此高昂的人才培养成本。

第二,律师事务所内部难以通过业务合作而实现"双赢",律师无法完全脱离既有业务领域。律师专业化所倡导的"专注",在一定程度上限缩了律师业务范围,使其只能在少数业务领域内提供法律服务而舍弃其他。约翰·P. 海因茨(John p. Heinz)和爱德华·O. 劳曼(Edward O. Laumann)在对芝加哥的 777 名律师进行采访后得出法律职业的"两个半球理论"(Two-hemisphere thesis),即律师以客户类型、社会出身、受过的训练、事务所的环境等为基础,分属于两个不同的区域,处在自己所属半球的律师"几乎不会越过那条三八线"。[37] "两个半球"现象在当前的中国律师个体身上也有所显现,[38] 它意味着律师想要实

〔36〕 参见张文显、卢学英:《法律职业共同体引论》,载《法制与社会发展》2002 年第 6 期;孙笑侠、李学尧:《论法律职业共同体自治的条件》,载《法学》2004 年第 4 期。

〔37〕 John p. Heinz and Edward O. Laumann, *Chicago Lawyer: The Social Structure of the Bar.* Revised ed. Evanston, IL: Northwest University Press; Chicago, IL: American Bar Foundation, 1994(319,384);[美]史蒂文·瓦戈:《法律与社会》(第 9 版),梁坤、邢朝国译,郭星华审校,中国人民大学出版社 2011 年版,第 287 页。

〔38〕 在 180807G 号访谈中,受访者说,现在的中国,都是人情社会,很多时候,当事人不知道你到底是哪个领域,他只知道跟你比较熟,你不会欺骗他。即便你告诉他,自己不是这个领域的,给他介绍一个专业律师,他都认为你是在"端"着,在抬价,所以,有时候真的不好拒绝,没办法。

现专注的要求,必得舍弃既有业务领域中的部分或全部,或者在律师事务所内部进行业务合作或业务分流。在180809H号访谈中,笔者了解到,该律所的全部律师按照兴趣方向,分别加入行政诉讼部、行政复议部、信访举报部、听证部、法律援助部,并通过专业分工完成工作,律师事务所定期组织内部培训和外部交流。由于律师事务所内设有专门的民商事法律部,所以,政府法律顾问承接的民商事案件可通过内部合作而实现双赢。但是,其他几位受访者所在的律师事务所,属于合伙人自行组建、培养专业化律师团队,各个团队之间的业务合作较少。那些未加入任何团队的个体律师,只能以单打独斗的方式解决生存问题,“至于专业化,还来不及想”。[39]

第三,追求效率性的职业场所层级固化,律师个体无法自主决定专业方向。律师专业化活动以律师事务所为依托,由于当前律师业对专业化的追求日渐强烈,所以,为满足市场的需求和职业环境的要求,大部分律师事务所都不约而同地为自己贴上“专业化”和“专业分工”的标签来满足社会的制度性环境,即所处的“法律制度、文化期待、社会规范、观念制度等为人们广为接受的社会事实”。[40] 但在律师事务所内部,为实现组织对效率性的追求,律师(团队)即便已经确定专业领域,但由于客户类型、经济利益等方面的限制,也难以完全专注于单一领域。据受访者介绍以及笔者观察,律师事务所内部定期举行的业务培训会大多限于团队内部,由合伙人或资深律师为初级律师和律师助理进行培训,以实现其“快速成长、独当一面”的目的,[41] 而以律师事务所名义在全所范围内开展的专业性活动,又多以组织宣传和组织间交流为主要目的,个体律师很难从中获益。另外,我国当前律师事务所在管理模式上,多以岗位分工为依据进行科层化管理,专业化水平较高的律师或合伙人处于科层的上端,在律师事务所内部处于支配地位,有能力决定业务领域和整个组织的发展方向。因能力不足而被“降格”到“下层从属群体”的实习律师和初级律师,只能服从“上层群体”或“真正的职业群体”的指导,而无法自主决定职业道路。[42] 出于对组织

---

〔39〕 参见180809H号访谈。

〔40〕 参见周雪光:《组织社会学十讲》,社会科学文献出版社2003年版,第65~110页。

〔41〕 参见180807G号访谈。

〔42〕 参见[美]安德鲁·阿伯特:《职业系统:论专业技能的劳动分工》,李荣山译,刘思达校,商务印书馆2016年版,第186~191页。

效率性的考虑和商业思维的影响,"上层群体"在为组织决策时,优先考虑的是组织经济效益、组织声望和上层职业发展,而对"下层从属群体"的个体发展需求却甚少关注。

## 四、从管理到管护:中国律师三重管理体系之反思

按照三重管理体系的制度设计,三个管理主体应在各自领域内充分发挥功能并保持力量的均衡,即顶层的司法行政部门通过法规、政策的制定进行律师业的监督管理,中层的律师协会对律师进行管护,通过继续教育、职业群体内交流,帮助律师完成专业化探索,终端的律师事务所为律师提供平台资源,尊重律师意愿并为其提供教育、业务等支持。如图2所示,X代表司法行政部门,Y代表律师协会,Z代表律师事务所,在理想状态下,三股力量达至均衡,整个管理体系呈现稳定的等边三角形样态,三者在各自职能范围内充分发挥功能,为律师专业化发展提供有力的制度保障、有效的智力支持和自由的职业场域。

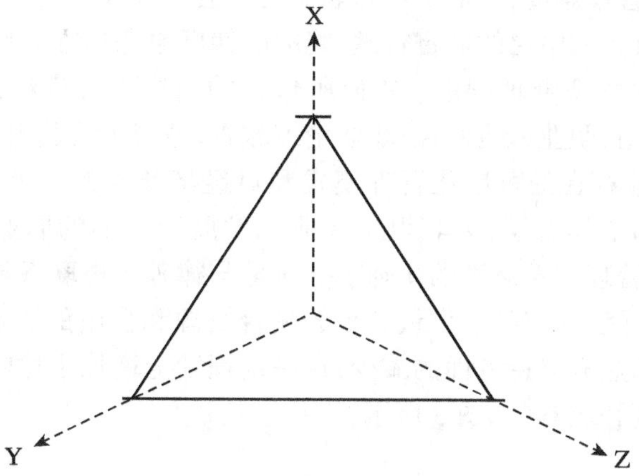


**图2 三股力量均衡**

按照上文对律师专业化探索现状的描述,我国律师管理体系呈现X值、Y值和Z值同时减少的趋势,顶层制度对行业整体的指导大于对个体的关注,律师协会的在职教育尚未给律师带来充分的获得感,律师事务所为追求经济效益而无法创造个体专业化发展的充分条件。中国律师业由来百年有余,从清末变法改制时的尝试性接纳,到党的十一届三中全会后的迅猛发展,从规模化建设

阶段的体量增长到规范化建设时期的法律职业共同体成长,无不体现出顶层制度的指导力度与引导效果。在比例分配上,X 值呈现的宏观偏好,在一定程度上消减了对微观的、个体的指导,这种顶层制度的消减所带来的最直接的效果是律师个体在专业化路径选择时的无力和迷茫。作为三重管理体系的顶层,司法行政部门在制度中所呈现的宏观偏好,也可能造成律师协会和律师事务所对律师个体专业化发展的忽视,进而间接减少律师专业化发展所需的职业组织资源和职业场所资源。[43] 除了 X 值的变化,Y 值和 Z 值也呈现下降趋势,其中,Y 值的缩减体现得尤为明显。律师协会作为律师职业自治组织,其存在的最重要的价值在于对内进行指导和监督,对外实施抵挡和保护。当前,我国律师协会最主要的功能是实习律师的培训、律师继续教育培训和违法违规的律师行为的惩戒。但是,比照理想型的监管模式,律师协会当前重管理、轻管护的方式是造成 Y 值下降的主要原因,律师无法从律师协会处获得专业化发展指导,便转而抱团取暖、自谋发展。然而,那些跨出职业自治组织而自行组建的民间专业化发展社群,其自由生长之势所显现的负功能,不仅无法填补律师协会的职能空缺,反而增加了管理难度,降低了律师职业的社会评价,进一步拉低了 Y 值。对比顶层的宏观指导和中层的监督管理,终端的律师事务所在律师日常活动过程中承担了较多的微观管理职能。Z 值所包含的内容十分广泛,如业务承接审批、收费标准控制、职业风险监控、职业伦理教育、业务能力提升、继续教育支持等。[44] 由于普遍存在的科层化管理模式和对经济效益的追求,律师事务所难以完全按照律师个体意愿,为其提供专业化发展所需要的职业环境和业务支持。所以,作为管理体系终端的律师事务所虽与律师个体联系最直接、最紧密,互动最频繁,但无法为律师提供最充足的平台资源和自由的职业环境。Z 值在业务能力提升和业务支持方面的减少,在一定程度上增加了律师个体专业化发展与转型的难度和成本(如图 3 所示)。[45]

---

〔43〕 参见[英]杰拉尔德·汉隆:《律师、国家与市场:职业主义再探》,程朝阳译,北京大学出版社 2009 年版,第 94 ~ 106 页。

〔44〕 参见《律师事务所管理办法》第 38 条、第 47 条、第 49 ~ 52 条。

〔45〕 参见李友梅:《组织社会学与决策分析》,上海大学出版社 2009 年版,第 19 ~ 21 页、第 111 ~ 117 页。

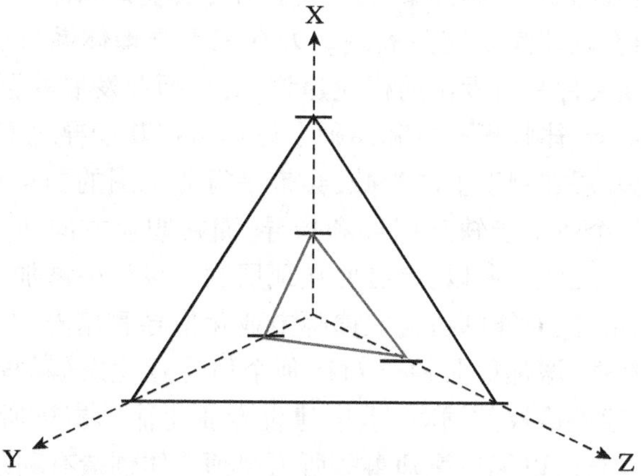


**图3　三股力量失衡**

由于X值、Y值和Z值在不同程度上的缩减，导致理想型的监管结构发生形变，逐渐由等边三角形结构向不规则锐角三角形转变。变形后的监管体系由于在力量上的不均衡，可能导致三方职能上的模糊、越界或者空缺，而身处在不稳定的锐角三角形监管体系之中，律师个体会由于对三管理主体的功能产生错觉或误解，而无法获得恰当的、充分的帮助与支持。实现专业化发展既是律师个体稳固其在法律服务市场中竞争地位的方式，更是实现中国律师业由规模化向职业化发展的必然要求。形变后的律师管理体系由于无法发挥理想状态下的功能，故而尚未满足律师专业化发展的资源需求。因此，为助力律师个体专业化探索，可以通过补充顶层制度、优化律师协会功能和适当指导律师事务所市场行为等方式，逐步实现从管理向管护的转变，激发律师管理体系的结构活力，减轻个体压力，为律师个体专业化发展创造更多自由空间。

第一，理性建构之中补充律师个体专业化发展的制度指引，以增加律师协会、律师事务所对律师个体的重视。同时，厘清司法行政部门和律师协会的功能定位，充分发挥司法行政部门的政策指导功能。从我国律师的3个发展阶段可以看出，中国律师在规模化建设阶段，鲜少提及对专业化的要求，与之相关的制度、政策数量较少；在规范化建设阶段，通过拓展律师业务模式和提高对职业群体素质的要求，开始逐步对律师专业化予以关注。2000年之后，随着职业化建设步伐的加快，律师和律师事务所的专业化分工也被提上日程，但其中内容大多是对律师事务所的专业化发展的倡议，而对律师个体却未作明确的要求，有关律师业务领域的划分、律师事务所专业化发展模式和律师个体专业化发展路径等方面的制度设计尚未充分展现。处在三重管理体系顶层的司法行政部门,其发布的制度文件和所发出的行业建议,对律师业发展的影响是整体性的、决定性的,行业协会、律师事务所和律师个体均需在其指导之下开展职业活动。律师个体专业化发展在制度上的消减,会带来行业氛围的弱化和职业组织的怠惰,这将导致律师个体由于缺乏引导和指导,而在职业方向和专业领域的决策上呈现无能和无力之状。所以,有必要在顶层制度设计中增加对律师个体专业化发展的倡议和指导,对律师协会在律师专业化指导和培养方面的职能进行强调,通过制度的浸透,增加律师协会对律师个体专业化发展的重视。在给予律师事务所自主经营决策权的同时,重申建设专业化律师事务所、培养专业化人才的必要性和紧迫性,以倒逼律师事务所为律师个体创造有利条件。

第二,优化律师协会对律师专业化发展的支持功能,逐步实现律师协会功能从管理到管护的转变,重视律师个体价值和需求,以律师需求为导向,为其提供专业化发展的指导建议、开展行业内的交流与互动。参考域外经验,律师协会不仅是律师的管理机构,更是律师的教育团体和培训机构。[46] 作为连接国家宏观指导和律师个体发展的中间环节,律师协会在职业群体内部建设、了解并满足律师个体发展需求方面,应当承担最主要的职能,努力为广大律师创造法律知识分享和业内交流机会。但由于律师协会的组织角色未充分发挥、职业自治组织的功能未完全实现,导致组织内的个体律师无法从中获得专业指导和职业群体内的互助,而不得不自谋出路。但是,这种远离管理的民间社群在合法性上存在瑕疵,虽然本着提升专业技能和职业群体内互动互助的目的,却由于缺乏适当的引导和监督而难免出现脱轨现象,随之而来组织负功能——比如,社群内活动质量难保证、社员之间的互动缺乏信任基础和规则约束、社群的长期生存难以为继——都将造成律师专业化发展愿望的落空。[47] 因此,激发律师协会的管护功能,对于推进律师个体专业化发展而言尤为重要。一方面,

---

〔46〕 参见陶髦:《律师制度比较研究》,中国政法大学出版社 1995 年版,第 163 页。比如,英国四大律师学院对学员的培养、美国律师协会对法学教育的贡献、法国的律师培训中心承担的律师培训职能,以及德国联邦律师协会对预备律师的培训工作。

〔47〕 参见[美]W. 理查德 · 斯科特、杰拉尔德 · F. 戴维斯:《组织理论:理性、自然与开放系统的视角》,高俊山译,中国人民大学出版社 2011 年版,第 269 ~ 284 页。

在实习律师培训课程中注入专业化职业发展理念,从律师执业初期对其进行观念传输。同时,充分发挥专业管理委员会的职能,增强律师继续教育相关活动的前瞻性、实效性和科学性,并扩大受益群体范围,给予律师获得感和成就感。另一方面,对于广泛存在的民间专业化发展社群,律师协会可在了解其功能、管理方式和合作模式之后,进行恰当的引导并逐步将其纳入合法轨道,通过职业群体内部开展的专业化活动,推动该等组织功能的发挥。

第三,以制度性压力推进律师事务所的转型,在顶层制度设计和中层政策解读之中,注入对律师事务所专业化建设的指引,引导其重视个体律师需求,缩小科层化的负功能,为律师个体专业化发展提供业务资源和自由的职业环境。处于三重管理体系终端的律师事务所是与律师个体距离最近的管理主体,其组织目标、管理模式和组织文化都直接影响律师的专业方向、专业化发展的程度和速度。律师事务所对效率性的追求和科层制的管理模式,使律师个体身份与业务领域存在严重的固化现象,那些力量微弱的"下层从属群体"时常受到限制与伤害。另外,在商业主义思维的影响下,除了出于对经济效益的追求,管理层鲜少关注律师个体专业能力的提升和业务领域的选择,在如此环境之下的律师想要冲破压力实现转型,实属不易。〔48〕 所以,律师事务所在追求效益性的同时,亦需满足制度性要求,发挥组织的社会价值,培养专业化人才、创建专业化的律师队伍、提供专业化的服务,〔49〕在公司化治理模式和运作方式之下,尊重律师个体价值。在发掘律师剩余价值的同时,为其适当提供专业化发展所需要的知识和业务资源,通过优化内部晋升制度,缩减"下层从属群体"向上层流动的时间成本,使其尽快获得专业领域选择的自主性。

伴随中国法治建设的发展和法律职业共同体的建设,中国律师业的规模日

---

〔48〕 See Mary Ann Glendon, *A Nation under Lawyers: How the Crisis in the Legal Profession Is Transforming American Society*, Farrar, Straus and Giroux, New York, 1994, p. 3. 转引自李学尧:《法律职业主义》,载《法学研究》2005年第6期;李学尧:《这是一个"职业危机"的时代吗?》,载《中外法学》2004年5期。

〔49〕 参见《司法部关于中国加入WTO后加快律师业改革与发展的意见》(2001年3月8日)、《司法部关于拓展和规范律师法律服务的意见》(2003年8月12日)、《司法部关于加强律师队伍建设工作的意见》(2006年4月11日)、《国务院办公厅关于加快发展生活性服务业促进消费结构升级的指导意见》(2015年11月19日)。

渐壮大、律师职业群体素质不断提高。时至今日,法律服务市场的国际化和开放性决定了律师专业化发展这一必然趋势,律师个体已经显现对专业化的热切期盼和探索劲头。虽囿于结构压力而无法自主完成职业规划,但通过对三重管理体系现状从管理向管护的修正,激发结构原有活力,至少能够在制度保障、能力养成和业务支持方面为律师个体创造专业化发展条件。在实现三重管理体系结构稳定的基础上,或许还可以在律师职业场域的专业化建设上有更多期待。

## The Structural Pressure and Outlet of Chinese Lawyers' Specialization Development

Zhong Xin

**Abstract**: Chinese lawyer management system is a three-fold structure composed of the judicial administrative department, the Lawyer Association and law firms. Individual lawyers under that triple management system are supposed to abide by the behavior norm required by the management subjects and obtain necessary support from the structure to achieve specialization development. However, as the top level system shows less solicitude for the individual, the reduction of benign interactions within occupational groups, and the law firms are in a trend towards bureaucratization, it is impossible for lawyers to choose the professional direction independently and to obtain support, career guidance and business resources from the deformed system. Therefore, this paper will analyze the structural pressures on the individual professional development of Chinese lawyers, explore the causes, examine Chinese lawyer management system. And makes modifications to such pattern.

**Key words**: Lawyers' specialization development; Three-fold management system; Individual pressure; Structural dynamic

# 辨析环境犯罪“行政从属性”内涵

孙雪妍*

**内容摘要：**

环境刑法具有最后手段性，环境犯罪行为的“违法性”由环境行政法规范确定。环境行政法对于环境刑法规范进行补充，并在环境犯罪认定中发挥必要作用，此即环境犯罪“行政从属性”之内涵。晚近的环境刑法在立法体例、手段选择、法益保护上脱离了绝对的“行政从属性”，呈现法益保护前置化的趋势，这是发挥环境刑法预防作用、提升环境刑法独立价值、促进其实施效率的必然要求。

**关键词：**

环境犯罪　法定犯　行政从属性　风险预防

在我国的环境犯罪[1]研究中，如何理解环境犯罪的行政从属性这一命题引起理论上的高度关注。根据传统观点，环境犯罪具有行政从属性，是典型的法定犯。[2] 亦即，根据环境刑法条文规定，其可罚之依赖性取决于环境行政法或基于该法发布的行政处分。[3] 近年来，研究者对于环境犯罪的这一属性提出质疑和批判，并从下述角度论证：首先，环境刑法对于行政法规范的从属性，

---

* 清华大学法学院博士研究生。

〔1〕 环境犯罪有广义、狭义之分，广义的环境犯罪是指刑法中直接和间接破坏环境与资源的犯罪行为，包括：污染型环境犯罪、破坏自然资源的环境犯罪、环境渎职的犯罪、抗拒环保命令和间接破坏环境的犯罪。本文以狭义的环境犯罪作为研究对象，具体是指《刑法》分则第六章第六节规定的“破坏环境资源保护罪”。

〔2〕 参见王勇：《环境犯罪立法：理念转换与趋势前瞻》，载《当代法学》2014 年第 3 期。

〔3〕 参见郑昆山：《环境刑法基础理论》，台北，五南图书出版股份有限公司 1998 年版，第 179 页。

要求犯罪成立以行政违法为前提,而行政法规范本身存在遗漏性和滞后性,导致新型破坏环境行为无法被刑法及时规制、[4]行政法规范的多层次性,这又会使环境刑法援引和参照的法律"依据"混乱;其次,"从属性"在语义上含有"依从""附属"的意味,"赋予环境犯罪行政从属性,意味着环境刑法依附于环境行政执法和行政管理活动,极易造成环境行政的强势地位,甚至于环境刑事手段被架空,以罚代刑之现象屡见不鲜",[5]环境法益的价值无法得到独立保护;最后,在法实践层面,对于环境执法的过分依赖,导致环境执法和环境刑事司法的衔接不畅,先行进入行政执法程序的环境案件无法及时转入环境刑事司法程序。[6]

上述观点引发了笔者的思考:环境犯罪的成立是否应当依赖于行政法规?如何理解环境犯罪"行政从属性"的内涵,它是环境刑法实施难的根源吗?如何理解环境行政法与环境刑法的依存关系?

## 一、行政违法性是环境犯罪的必要前提——刑法理念之要求

环境犯罪"行政从属性"的批判者认为,犯罪认定应当独立于行政法规的评价,一个重要原因在于行政法自身存在缺憾,以行为违法性作为犯罪构成要件,会造成在行政法"真空期"内,制裁污染犯罪无法可依;实践层面体现为行政权运行出现失灵,行为人经行政机关许可后实施行为,却造成严重污染环境之后果,案件难以被定性为犯罪。[7]

实际上,环境行政法自身的漏洞无法通过刑法填补,环境行政权运行中的失灵现象,也不能依靠刑事制裁纠正。诚然,由于行政立法的不完整性和滞后

〔4〕 参见柴云乐:《污染环境罪行政从属性的三重批判:兼论刑法对污染环境行为的提前规制》,载《政治与法律》2018 年第 7 期。

〔5〕 参见赵星:《环境犯罪的行政从属性之批判》,载《法学评论》(双月刊)2012 年第 5 期。

〔6〕 参见王敏远、郭华:《行政执法与刑事司法衔接问题实证研究》,载《国家检察官学院学报》2009 年第 1 期。

〔7〕 参见柴云乐:《污染环境罪行政从属性的三重批判:兼论刑法对污染环境行为的提前规制》,载《政治与法律》2018 年第 7 期。

性,一些未被法律禁止的行为可能会对自然环境造成重大的风险或现实的损害,但不能由此推断出以刑罚作为替代性手段的正当性。这是因为:行政法规范体现了环境管理的国家意志,行为人依赖其指导自身行为,信赖在法律框架内活动不至受到人身或财产的处罚,国家只能要求公民评价自身行为的合法性,而不能要求其预测到所有行为的环境后果。事实上,生态环境和科技应用之间的互动关系高度复杂,一些新型的生产行为、危害环境物质在具体情形下会对环境造成何种程度的风险或损害超出了一般的生活、生产经验,需要依靠国家力量,以高度专业的科技信息、专家知识为基础判断,而普通公民、法人对此难以获取。[8] 因此,在实践中才产生对环境行政法不断扩充、更新的需求。如果行为人没有法律上的风险或结果预见义务,行为也就不具备刑法上的责任非难可能,不能将其行为评价为犯罪。

人类对自然环境的利用行为,是社会经济生活的重要表现形式。一方面,企业及公民出于自利的目的,追求最大限度地利用环境、索取资源;另一方面,行为人会受到国家行政管理规范的限制,因畏惧公权力对于违法或犯罪行为的制裁,而主动以行政机关颁布的法律及政策约束自身行为,服从于行政秩序的需要而谨慎行事,从而达到了环境利用行为社会性的要求。从这一点来说,行政法规范的稳定性和可信赖性,是公民服从行政、协助行政,与行政机关共同创造良好社会秩序的前提,它体现行政法上信赖保护原则的要求。如果行政机关已经对相对人发布政策或作出许可,并且使后者产生了信赖,就有义务兑现上述承诺,不能辜负这个信赖而使相对人蒙受不必要的损失,这是法治原则中法律的确定性、可预测性和法律平等的要求。[9] 环境刑法的规制对象虽然是后工业社会产生的新型风险与损害,但其构造又必须遵循传统刑法的基本原则,德国学者李斯特(Friedrich List)曾指出,刑法是犯罪人的大宪章,其中的意涵就在于刑法具有保护包括犯罪人在内的全体国民免受刑罚权恣意行使的自由保障机能,该种机能由罪刑法定原则的刚性约束实现。这一原则的基本要求是刑罚行使的"事前告知"(fair notice),即出于对国民自由的保护,犯罪与刑罚的内

---

〔8〕 参见李兰英:《公害犯罪研究》,法律出版社2016年版,第55页。

〔9〕 参见余凌云:《行政法上合法预期之保护》,载《中国社会科学》2003年第3期。

容必须事先告知民众,使其免受"不打招呼"的处罚。[10] 我国环境行政管理已经形成了环境监管、环境影响评价、环境行政许可等体系化的法律制度和责任机制,公民及企业依据相应的环境标准、获得行政机关事前审批,在环境行为过程中,根据环境刑法条款所引致的行政法规范,首先确保自身行为处于犯罪圈之外,在此基础上满足行政法上更为严格的合法性标准,这符合公民、企业规避法律风险的一般思维理路,有利于国民的守法精神之培育。相反,如果行政法律规范没有将某类行为或行为之结果划归到违法领域,行为人在心理上将形成一种对于行为之合法性的确信,此时要求其承担刑事责任,行为人在心理上自然而然地会将触犯刑法的原因部分归咎于行政法与刑法的规范冲突,长此以往极易失去守法精神,损害刑法的犯罪预防功能。

协调经济发展与环境保护之关系,是环境法永恒的价值追求。在现代的风险社会中,国家规制环境风险的同时也必须允许风险客观存在。[11] 后工业社会的生产秩序中,环境利用的重要形式为企业的研发、生产行为,这也就是环境犯罪往往以法人犯罪为主要形态,很多有益于科技和经济发展的行为客观上具有一定的风险性。企业在新型生产关系中,可能预见环境风险发生的可能性,但往往无法判断风险的程度,更不能断定危害后果实际发生。这时,企业行为往往陷入"两难"的境地,以行政法规范为表现形式的国家环境管理秩序,成为企业行为的"定心丸"。如果否认行政合法性对环境犯罪的"出罪作用",完全以风险及危害后果确定刑事责任的承担,会使生产活动以规避风险为指向,有悖于经济发展与科技创新之需求。如果通过刑事制裁第一个"吃螃蟹的人"来维护法的秩序性,反而可能会使环境刑法之公平性难以保全、环境安全与经济发展的协调性遭受破坏。

最后,刑法是否可以跨越行政违法性直接进行犯罪评价,还取决于其自身功能定位。环境刑法具有最后手段性,轻率地扩大刑法规制范围,会损害环境公法体系的整体协调性。环境行政法与环境刑法在公法体系中的定位不同,刑法是关于犯罪与刑事责任的法,其必然担负着维护国家的正常行政管理活动的部分职能,但本质是行政法的"保障法""调节器",应当将其定位为保护法益的

〔10〕 参见付立庆:《犯罪构成理论:比较研究与路径选择》,法律出版社2010年版,第83页。

〔11〕 参见蒋兰香:《环境犯罪基本理论研究》,知识产权出版社2008年版,第12页。

最后手段。[12] 因此,必须从国家公权力的整体视域,对环境行政权和环境刑罚权进行合理使用、分配,综合使用行政手段和刑事手段解决日益复杂的环境问题,改变以某一部门法为中心设计规则的思路,对环境领域所使用的国家强制力进行系统化调整。[13] 从法秩序一致性的要求看,根据行政管理法规确定法定犯的违法性,是法定犯坚守罪刑法定原则的重要路径。[14] 行政权对于公共秩序的维护并非尽善尽美,但司法擅断或刑罚权的滥用,会使法治付出更沉重的代价。不可回避的是,环境法律关系之内涵随着客观经济基础和社会价值观念变迁,任何一种法律都不可能将需要制裁的行为毫无遗漏地加以规范。行政法固然存在缺陷,但刑法的规范内容和规范功能自身也是不完整的。忽略环境行政法和环境刑法的边界,过分强调环境刑法在环境问题治理上的优势,将会打破公民相对于无限的国家刑罚权的“防波堤”。[15]

## 二、环境犯罪行政从属性的内涵解读

在承认环境犯罪应当以行政违法为前提的基础上,有必要对于环境犯罪行政从属性的内涵进行重新解读。国家最早干预环境问题的手段是行政规制,通过大量制定环境行政法,对环境问题进行事前规制与事后规制,并对行政不法行为科以秩序罚,但行政处罚较之刑法相对温和,导致行为人对污染行为经济收益的预期大于对处罚之损失的预期,可能基于成本利益的考虑无视行政法义务。[16] 为增进行政管理规范的执行,国家开始借助环境刑罚制裁实现行政目的,将严重侵害行政秩序的行为犯罪化,并在行政法规范里增加刑法条款,这是

---

〔12〕 参见张明楷:《避免将行政违法认定为刑事犯罪:理念、方法与路径》,载《中国法学》2017 年第 4 期。

〔13〕 参见杨海坤、李兵:《论加强公法整体研究的现实意义》,载《江苏行政学院学报》2005 年第 5 期。

〔14〕 参加刘艳红:《法定犯与罪刑法定原则的坚守》,载《中国刑事法杂志》2018 年第 6 期。

〔15〕 参见[德]冯·李斯特:《论犯罪、刑罚与刑事政策》,徐久生译,北京大学出版社 2016 年版,第 137 页。

〔16〕 参加李兰英:《公害犯罪研究》,法律出版社 2016 年版,第 6 页。

环境刑法的初始样态,也是其行政从属性的"源头"。[17] 学者对于环境刑法行政从属性的概念有不同表述,多数观点认为,其是指"污染环境行为是否构成犯罪取决于该行为是否违反行政法规范的要求"。[18] 也有学者主张沿用德国学者的观点,将其分为:概念上的从属、法规指示和空白构成要件。[19] 上述观点都具备合理性,但学者的概念定义方式是从不同侧面对从属性进行描述,如刑法在环境保护中的第二性地位、[20] 环境刑法所保护的法律关系从属于行政性法律关系等,[21] 往往没有触及环境行政法与环境刑法的内在联系。笔者认为,环境刑法行政从属性的本质由浅入深体现在两个方面:浅层是环境刑法规范的外在表现形式;深层是环境行政法对于环境犯罪认定的必要作用,以下详述之。

(一)行政法在法规范层面对环境刑法的补充作用

环境刑法的罪状描述需要环境行政法律规范的补充,这是法律规范意义上环境刑法的"行政从属性",即行政从属性在刑法条文中的外在表现。刑法使用罪状来描述某一犯罪构成中的主客观要件,形成各罪名条款。[22] 刑法理论按照罪状描述特征不同,区分为完全刑法和空白刑法,或称空白罪状。所谓完全刑法,是刑法规范对于犯罪的构成要件及法定刑均有明文规定;所谓空白罪状,是指法律条文不直接地具体规定某一犯罪构成特征,但指明确定该罪构成特征需要参照的其他法律法规的规定。[23] 我国环境刑法罪状表述采取了空白罪状与叙明罪状的混合模式,将犯罪的部分前置性条件委任给行政立法,将犯罪的

---

〔17〕 参见唐敏:《公害犯罪问题初探》,载《文史博览》(理论)2007 年第 5 期。

〔18〕 参见陈梅:《在从属性与独立性之间:论环境刑法的定位》,载《上海政法学院学报》2018 年第 1 期。

〔19〕 参见向泽选:《危害环境罪的概念及行政从属性》,载《法商研究》(中南政法学院学报)1997 年第 6 期。

〔20〕 参见董邦俊:《环境法与环境刑法衔接问题思考》,载《法学论坛》2014 年第 2 期。

〔21〕 参见庄乾龙:《环境刑法定性之行政从属性:兼评〈两高关于污染环境犯罪解释〉》,载《中国地质大学学报》(社会科学版)2015 年第 4 期。

〔22〕 参见高铭暄、马克昌:《刑法学》,北京大学出版社、高等教育出版社 2007 年版,第 357 页。

〔23〕 同上书,第 358 页。

本质要件通过刑法条款叙明。[24] 在环境刑法条文中,未具体叙明而留待行政法规范补充的内容如下。第一,环境法律概念及环境术语。环境刑法所涉及的相对专业的固定化概念之外延与内涵,要以环境行政法为解释依据,如"环境污染罪"中所指的"环境",使用的是《环境保护法》中的定义。[25] 刑法规范中的"固体废物""危险废物""濒危野生动物""珍贵植物"等,需借助《固体废物污染环境防治法》《传染病防治法》《放射防护条例》《野生动物保护法》等单行法确定。第二,环境标准。环境标准虽不具备一般法律规范的结构,但在被法律引用时即具有强制约束力。[26] 它们随着环境保护要求和科技水平深化灵活更新、调整,由刑法规范稳定性、简明性之故,不宜被规定在刑法条文中。强制性环境标准中的环境质量标准与污染物排放标准,界分了合法环境行为、违法环境行为与环境犯罪三者在"量"上的差异,比如,排放铅、汞、镉、铬、砷、铊、锑重金属污染物构成污染环境罪的,要超过国家或地方污染物排放标准的3倍,[27] 相应的污染物排放限值由生态环境部或地方制定的排放标准所规定,并随污染防治工作的现实需求而更新调整。强制性环境标准是进行环境监测、评价环境行为合法性的主要依据,也是环境法律规范的组成部分,通过被刑法引用来评价犯罪构成要件该当性。第三,环境违法行为。环境违法和环境犯罪多具有处罚对象的一致性,环境违法行为构成犯罪需要达到刑法在"罪量"上的要求,环境违法行为的具体内容,多由行政法规定。如水污染犯罪的直接法律依据是《刑法》第338条的污染环境罪,但该条并非针对水污染的独立罪名,未细化水污染犯罪行为方式,[28] 根据2017年《水污染防治法》第85条,非法向水体排放

〔24〕 参见汪维才:《污染环境罪主客观要件问题研究:以〈中华人民共和国刑法修正案(八)〉为视角》,载《法学杂志》2011年第8期。

〔25〕 参见陈梅:《在从属性与独立性之间:论环境刑法的定位》,载《上海政法学院学报》2018年第1期。

〔26〕 参见王春磊:《环境标准的法律效力:问题梳理及实践动向》,载《中州学刊》2016年第11期。

〔27〕《最高人民法院、最高人民检察院关于办理环境污染刑事案件适用法律若干问题的解释》(2017)第1条。

〔28〕 参见张彬:《浅议我国水资源的刑事立法保护》,载《山西省政法管理干部学院学报》2016年第1期。

剧毒废液、含有放射性物质的废水、含有毒污染的废水等行为如果严重污染环境,均可构成污染环境罪。

综上,环境刑法罪状中"空白"的程度,客观决定了环境刑法在法规范意义上行政从属性的大小。在完全空白罪状中,刑法分则条文仅指出犯罪违反的法律法规和基本行为要件,不包含对犯罪行为的类型化描述,如非法采伐、毁坏国家重点保护植物罪,该类刑法规范行政从属性较强,刑法对犯罪的客观方面的描述仅是罪名的重复,不依靠行政法规范则难以对犯罪行为方式作出具体判断;[29] 在部分空白罪状中,刑法分则条文对于犯罪行为作出类型化描述,但一些行为要素包含的具体内容,需要在行政法规范中确认。刑法的应用除却在其内部要素间循环往复外,还必须借助其他法律规范达到对刑法的准确理解与适用,抽象、精炼的表达方式是刑法规范结构的要求,而行政法规范为刑法文本提供了补充与细化作用,形成了刑法文本的"言语远境"。[30]

(二)行政法在环境犯罪认定中的作用

1. 环境犯罪客观方面的认定

构成要件该当性是衡量犯罪成立与否的终局标准,也是罪刑法定原则的体现。[31] 构成要件并非刑罚法规的法律条文本身,而是对法律条文的解释。犯罪构成是由整体到方面再到个别,又由个别到方面再回到整体,有步骤地由抽象到具体,由具体到抽象的认定过程。[32] 环境犯罪的客观方面,依赖于行政法之"解释"。

刑法构成要件是将该规定试图处罚的违法内容予以类型化的东西,这种刑法机能称之为"违法内容特定机能"。[33] 犯罪构成的客观方面,是指"刑法所规定的,说明行为对刑法所保护的社会关系造成侵害的客观外在事实特征,它不

---

〔29〕 参见蒋兰香:《环境犯罪基本理论研究》,知识产权出版社 2008 年版,第 228 页。

〔30〕 参见付立庆:《犯罪构成理论:比较研究与路径选择》,法律出版社 2010 年版,第 47 页。

〔31〕 同上书,第 36 页。

〔32〕 参见高铭暄:《对主张以三阶层犯罪论体系取代我国通行犯罪构成理论者的回应》,载高铭暄主编:《刑法论丛》(总第 19 卷),法律出版社 2009 年版,第 7 ~ 10 页。

〔33〕 参见[日]松原芳博:《刑法总论重要问题》,王昭武译,中国政法大学出版社 2014 年版,第 37 页。

仅仅包括行为、结果、因果关系、行为的时间和地点，还包含关于违法或违反规定的内容、数量或情节的要求等”。[34] 在环境犯罪的客观方面，均有“违反国家规定”、“非法”或“违反某法规”等要素，这既是行为人构成犯罪的客观要件之一，也是行为人承担刑事责任的法律依据，[35]是通过援引行政法规范，来锚定客观方面罪与非罪的界限，[36]以实现环境刑法罪刑法定的要求。在犯罪构成意义上，各环境犯罪的行政从属性强弱亦有区别：将行政违法行为直接评价为犯罪，违法行为即构成犯罪的客观方面，环境刑法则具有绝对从属性；如行政违法不必然导致犯罪，还需要增加其他条件，常见的如严重的情节或特定的损害结果，环境刑法则具有相对从属性。[37] 无论环境犯罪各罪名行政从属性的大小，都要“根据法定犯所采用的空白罪状，或者不成文的构成要件要素即刑法条文规定的‘违反规定’，来解释确定其构成要件，再辅之以刑事违法性的判断，从而最终为法官提供判决依据，这正是法秩序统一原理的要求”。[38]

2. 环境犯罪主观方面的认定

(1)犯罪故意之认定

环境犯罪的主观方面认定一直是理论和实践的难题，以本类犯罪的典型——污染环境罪为例，其责任形式在刑法理论界充满争议，有故意说[39]、过

〔34〕 参见张智辉：《论犯罪构成的客观要件》，载《中国刑事法杂志》2016 年第 6 期。

〔35〕 参见汪维才：《污染环境罪主客观要件问题研究：以〈中华人民共和国刑法修正案（八）〉为视角》，载《法学杂志》2011 年第 8 期。

〔36〕 参见石亚淙：《污染环境罪中的“违反国家规定”的分类解读：以法定犯与自然犯的混同规定为核心》，载《政治与法律》2017 年第 10 期。

〔37〕 参见陈梅：《在从属性与独立性之间：论环境刑法的定位》，载《上海政法学院学报》2018 年第 1 期。

〔38〕 参见刘艳红：《法定犯与罪刑法定原则的坚守》，载《中国刑事法杂志》2018 年第 6 期。

〔39〕 故意说认为污染环境罪的基本犯之责任形式只能是故意，体现为对排污行为的“希望或放任”，参见张明楷：《污染环境罪的争议问题》，载《法学评论》2018 年第 2 期。

失说[40]、混合说[41]等。

在我国刑法理论中,犯罪故意与犯罪过失作为犯罪主观方面的两种形式,是犯罪构成不可缺少的要件。犯罪故意或过失的罪过特征均包含行为人的认识因素和意志因素两方面,[42]环境犯罪的特殊性在于:行为与结果均具有相当的复杂性和不确定性。在认识因素方面,行为人对于行为的性质和危害结果,往往不具备确定性的认识;在意志因素方面,由于自然环境与资源、生态系统构成了人类赖以生存的物质基础,一切侵害环境的行为人,往往自身也直接或间接承担环境污染的恶果。[43] 在故意杀人罪等自然犯中,行为人的犯罪动机本身往往是直接侵害犯罪对象,而环境犯罪的动机多出于经济利益的追求,很少包含侵害环境介质的强烈意志。因此,对于环境与自然资源犯罪中,是否存在直接故意的罪过形式,在理论上存在较大争议。

在一些环境犯罪中,行为人明知其行为可能造成损害环境后果,而以谋取利益为目的,实施危害行为或放任危害后果扩大的,可以认定为具有直接犯罪故意。以环境污染罪的典型行为方式为例:大量非法排放、倾倒、处置危险废物的,在饮用水水源一级保护区倾倒、传播含传染病病原体的废物和有毒物质的,这些行为都具有明显的社会危害性,具有众所周知的主观恶性,以一般理性行为人的认知能力作为标准,可以其行为推定其放任危害结果发生的心态。

但另一些环境犯罪行为,则缺乏危害性质的显见性,如何判断行为人的认识因素和意志因素,则成为司法实践中的难题。有论者提出,将严格责任引入环境刑法领域,以解决主观罪过证明难的问题,不再将主观过错作为环境犯罪的要件。[44] 然而,主客观一致始终是我国刑法体系的基本原则,在环境犯罪领

〔40〕 过失说认为,从本罪的修法目的、较轻缓的法定刑、与相关犯罪的关系、司法实践等实质要素看,本罪的罪过形式应当是过失。参见陈洪兵:《模糊罪过说之提倡:以污染环境罪为切入点》,载《法律科学》2017 年第 6 期。

〔41〕 混合说认为,本罪的责任形式既可以是故意,也可以是过失。参见汪维才:《污染环境罪主客观要件问题研究:以〈中华人民共和国刑法修正案(八)〉为视角》,载《法学杂志》2011 年第 8 期。

〔42〕 参见姜伟:《罪过形式论》,北京大学出版社 2008 年版,第 36 页。

〔43〕 参见李兰英:《公害犯罪研究》,法律出版社 2016 年版,第 57 ~ 59 页。

〔44〕 参见杨春洗、向泽选:《论环境与刑法》,载《法律科学》1996 年第 1 期。

域引入严格责任,不仅会造成刑法体系混乱,更违背了罪刑法定的要求。[45] 所以,在环境犯罪中,公诉机关在犯罪主观方面需负担两重证明责任,一是证明故意的存在以便定罪,二是衡量主观恶性程度以便量刑。笔者认为,由于环境犯罪依托于环境行政法的前置评价,对于故意中的认识因素,可以由行为人违反的具体行政法规范加以确定;由于环境司法的前置环节是环境监管活动及环境执法,行为人的犯罪认识及犯罪意志,可以通过其在相关程序中的行为模式加以辨别。

首先,环境犯罪故意常表现为"概括故意"而非"确定故意",其特征在于行为人对于行为、对象、危害结果、危害性评价以及危害结果发生的可能性程度认识不明确。[46] 常见情况包括:行为人具有某种犯罪故意,但对实施手段认识不明,如甲公司负责人指派员工违法处置含有重金属的污染物,但对于员工使用倾倒、排放还是其他处置手段并不知情;行为人对于行为性质是否构成犯罪认识不明,如行为人非法处置危险废物三吨,未造成环境事故,其只对于行为的违法性具有认识,但不清楚该行为已经构成污染环境罪;行为人对构成此罪还是彼罪认识不明,如行为人向环境媒介排放有毒气体,造成伤亡事故及重大财产损失,其意识到自身行为具有严重社会危害性,但对于构成投放危险物质罪还是污染环境罪并不清楚;行为人对于行为的危害性之法律评价不明,比如,一农夫以猎食山珍为目的,杀害穿山甲数只,但其并不知该物种为国家保护的濒危保护动物。

由于概括故意的模糊性,在实践中应当结合行为人的认知能力以及相应行政法规范的专业性、国民认知普遍程度,来认定其对行为法律后果的预测可能性。如法人违法排放含有有毒物质废水,出于企业生产经营中对于环境标准、环境法律规范的注意义务和普遍性认知程度,很难得出其对于行为的社会危害性缺乏认识;[47] 相反,如果是猎杀濒危野生动物的行为人是刀耕火耘为生、并

---

〔45〕 参见赵秉志、陈璐:《当代中国环境犯罪刑法立法及其完善研究》,载《现代法学》2011 年第 6 期。

〔46〕 参见赵远:《论概括故意的构造与司法运用》,载《法学评论》(双月刊)2015 年第 3 期。

〔47〕 参见刘震:《环境犯罪的主观方面研究》,河南大学法学院 2012 年硕士学位论文,第 13 ~ 18 页。

未接受过文化教育的山民,其对于《国家重点保护野生动物名录》等专业环境行政法规范可能不具备违法性的认识可能,相应的也就不能对其进行刑法非难,因为他不知道自己的行为为法律禁止,无法产生法的遵从动机或违法动机。[48]

其次,环境犯罪的故意往往可通过环境行政监管、环境执法中行政相对人行为模式加以辨别。环境行政机关承担着环境监管职责,较公安机关对企业的生产经营状况、违法记录等信息掌握得更充分,而这些信息在刑事诉讼中对于认定犯罪故意起到重要作用,这是法运行中环境刑罚权对环境行政权之依赖性对于犯罪认定的作用。在司法实践中,污染环境行为往往并非无意识的、偶发性行为。尤以企业犯罪为甚,很多企业长期违规排放污染物质,并故意逃避环境监管,在屡次受到环境行政处罚之后,仍然肆意妄为,最终造成环境严重污染之后果。[49] 环境行政处罚权往往先于刑罚权介入规制,如果在已获行政处罚的前提下,行为人屡教不改甚至变本加厉地实行污染行为,造成重大环境污染的,足以确定其犯罪故意。

(2)单位环境犯罪中的责任认定

现代环境犯罪多发于企业的生产、经营行为之中,犯罪行为通常具有为企业谋取经济利益的目的,单位为环境犯罪的常见主体。我国刑法对单位犯罪惩罚以双罚制为主,即同一个犯罪中具有法律上拟制主体(单位)和自然人主体(单位组成人员)两个刑事责任主体,如何确立法律拟制主体(单位)的犯罪归责依据,在刑法理论上常有争议。国内外刑法理论在单位刑事责任依据上形成两派分野:一是从单位(法人)成员的行为中寻找单位的归责依据。依据此种思路,单位的行为和犯意与一定自然人的行为和犯意被同一化处理,董事、股东和高级管理人员等具有重要地位的法人成员的行为被直接视为法人自身的行为。[50] 应用此种理论来确立环境犯罪中的单位刑事责任,面临的最大困境在于:环境犯罪的直接行为人往往并非法人组织中的重要成员,更多的是企业生

〔48〕 参见张明楷:《避免将行政违法认定为刑事犯罪:理念、方法与路径》,载《中国法学》2017年第4期。

〔49〕 参见李梁:《环境污染犯罪的追诉现状及反思》,载《中国地质大学学报》(社会科学版)2018年第5期。

〔50〕 参见陈兴良主编:《刑法总论精释》(第2版),人民法院出版社2011年版,第561页。

产过程中的基层操作人员，如污染物的倾倒、运输、填埋人员，如果没有明确证据表明法人的高级管理人员亦参与犯罪行为，则无法认定法人的刑事责任，导致法人刑事责任范围被不当缩小。二是注重从法人自身寻找其刑事责任根据，新近的理论则将责任依据聚焦在法人的过错上，包括法人在违法行为实施前后的对应措施、法人为防止其代理人犯罪而作的适当努力、犯罪发生后的善后措施有效性上，法人对组成人员行为的监督、对犯罪的制度性预防可以作为单位刑事责任的阻却。[51]

多数单位环境犯罪并非由单位决策机构按照单位的决策程序决定，而是因单位领导机关监督不力或单位本身存在制度方面的缺陷，使单位的一般工作人员在履行业务的过程中造成重大财产损失或人身伤亡，单位犯罪的主观方面表现为管理、监督过失。有学者认为，在这种情况下，单位的犯罪意志是以消极形式体现出来的，单位在与业务相适应的操作规程、制度规定、监管体制上存在的严重缺陷，是环境犯罪的危害结果和危险状态的直接成因。以此思路对单位环境犯罪归责，可以减少传统过失犯罪中以“疏忽大意”“过于自信”的心理状态作为过失依据带来的缺乏客观标准之弊病，单位作为组织体是一种超人格体存在，难以像自然人犯罪一样判断其自由意志和心理状态。并且，传统犯罪侵害的个人法益可以被“知觉性直接感知”，即传统犯罪类型是与日常生活模式具有重大区别的“脱逸行为”，[52]行为人基于综合的客观条件与一般性经验、知识，容易预见到行为危害社会的结果。而环境犯罪的行为类型往往是日常生产模式中的“中性行为”，犯罪行为对于法益的侵害性通过生活知觉未必能够准确判读，而是经由科学技术对于行为与生态后果的关联性论证得出的，故对行为人预见能力和预防能力的要求大幅提高。随之出现的难题在于：如何确定单位对于犯罪结果的认识、预见、预防之义务来源以及所应达到的一般性标准，以界分具有非难可能性的行为和不具备责任基础的行为。

环境刑法的发展印证了现代刑法的预防逻辑，将部分原属于行政法制裁的行为，纳入刑法规制的范畴，以实现对环境法益的保护，如现行刑法的污染环境

[51] 参见陈兴良主编：《刑法总论精释》（第2版），人民法院出版社2011年版，第565页。

[52] 参见李晓龙：《刑法保护前置化研究：现象观察与教义分析》，厦门大学出版社2018年版，第109页。

罪由过失结果犯转变为抽象危险犯,[53]对于危害的防控和危险的防控使“基于风险预测和风险评估的风险责任渗入现代刑法的缝隙”。[54] 如环境法益脱离人身、财产法益而被刑法独立保护,意味着刑事处罚的范围变得宽广,行为侵害的法益内容变得模糊化与抽象化,传统犯罪所体现的利益损害显见性、道德可批判性式微。这一变化体现了刑法的预防机能由消极的一般预防向积极的一般预防之转变,刑法通过禁止某种行为,强化一般国民守法意识塑造,降低重大风险发生的可能性。在风险刑法的范式下,刑罚作为国民教育手段已经不再是独立的对法益破坏制裁的工具,其与民事规制手段、行政规制手段,甚至与一些依靠社会力量实现约束的“软法”手段的融合度,通过共同实现环境风险防控大大增强。

刑法的风险防控机能,是通过法益保护提前化实现的,即将刑事可罚性的界限提前到法益侵害或危险尚未发生的行为预备或行为倾向阶段,力图在危害发生的前一阶段就提前予以阻断。[55] 但刑法的提前介入,隐藏着干预、侵害公民自由的风险,刑法是社会规制系统中最严厉的一种,因此,刑法谦抑性对严罚化、重罚化持有相当排斥的态度,以防止刑罚过度扩张破坏社会自律系统,损害社会的秩序感和国民的安全感。不同于刑法以制裁性强、法律责任重、普遍约束的手段实现法律效力,行政规制可以多元化、富有弹性的手段,如设置较轻缓的法律责任、行政激励、利益诱导、非司法程序、使用软法规则来达成社会规制目标。这使行政规制在环境风险的早期阶段比刑法规制的预防效果更佳,如对企业中注意义务、监督义务等规则的设立。在行政规制领域,大量规则通过“软硬兼施”的构造、协同发挥柔性手段与刚性手段作用的方式,指导企业建立环境行为中的自我约束机制。比如,《清洁生产促进法》设计了作为清洁生产主体的

〔53〕 2009 年《刑法》第 338 条规定只有造成重大环境污染事故,致使公私财产遭受重大损失或人身伤亡的才构成犯罪。而由长期违法排污累积形成的环境损害,即使最终造成了人身及财产损害,也难以被追究刑事责任,因此,刑法降低了本罪的入罪门槛,增设了抽象危险犯之规定。

〔54〕 李晓龙:《刑法保护前置化研究:现象观察与教义分析》,厦门大学出版社 2018 年版,第 108 页。

〔55〕 参见李晓龙:《刑法保护前置化研究:现象观察与教义分析》,厦门大学出版社 2018 年版,第 95 页。

义务，如在环境影响评价中对原料使用、资源消耗、资源综合利用以及污染物产生与处置等进行分析论证；在技术改造中实施清洁生产、分行业采取节能、节水、减排措施；在生产过程中对资源消耗和废物产生进行监测和审核等。大部分为防控风险而设置的企业义务均为鼓励性的，在功能上更注重教育和引导。而当企业行为违反了注意义务，并产生实质损害之虞时（如污染物排放超过国家标准、高耗能生产、生产中排放有毒物质的），行政法则转变为“命令—控制”构造，强制要求企业履行其注意义务，并对义务的违反施加行政制裁。在此类法律的逻辑构造中，事前的行为导向发挥着对于企业自我监督、注意义务的首次提示作用，并且鼓励企业设计自我规制机制将此种义务内化；事后的行政处罚措施则在自我规制不足，并已经造成早期风险的场合出现，通过政府权力控制风险，并对于企业的注意义务进行“二次提示”，激发其对于刑罚可能性的重视。由“命令—控制”型行政法规范设置的注意义务，和过失环境犯罪违反的注意义务在内容上具有一致性，因此，行政处罚中的主观过失和刑罚中单位的主观过失并不存在重大差异，只是由于客观行为及行为之结果对法益造成的风险或损害具有“质”“量”上的差异，才会出现行政处罚与刑罚两种不同的法律责任模式。

除正式的国家立法机关制定或认可的、由处罚或赔偿等法律责任保障实施的行政“硬法”之外，一些由国家机关或国际组织制定的且在共同体内具有广泛影响力、较高认可度和普遍自我约束效力的行政“软法”，通过精细化、专业化的规则，提供了企业环境行为注意义务与监督机制的理想标准，事实上构成了企业的环境责任。如《环境管理体系要求及使用指南》（GBT24001）从识别影响环境因素、识别法律法规、规定组织体内各层级环境目标与职责、建立人力技术财力资源保障制度、员工培训、文件控制、运行控制、环境事故应急措施、检查措施、合规性评价、管理评审等方面规范了环境管理体系的构建流程与标准，使企业能够根据法律法规要求和重要环境因素信息来制定方针与实施目标。在单位建立了健全的环境管理体系，并使之真正发挥实效时，因组织体成员个人的过失而对单位科以刑罚则缺乏恰当性。环境管理体系等规定企业环境责任和合规义务的“软法”，在一定场合下构成单位过失责任的阻却。

环境行政法对于环境刑法条文的补充作用。环境行政法对于环境犯罪认定之协助作用，是环境刑法“行政从属性”的实质内涵，它们客观存在于环境刑法基本构造之中，使环境刑法原则上外在表现为“法定犯”，但“行政从属性”并非仅仅为一种立法选择。同时,环境刑法的行政从属性与环境刑法的独立性均是环境刑法的内在品质,两者间并不是非此即彼的关系,应客观看待"行政从属性"对于环境刑法的正面效应。在此基础上,通过刑罚与其他公法手段的配合,寻求刑法在环境风险预防、环境破坏制裁上的最佳方案。

## 三、环境刑法行政从属性的相对化

在早期的欧洲,德国学者多将环境刑法的本质属性定位成行政法,环境刑法的行政从属性是绝对的,不仅体现为行政违法作为犯罪成立的要件,也体现在环境刑法的立法体例上:其在整个刑法体系中的地位不高,甚至没有被纳入进刑法典规定,而附属于各行政法律之中。

然而,欧盟各成员国的环境刑法在过去的 30 年实现了深刻的发展与革新,从若干方面进一步调和了环境刑法与环境行政法之间的关系:欧盟主要成员国都改变了环境刑法的立法模式,或将环境犯罪整合进刑法典中,或制定特别刑法,改善了历史上由于环境犯罪条款散落于各行政法规范中造成的适用混乱情况;环境犯罪在整个刑法体系中的地位得以提高,环境刑法的行政从属性开始去绝对化,独立性增强;为了提升环境违法犯罪的治理效率,一些成员国采取了"工具箱"(tool box)立法模式,整合了民事、行政、刑事等救济手段,环境刑法作为最后手段发挥制裁作用;环境刑法的保护对象扩大化,实现了对行政秩序、人身及财产、生态安全的全面保护。[56] 以下详述之。

### (一)环境刑法的自主化

环境法对于环境犯罪的规制自主性更强,刑事责任需要以行政责任为前提的原则在少数立法例中被打破,个别行为在环境行政法中缺乏行政责任之条款,但仍有可能构成犯罪;一些造成严重后果的排污行为,可以不经由行政法评价,直接被处以刑罚。例如,《葡萄牙刑法典》增加了环境犯罪条款,给环境造成

---

〔56〕 Antonio Vercher, "The Use of Criminal Law for the Protection of the Environment in Europe: Council of Europe Resolution"(77)28, *Northwestern Journal of International Law & Business*, Vol. 10, 1990.

实质性风险和严重污染后果的行为，可以被独立评价为犯罪。[57] 又如，《法国刑法典》第421.2条新设了“生态恐怖犯罪”(ecological terrorism)，其规定：“个人或集体以严重破坏公共秩序或安全为目的，故意向大气、水体、地面、土壤等环境介质中投放对人体、动物健康有害的，或严重污染环境的物质，构成恐怖犯罪。”[58] 此罪的构成不再以违反行政管理法规为前提。虽然在普遍情况下，环境犯罪仍以行政违法性为前提，但环境犯罪的表现形式不再局限于违反行政法义务了，重大环境风险和环境损害相比违法性而言成了更重要的评价指标，这反映出了刑法加强保护环境法益的趋势。

（二）立法模式的体系化

环境刑法的立法模式有所调整，环境犯罪的法律渊源从行政法规转变为刑法典或特别刑法，加强了立法的体系化：部分欧盟成员国采用了刑法典立法模式，如1980年《德国刑法典》、1989年《荷兰刑法典》、1995年《芬兰刑法典》、1995年《葡萄牙刑法典》和1995年《西班牙刑法典》都专门规定了环境犯罪条款。[59] 其中，德国的环境刑事立法改革幅度最大，在1980年以前，环境犯罪条款没有形成体系化立法，水污染和大气污染犯罪规定在《联邦排放控制法案》(第62节)、《联邦水法》(第38节)以及交通法规中，其刑法典只针对特殊污染源案件规定了刑事责任。1980年德国将环境犯罪之规定整合进刑法典，专章规

[57] See Michael Faure, “The Development of Environmental Criminal Law in the EU and its Member States”, *Review of European Community & International Environmental Law*, Vol. 26, 2017.

[58] Article 421. 2, the Penal Code of France, https://www. Legifrance. gouv. fr/affichCode. do? cidTexte = LEGITEX000006070719.

[59] See M. G. Faure, “The Flemish High Council of Environmental Enforcement: The Role of an Environmental Enforcement Network in a New Coordinated Environmental Enforcement Landscape within the Flemish Region 2009 – 2014”, in M. Faure, P. Desmedt and A. Stas, eds. , Environmental Enforcement Networks. Concept, Implementation and Effectiveness, 2015, p. 490.

定了破坏环境罪。[60] 部分欧盟成员国采用了制定环境特别法的方式，将环境犯罪条款与环境强制条例、环境执法令整合在一起，典型国家包括英国、丹麦、爱尔兰和比利时，[61]这种方式有效解决了环境刑法条款过于散乱，难以统一适用的问题。

(三)调整手段的多元化

环境犯罪的治理手段更多元化，行政手段、民事手段、刑事手段的综合运用程度更高。相较于前两者，刑事诉讼程序更烦琐、证明标准更高，导致司法成本更高。一些欧洲学者对于环境犯罪中处罚手段的单一化提出批判。其认为，环境司法成本高、刑事责任过重，导致了公诉人选择不起诉或大量环境犯罪在实践中被法院驳回、无法得到制裁，这已成为环境刑法实施难的真正原因。[62] 因此，近些年欧盟成员国开始尝试将行政处罚和民事赔偿等救济措施应用在环境刑法中，采用"工具箱"立法模式。[63] 此即案件根据环境刑法被定性为环境犯罪，但按照行政违法或民事侵权之标准提供法律救济，只有在二者无法充分救济时才启动刑事诉讼程序。例如，德国和澳大利亚已经规定某些类型的环境犯罪只承担行政责任；在英国，以往环境行政机关对于环境犯罪只能移交公诉，不享有独立的定罪与处罚权，《规制执行与制裁法》(2008年)授予英国环境行政机关对环境犯罪判处民事罚金的权力；[64]比利时的法律加强了环境执法与司法程序的衔接，环境案件由环境行政机关移送公诉机关，但公诉人可以选择再

---

〔60〕 See Antonio Vercher, "The Use of Criminal Law for the Protection of the Environment in Europe: Council of Europe Resolution" (77) 28, *Northwestern Journal of International Law & Business*, Vol. 10, 1990.

〔61〕 See Michael Faure, "The Development of Environmental Criminal Law in the EU and its Member States", *Review of European Community & International Environmental Law*, Vol. 26, 2017.

〔62〕 See M. G. Faure, A. Ogus and N. Philipsen, "Curbing Consumer Financial Losses: The Economics of Regulatory Enforcement,"31:2 Law & Policy (2009).

〔63〕 参见刘震:《环境犯罪的主观方面研究》,河南大学法学院2012年硕士学位论文,第13~18页。

〔64〕 See M. Faure and G. Heine, Environmental Criminal Law in the European Union. Documentation of the Main Provisions with Introductions, p. 283.

将该案移交给行政机关处以行政处罚。上述立法例尝试将环境刑法的评价功能与救济功能分开，以应对司法实践中的难题。

（四）法益类型的综合化

环境刑法所保护的法益内涵不断丰富，呈现去行政化之趋势：以往，虽然多数欧洲国家遵从大陆法系立法传统，认为行政犯和普通行政违法既有“量”的区别，亦有“质”的差异。但“质”的差异体现在保护客体上并不十分明显，都是以直接维护行政管理秩序的方式，间接保护公私主体的人身和财产利益不受侵害。在这种语境下，污染环境行为如没有侵害传统人身、财产法益，则很难认定犯罪行为的客体。例如，意大利环境刑法通过规定对人身及财产权的保护，间接实现环境犯罪治理，《意大利刑法典》第635条规定，任何人故意造成“他人财产损毁、效用降低的行为”，都可能受到刑法制裁。换言之，只有当环境作为财产权客体归属于私人或国家时，刑法才介入调整。[65] 而一些重要的环境要素，如大气，往往具有公共物品的属性，缺乏明确的所有者，财产属性并不突出，非在污染行为严重损害公私财产或健康时，不具备刑法规制的前提，这会造成刑法作为环境保护最后手段的功能性部分丧失。

也有观点认为，环境刑法并不必然以对人身、财产的侵害为前提，其保护的法益是“行政法建立的管理秩序”。但是，依此观点，则会出现环境违法与环境犯罪侵害对象的完全同一化，二者只构成对国家构建的派生生活秩序的违反，而缺少伦理上的违反，国家通过刑法介入的正当依据则难以证成。在环境违法与环境犯罪的界分上，此种观点只能支撑二者“量”的不同，而不存在“质”的差异，会导致行政犯与刑事犯边界模糊、概念混同。因此，环境刑法以环境侵害行为具有相当程度的法益侵害性为前提，此处的法益是行政管理秩序及其他类型实质法益的综合体，要落实在具体的、非单纯秩序性的权利或利益当中，不能完全依附于行政管理之要求。

现阶段，环境刑法发展较成熟的国家，其环境刑法保护的法益都具有综合性和多层次性，包括传统的人身、财产法益，同时包括谓之生态法益的新型法益，即人类“在安宁、洁净的环境中生活，并合理享有与利用自然环境或自然资

〔65〕 See K. Hawkins, *Environment and Enforcement: Regulation and the Social Definition of Pollution*, Clarendon Press, 1984, p. 191.

源的权利或利益”。[66] 生态法益的主体仍然是人,但自然环境作为人的根本生存条件与生存要素,具有超越“财产”及“物”的属性,具有时间上的延续性和代际性、内容的抽象性和权利主体的广泛性,不能完全被行政管理利益所涵盖,侵害生态法益不仅有形式上的违法性,同时有伦理上的可责性。

在刑事责任上,部分立法例按照具体污染环境行为实际损害的法益种类分层设置,如《西班牙刑法典》第 347 条规定:任何人如违反环境保护的行政法律法规,直接或间接导致对于大气、地表、水体的污染并给人体健康造成重大风险、或给动植物、牧场、农场造成严重损害的,处以 1 个月零 1 天至 6 个月刑期,同时判处罚金;当公司或其他企业未经环境行政机关行政许可,或公然违反环境行政机关管理指令或扰乱环境监管秩序的,比照前款加重处罚(对于责任人处以 6 个月至 6 年有期徒刑);当第 1 款中的行为造成了难以修复的环境风险时,行为人也将被加重处罚。[67] 该罪的基本犯以行为违法性、对于人体健康或财产安全的实害性为构成要件,保护的是传统人身及财产法益。同时,当法人以严重违反环境监管秩序的方式行为,构成本罪的情节加重犯,反映了对行政秩序法益的侧重保护;当重大环境风险出现时,构成本罪的结果加重犯,反映了对环境法益的独立保护。根据侵害法益的数量,刑事责任上层次递进,环境刑法的角色已不仅是环境管理秩序的辅助维护者。

综上,欧盟环境刑法的变革,根源于其规制目的的转向,在“绝对化”的行政从属性语境中,环境刑法仅仅用来保护国家行政秩序不被破坏,刑法保护的客体被行政秩序所涵盖。因此,犯罪构成、立法模式、制裁手段的设计上,都以行政法为主、刑法为补充。随着独立保护生态法益的必要性出现,环境刑法开始出现了行政从属性的“相对化”趋势,立法者对刑法的绩效评价不再局限于维护行政管理秩序的程度,焦点转向于环境刑事法律资源的配置与利用是否合理,与行政法、民法的衔接是否顺畅,是否能满足惩治环境犯罪、保护生态法益的社会需求。环境刑法不再隶属于行政法,这一观点得到了欧盟法的立法确认,《欧盟环境犯罪指令》(2008 年)中规定:“环境刑事责任具有不同于环境行政责任、环境民事责任

---

〔66〕 参见焦艳鹏:《生态文明保障的刑法机制》,载《中国社会科学》2017 年第 11 期。

〔67〕 See Antonio Vercher, “The Use of Criminal Law for the Protection of the Environment in Europe: Council of Europe Resolution” (77) 28, *Northwestern Journal of International Law & Business*, Vol. 10, 1990.

的,社会意义上的非难性与可罚性。”[68]不可否认,在绝大多数情况下,行政违法仍是环境犯罪的构成要件,但以欧洲国家环境刑法的发展趋势为例,其性质从“绝对化的行政从属”过渡到“相对化的行政从属”,是提升环境刑法独立价值、实施效率的必然要求,这也为我国的环境刑事立法提供了有益思路。

## 四、结　　语

晚近的环境刑法以风险预防作为其主要任务之一,通过对法益侵害危险及法益侵害结果的全面保护、对传统个人法益及作为个人法益之前提的环境法益之综合保护,呈现范围扩张之趋势。但这种变革不应以否认其在罪状设置、犯罪认定上的行政从属性为前提,这是因为,行政法可在更早的时点、以更灵活和多样化的方式、在更大的范围介入环境风险管理,环境刑法对风险的积极规制只能作为行政法的必要补充。行政从属性相对化的路径,追求体系化的环境刑事立法、个别化地突破环境犯罪的行政违法性前提、注重多种救济方式的配合与衔接,更符合环境犯罪规制的实效性需求。

The “Administrative Dependence” of Environmental Criminal Law

Sun Xueyan

**Abstract**: Theoretically, administrative offense is the fundamental premise of environmental crimes. The related idea is “the last resort principle” in criminal law, which requires legislators take the path of criminalisation only as a last resort, used to back up the environmental administration. On the other hand, environmental administrative laws act as necessary supplements both in the terms of elements of crimes and criminal provisions. The interactive relationship between them could be defined as the “administrative dependence” of environmental criminal law.

**Key words**: Environmental crime; Administrative dependence; Preventative approach

---

〔68〕 Article 3, Directive 2008/99/EC of 19 November 2008 on the protection of the Environment through Criminal Law.

# 国际法上姓名权纠纷的裁决诉由

许庄斯*

**内容摘要:**

姓名权关涉个人尊严和身份确认,是一项不可或缺的法律权利,普遍受到各国国内法保护。然而,亦有国家以公共利益为由限制公民决定自己姓名的权利,则此时国内法无法提供有效救济。联合国人权事务委员会和欧洲人权法院提供了国际法上自然人姓名权的救济渠道,受理符合要求的自然人所提起的关于自身姓名权的诉求,迄今也作出了一些生效裁决。以欧洲经验为主的国际人权法判例普遍认可的自然人姓名权利包括:拥有姓名的权利、拥有私生活不被非法任意干预的权利、免于受歧视的权利和保护种族文化身份的权利。姓名权背后涉及的不仅是人名符号的简单问题,它关涉私权利与公权力的界限,涉及国家管理效率与个人自由的协调,涉及国家主权与国际法人权管辖的角力。依据“拥有姓名的权利”和“保护种族文化身份的权利”提起的诉讼一般较能获得国际法执法机构的支持,而在姓名权纠纷案件涉及国家管辖权时,国际法仍显无力。国际法上的姓名权理论有助于深化中国国内人格权等相关研究,也有利于进一步理解既有国际法秩序。

**关键词:**

姓名权　国际法　国家主权　国际诉讼理由　国际人权

## 一、问题的提出

姓名他者用来指称“你是谁”,这关涉哲学层面的终极思考。姓名通常由姓与名两者共同组成,而在历史上基于不同的发展路径,可能先出现姓而后出现

---

* 中国政法大学国际法学院讲师,澳大利亚新南威尔士大学法学博士。

名,也可能先有名而后再有姓。姓名形成之后,在民法上就被视为自然人的人格特征之一。[1] 德国学者拉伦茨(Karl Larenz)也认为:“姓名并非是人的身外之物,如同一件东西从一只手交到另一只手,而是使人个体化的一种标志、一个象征,所以它是个人本身所具有的精神财富,一种人格财产。”[2]

就国内法而言,姓名权关乎个人财产、荣誉等利益,对姓名权的侵犯自有相关法律法规加以规制。这种民法的调整通常将姓名权作为人格权中的一项,也有学者认为,姓名权同时具有身份权和人格权两种权利属性。[3]

只有当个人面对国家以公共利益为由侵犯公民姓名自决权,如一国法律要求某人改变姓名,包括姓名的写法和发音或者限制个人使用某些字符作为姓名,因而涉及个人生活需求、个人人格乃至民族认同等权利和利益时,公民才会依据国际法向联合国人权事务委员会(United Nations Human Rights Committee)以及欧洲人权法院(European Court of Human Rights, ECHR)等提起诉讼,进而引发了国际法上有关姓名权的讼争,此为国际法上的姓名权。国际法上的姓名权多在综合性人权条约与国际人道法条约(Humanitarian Law)中规定,并逐渐发展为人权条款中不可克减的权利(non-derogable right)[4]之一。在1969年颁布的《美洲人权公约》(The American Convention on Haman Rights)中,首次将姓名权明确为不可克减的权利之一。1984年国际法协会通过的《紧急状态下人权规范的巴黎最低标准》所列举的不可克减权利第12款即是姓名权。

本文试图基于国际法上姓名权纠纷的裁决诉由评析,探讨姓名权的人权价值与国际法意涵。对于国际法上姓名权的研究和认识有双重价值:一是国际法上对于姓名权的深刻讨论有利于我国对于人格权的进一步认识;二是深化对于姓名权等国内学界重视程度不高的国际法意义的理解。

---

[1] 参见刘文杰:《民法上的姓名权》,载《法学研究》2010年第6期。

[2] [德]拉伦茨:《德国民法通论》(上册),王晓晔等译,法律出版社2003年版,第166页。

[3] 参见李永军:《论姓名权的性质与法律保护》,载《比较法研究》2012年第1期。

[4] “不可克减的权利”指缔约国在包括紧急状态或战争时期的任何情况下,都不得减损或损害人权条约所规定的某些特定权利。参见龚刃韧:《不可克减的权利与习惯法规则》,载《环球法律评论》2010年第1期。

## 二、国际法上姓名权案件裁决分歧及其产生原因

国内一般认为,姓名是公民重要的人格利益所在,姓名权属于公民重要的人格权。[5] 在当前社会主义市场经济时代下,姓名体现社会评价和指代具体事务,因此,分别成为人格权和财产权的客体。[6] 姓名权人对姓名的设定和变更具有自由决定权,任何第三者不得非法干预,这一点是人格发展和自我决定的要求。[7] 对于姓名权在实然状态下受到的限制,国内学者指出,国内法范围内为了保护和救济姓名权,应当对限制姓名权的规范性文件予以规范审查。[8] 这些基于人格权的讨论,已经使国内法意义上的姓名权具有一定的人权属性。

反观国际情况——通过观察分析诸多关于姓名权的国际法判例,学者们注意到,虽然姓名权对于个人尊严和身份确认如此重要,但迄今为止国际法对于姓名权利的规定却不甚明了,没有专门的法条规定其内涵和外延。即便如此,各类国际判例都援用诸如《欧洲人权公约》(The European Convention on Human Rights)、《美洲人权公约》中的条款,对于可能侵犯缔约国国民姓名权的条款进行严格的司法审查。[9] 从发展趋势看,联合国体系下的国际法执法机构越来越接受人们对于自己姓名的主宰权,即认为公民姓名采用了某国非官方语言字符或发音,也被视为合理合法的。[10] 但是,国际人权法的另一个重要执行主体,欧洲人权法院对于公民自由行使姓名自决权却十分谨慎。甚至这两个主要

---

〔5〕 参见王歌雅:《姓名权的价值内蕴与法律规制》,载《法学杂志》2009 年第 1 期。

〔6〕 参见袁雪石:《姓名权本质变革论》,载《法律科学》2005 年第 2 期。

〔7〕 参见李永军:《论姓名权的性质与法律保护》,载《比较法研究》2012 年第 1 期。

〔8〕 参见刘练军:《姓名权保护的度在哪里:评上海王某诉当地派出所侵犯其姓名权案》,载《上海政法学院学报》(法治论丛)2011 年第 2 期。

〔9〕 参见欧洲人权法院案例 Mentzen v. Latvia, No. 71572/01, ECHR 2010; Henry Kismoun v. France, No. 32265/10, ECHR 2013; Burghartz v. Switzerland, No. 16213/90, ECHR 1994 A280 – B; Akta and Aslaniskender v. Turkey, Nos. 18684/07 and 21101/07, ECHR 2019; Guillot v. France, No. 22500/93, ECHR 1996 – V 等。

〔10〕 See Fernand de Varennes and Elzbieta Kuzborska, *Human Rights and a Person's Name: Legal Trends and Challenges*, 37 Human Rights Quarterly 977, 2015, p. 983.

的国际法执法主体在已有的姓名权案件的裁决上出现许多分歧。

现代的国际人权法体系对文化和民族的理解大部分基于欧洲近代开明人士对自身殖民历史的反思和对受波及群体的补偿,因此,其对于土著和少数民族的文化保护是有一定倾斜的。但是,近年面对世界范围内越来越多的文化种族冲突,原住民与移民的纠纷,特别是欧洲国家的有限国土和涌入移民的数量急剧上升,移民融入主流文化的困难,甚至外来文化的体量和能量也引发原住居民的忧虑。[11] 现实政治经济的变化似乎带来法律的无所适从。联合国人权事务委员会和欧洲人权法院两个相辅相成的国际法执法主体在姓名权案件审判中分歧频出,凸显国际法在此种权利的观念上有诸多混乱甚至双重标准。以下本文针对此类国际法上姓名权案件裁判分歧的产生原因加以论述。

分歧背后的原因之一是国际法对于国家自由裁量权的立场。这一区别从联合国人权事务委员会在审理著名的里奥尼德·赖曼案(Leonid Raihman v. Latvia)[12]所进行的辩论中可见一斑。该案案情并不复杂。当事人里奥尼德·赖曼(Leonid Raihman),1959 年出生,是苏联的犹太裔少数群体成员。1991 年苏联解体,当事人的国籍变更为拉脱维亚时,当局登记系统自动将他的名字和姓氏改成非俄语、非犹太语的拉脱维亚文拼写"Leonīds Raihmans"。赖曼(Raihman)这个姓氏从当事人曾祖父时代沿用至今,承载着家族和族群的记忆,是身份的基本要素。[13] 里奥尼德·赖曼不能接受这样的改变,于 2004 年向拉脱维亚的国家语言中心[14]申诉,称当局强制要求其更名的行为违反了《拉脱维亚共和国宪法》第 91 条(不歧视)、第 114 条(保护文化和族裔特性的权利),《公民权利和政治权利国际公约》(International Covenant on Civil and Political Rights,ICCPR)第 17 条、第 26 条和第 27 条,以及《欧洲人权公约》第 8 条、第 14 条,要求改回原来的姓名拼写。他坚持认为,无论是依据本国法律,还是作为缔

---

〔11〕 有关国际条约订立中对于姓名权的规定,参见 International Convention on the Protection of the Rights of All Migrant Workers and Members of Their Families。

〔12〕 Leonid Raihman v. Latvia, United Nations Human Rights Committee, Communication No. 1621/2007, CCPR/C/100/D/1621/2007, para. 2.3.

〔13〕 Leonid Raihman v. Latvia, United Nations Human Rights Committee, Communication No. 1621/2007, CCPR/C/100/D/1621/2007, para. 3.1.

〔14〕 国家语言中心受司法部的管理,负责监督《国家语言法》(1999 年)的遵守情况。

约国应当遵守的国际公约,当局都无权违反本人意愿更改本人姓名。

但是,国家语言中心以其对护照签发机构无行政指导权为由驳回了当事人的申请。[15] 里奥尼德・赖曼自此开始层层申诉,两次诉至最高法院,一审判决确认国家语言中心有权规制护照签发单位,将案件发回地区行政法院重审。而地区行政法院援引拉脱维亚宪法法院 2001 年 12 月 21 日的裁定,认定"强制执行使用拉脱维亚文拼写正式文件上的所有人名是一项必要限制,以满足确保拉脱维亚的其他居民在拉脱维亚共和国全境自由使用拉脱维亚文的权利和保护国家民主制度,以及支持拉脱维亚语体系保持稳定"。[16] 里奥尼德・赖曼不服,再次申诉到最高法院,最高法院这次维持了地区行政法院的判决,于 2006 年 5 月驳回了当事人的申请。

两年诉讼无果,当事人最终向联合国人权事务委员会提交了申诉,申诉理由是拉脱维亚国家的法院,违反了 ICCPR 第 17 条(保护隐私、私生活)、第 26 条(非歧视)以及第 27 条(保护身份)的规定。联合国人权事务委员会最终判定国家无权强制个人用本国官方语言拼写名字,因为该行为是对公民私生活的任意侵犯。

虽然结果支持了当事人姓名自主权,但通过细读委员会的裁决可以看出其对政府改名行为的态度模棱两可。案件审理中委员们在讨论时并非铁板一块,而是呈现两派观点:一派认为缔约国行为违法(侵犯了里奥尼德・赖曼的私人生活免受干涉的权利),另一派认为缔约国并未违法。两派虽然立场不同,但是双方的基本原则和判案依据却很相似。比如,双方都认可"关于立法政策问题,以及更改姓名拼写形式以保护和促进官方语言问题,最好还是留给缔约国酌情处理",同时也认可国家力图保护代表国家身份的官方语言的这一目的的合理性。[17] 但是,对于强制修改名字拼写这项措施能否被视为达成保护本国语言这

[15] See Leonid Raihman v. Latvia, United Nations Human Rights Committee, Communication No. 1621/2007, CCPR/C/100/D/1621/2007, para. 2.2.

[16] Leonid Raihman v. Latvia, United Nations Human Rights Committee, Communication No. 1621/2007, CCPR/C/100/D/1621/2007, para. 2.3.

[17] Leonid Raihman v. Latvia, United Nations Human Rights Committee, Communication No. 1621/2007, CCPR/C/100/D/1621/2007, para. 8.3. See also Leonid Raihman v. Latvia, United Nations Human Rights Committee, Communication No. 1621/2007, CCPR/C/100/D/1621/2007, Appendix, individual opinion of committee members Mr. Rafael Rivas Posada and Mr. Krister Thelin (dissenting), para. 8.3.

一合理目标的合理手段，双方未能达成共识。既然问题的焦点是实施手段是否适用此类法律技术性问题，那么按理双方接下来应该详细分析该行政措施的利弊和可能产生的效果，以此来论证自己的立场。但委员会惜墨如金地回避这个争论，在并没有展开任何详细论述的前提下，直接从法律原则跳到了结论。〔18〕他们在强调了语言问题最好交予缔约国国家自己处理以及承认保护国家身份统一的目标具有合理性后，话锋一转，指出“在已经使用了几十年的原姓氏的词尾强制添加改变……与保护国家官方语言的目的不相称”。〔19〕

笔者认为，这种分歧以及对分歧原因的缄默显示出国际法对于个人姓名权利的规制立场的窘境。其实，里奥尼德·赖曼案之所以如此，关键在于案件涉及国际法对各缔约国的效力问题，归根结底是国家主权问题。分歧双方都承认政府强制改变姓名的举措并非非法干涉，因为政府行为确实有法可依。〔20〕联合国人权事务委员会在这种情况下对案件的判决其实是对缔约国立法机关和司法审查机关认可的法律的再次审查和最终否认。国际司法机构有多大权限可以越过缔约国自身的立法机构而管辖缔约国的行政部门，即使在宣称人权至上的欧洲仍是一个敏感而复杂的问题。〔21〕特别是，按照《公民权利和政治权利国际公约任择议定书》(Optional Protocol to the International Covenant on Civil and Political Rights)第 5 条第 2 款(b)项规定，提交人必须竭尽国内救济办法后，方可向联合国人权事务委员会提出申请。在本案中，提交人已经向本国最高法院提出过申请，而法院作出了合宪性裁定，支持法律所规定的姓名权管制。这说明，联合国人权事务委员会如果判决提交人胜诉，则是间接否定了缔约国

〔18〕对比参考下文提及的 A. R. and M. A. R. Coeriel vs. Netherlands, ICCPR, Communication No. 453/1991。两位持反对意见的委员尼苏克·安多(Nisuke Ando)和库尔特·赫恩德尔(Kurt Herndl)花了几页篇幅论证观点。

〔19〕Leonid Raihman v. Latvia, United Nations Human Rights Committee, Communication No. 1621/2007, CCPR/C/100/D/1621/2007, para. 8. 3.

〔20〕Leonid Raihman v. Latvia, United Nations Human Rights Committee, Communication No. 1621/2007, CCPR/C/100/D/1621/2007, para. 8. 2.

〔21〕See Martin Kuijer, *European Convention on Human Rights and the EU legal order: Consequences of a Delayed Accession*, in The International Journal of Human Rights, DOI: 10.1080/13642987.2018.1535433.

宪法法院对本国宪法的解读,甚至否定了本国宪法法条的合理性。虽然理论上欧洲各国在缔结国际条约时便同意受国际人权法的规制,但是在实践中联合国人权事务委员会还是尽量规避对主权问题的讨论,而避重就轻讨论提交人应当享受的权利。正是问题的敏感性,导致奥尼德·赖曼案中争论双方对各自得出结论的原因如此讳莫如深,根源在于不愿将一个关于姓名权的小案件升级为关乎国际法权限的大案。

与联合国人权事务委员会有所区别的是,欧洲人权法院作为专门处理欧洲事务的机构,要频繁地与欧洲各国政府打交道,目睹多民族国家日常运转所面临的重重困难,因此,更能体会在实践中国家为了保护安全和秩序所采取强制措施的必要性,对姓名的规制也更加保守和符合各国政府的期待。而联合国人权事务委员会比较而言则更政治正确,更理想化,似乎显露出与各国政府工作和公民日常生活脱轨的迹象。比如,联合国人权事务委员会在个案判决中没有充分考虑允许公民持有与官方语言不统一的姓名对社会身份的统一和其他问题带来的消极影响。联合国人权事务委员会的判例所建立的国际人权法体系虽然对于国家为了维护国家身份统一(unity of national identity)而限制姓名的做法持消极态度,但是对于土著人和少数民族通过保留原名而维护其文化身份的统一却是支持和认可的。这也体现出前文所述的现代国际人权法的某种倾向。比如,联合国消除种族歧视委员会(Committee on the Elimination of Racial Discrimination,CERD)便认定,国家强制境内土著人或少数民族将姓名更改为本国语言拼写或发音的行为是一种基于种族、族群和语言的歧视,对其保护自己文化传统和群体身份的统一性和完整性有破坏作用。主权国家为了保护本国文化身份统一不能规制姓名,而领土内的少数民族团体却可以为了保护文化身份统一而规制姓名,这虽然是一种保护弱者和补偿殖民时期对土著人和少数民族迫害的措施,但是也多少反映出联合国人权保护体系下的人权法中的双重标准。

通过对里奥尼德·赖曼案件的简单分析,可以感受到国际人权法有关姓名权的理念和处置极其错综复杂。因为姓名权仅仅是表象,其背后涉及更复杂的利益。

## 三、国际法上姓名权诉讼的权利基础与类型化分析

前文详细论述了国际法上姓名权的概念和存在的裁决分歧及其产生原因,

接下来,笔者将对一些国际法上姓名权纠纷案例进行分析,在结合案例的基础上,深入剖析目前国际法姓名权纠纷案件中较为典型的四种诉讼理由。

纵观国际法实践,已被受理的姓名权案件大多依据如下四大诉由:一是拥有姓名的权利(right to a name);二是拥有私生活不被非法任意干涉的权利(right to private life);三是免于受歧视的权利(right to protection against discrimination);四是保护种族文化身份的权利(right to identity)。从国际法受理姓名权的四大诉由可以看出,每种权利被接受和被保护的力度,或维护的方式都有所不同,如此分门别类处理也许会更加有效地解决姓名权的混乱情形。四大诉由的具体分述如下。

(一)拥有姓名的权利

国际法中对于个人拥有名字的权利有明确规范,但权利内容主要是保证所有公民能适时地登记注册以获得国家的保护和福利。比如,ICCPR 第 24(2)条规定"所有儿童在出生后应立即登记并取得名字",其重点不在于保护公民对自己名称的掌握,而在于保障公民的法律身份的切实获得。[22] 欧盟(European Union)早期的区域人权条约中并未提及公民姓名权利一事。直到 20 世纪 80 年代,《儿童权利公约》(Convention on the Rights of the Child)第 8 条才指出国家除了有确保姓名登记的义务,还有"承担尊重儿童维护其身份包括法律所承认的国籍、姓名及家庭关系而不受非法干扰的权利"的义务,并且"如有儿童被非法剥夺其身份方面的部分或全部要素,缔约国应提供适当协助和保护,以便迅速重新确立其身份"。虽然从条文中隐约可以看出姓名作为文化身份权利的一部分受到保护,但当时并没有明确的法律解释或案件来确定姓名权利的范围。

《儿童权利公约》第 8 条所提及的姓名权利,直到 2009 年才在《儿童权利公约》第 11 号一般性意见中加以明确。一般性意见强调:"缔约国应确保土著儿童可按照自己的文化传统和维护其身份的权利获得家长选择的土著姓名。缔

[22] See Fernand de Varennes and Elzbieta Kuzborska, *Human Rights and a Person's Name: Legal Trends and Challenges*, 37 Human Rights Quarterly 977 (2015), 984.

约国应制定国家法律,为土著家长提供为子女选择他们喜欢的名字的可能性。"[23] 第 11 号一般性意见对《儿童权利公约》第 8 条的扩大理解作用有限,由于关注点在于土著儿童在《儿童权利公约》中的权利,致使其保护儿童的姓名权的规定不适用于非土著儿童的姓名权案件。因此,个人姓名的保护依然存在法律规范缺失的问题,面临无法可依的困境。

《儿童权利公约》第 8 条规定是为了确保欧洲的土著儿童,特别是居住在偏远地区的土著儿童适时登记,其目的旨在防止因其监护人不重视公民身份的获得而对孩子的正当利益产生负面影响。但是,随着土著人权利和少数人权利这两个国际人权法权利体系的融合以及欧洲人口流动加剧,《儿童权利公约》第 8 条逐渐被当作一条普通原则而出现在姓名权利相关案件的论述中。

而在塞拉诺克鲁兹姐妹诉萨尔瓦多(Serrano Cruz Sisters v. El Salvador)[24] 一案中,美洲国家人权法院法官解释道:个人对于拥有姓名的权利有两个层面:其一,孩子都有拥有姓名并合法注册的权利,即国际法传统上对姓名权的解读;其二,孩子有权利依法保留自己的身份,包括国籍、姓名和家庭关系而不受侵犯。[25] 该案中涉及对姓名权的论述也为《儿童权利公约》第 8 条的扩大理解提供了法理依据。

身份在国际人权法中是一个与文化、语言、宗教、生产方式等息息相关的极其广泛和灵活的概念。将保留身份这层含义包含在了拥有的姓名权利之中,即认可姓名作为传承文化的载体。换言之,国家要保护的不仅是个人拥有姓名合法登记的权利,而且要保护个人拥有符合自己文化身份的姓名权利,并且保障可以予以登记。

### (二)对于私生活的保护

姓名权利作为个人私生活私权利的一部分同样经历了一个缓慢的演变过

[23] UN Committee on the Rights of the Child (CRC), *General comment No. 11 (2009): Indigenous children and their rights under the Convention [on the Rights of the Child]*, 12 February 2009, CRC/C/GC/11, para. 44.

[24] Serrano Cruz Sisters v. El Salvador, Inter-American Court of Human Rights, Judgement 1 March 2005.

[25] Serrano Cruz Sisters v. El Salvador, Inter-American Court of Human Rights, Judgement 1 March 2005, para. 120(b).

程。联合国人权事务委员会相比欧洲人权法院更早地接受和肯定姓名权的私权属性。联合国人权事务委员会判决案件的依据,除相关人权条约及其一般性解释、报告等外,还包括委员会之前和其他国际法判决主体在判案中认可的原则和理论,即英美法系(普通法系)中的重要法律渊源"判例"(precedent)。

ICCPR 作为国际人权法体系的核心公约,其第 17 条所规定的个人有权免于私生活受到非法或任意干涉的原则具有普遍效力,但直到联合国人权事务委员会 1994 年在科里尔和奥里克诉荷兰(Coeriel and Aurik vs. Netherlands)[26]案件中才明确规定公民的姓名属于第 17 条隐私权利的范畴。该案审理委员会认为,私生活包含公民在个人生活中自由地表达自己的身份,而姓名属于身份的一部分。[27] 所以,私生活保护这个依据的外延和内涵并非根据某一个公约条款而定,而是根据不同案件的判决逐渐清晰和确定的。

科里尔和奥里克诉荷兰(Coeriel and Aurik vs. Netherlands)案也是构成私生活保护依据的判例之一。该案当事人是两位皈依印度教的荷兰人科里尔(Coeriel)和奥里克(Aurik),2 人在 1986 年曾向荷兰罗尔梦德区法院申请将名字改为印度教名字并获得批准。之后 2 人对宗教的热情越发澎湃,以至于希望将姓氏也改为印度教姓氏,以崭新的身份远赴印度继续深造并成为印度教牧师。荷兰司法部部长因为 2 人不符合"改姓准则"的要求,即不符合"当原姓不得体、荒谬、失去姓的特点、不像荷兰语(如移民姓氏)或者威胁到了申请人的身心福利才允许改姓"的要求而拒绝了他们。[28] 同时,2 人称自己系宗教少数派而应该得到保护。荷兰政府则认为,对于文化或宗教少数群体,法律为了保证政府"没有介入其他国家的人名法"或"干涉其他国家的文化事务",不允许其更改的新姓氏拥有任何文化、宗教或社会含义。[29] 科里尔 2 人上诉至荷兰最高行政法庭大臣会议依然无果,遂向欧洲人权法院提出申诉,称不允许他们改变

[26] A. R. and M. A. R. Coeriel vs. Netherlands, ICCPR, Communication No. 453/1991, para. 10.2.

[27] Ibid.

[28] See A. R. and M. A. R. Coeriel vs. Netherlands, ICCPR, Communication No. 453/1991, para. 4.2.

[29] A. R. and M. A. R. Coeriel vs. Netherlands, ICCPR, Communication No. 453/1991, paras. 4.3, 7.3, 9.3.

姓氏侵犯了他们的宗教自由。欧洲人权法院认为,2 人并不会因无法改变为印度教姓名而妨碍其行使宗教自由,2 人可以进行宗教学习,学成后也可以用老师/古鲁赐予的名称,因而驳回了 2 人的申诉请求。而后一位英格兰梵学家和一位印度新德里先知发表声明对欧洲人权法院的驳回依据予以否定,但是,欧洲人权法院的裁决业已生效,无法更改。

在穷尽了国内救济办法后,科里尔和奥里克向联合国人权事务委员会提起申诉,提出荷兰侵犯了他们基于 ICCPR 第 17 条(隐私/私生活)、第 18 条(宗教自由)的权利。由此委员会展开了激烈的讨论。大部分委员认为,宗教问题是公共秩序问题,第 18 条第 3 款明确规定可以因为公共秩序、安全等原因限制人的行为,因此本依据不成立。而第 17 条所规定的"私生活"包括个人"自由表达其身份"的权利,而"一个人的姓氏构成其身份的重要组成部分"。[30] 个人的私生活不应受到非法或任意的干涉。荷兰政府已经证明其决定有法可依,但还需证明其决定不具有"任意性"。委员会援引了本机构作出的判例中对 ICCPR 第 17 条的解释,即"任意性"这个概念,其"目的在于保障即使是有法律依据的干涉也要符合公约的条款、目的和目标……即使在特定情况下也应该合理"。[31] 换言之,即使于法有据,但如果缔约国某条法律规定不符合联合国人权事务委员会对于 ICCPR 条款、目的和目标的解读,即可视为"任意"。而最后人权事务委员会认定荷兰政府任意干涉当事人的缘由实在有些牵强。裁决指出,因为 2 人在申请改名时没有注明如果不拥有印度教姓名则无法成为牧师这个情况,导致下至荷兰法院上至欧洲人权法院都没有意识到改名的必要性,从而作出了"不合理"的判断。因此,委员会判定荷兰政府任意干涉了科里尔和奥里克的私生活,必须予以纠正和补偿。

与奥尼德·赖曼案一样,本案中联合国人权事务委员会最终判决个人享有决定自己姓名的权利高于国家为了公共利益和秩序以及国民身份统一而限制姓名的权力。但在本案中,出现了 2 位有异议的委员,2 人明确表示了对联合国人权事务委员会任意判定主权国家行为为"任意"干涉行为的异议。他们对于

---

〔30〕 A. R. and M. A. R. Coeriel vs. Netherlands, ICCPR, Communication No. 453/1991, para. 10. 2. 这段论证成为经典,在之后所有姓名权相关案例中都有援引。

〔31〕 A. R. and M. A. R. Coeriel vs. Netherlands, ICCPR, Communication No. 453/1991, para. 10. 4.

姓名是否属于私权利，以及即使是私权利，改名的权利能否因此置于公共利益与秩序之上作出了长而有力的辩论，并充分地论述了自己的观点和支撑理由。库尔特·赫恩德尔(Kurt Herndl)特别对委员会多数人对于"任意"一词的解读表示质疑，认为"不合理"的概念渊源只有委员会所援引的自身曾经发表的评论，委员会以此来判定主权国家有法可依的行政行为是所谓"不合理"的任意干涉，显然缺乏说服力。[32]

相比于联合国人权事务委员会的宽容态度，欧洲人权法院直到2002年克里斯汀·古德温诉英国(Christine Goodwin v. The United Kingdom)[33]案中才正式认可个人决定自己姓名的自由大于国家为了安全和社会稳定而设立的规定。但即便如此，欧洲人权法院对于赋予个人掌控自己私生活因而可以掌控自己姓名的权利保护程度仍无法与联合国人权事务委员会相比。

总体而言，欧洲人权法院赋予了个人在姓名问题上高于国家安全需要的自由，但同时认为私生活自治的权利也并非绝对权利。《欧洲人权公约》第8条规定，国家不得干涉个人的私生活，除非其手段符合法律规定，且以保护国家、社会和经济安全或他人的权利自由等为目标。在实际判决中，欧洲人权法院则更尊重国家的自主裁量权，因此，其认为保护国内语言统一和保护官方语言的完整性都是限制姓名的合理理由。[34] 因而在个案中，即使最终裁决通过了提交人更改姓名的要求，法院也不忘强调这是因为没有《欧洲人权公约》第8条所规定的重大公共利益与之相冲突。

比如，在克里斯汀·古德温诉英国一案中，欧洲人权法院判决的一大依据是当事人想更改姓名以符合其性别的转变(当事人为变性人)并没有与重大公共利益冲突。与其说该案表明欧洲人权法院开始将保障姓名权利置于国家管制之上，倒不如说是法院"顺应社会意识，不再把变性人作为社会道德和秩序威胁"的观念改变这一原因使然。再如，在欧洲人权法院2005年兹南斯卡娅诉俄罗斯(Znamenskaya v. Russia)[35]一案中，提交人希望生下的死胎墓碑可以冠以

[32] See A. R. and M. A. R. Coeriel vs. Netherlands, ICCPR, Communication No. 453/1991, individual opinion by Mr. Kurt Herndl (dissenting), para. (b).

[33] Christine Goodwin v. The United Kingdom, No. 28957/95, ECHR 2002 - VI.

[34] See Kuharec alias Kuhareca v. Latvia, No. 71557/01, ECHR 2004.

[35] Znamenskaya v. Russia, No. 777785/01, ECHR 2004.

亲生父亲的姓名,而不是离异丈夫的姓名,但是法律规定需要生父向当局申请改名,否则凡是离异后 300 天内出生的孩子自动认定为前夫所生,而孩子的生父在孩子出生同年去世,未来得及向当局申请。在此案中,提交人认为,根据母亲与孩子的天然亲密关系,给孩子冠以谁的姓名应该属于母亲的私人家庭生活,而法律对于家庭生活的尊重要求血缘与社会现实应该优先于法律的推测(孩子的生父是谁)。法院认为,当法律推测(legal presumption)不仅与血缘和社会现实相悖,而且无视了当事人的需求和利益,即使有缔约国自由裁量权原则的庇护,依然违反了《欧洲人权公约》第 8 条对公民私生活的规定,该案中当事人申请死胎墓碑上冠以生父姓氏没有与重大公共利益冲突,俄罗斯当局行为属于对提交人私生活的任意干涉。从上述案件中可以得知,欧洲人权法院采取的是更加务实的判决立场,重点考量案件具体情况是否与公共利益存在冲突,注重案件对于公共利益的影响。

虽然欧洲人权法院也裁定多起姓名权作为私生活权利一部分而免于政府规制的案件,但是法院更加偏向于认可国家自由裁量权(margin of appreciation/state discretion)而让缔约国自行处理此事,所以裁判结果会根据案件的特殊情况而有所不同。例如,欧洲人权法院 2011 年瓦尔丁和沃丁诉萨维瓦尔迪比斯(Malgozata Runevic-Vardyn, Lukasz Pawel Wardyn v. Vilniaus Miesto Savivaldybes)[36] 一案,法院驳回了提交人对私生活被侵犯的申诉。该案的提交人是立陶宛的波兰少数民族女性,与一位波兰人在立陶宛首都维尔纽斯成婚并冠以夫姓后,姓氏依法改成符合立陶宛语言拼写的"Vardyn"。而丈夫因为属于外国人,名字也被认定为异国姓名而不用改写,保留了原来的拼法"Wardyn"。于是,夫妇两个人身份证上竟然出现了不同的姓氏。从一方面说,相比失去孩子的母亲,依然在世的马尔戈扎塔(Malgozata)与丈夫竟然不能同姓对于私生活的影响应该更大。但是,或是出于对失去孩子的母亲的人道主义关怀,或是因为欧洲人权法院更加偏向认可立陶宛该法规目的是保护官方语言和国家身份统一,所以导致两个案件判决的最终结果不同。

总而言之,对于私生活的侵犯,属于联合国人权事务委员会和欧洲人权法院分歧较大的法律范畴,不仅因为私生活难以界定,也涉及人权法体系对于国

---

〔36〕 Malgozata Runevic-Vardyn, Lukasz Pawel Wardyn v. Vilniaus Miesto Savivaldybes, ECJ, Judgment in Case C-391/09, Luxembourg, 12 May 2011.

家自由裁量权态度问题。

（三）保护个人免于受歧视的权利

免于受歧视是现代人权观念中重要的核心要素之一，其复杂性和对于人权法的深远影响不容小觑。歧视就是法律基于个人身上的某些根本特征，如性别、种族、语言、宗教等与个人身份息息相关的特征而产生的不合理的差别对待。

虽然可以控诉国家歧视姓名权利的个人特征有很多，但是在实践中，姓名权纠纷主要涉及两大类个人特征。

一是个人的性别。相关案件主要关系女性婚后不能保留或使用原本姓氏。因为男性婚后依然可以保留并使用其原本的姓氏而女性不能，这便构成了基于性别的差别待遇，如果政府无法证明这种限制是合理且必要的，则构成歧视。

女性的姓氏问题，同拥有姓名的权利一样，早期只被欧盟政府认定为方便政府和社会辨识的行政问题，并没有提高到人权的高度，因此基于性别的部分差别对待，例如，女方婚后必须冠以男姓而男方没有此要求，长期被视为符合传统而合理的措施。比如，欧洲人权法院 1977 年哈格曼 – 胡斯勒诉瑞士（Hagmann-Husler vs. Switzerland）[37]一案，提交人女政治家哈格曼（Hagmann）因为自己的娘家姓氏更为人熟知而希望沿用此姓氏开展政治活动。而法院驳回此请求的原因是，瑞士已经允许女方婚后将姓氏缀于男方姓氏后，已经满足了方便政府和社会辨认的功能，因此，女方要求仅用原本的姓氏来彰显身份是不必要且不合理的。

迄至 1990 年，随着社会观念的改变和女权运动的兴起，国际法的态度开始改变。《消除对妇女一切形式歧视公约》（Convention on the Eradication of Discrimination Against Women）的第 21 条一般性意见“婚姻与家庭关系平等”中明确提出，男女双方都应该拥有选择自己名字的权利以保障在群体中的文化

〔37〕 Hagmann-Husler vs. Switzerland, No. 8042/77, ECHR 1977.

身份和辨识度。[38] 联合国人权事务委员会在迈克尔·安德烈亚斯·穆勒和艾姆克·恩格尔哈德诉纳米比亚(Michael Andreas Muller and Imke Engelhard v. Namibia)[39]一案中强调,鉴于男女平等原则的重要性,传统习惯不能作为姓名上对男女差别对待的合理依据。这否定了欧洲各国以女方冠男方姓氏为历史惯例为由而不批准女方或男方更改姓名的做法。至此,男女双方均可以自由选择姓名姓氏的原则在国际法中得以确立。

二是个人的种族。和基于性别的歧视一样,如果个人因为种族、民族或语言特征而实际受到法律的差别对待,而政府不能证明该差别对待是合理的,则该法条被视为对个人的歧视。比如,土耳其曾经规定包含官方语言字母以外的字母“q”“w”“x”的姓名将不再被注册,而这 3 个字母是土耳其少数民族群体库尔德人所运用的字母。[40] 作为国内最大的少数民族群体,他们的生活方式已经与主体民族不分彼此,字母“q”“w”“x”在公民的日常生活中更是被频繁使用。如果限制这 3 个字母在姓名中的使用,一方面,该规定只影响了少数民族语言使用者的姓名,可视为一种基于语言的差别对待;另一方面,既然 3 个字母在日常生活中被频繁运用,限制姓名即不能方便群众生活,也起不到方便行政或者保护官方语言的作用,因而为不合理且无必要的措施。因此,该规定被视为政府基于语言对库尔德人的歧视,迫使土耳其在 2013 年废除了对该 3 个字母的姓名限制。

政府是否应该认可带有外来或非官方规定字符的姓名看起来无关紧要,其实是一个关于政府有无歧视当事人的颇具争议的问题。而且,案件一般不仅事关政府是否歧视对待了当事人,还体现了本国民族多元化现状的要求和维持行政管理秩序这两个正当理由间的博弈。

---

〔38〕 See General recommendation No. 21: Equality in marriage and family relations, General Recommendations Adopted By the Committee on the Elimination of Discrimination against Women, $13^{th}$ Session, 1994, https://www.ohchr.org/EN/HRBodies/CEDAW/Pages/Recommendations.aspx.

〔39〕 Muller and Engelhard v. Namibia, United Nations Human Rights Committee, Communication No. 919/2000, CCPR/C/74/D/919/2000.

〔40〕 See Fernand de Varennes and Elzbieta Kuzborska, *Human Rights and a Person's Name: Legal Trends and Challenges*, 37 Human Rights Quarterly 977, 2015, pp. 1002 – 1004.

行政主体可以在不过分影响公民私人生活和忽视少数民族语言文化需求的情况下,为了方便行政管理或者保护官方语言而限制姓名的可用字符。但是,过分或者不当限制姓名权利,不仅无法达到以上目的,反而引起行政注册混乱。比如,前文提到的瓦尔丁和沃丁诉萨维瓦尔迪比斯一案中,夫妇两个人身份证姓氏不同,不仅造成当事人生活极大的不便,也没有达到方便行政的目的。可见,对于姓名可用符号的限制必须符合社会民族语言文化的实际情况,严格限制公民自主决定姓名的权利与保证行政管理的有效性没有必然联系,文化多元的要求和行政一致性的要求也不总是对立的。

(四)种族身份的权利

基于保护土著人和少数人文化种族身份的立场要求政府维护其姓名权利的规定貌似是国际法中最不受争议的条款,因为国际人权法体系的建立本来就部分基于欧洲开明人士对其殖民历史的反思和对受迫害民族和群体的补偿,所以在保护土著人和少数人文化身份上,各个国际条约在其具体规定中都有所涉及。比如,《保护少数民族框架公约》(Framework Convention for the Protection of Minorities),《欧洲区域少数族裔语言宪章》(European Charter for Regional or Minority Languages)以及之后的《在民族或族裔,宗教和语言上属于少数群体的人的权利宣言》(Declaration on the Rights of Persons Belonging to National or Ethnic, Religious and Linguistic Minorities)和《奥斯陆建议书:关于少数族群的语言权的建议》(Oslo Recommendation Regarding the Linguistic Rights of National Minorities)均在其原文或者相关机构发出的意见、报告等文件中承认少数族裔拥有按照自己文化、传统和语言习惯取名的权利。

保护土著人和少数民族身份的权利和前述"拥有姓名的权利"有一定重合之处,区别在于后者是对儿童姓名的特殊保护,而前者普遍适用于所有国家中"非主导民族"的情况。上述这些条款内容的高度一致性从侧面反映出20世纪欧洲少数民族反殖民运动的兴起。著名语言权力学者费尔南德·德瓦雷纳斯(Fernand de Varennes)指出,到了1990年,认可少数民族应该拥有按照本民族文化语言特征取名的权利已经成为欧洲各国的普遍共识。[41]

由于各个人权条约在对待少数民族和土著人姓名权的态度上高度一致,致

---

〔41〕 See Fernand de Varennes and Elzbieta Kuzborska, *Human Rights and a Person's Name: Legal Trends and Challenges*, 37 Human Rights Quarterly 977, 2015, p. 997.

使在实际操作中法院援引此类条款裁判的案件反而不多,因为各国在向人权机构的汇报中都较为积极地展现本国在尊重保护少数民族和土著人姓名权方面的成果,土著人或少数民族使用自己姓名的权利得到了比较好的保障。即使提出姓名权诉请,多数姓名权纠纷案件提交人会同时提出姓名权被侵犯的四大诉讼理由,联合国人权事务委员会一般在发现提交人存在"私生活权利被侵犯"时便不再考虑其他诉由。而欧洲人权法院一般则认定提交人的少数人身份没有受到侵犯,如姓名的改变没有影响提交人参加集体生活、宗教活动或使用本族语言进行日常沟通,而后援引自由裁量原则判决缔约国与提交人自行协商处理纠纷。

## 四、余　论

综上所述,国际法上受理并裁决的姓名权案例,一般都是公民在缔约国就个人姓名权被侵权状况诉诸本国法律及其执法审判机构却没有获得支持后,以国际人权法为依据,向国际人权法的执法机构提起诉讼,期望获得支持。他们的诉由来自国际人权法所赋予缔约国公民的 4 种权利,即拥有姓名的权利、私生活不被非法任意干涉的权利、免于受歧视的权利,以及保护种族文化身份的权利。

从上述案例可以看出,姓名权背后涉及的不仅是人名符号的简单问题,它关涉私权利与公权力的界限,涉及国家管理效率与个人自由的协调,涉及国家主权与国际法人权管辖的角力。对于单一民族国家,可能冲突较小。但是在小国林立、人员流动频繁、民族成分复杂、曾有殖民历史、现代又成为移民涌入国的欧美国家和地区,姓名有时成为彰显和保护本族文化的一面旗帜,而文化的多元理念和各国维护国民身份统一和内部社会秩序的要求时有碰撞,导致问题频出。值得欣慰的是依据"拥有姓名的权利"和"保护种族文化身份的权利"这两个诉由的姓名权案例一般比较能够获得国际法执法机构的支持,而在姓名权纠纷案件涉及国家管辖权时,国际法很大程度上还是无能为力。中国可以积极主导参与塑造新的姓名权国际法秩序,在战略优先位置将中国智慧融入国际姓名权保护中。

国际法上的姓名权案件的处置考验着人类的法律智慧。如何平衡国家公共利益与个人自由,建立比较明确的既保障文化的多元性又能顾全统一国家的身份认同的规则及其适用细则是国际人权法需要进一步努力的方向。同时,我国相关国内法也应当更重视姓名权的人权意义,筑造具有中国特色的姓名权国家—公民合理结构。

A Review on Allegations of Name Rights in International Law

Xu Zhuangsi

**Abstract**: Name rights is related to an individual's personal dignity and identification and an indispensable legal right. Related rights are generally protected by the domestic laws of various countries. However, there are also countries that limit citizens' right to decide their own names in the public interest. The United Nations Commission on Human Rights and the European Court of Human Rights provides individuals the pathway to assert their right in such situations. Universally recognized name related rights in international law includes: the right to a name, the right to be protected from unlawful interference in private life, the right to be protected from discrimination, and the right to protect racial and cultural identity. Name related rights is not just a simple question of the name of a person but concerns the boundary between private rights and public power, the coordination of state management efficiency and individual freedom, and the struggle between national sovereignty and human rights jurisdiction under international law. Proceedings based on "the right to have a name" and "the right to protect racial and cultural identity" are generally better supported by international legal mechanisms. Research on international law's protection of name rights can facilitate related studies on personality rights in China. The article can also support the further understanding of the existing international law order and provide pathways for China to contribute to the development of international law.

**Key words**: Name rights; International law; State sovereignty; Ground for international litigation; Human rights

# 税收授权立法的基本要义*

黄　卫**

**内容摘要：**

由于历史与现实的原因，税收授权立法变相将税收立法权限让渡。这不仅与税收授权立法的初衷相悖，更与税收法定相背离，有损立法机关的权威。通过对税收授权立法的理论回溯，授权制定行政法规仍属立法机关的权限，借由在法律中规定授权的内容、目的和划定行政机关行使被委任立法权限的范围。且在实务运行中，凡是属于法律保留范畴，税收机关只有获得立法机关具体、明确之授权后，才可制定行政法规，这同时是行政法规合法性与正当性之来源。

**关键词：**

税收授权立法　税收法定　授权具体明确

## 一、引　言

20世纪以来，一般性、抽象性的根据和基准由法律作出规定，而具体性、实质性的内容则委任给行政立法，所谓"框架立法"的现象越来越多。出现这种现象的主要原因有如下几点：①现代社会国家中的立法内容的复杂性、专业性和技术性；②对应情况的变化，迅速地对相关规范加以改废的必要性；③根据法律的一般性规定，无法采取适应地方性实际情况的适当措施；等等。[1] 行政法规的产生是世界潮流趋势所导，行政法规在世界各国法律体系均占据较大的比

* 本文系浙江省哲学社会科学规划课题一般项目"论认识风格对法官决策差异形成的影响"（项目编号：17NDJC195YB）阶段性成果。

** 华南理工大学法治经济与法治社会研究中心副研究员，法学博士。

〔1〕 参见［日］南博方：《日本行政法》，杨建顺译，中国人民大学出版社2009年版，第65～66页。

重,其对人民作出规范的广度及密度远胜于法律,甚至有凌驾于法律之上的趋势。由于上述原因,授权立法的增加在各国已成不可避免的现象,行政法规不光在数量上大于法律,而且在规范人民的事项上更为具体。说行政法规构成整个法秩序的半壁江山实不为过,但是授权立法一旦被滥用,将会违反依法治国原则,有损立法机关的中心地位,招致行政权的泛滥,因此如何授权立法常常成为问题。在税收领域"以'授权立法'之名的慷慨授权,导致了税权的行政化",[2]但税收授权立法的合法化路径可以化约为,授权依据要规范、明确,即税收授权立法要有法律规定或全国人大及其常委会的特别授权作为权源,这体现了源于传送带模型的代议制民主,外在地传导出民主性、权威性和严肃性。[3] 那么就有必要检视其是如何具体实践运作的,在我国的情形是怎样?

## 二、基本形貌:历史与现实积弊形成的税收授权立法

改革开放初期,我国法制整体发展较为落后,各方面的法制建设均处于探索阶段。由于税制建设更受专业性的限制,为配合整体经济改革需求,先行由全国人大及其常委会授权国务院制定税收行政法规,使人民暂时有"法"可依,待各方面条件成熟再由全国人大及其常委会制定相应法律。但此"权宜之计"变通做法,却成为常态,形成国务院主导税收立法。主要通过两种方式由全国人大授权国务院订定税收相关行政法规:其一,税收专门授权立法。即全国人大通过发布专门的授权决议或决定,将原本属于自己的税收立法权,授权给国务院,让国务院依该授权制定税收有关的行政法规。其二,税收法条授权立法。也就是全国人大在制定税收相关法律时,即在法律条文中明定将相关行政法规制定权授予国务院。

税收专门授权立法往往是针对重大问题或重大事项的授权立法,囿于当时的政治、经济以及法制情况,全国人大只有两次通过授权决定的方式授权国务

---

〔2〕 姜峰:《人大授权立法与财政民主价值的流失》,载《国家检察官学院学报》2018 年第 1 期。

〔3〕 参见刘剑文、耿颖:《税收授权立法权的合法行使:反思与建构》,载《国家行政学院学报》2015 年第 5 期。

院制定行政法规。第一次是 1984 年 9 月 18 日第六届全国人大常委会作出的《全国人民代表大会常务委员会关于授权国务院改革工商税制发布有关税收条例草案试行的决定》,其内容为:“第六届全国人民代表大会常务委员会第七次会议根据国务院的建议,决定授权国务院在实施国营企业利改税和改革工商税制的过程中,拟定有关税收条例,以草案形式发布试行,再根据试行的经验加以修订,提请全国人民代表大会常务委员会审议。国务院发布试行的以上税收条例草案,不适用于中外合资经营企业和外资企业。”根据该授权决定,国务院先后颁布了增值税、产品税、资源税、营业税、国营企业所得税和盐税等六个税收条例草案试行。该授权决定已于 2009 年 6 月被第十一届全国人大常委会废止。第二次是 1985 年 5 月颁布的《六届全国人大三次会议关于授权国务院在经济体制改革和对外开放方面可以制定暂行的规定或者条例的决定》规定:“为了保障经济体制改革和对外开放工作的顺利进行,第六届全国人民代表大会第三次会议决定:授权国务院对于有关经济体制改革和对外开放方面的问题,必要时可以根据宪法,在同有关法律和全国人民代表大会及其常务委员会的有关决定的基本原则不相抵触的前提下,制定暂行的规定或者条例,颁布实施,并报全国人民代表大会常务委员会备案。经过实践检验,条件成熟时由全国人民代表大会或者全国人民代表大会常务委员会制定法律。”此后,国务院根据该决定又相继出台了《车船使用税暂行条例》《耕地占用税暂行条例》等多部暂行条例,该授权决定至今仍未被废止,并且仍在发挥作用。但仅有的两次专门授权却是国务院创设现行有效税种立法的主要授权来源。

从实际情况观之,在税收领域存在大量的税收法条授权立法。这种授权立法模式,原则上应是针对具体的问题或个别的事项为之,授权内容、目的、范围应当具体明确。但事实情况却是在税收相关的法律条文中,仅简单地规定实施细则或实施条例由国务院定之。如《税收征收管理法》第 3 条第 1 款规定:“税收的开征、停征以及减税、免税、退税、补税,依照法律的规定执行;法律授权国务院规定的,依照国务院制定的行政法规的规定执行。”同法第 93 条规定:“国务院根据本法制定实施细则。”国务院颁布的《税收征收管理法实施细则》第 1 条即开宗明义地指出根据《税收征收管理法》的规定,制定本细则。《企业所得税法》第 59 条、《个人所得税法》第 21 条以及《车船税法》第 12 条均以明文规定,授权国务院制定实施条例。但仅为概括授权,并未明确授权的目的、事项、范围等。实则,上述做法最大的积弊是,授权决定本身没有具体、明确的授权范围,且授权没有时间限制,这在赋予国务院极大的税收立法权的同时,也变相将全国人大及其常委会的税收立法权限让渡,不仅与税收授权立法的初衷相悖,更与税收法定相背离,有损立法机关的权威。

在2015年新修定的《立法法》中,通过法律条文明定的方式,明确指出税收制度属于法律保留的范围,即该法第8条第6项:"下列事项只能制定法律……(六)税种的设立、税率的确定和税收征收管理等税收基本制度……"在条文引入授权明确性原则并明定授权期限以及规定了授权机关的监督权。此即在该法的第10条集中展现:"授权决定应当明确授权的目的、事项、范围、期限以及被授权机关实施授权决定应当遵循的原则等。授权的期限不得超过五年,但是授权决定另有规定的除外。被授权机关应当在授权期限届满的六个月以前,向授权机关报告授权决定实施的情况,并提出是否需要制定有关法律的意见;需要继续授权的,可以提出相关意见,由全国人民代表大会及其常务委员会决定。"新修订条款是否能真正发挥其应有功能,确实落实税收法定,还有待于我国税法学理论以及实践的发展。

## 三、理论回溯:实务需求催生的授权立法

由于时代进步,由农业社会转向复杂的工商社会,立法的数量之多使立法机关不胜负荷,往往必须大幅度授权行政机关以行政法规填补法律的内容。此行政权力膨胀现象也与概括行政授权有密不可分的关系。特别是在第一次世界大战至第二次世界大战期间,因国家任务之扩张,在极权主义、团体主义思潮的冲击下,酿成极权主义及独裁思想之兴起,此时,德国行政法学遂产生"概括授权"理念并盛行。这种方式的委任及全盘、概括授权的结果,使法律和行政法规不仅在形式上,甚至在实质上亦少有区别,造成行政滥权的危险,严重违反法治国原则以及人权保障理念。[4] 鉴于对德国《魏玛宪法》第48条宽泛授权总统制定行政法规的教训以及德国第三帝国以《人民及帝国解救法》的无限制授

〔4〕 参见陈新民:《行政法总论》,台北,三民书局2015年版,第256页。

权行政机关订定法律之经验。[5] 基于反对空白授权之考量,立宪者乃基于德国《基本法》第81条第1项第2句,对于授权立法作了严谨的规定:授权制定行政法规时,必须于法律中明确规定授权的内容(Inhalt)、目的(Zweck)与范围(Ausmaß)。该条的主要用意,除了加强国会的责任,不得空白授权,防止行政权过度扩张外,并借此明确性的授权,使国民对国家之干预在一定程度下可以预见并可以预测。[6] 德国《基本法》第80条第1项所规定,该"授权"的内容、目的与范围,必须在法律中明定。即为授权明确性原则。"议会应当对重要问题作出决定,必须明示制定行政法规的范围和方向。行政机关只能在法律确定的范围和框架内就具体问题确立规则。"[7] 此外,所制定之行政法规,须揭示其授权依据。违反德国《基本法》第80条第1项之空泛授权,即违宪无效,不能据以制定有效之行政法规。[8] 通过将授权明确性的要求,史无前例地提升至宪法层次的明文规定,德国《基本法》不但确立了"行政部门的规范制定权限必须依附于国会法律的授权"的制度理念,更因此而排除了行政机关在没有法律授权的前提下,独立制定(对外发生法规范效力之)命令的可能性。于是,根据德国《基本法》秩序的精神,德国传统行政法释义学建立了"行政法规"与"行政规则"的二分架构:一方面,行政法规由于直接对外发生法规范效果,必须奠定在法律明确授权的基础之上;另一方面,行政规则由于欠缺法律授权的根据,原则上只能对行政机关内部发生法规范效力。

---

〔5〕 德国魏玛宪政史就是一个例子:当时的国会于1923年12月8日制定一种授权法(Ermächtigungsgesetz),概括授权政府得以行政命令方式在财政、经济与社会领域采取一切他认为必要且急迫的措施,仅以不得抵触宪法为内容上的唯一限制,嗣后由国社党主控下的国会更变本加厉,于1933年3月23日制定所谓《人民及国家紧急解散法》(Gesetz zur Behebung der Not von Volk und Reich),不仅概括授权政府得订定抵触宪法条文的行政命令,更进一步为该命令冠以法律的称呼,使法律与命令两者间的分际从此泯灭,最后造成希特勒独裁,魏玛宪政沦亡的惨剧。Vgl. Dieter Wilke, Bundesverfassungsgericht und Rechtsverordnungen, AöR 1973, S. 197; BVerfGE 1, 262; BVerGE 3, 417.

〔6〕 Vgl. BVerfGE 4,24,38.

〔7〕 [德]哈特穆特·毛雷尔:《行政法学总论》,高家伟译,台北,元照出版有限公司2002年版,第59页。

〔8〕 Vgl. Hesse, Grundzüge des Verfassungsrechts,20. Aufl. ,1999, § 14 Rn. 528.

德国《基本法》第 80 条第 1 项明文规定："联邦政府、联邦阁员或邦政府，得根据法律发布命令（Rechtsverordnungen）（第 1 句——作者注。下同）。此项授权之内容、目的及范围，应以法律规定之（第 2 句）。所发命令，应引证法律根据。如法律规定授权得再移转，授权之移转需要以命令为之（第 3 句）。"〔9〕此一规定在德国《基本法》之体例上，系关于立法与行政部门就规范制定权之关联与界限规定。至于依前开规定第 1 句，就特定规范之制定而言，立法部门可否授权行政机关为之，德国联邦宪法法院采"重要性理论"为审查标准，而所谓重要性之判断，系指对基本权利的实现重要而言；其与前开规定第 2 句之关联，在于命令对基本权利的影响越深，授权明确的要求越高；反之，影响若越轻微，宪法要求的明确程度越低。〔10〕通过德国《基本法》第 80 条第 1 项的规定，可知制宪者所决定者乃一严格的权力分立制度，一方面，国会不得未定明确界限即移转部分立法权于行政机关以免除其身为立法者所应尽的责任；另一方面，行政机关也不得根据此种不明确的授权订定命令以取代国会的地位。〔11〕法律与行

〔9〕由该名为"授权明确性"的条款内容，得知德国《基本法》对法律授权，有三项基本原则。(1)授权必须极为明确。(2)对法律（指联邦法律，不及于各邦法律）的授权订定行政法规，仅限于联邦政府、联邦部长、邦政府等三个机关而言。由于机关位阶极高，非一般行政机关可比，故行政法规的产生十分严谨，不至于滥行规定。特别是在同一个法律得授权各邦政府订定行政法规（特别在委办事项）时，更可以收到因地制宜、以圆满执行联邦法律之好处。(3)即使上述授权给最高级联邦与邦之机关，仍不能达成立法目的，仍须再授权更下一级之机关时，必须经过法律特别的授权许可，同时，该授权仍应由行政法规履行授权明确性原则之方式，以行政法规授权之。参见陈新民：《行政法总论》，台北，三民书局 2015 年版，第 256 页。

〔10〕Vgl. Michael Brenner in：v. Mangoldt/Klein/Starck，GG Ⅲ Art. 80，Abs. 1，Rn. 29，34；Pieroth in：Jarass/Pieroth，GG Art. 80，Rn. 12，13；Schmidt-Bleibtreu/Klein，GG Art. 80，Rn. 58.

〔11〕Vgl. BVerfGE 1，14，59 f. 价格管制法判决（Preisgesetz Beschluß）亦指出，对行政机关之授权若规定不够明确，则行政机关不再是在执行法律，不再是根据立法者的指示行事，反而是取代立法者的地位作决定，显与权力分立原则有违。Vgl. BVerfGE 8，274，325. 交通补助法判决（Verkehrsfinanzgesetz Beschluß）一再主张由行政机关制定法规范乃权力分立原则的破弃（Durchbrechung）或例外。Vgl. BVerfGE 18，52，59；21，62；24，184，197. 授权明确性要求则是在承认此一例外的不得已情况下为维系权力分立于不坠的预防武器，也可说是权力分立原则为防止名存实亡所设的最后一道防线。Vgl. BVerfGE 2，331 f.

政法规间之从属关系有了清楚的界定,连带地也影响法律保留在德国《基本法》秩序的展现面貌。行政权不具固有的法规制定权,即使法律授权赋予行政机关衍生性的法规制定权,法律也仅能有限、明确地授权。其结果是没有法律以及法律中之授权订定命令之规定的话,行政机关除非设法以内规性质之行政规则代之,或是属于行政保留范畴之事项,否则,根本无法自行以一般性、抽象性的法规形成行政任务或相关措施之外部法基础,借以直接规范人民与国家间之关系。除德国《基本法》第 80 条第 1 款规定的确定性要求外,授权制定行政法规的法律自身必须确定和划定"授权之内容、目的及范围"。机关必须自行确立未来规划的范围和目的,从而只允许命令制定机关将立法机关事先规定的计划予以具体化和细化。特别授权要求在具体案件中并非总是没有疑义。[12] 德国《基本法》第 80 条第 1 款规定"所发命令,应引证法律根据",即为所称之"注明授权依据之条款"(Zitiergebot)。任何行政法规如果未将授权来源明确规定,即属于无效之行政法规,是为"强制注明"授权依据之原则。

德国宪法法院对于该条的解释和使用甚为不一致,在早期的判决中采取较严格的界定,其认为,立法者必须自己决定重要的规范,使可预见将来颁布命令之可能内容。而后,又采取较宽的见解,认为在授权方面并非在授权的法律上就内容、目的和范围于法条予以清楚地规定,而只要求从法规意义关联性上,若能导出法律目的即可,而这些亦可由法规的成立及其演变过程或法规作合宪性的解释导出。因此,原先需以内容、目的和范围来界定行政的命令权,通过上述宪法法院的观点,议会概括授权亦在允许之列,若能通过合宪性的解释使该法规可确定和可界定即可。而后,宪法法院又认为三个界定标准不必单独处理之,能从法律之整体性得知即可。由于对内容、目的与范围等三个概念的纠结不清,宪法改革调查委员会提出建议,认为只要在授权法中规定"目的"一项即可。当初,制宪者本欲加重议会对授权之责任,使行政遵守授权的规定,如今却因此项固定过细,实施起来引来莫大困扰,实非当时制宪者所能预料的。基本上,联邦宪法法院所发展、适用的众多原则都围绕两个问题:一个问题是,授权条款的规定在具备何种要件下始得视为授权内容、目的与范围已臻明确,所涉及的其实就是明确性之审查标准的问题;另一个问题是,如何解释授权条款以

---

〔12〕 [德]哈特穆特 · 毛雷尔:《行政法学总论》,高家伟译,台北,元照出版有限公司 2002 年版,第 319 页。

探究有无符合明确性之要求，这里涉及的则是明确性之审查方法的问题。亦即，它不再将德国《基本法》第 80 条第 1 款第 2 项规定的确定性原则与分权原则联系起来，而且与法治国原则，特别是法的安定性原则与分权原则联系起来：人民可以从授权法律中充分明确地认识到“在何种情况下和出于何种目的进行了授权，根据授权发布的法令和可能的内容”。必要的明确性不一定要明示地体现为授权条文，在解释过程中通过引用整体法律的其他条文能够体现出来，就足够了。[13] 授权明确性要求实为法律本身必须表明哪一个特定问题应由行政机关以命令规范之，行政机关仅能在何种界限内自主决定命令的内容，以及行政命令所应追求的目标。只要对该法律的整体内容（gesamter Inhalt des Gesetzes）通过解释可以推断出授权的内容、范围与目的，就不能指摘其违反授权明确性之要求。如果能从该法律的整体依然可以推知哪些问题应以施行细则规范之，以及施行细则所应遵守的界限与所应遵循的方针，就应认定该授权规定合宪；反之，若根本无法推知究竟哪些问题可由施行细则规定之，则这种授权规定将因欠缺内容、目的与范围之明确性而被认定违宪。当然，合宪与否，并无规定标准可循，只能逐案审查决定之。行政法规如不具备合法性要件，即构成违法。行政法规的违法性表现在如下方面：（1）具有充分的、符合德国《基本法》第 80 条第 1 款规定的授权根据；（2）形式上符合规定；（3）内容上符合授权根据；（4）与其他上位阶的法律一致；（5）如果存在裁量，其发布无裁量瑕疵。[14]

晚近，为说明德国《基本法》第 80 条所定之授权的明确性要求，其宪法法院理出一个广为学说引用的看法：“联邦宪法法院为解释《基本法》第 80 条，在一连串之判决中，发展出一般原则。依该等原则，倘其授权如此不确定，以致不能预见，在那种案件，依那种趋势会利用该授权，以及依据该授权可能发布如何内容之行政法规，则该授权规定便不具备当有之确定性”。[15] 所以立法者应自己决定，哪些问题应予规范，并设定此种规定之界限，以及表明这些规定要实现的

---

〔13〕［德］哈特穆特·毛雷尔：《行政法学总论》，高家伟译，台北，元照出版有限公司 2002 年版，第 319 页。

〔14〕同上书，第 323 页。

〔15〕BVerGE 1,14,60; 2,307,334;7,267,274f;10,251, 258; 15, 153,160;18, 52,63.

目标。[16] 法律本身必须已斟酌过,所要者为何[17]并为行政法规之制定者订下该行政法规所应实践的计划。[18] 唯在这之中,立法者并不需明文规定之内容、目的及范围。一般的解释原则对于授权规定之解释亦有适用。澄清授权目的、内容及范围得像法律规定之解释一样,考虑该规定与其他规定间之关联意旨,及整体法律规定所要实现的目标。只要从整体法律能探知其授权之内容、目的及范围,便已充分。作为标准者为在规定中表示出来之立法者的客观意思,如自授权规定之文义,和其意旨上的关联所已呈现者。此外,特别是为印证解释的结果,也得引用授权规定之发生的历史资料。[19]

有鉴于历史的惨痛教训,第二次世界大战后的德国意识到必须加强对概括授权的限制,遂通过德国《基本法》第 80 条授权明确性的规定,将立法机关对行政机关的授权直接纳入宪法的规制范畴内,重新建立起国会法律作为整体法秩序的核心。在法律保留原则项下,主要强调授权制定行政法规仍属立法机关的权限,借由在法律中规定授权的内容、目的和范围,划定行政机关行使被委任立法权限的范围,行政机关在此意涵下的立法权限并非本源性的,而是派生性的。所以,经过德国公法理论与司法实务的不断形塑,对于授权明确性原则的理解,已经不要求授权的内容、目的、范围必须在法律条文中明确规定,只要能依据一般的法律解释方法从授权条款所依附之法律整体明确知悉授权的内容、目的与范围即可。

## 四、具体实践:理论与实务交织进化的税收授权立法

我国台湾地区“法制”,在理论上有关人民权利义务之事项,应以法律或法律授权之行政法规加以规定,但实际上在无法律授权情形下,行政机关订定之行政法规在所多有,且除严重违反法律保留原则外,其效力多受肯定。[20] 面对多元多变的现代社会,越来越多的事物领域改由立法者授权行政部门作进一步

〔16〕 Vgl. BVerGE 2,307,334;5,71,76;15,153,160.

〔17〕 Vgl. BVerGE 2,7,334;7, 282,304.

〔18〕 Vgl. BVerGE 5, 71,77; 8, 274,307.

〔19〕 Vgl. BVerGE 8, 274,307; 15, 153,160f;19, 354,361.

〔20〕 参见吴庚:《行政法之理论与实用》,台北,三民书局 2011 年版,第 45 页。

的具体化规范，反而更有利于立法目的的达成，已使所谓法律保留原则的层级化操作逐渐从绝对法律保留朝相对法律保留翻转。基于行政事务的专业化及立法机关的效能问题，对行政立法功能的分担，已不可避免。但为免行政机关过度僭越，甚至取代立法职权，故在制度的设计上，乃通过授权明确性原则，并控制立法权不得过度放弃"立法义务"的履行，以致仅有"概括授权"；同时，也控制行政权，不得因为行政法规具有创设规范的功能，甚而超越立法应有的界限。[21] 在此意涵之下，行政法规的任务在于，将国会所通过的法律予以具体化，阐明其义，必要时补充之。唯于何范围内，立法者可以将规范权交给行政机关以行政法规定之，亦即，如何在法律与行政法规之间求得合宪之平衡点，厥为问题之核心所在。就法治国原则的意旨而言，行政法规的制定非得任意为之，其须符合一定的条件。首先，行政法规须经立法机关的明确授权，亦即授权的内容、目的及范围必须具体明确；其次，行政法规必须明示其授权的基础。[22] 因而，我国台湾地区就授权明确性原则的学说上如何论说以及实务上具体如何操作即为本文聚焦之所在。

（一）授权依据：行政法规之制定应经法律授权且载明授权依据

行政法规虽仅为抽象规定，但其内容得设定、变更或消灭人民之权利义务，故在实际操作时，将对人民权利产生实质影响，应有法律保留原则之适用；即会对人民权利产生影响之作为，应有法律之依据，亦即须法律有授权时，行政机关始能依此作出行政法规。[23] 可以说，行政法规之本质，在于经法律之授权。授权制定行政法规之法律，必须自行设定该行政法规之范畴及方向，使行政部门仅能就立法者之计划，予以具体化及为进一步之发展。因之，行政法规的效力

〔21〕 Vgl. Maunz, in Maunz/Dürig., GG-Komm. Art. 80., Rn. 4 ff.

〔22〕 参见李建良：《行政法：第五讲——行政法的法源、规范及其位阶（中）》，载《月旦法学教室》第26期。亦有学者提出，行政法规合法性的要求，应符合下述前提条件：(1)法律的授权行政机关以行政法规限制人民之自由权利，唯其授权应明确规定授权之目的、范围及内容；(2)法律仅作概括授权时，行政法规内容仅能就与母法有关之细节性及技术性事项加以规定，且须符合立法意旨，并未逾越母法规定之限度。例如，法律规定本法施行细则由主管机关定之。参见黄锦堂主持：《地方法规定之研究》，"行政院研究发展考核委员会"编印，1997年版，第73页。

〔23〕 Vgl. Jacobi, in: Anschüz/Thoma, HdbDStR Ⅱ, § 77, S. 239.

如同法律,得设定、变更或消灭人民之权利义务。而人民则可依授权法律本身,应即可充分认识,该授权将如何被利用,所制定之行政法规,可能有如何之内容。[24] 有甚者认为行政法规属于派生的法律渊源,只具有间接的民主合法性,行政机关制定的行政法规只能在法律明确授权情形下,才具有法律的效力。[25] 即便没有德国《基本法》第 80 条的明文规定,但是在具体的制定法领域一样有相同的法理应用。我国台湾地区"行政程序法"第 150 条规定:"本法所称行政法规,系指行政机关基于法律授权,对多数不特定人民就一般事项所作抽象之对外发生法律效果之规定。行政法规之内容应明列其法律授权之依据,并不得逾越法律授权之范围与立法精神。"[26] 该规定第 156 条第 2 款亦表明:"行政机关为订定行政法规,依法举行听证者,应于政府公报或新闻纸公告,载明下列事项:……二、订定之依据。……"[27] 以及从同法第 158 条第 2 款行政法规无效理由之一:"行政法规,有下列情形之一者,无效:……二、无法律之授权而剥夺或限制人民之自由、权利者。……"[28] 皆可得出行政法规之订定必须有法律之授权,而表明行政法规授权依据之功能亦在于方便立法机关进行事前的规范控制。

在权力区分原则的要求下,行政法规必须有法律之授权,如无法律的实质

---

〔24〕 参见陈敏:《行政法总论》,台北,新学林出版有限公司 2013 年版,第 531 页。

〔25〕 参见[德]沃尔夫、奥托 · 巴霍夫、罗尔夫 · 施托贝尔:《行政法》(第 1 卷),高家伟译,商务印书馆 2003 年版,第 270 页。

〔26〕 我国台湾地区民意代表陈婉真"行政程序法"草案版本立法理由:"法律保留"(Vorbehalt des Gesetzes)原则适用之范围,各国原有广狭之不同。我国台湾地区"中央法规标准法"第 5 条(尤其第 1 项第 2 款)之规定,就其文字观之,可为最宽泛之解释,不独"干预或侵害行政",抑且"授益行政"皆须由法律之授权,始得为之。然审酌实务现况,如此解释与要求,确有困难,爰设第 2 款规定,明揭"侵害保留"之原则。亦即限于剥夺或限制人民自由及权利之行政法规,始须有法律或自治规章之授权。此外,各机关依其法定职权,即得依本法所定程序,订颁行政法规。

〔27〕 我国台湾地区民意代表陈婉真"行政程序法"草案版本立法理由:本条旨在规定应经听证之命令先行预告公众周知之事项与内容,俾民众知所参与。

〔28〕 我国台湾地区民意代表陈婉真"行政程序法"草案版本立法理由:第 2 款旨在配合草案第 98 条第 2 项("行政程序法"第 150 条第 2 项:行政法规之内容应明列其法律授权之依据,并不得逾越法律授权之范围与立法精神)之规定,确立"侵害保留"之原则。

授权，若仅有行政法规的名称（办法、细则），而直接规范人民的权利义务关系，其实质为行政规则，乃属“假装的行政法规”。普通法院及行政法院审理案件，可以不受此等“假装的行政法规”的拘束，甚而宣告其无效。[29] 在法律明文中授权较好理解，一般在制定法中通常会有诸如“本法施行细则，由××××关定之”的规定，例如：我国台湾地区“税捐稽征法”第50－5条：“本法施行细则，由‘财政部’拟订，报请‘行政院’核定后发布之。”我国台湾地区“所得税法”第121条：“本法施行细则、固定资产耐用年数表及递耗资产耗竭率表，由‘财政部’定之。”“加值型及非加值型营业税法”第59条：“本法施行细则，由财政部拟订，报请‘行政院’核定发布之。”我国台湾地区“土地税法”第58条：“本法施行细则，由行政院定之。”等等。在此有疑问的是，法律之默视授权是否可以？从历来大法官的解释观察，法律之默视授权亦为其所肯认，如我国台湾地区“司法院”释394号解释：“惟依法律整体解释，应可推知立法者有意授权主管机关。”“司法院”释426号解释理由书：“就该授权法律整体所表现之关联意义为判断，而非拘泥于特定法条之文字。”

“关于涉及人民基本权利之实体事项，非经法律授权，不得以行政命令定

〔29〕 参见我国台湾地区“最高行政法院”2009年度判字第1013号判决：“为维护社会安定及国民健康，对于载运客货进出口通关之运输工具所属业者，其应具备之资格、条件，通关及执行运输业务应遵守之程序规定，证照之申请、登记及变更等事项，有规范以应实际之需要，前引‘关税法’第20条第3项乃授权‘财政部’制定行政法规规范之。‘财政部’亦在上开授权下已制定‘运输工具进出口通关管理办法’，惟该办法在法律无准许再委任之情形下，于第34条规定‘海运运输业得申请海关核准使用自备封条，自行加封所载货柜。前项海运运输业者申请自备封条自行加封之条件，由海关拟订后公告之。’亦即将海运运输业者使用自备货柜封条，加封于所载货柜之条件及相关管制措施再委任下级机关订定。‘财政部关税总局’亦因而订定‘海运运输业者使用自备货柜封条应行注意事项’，以资规范运输业者自备封条之条件、应遵守之规定、管制之方法及程序，违反管制规定之法律效果等事项。其对外（人民）发生一般性、普遍性之抽象适用效力，非仅发生内部效力之行政规则（‘行政程序法’第159条参照），内容又涉及对人民营业之管制，具行政法规之实质，却非基于法律之授权，与‘行政程序法’第150条所规定行政法规订定之程序不相符合。”“财政部”关税总局订定“海运运输业者使用自备货柜封条应行注意事项”其对外发生一般性、普遍性之抽象适用效力，非仅发生内部效力之行政规则，内容又涉及对人民营业之管制，具行政法规之实质，却非基于法律之授权，与“行政程序法”第150条所规定行政法规订定之程序不相符合。

之。如有此种违反情形,在法规的层次,该行政命令即已违反法律保留原则。此外,在实务的层次,因未经明确授权而制订之行政命令,不具行政法规之效力。"[30]行政法规若无法律之授权,依据"行政程序法"第158条第2款行政法规无效理由之一:"行政法规,有下列情形之一者,无效:……二、无法律之授权而剥夺或限制人民之自由、权利者。……"该行政法规为无效。例如,"司法院"释390号解释文既已阐明:"对于人民设立工厂而有违反行政法上义务之行为,予以停工或勒令歇业之处分,涉及人民权利之限制,依宪制性规定第二十三条及中央法规标准法第五条第二款规定,应以法律定之;若法律授权以命令为补充规定者,授权之目的、内容及范围,应具体明确,始得据以发布命令。工厂设立登记规则第十九条第一项规定:'工厂不依照本规则之规定申请设立登记,或不依照核定登记事项经营,或违反其他工厂法令者,得由省(市)建设厅(局)予以局部或全部停工或勒令歇业之处分',涉及人民权利之限制,欠缺法律授权之依据,与前述意旨不符,应自本解释公布之日起,至迟于届满一年时失其效力。"[31]行政法规之内容,应列明其法律授权依据,是受"法律授权以命令为补充规定者,其授权应具体明确,且须为人民所能预见"意旨所导引,[32]列明其法律授权依据主要是为了表征其来自法律之特定授权是属合法性之权源,同时,也为了让人民可以预见与判断法律授权之范围与法律之立法精神,进而斟酌行政法规是否符合法律规范原意。但如果行政法规没有表明授权依据,其效力如何?我国台湾地区"营利事业所得税结算申报书面审核案件抽查办法""储蓄投资特别扣除登记证实施办法""薪资所得扣缴办法""储蓄免扣证实施办法"等办法都没有规定其制定之授权依据。实际是,"行政法规之制订不但应有法律之授权依据,而且应在其规定中揭露其制订依据;严谨论之,应无所谓欠缺授权依据,或未揭露其制订依据之行政法规的存在余地。对'授权'须赋予形式上之限制,除依前述须有法律授权外,'于行政法规中必须表明其制定之授权依据'亦为其中一环,若行政法规违反此一形式要件之要求,该行政法规即为无

〔30〕 我国台湾地区"司法院"释710号解释黄茂荣大法官部分协同、部分不同意见书。

〔31〕 相同见解者,参见我国台湾地区"司法院"释443号解释。

〔32〕 我国台湾地区"司法院"释524号解释书。

效”。[33] 尤其是当“立法机关或制定行政法规的行政机关，在法规之制定时，思虑如有不周，以致法律或行政法规出现偏颇的情形时，正是司法机关应当透过解释，出来引导其进入正轨，以接力体现公平正义于人间的时候”。[34]

（二）授权明确：授权目的、范围及内容应具体明确

法律保留原则乃授权明确性要求之逻辑上的先决要件，无法律保留原则之适用者，即无授权明确性要求可言，因某一特定问题如不在法律保留原则适用范围之内，本就不须法律的规范，而国会仍愿立法规范之，则无论该法律规定得如何模糊、抽象，使执法的行政机关拥有近乎独立、自主的自由决定空间，我们也不能因此就指摘其违宪，毕竟这些问题立法者本来就可袖手，全盘让诸行政机关决定，连全部不规定都无违宪可言，更何况已规定了一部分。[35] 至于法律授权以命令为补充规定时，要求授权之目的、内容及范围应具体明确者，是指为授权之法律，对命令就如何事项应为规范、如何规范有助于授权目的之达成以及如何之范围得为规范等应有具体明白之指示方针，使被授权之机关得以依据此指示方针，明确知晓其订定之命令所应有之目的、内容与范围。[36] 此时，行政机关仅在就立法者所设计的范围内为具体化之工作。此种委任“立法”虽与权力分立原则有关，毋宁说是与法治国原则更有密切关联性，特别是法安定性的要求。[37] 换言之，法律对于限制人民自由权利之事项，不得为空白及概括之授权以命令规范之，如为空白及概括授权，诸如仅规定“其管理办法，由主管机关定之”或“其管理，由主管机关以命令定之”之类之授权方式，而对应如何管理，其目的、内容及范围等未为具体明确之指示者，其结果如同法律对限制人民自由权利有关之重要事项，未为原则性及架构性规定，将不足以保障人民自由权利，而与“法律保留”之原则之意旨有所抵触。[38] 一言以蔽之，行政机关基于

[33] 黄茂荣：《收法源》，载黄茂荣：《法学方法与现代税法》（第 3 版），植根法学丛书编辑室 2012 年版，第 775 ~ 863 页。

[34] 我国台湾地区“司法院”释 683 号解释黄茂荣大法官协同意见书。

[35] Vgl. Geitmann, Bundesverfassungsgericht und “offene” Normen, 1971, S. 83.

[36] Vgl. Maunz, in Maunz/Dürig., GG-Komm. Art. 80, Rn. 27 ff.

[37] Vgl. BVerfGE 38, 348, 357 ff; 42, 191, 200 ff; 55, 207, 225 ff; 58, 257, 276 ff; 68, 319, 332 ff; 80, 1, 20 ff.

[38] 参见廖义男：《行政法之基本建制》，台北，三民书局 2003 年版，第 35 页。

委任授权可以行使立法机关的职能,通过行政法规的方式来补充法律规定,但其必须受到立法机关具体、明确的授权条文拘束,仅能在其意旨内行事。实则亦意在避免行政机利用订定行政法规之机会架空立法权,形成破坏权力分立之实质效果。

我国台湾地区在没有类似德国《基本法》第 80 条第 1 项的规定,在缺少明确要求委任立法必须明定授权内容、目的与范围的情形下,大法官从肯认行政命令可作为规范基础,转变为须有法律依据或经授权,进而要求授权的明确性,可谓是形式的法律保留深化至实质的法律保留的历程,依法行政原则也因此获得更具体的落实。[39]"授权明确性原则所涉者指授权规定就其授权,在目的、内容、范围是否明确。至其子法所涉者,非明确性的问题,而是其有无表明其制定之授权依据,以及其规定之内容是否逾越授权范围,亦即是否有子法抵触母法的情形。"[40]所谓目的明确性,不以法律明文规定为限,依授权法律规定之文义,或依法律整体观察,可解释立法者欲经由行政法规实现之"意图与规划"(Tendenz und Programm),因而认定其目的者,亦可认其目的已具明确性。所谓内容明确性,系要求从授权法律可预见行政法规之可能内容。所谓范围明确性,系要求法律规定行政机关订定行政法规之规律界限,或可从法律规定解释其规律界限;而如从确定之目的或从法律整体规定意旨可解释出授权范围者,亦具范围明确性。但是,于判断授权法律是否符合授权明确性原则时,并非裁然区分目的、内容、范围而为判断,而是综合判断。[41]

"'司法院'一方面必须面对数量可观的授权立法大多为概括性质,很难期待授权法逐一交代授权目的、范围及内容的现实;另一方面又确有不少行政法规涉及裁罚,而使人民往往不留意即被下游的命令扫到,此类形式审查既不能陈义过高,以免影响委任立法制度的合理运用,也不能过于妥协,致使人民有太高误触法网的隐忧,宽严之间,的确需要很审慎的拿捏。"[42]早期大法官对授权

---

〔39〕 参见廖义男:《评析司法院大法官对"依法行政原则"之解释:专论行政法规之违宪审查》,载刘孔中、李建良主编:《宪法解释之理论与实务》,"中研院"中山人文社会科学研究所 1998 年版,第 59 ~ 92 页。

〔40〕 我国台湾地区"司法院"释 734 号解释黄茂荣大法官协同意见书。

〔41〕 参见我国台湾地区"司法院"释 680 号解释林锡尧大法官不同意见书。

〔42〕 我国台湾地区"司法院"释 730 号解释苏永钦大法官部分协同、部分不同意见书。

明确性的审查采较严格的标准，其审查标准为目的特定、内容具体、范围明确之基准，如"司法院"释313号解释："对人民违反行政法上义务之行为科处罚锾，涉及人民权利之限制，其处罚之构成要件及数额，应由法律定之。若法律就其构成要件，授权以命令为补充规定者，授权之内容及范围应具体明确，然后据以发布命令，始符宪制性规定第二十三条以法律限制人民权利之意旨。""司法院"释346号解释："人民有依法律纳税之义务，系指有关纳税之义务应以法律定之，并未限制其应规定于何种法律。法律基于特定目的，而以内容具体、范围明确之方式，就征收税收所为之授权规定，并非宪法所不许。""司法院"释367号解释："法律之授权涉及限制人民自由权利者，其授权之目的、范围及内容符合具体明确之条件时，亦为宪法之所许。"

之后，放宽审查标准，认为授权明确性的要求并不局限于某个特定的具体条文，可以依据授权"法律"之整体意旨判断。"司法院"释394号解释文："'建筑法'第十五条第二项规定：'营造业之管理规则，由"内政部"定之'，概括授权订定营造业管理规则。此项授权条款虽未就授权之内容与范围为明确之规定，惟依法律整体解释，应可推知立法者有意授权主管机关，就营造业登记之要件、营造业及其从业人员之行为准则、主管机关之考核管理等事项，依其行政专业之考量，订定行政法规，以资规范。""司法院"释426号解释文："空气污染防制费收费办法系主管机关根据'空气污染防制法'第十条授权订定，依此征收之空气污染防制费，性质上属于特别公课，与税收有别。惟特别公课亦系对义务人课予缴纳金钱之负担，其征收目的、对象、用途自应以法律定之，如由法律授权以命令订定者，其授权符合具体明确之标准，亦为宪法之所许。上开法条之授权规定，就空气污染防制法整体所表明之关联性意义判断，尚难谓有欠具体明确。"

但须注意的是，对于授权明确性程度的要求则要与所授权订定之行政"法规"对人民权利之影响相称。如"司法院"释522号解释和释680号解释均述明："'立法机关'得以委任立法之方式，授权行政机关发布命令，以为法律之补充，虽为法之所许，惟其授权之目的、内容及范围应具体明确迭经本院解释在案。至于授权条款之明确程度，则应与所授权订定之行政法规对人民权利之影响相称。"

行政法规是否符合法律保留原则，其审查流程应先判断是否符合法律授权明确性原则之要求后，方得审查是否逾越法律授权之范围，本案涉及行政法规是否符合法律保留原则之审查。按对于法律保留之事项,除因其属于国会保留事项而必须由法律自行规定者外,立法者得授权行政机关订定行政法规,以补充法律之不足。然基于授权明确性原则,授权订定行政法规之法律,其授权之目的、内容及范围必须明确。故授权明确性原则实系法律保留原则之补充与具体化,于审查行政法规是否符合法律保留原则时,除非立法者自始并未授权,否则不能免于是否符合授权明确性原则之审查。如经审查后认该授权法律符合授权明确性原则,始进一步审查行政法规是否逾越法律授权之范围。如认行政法规规定内容已逾越法律授权之范围,且系就法律保留事项为规定,则该逾越法律授权范围之规定,即有违法律保留原则。至于审查授权订定行政法规之法律是否符合授权明确性原则时,其审查标准之认定,倘过分局限或机械式地解读法律授权之条文字句,恐无助于问题之解决,反而有害授权明确性原则之发展,故宜视各个规范领域及所规范之事态,斟酌授权目的、干涉程度及受规范事项之特性等因素为判断,其要求标准宜具有弹性调整之能力。〔43〕 经过一系列的司法实务实践,〔44〕大法官发展出比较臻于完善的授权明确性审查标准,主要体现在 2015 年 12 月 18 日作成的"司法院"释 734 号解释。该号解释理由书述明:"人民基本权利之限制,原则上应以法律为之,依其情形,固非不得由立法机关授权主管机关发布命令为补充规定(本院释字第四四三号、第四八八号解释参照)。惟其授权之目的、内容及范围均应具体明确。主管机关据以发布之命令,亦不得逾越授权之范围,始为宪法之所许,迭经本院解释在案(本院释字第五六八号、第六五八号、第七一〇号、第七三〇号解释参照)。授权是否具体明确,应就该授权法律整体所表现之关联意义为判断,非拘泥于特定法条之文字(本院释字第三九四号、第四二六号解释参照)。"

---

〔43〕 "司法院"释 682 号解释林锡尧大法官协同意见书。

〔44〕 大法官有关"法律"保留与授权明确性之解释,略有如下:"司法院"释 313 号、释 322 号、释 324 号、释 327 号、释 336 号、释 345 号、释 346 号、释 358 号、释 366 号、释 367 号、释 373 号、释 380 号、释 384 号、释 390 号、释 394 号、释 395 号、释 402 号、释 404 号、释 409 号、释 428 号、释 436 号、释 438 号、释 442 号、释 443 号、释 444 号、释 445 号、释 454 号、释 456 号、释 462 号、释 471 号、释 474 号、释 476 号、释 491 号、释 510 号、释 511 号、释 514 号、释 524 号、释 536 号、释 538 号、释 547 号、释 548 号、释 559 号、释 561 号、释 563 号、释 566 号、释 568 号、释 570 号、释 573 号、释 581 号、释 586 号、释 598 号、释 602 号、释 609 号、释 619 号。

(三)授权界限:行政法规不得违反授权范围

行政合法性并不是要在充分信任立法院足以表彰人民意志的基础上,尽可能地压缩行政权的自主空间,而是要求行政权的发动,必须受到完整的民意监督与规范拘束。以行政法规作为治国手段并非全无风险存在,因行政权若越积极、越不受限制地制造行政法规,对议会民主责任政治体制下之国会的权威所造成的伤害也就越大,且介于作为主权者之人民以及以人民名义制定之法规范两者间的民主距离也会拉大,到最后不仅会导致权力分立原则名存实亡,更有可能危害人民基本权利。[45] 授权明确性原则作为审查行政法规的工具,是形式审查的模式。因为大法官审究者,其实就是行政法规所规范的事项,是否属立法者的权限范围。有的是立法者必须自己规范的事项,行政权不得以命令介入;有的是立法者必须明确授权后,命令方能介入。而在没有立法者明确授权的情况下,若行政命令仍径行规范即属无权或越权。[46]

在"司法院"释 367 号解释中,对授权命令之合法要件,并区分其形式,作不同之论断:一是特定授权即解释理由书所称"法律之授权涉及限制人民自由权利者",其授权之目的、范围及内容必须符合具体明确之条件,始具备合法性;二是概括授权,即解释理由书所称"法律仅概括授权行政机关订定施行细则者",其合法性要件首先须"符合立法意旨且未逾越母法规定之限度",其次是"就执行法律有关之细节性、技术性之事项"加以规定。[47] 根据笔者对历来大法官解释的考察,关于行政法规的审查标准主要为"是否逾越授权范围"[48]"是否逾越法律授权"[49]"是否增加母法所无之限制"[50]"是否增加法律

[45] Vgl. Dieter Wilke, Bundesverfassungsgericht und Rechtsverordnungen, AöR 1973, S. 197.

[46] 参见陈淳文:《行行政命令合法性审查之检讨》,载黄舒芃主编:《2007 行政管制与行政争讼》,"中研院"法律学研究所筹备处 2008 年版,第 105 ~ 167 页。

[47] 吴庚:《行政法之理论与实务》(增订 12 版),台北,三民书局 2012 年版,第 272 页。

[48] 例如,"司法院"释 270 号、释 313 号、释 320 号、释 360 号、释 383 号、释 417 号、释 423 号、释 479 号、释 488 号、释 510 号、释 568 号、释 598 号、释 600 号等。

[49] 例如,"司法院"释 293 号、释 313 号、释 360 号、释 375 号、释 389 号、释 397 号、释 400 号、释 411 号、释 438 号、释 450 号、释 456 号、释 515 号、释 524 号等。

[50] 例如,"司法院"释 333 号等。

所无之限制”[51]四种。授权明确性原则所涉者指授权规定就其授权,在目的、内容、范围是否明确。至其子法所涉者,非明确性的问题,而是其有无表明其制定之授权依据,以及其规定之内容是否逾越授权范围,亦即是否有子法抵触母法的情形。[52]

法律授权明确性原则要求子法不得逾越母法之范围,可以说不得违反法律授权范围是法律授权明确性原则的具体化,子法如果逾越母法即属抵触法律,依“行政程序法”第 158 条第 1 项第 1 款规定:“行政法规,有下列情形之一者,无效:一、抵触宪制性规定、法律或上级机关之命令者。……”在法律实务中最为常见的就是关于“施行细则”的讨论,如前所述,一般在制定法中通常会有诸如“本法施行细则,由××××关定之。”的规定,例如:台湾地区“印花税法”第 30 条:“本法施行细则,由‘财政部’拟订,报请‘行政院’核定之。”台湾地区“关税法”第 102 条:“本法施行细则,由‘财政部’定之。”施行细则业已经过母法的概括授权,即表明立法机关已经授权行政机关就母法的每个法律条文作细部规范,而在此条文的细化过程中就容易产生子法对母法的限制性或扩张性解释,课予人民母法所无之限制,或者将适用范围扩张至母法所不及的情事,而致增加人民的义务,由此滋生子法是否逾越母法的问题。

大法官通常会认为施行细则中的规定“符合立法意旨且未逾越母法之限度”,而肯认相关施行细则的合法性。如,“司法院”释 480 号解释理由书:“国家对人民自由权利之限制,应以法律定之且不得逾必要程度。但法律内容不能巨细靡遗,一律加以规定,其属细节性、技术性之事项,法律自得授权主管机关以命令定之,俾利法律之实施。行政机关基于此种授权在符合立法意旨且未逾越母法规定之限度内所发布之施行细则或命令,自为法所许,此项意旨迭经本院解释在案。惟在母法概括授权情形下,行政机关所发布之施行细则或命令究竟是否已超越法律授权,不应拘泥于法条所用之文字,而应就该法律本身之立法目的,及其整体规定之关联意义为综合判断。”在否定相关施行细则合法性方面,大法官则采用施行细则中的规定“限缩母法之适用或增加法律所无之限制”

---

〔51〕 例如,“司法院”释 343 号、释 363 号、释 367 号、释 411 号、释 413 号、释 414 号、释 437 号、释 441 号、释 443 号、释 444 号、释 449 号、释 454 号、释 456 号、释 469 号、释 474 号、释 479 号、释 480 号、释 493 号、释 514 号、释 526 号、释 530 号、释 658 号等。

〔52〕 “司法院”释 734 号解释黄茂荣大法官协同意见书。

来作为审查标准。例如,“司法院”释415号解释理由书:“人民有依法律纳税之义务,系指税收主体、税收客体、税基及税率等税收构成要件,均应以法律明定之。主管机关基于法律概括授权而订定之施行细则,仅得就实施母法有关之事项予以规范,对纳税义务及其要件不得另为增减或创设。所得税法有关个人综合所得税‘免税额’之规定,其目的在使纳税义务人对特定亲属或家属善尽其法定扶养义务,此亦为尽此扶养义务之纳税义务人应享之优惠,若施行细则得任意增减‘免税额’之要件,即与租税法律主义之意旨不符。”大法官即指摘“所得税法施行细则”限缩母法“所得税法”的适用。“司法院”释566号解释理由书:“人民有依法律纳税之义务,系指人民有依法律所定之纳税主体、税目、税率、纳税方法及税收减免等项目,负缴纳税收之义务或享受减免税收之优惠,主管机关基于法律概括授权而订定之施行细则,仅得就实施母法所定纳税义务及其要件有关之事项予以规范,不得另为增减,否则即属违反租税法律主义;又有关人民自由权利之限制,应以法律定之,且不得逾越必要之程度,如立法机关授权行政机关发布命令为补充规定者,行政机关于符合立法意旨且未逾越母法规定之限度内,亦得就执行法律有关之细节性、技术性事项以施行细则定之,惟其内容不得抵触母法或对人民之自由权利增加法律所无之限制,迭经本院释字第三一三号、第三六七号、第三八五号、第四一三号、第四一五号、第四五八号等解释阐释甚明。是租税法律主义之目的,亦在于防止行政机关恣意以行政命令逾越母法之规定,变更纳税义务,致侵害人民权益。”大法官则指摘“农业发展条例施行细则”增加“农业发展条例”所无之限制。

(四)具体实例:以行政法规规范税收构成要件

关于主体。“司法院”释219号解释理由书:“按自国外进口特别设计,且装备有供一种或多种运输方式运送之货柜,应征百分之三十之关税,1980年8月30日修正公布之‘海关进口税则’第八六〇八号定有明文(1987年1月16日修正之‘海关进口税则’已定为免税)。货柜为盛装货物用之容器而与船舶分离进口时,已非船舶设备,如依进口当时‘海关进口税则’规定,应纳关税者,必须于进口后六个月内或于‘财政部’核定之日期前,复运出口,始得免征关税;又关税纳税义务人为收货人、提货单或货物之持有人,‘关税法’第三十条第四条亦分别规定甚明。‘财政部’于1976年10月16日修正发布‘海关管理货柜办法’,其第十六条有关货柜进口须由其运送人或其代理人向海关签具货柜常年保结,保证于进口后六个月内或海关核定之日期前退运出口,逾期应由运送人或其代理人于三个月内缴纳其进口税收之规定,系依据上开‘关税法’第三十条及同法第四条之意旨而订定,与国际货柜报关惯例一致。此种货柜如未于限期内复运出口者,则向该货柜本身进口当时为其持有人之运送人或其代理人课征关税,与租税法律主义并无抵触,至‘财政部’1983年1月7日(72)台财关字第一〇二三八号函,并非确定终局裁判所适用之命令,置其内容已为海关管理货柜办法所涵盖,并此说明。”该号解释,“海关管理货柜办法”关于货柜如未于限期内复运出口者,则向该货柜本身进口当时为其持有人之运送人或其代理人课征关税,依“关税法”第30条及同法第4条之意旨而订定,与国际货柜报关惯例一致,此规定与租税法律主义并无抵触。

关于客体。“司法院”释210号解释书:“1980年12月30日修正公布之‘奖励投资条例’第二十三条第三项第一款,关于限额免纳所得税之利息,系规定‘除邮政存薄储金及短期票券以外之各种利息’,并未排除私人间无投资性之借款利息,而1981年8月31日发布之‘奖励投资条例施行细则’第二十七条认该款‘所称各种利息,包括公债、公司债、金融债券、金融机构之存款及工商企业借入款之利息’,‘财政部’(七〇)台财税字第三七九三〇号函并认‘不包括私人间借款之利息’符奖励投资之目的,惟迳以命令订定,仍与当时有效之首述法条‘各种利息’之明文规定不合,有违租税法律主义之本旨。”该号解释,“财政部”解释函令并认“不包括私人间借款之利息”。纵符奖励投资之目的,迳以命令订定,仍与当时有效之“奖励投资条例”第23条第3项第1款与“奖励投资条例施行细则”第27条“各种利息”之明文规定不合,有违租税法律主义之本旨。

关于税基计算。“司法院”释218号解释书:“人民有依法律纳税之义务国家依法课征所得税时,纳税义务人应自行申报,并提示各种证明所得额之帐簿、文据,以便稽征机关查核。凡未自行申报或提示证明文件者,稽征机关得依查得之资料或同业利润标准,核定其所得额。此项推计核定方法,与宪法首开规定之本旨并不牴触。惟依此项推计核定方法估计所得额时,应力求客观、合理,使与纳税义务人之实际所得相当,以维租税公平原则。至于个人出售房屋,未能提出交易时实际成交价格及原始取得之实际成本之证明文件者。‘财政部’于1978年4月7日所发(67)台财税字第三二二五二号及于1980年5月2日所发(69)台财税字第三三五二三号等函释示:‘一律以出售年度房屋评定价格之百分之二十计算财产交易所得’,不问年度、地区、经济情况如何不同,概按房屋评定价格,以固定不变之百分比,推计纳税义务人之所得额自难切近实际,有失公平合理,且与所得税法所定推计核定之意旨未尽相符,应自本解释公布之日起六个月内停止适用。”该号解释,“财政部”解释函令既不以发见个别课税事实真相为目的,而又不问年度、地区、经济情况如何不同,概按房屋评定价格,以固定不变之百分比,推计纳税义务人之所得额,难切近实际,有失公平合理,且与“所得税法”所定推计核定之意旨未尽相符。

## 五、结　　语

行政法规之制定被称为“简单化的立法程序”。但并非所有事项均可适用之,其须因专业性、数据、技术与高科技性等要件,并且,立法者授权的依据内容、目的与范围均须符合明确性。关于行政法规可否修正法内容,一般认为是不允许的,且不可以代替法律。也就是说,行政法规只有补充法律内容的作用,自不可能应由法律规定的事项存于行政法规中的情形,因此,倘有代替法律之行政法规则为违宪。[53] 没有法律之授权,税收机关不得订定具有一般抽象性法拘束力之行政法规规范人民之权利义务。税收机关只有获得立法机关具体、明确之授权后,才可制定行政法规,这同时是行政法规合法性与正当性之来源。亦即,肯认立法机关可以授权税收机关制定行政法规补充法律,但该授权必须符合授权明确性原则,以提供行政作用之具体授权依据。

The Basics of Tax Authorization Legislation:
Theory, Practice and Adjustment

Huang Wei

**Abstract**: Due to the accumulation of history and reality, the tax authorization legislation has disguised the tax legislation authority. This is not only contrary to the original intention of the tax authorization legislation, but also deviates from the taxation law and undermines the authority of the legislature. Through the theoretical review of the tax authorization legislation, authorizing the formulation

〔53〕 参见[德]沃尔夫、奥托·巴霍夫、罗尔夫·施托贝尔:《行政法》(第1卷),高家伟译,商务印书馆2003年版,第283页。

of administrative regulations is still the authority of the legislature, and the scope, purpose and scope of the authorization provided in the law delineate the scope of the executive authority to exercise the power of the appointed legislation. In practice, in the scope of legal reservations, the taxation authority can only formulate administrative regulations after obtaining specific and explicit authorization from the legislature. This is also the source of the legitimacy and legitimacy of administrative regulations.

**Key words**: Tax authorization legislation; Taxation statutory; Authorization specific

# 自甘风险规则的世界观与方法论*

## ——基于82份司法判决的法律分析

唐林垚**

**内容摘要：**

自甘风险规则的变化，经历了上百年的磨合和拉锯。从最初的法律即效率、以效率替代公正的功利主义价值观，到依据正义理论、以平等为本的自由主义主张，再到依据不同情境、采取差异化判定标准兼顾效率与公正的不同追求；欧美司法审判实践逐渐跳出效益与公正之间非此即彼的路径依赖，巧妙地构筑起效率与公正此消彼长的和谐共存之道。我国《民法典》首次明确了文体活动中自甘风险规则的适用，但相对粗犷的规则有待进一步细化，分情境和领域拓展自甘风险规则的"适用层级"势在必行。为贯彻落实党的十九届五中全会"把科技自立自强作为国家发展的战略支撑""加快建设科技强国"的精神，可适当缓和产品严格责任对科技创新的"刚性束缚"，为人工智能产品、现代科技发展等特定领域适用自甘风险规则预留空间。

**关键词：**

自甘风险　《民法典》　效益　公正　路径依赖

2018年12月23日，《民法典侵权责任编(草案)》提请第十三届全国人大常委会第七次会议审议，草案二审稿确立了"自甘风险"规则："自愿参加具有危险性的活动受到损害的，受害人不得请求他人承担侵权责任，但是他人对损害的发生有故意或者重大过失的除外。"2020年5月28日颁布的《民法典》第

---

* 本文系国家社会科学基金青年项目"自动化应用提升现代化治理的法律保障研究"(项目号:20CFX006)的阶段性成果。

** 中国社会科学院法学研究所助理研究员，法学博士、博士后。

1176 条在上述规则的基础上进行了限缩,将自甘风险规则的适用限定于"文体活动",但未就"文体活动"的范畴予以进一步确定。

国外自甘风险规则可以追溯至公元前 3 世纪,斯多葛学派顺承了亚里士多德的名词逻辑系统,发展了关于平等和责任的学说,古罗马法学家乌尔比安结合"不能违背自己言辞"的古训,创造出了"同意非谓为侵害"(*Volenti Non Fit Injuria*)的原则。以英国普通法为根基的欧美国家均对自甘风险规则予以公开承认,并历经数次扩张和限缩;以当事人双方对内在风险承担的约定方式为标准,分为明示的自甘风险和默示的自甘风险。明示的自甘风险一般以免责协议、合同约定等书面形式为主,默示的自甘风险以当事人的自愿行为为主。自甘风险规则本身兼具"效益"和"公正"的属性。一方面,通过豁免加害人之注意义务使其不构成过错,让伤害由自甘风险者自行承担,不将时间与成本花费在诉讼上,符合效益追求;另一方面,自甘风险规则延续了从身份到契约运动所关注的平等价值,包含行为自主、矫正正义、公平竞技等公正理念。

以效益为导向和以公正为导向的法律立场之争贯穿域外自甘风险规则的发展历程,这两组表面泾渭分明却暗含统一可能的理论主张和价值,构成了自甘风险规则演进的两条主线,对我国未来自甘风险规则的构建和完善有借鉴意义:在文体活动之外,自甘风险规则有无适用空间?在不同的自甘风险领域,法律应当采取何种立场?如何在效益和公正之间取得动态平衡?如何切实保障合同相对弱势方的合法权益,并兼顾商行为不同于民事行为的效益追求?本文从自甘风险规则的立场抉择入手,探讨在文体活动之外,我国自甘风险规则的适用和改善空间,以期为《民法典》相关规则的细化和完善给出详细的意见和建议。

## 一、以效益为导向的立场

18 世纪的英国,处于社会转型的关键时期。随着货币交换渗透到日常生活的方方面面,商品经济的迅猛发展与金融体系的初具雏形相伴相随。"卖者尽责、买者自负"的责任分配理念,可以被视为消费者自甘风险实践的根本源头,以至于以效益为导向的法经济学理论思想在很长一段时间内左右了早期欧美司法审判中的责任分配标准。

### (一)效益导向的理论渊源

法经济学主要是将制度经济学和福利经济学的研究方法用于考察和解释

法律规则的效益,其共同理论基础可以追溯到边沁(Jeremy Bentham)之前,由近代哲学家坎伯兰(Richard Cumberland)、哈彻森(Francis Hutcheson)和艾尔维休(Claude Adrien Helvétius)等人提出的功利主义思想的道德原则——“最大多数人的最大幸福”。[1] 从认知的角度将感性和理性结合,边沁认为,幸福可以量化,伦理是对幸福总量的计算。边沁确立了“追求最大幸福”的功利主义基本效益观,并坚持“效益计算在人类决定中的普遍性所体现出来的顽强和宣扬”。[2] 法经济学的集大成者波斯纳指出,幸福等同于收益,痛苦等同于成本。因此,边沁是在主张,人类的全部行为、语言和思想都建立在成本—收益的分析之上,并以效益最大化为根本追求的。高扬法律敦本务实的精神,现代法经济学的核心观点是,所有法律活动均应以最有效利用社会资源、最大限度增加社会财富为宗旨。

自甘风险纠纷的各方,不局限于竞技活动的举办方和参与者、产品服务的供给方和消费者、场所的占有人和使用人,而是包括所有与潜在风险相关联的责任方及其相对人。原告因风险的实现提起诉讼,被告则主张原告对风险“明知而决行”。当事人之间的责任分担是对社会变迁中利益分配的直接映射;因此,如何认定原告的行为属于自甘风险,并在多大程度上相应免除被告责任等法律问题,无一不影响公共政策的“幸福总量”。

法经济学的研究方法主要体现为借助成本—收益分析寻求资源更优配置之道。以“理性人”为根本假设,法官汉德(Judge Learned Hand)在审判实践中创设出过失分配公式(Negligence Formula)来计算避免风险的效益——当且仅当风险的预防成本小于潜在损害额度和风险概率的乘积的情况下,[3] 预防风

---

[1] Jeremy Bentham, *The Collected Works of Jeremy Bentham: An Introduction to the Principles of Morals and Legislation*, Clarendon Press, 1996, pp. 1 – 9.

[2] [美]理查德·A. 波斯纳:《法律理论的前沿》,武欣、凌斌译,中国政法大学出版社2003年版,第56页。

[3] 过失分配公式,也称汉德公式,由汉德于1947年提出。在汉德公式中,B是预防风险发生的负担、需要支付的成本,P是事故发生的可能性(风险概率),L是事故发生后的损失(损害额度),P、L的乘积是事故的预期成本;如果 $B < P \times L$,即预防风险的成本小于事故发生的预期成本时,被告可以用较小的预防风险成本避免较大的事故损害而没有预防风险的发生,则被告有过失,被告因此要对受害者(原告)的损失承担赔偿责任。See United States v. Carroll Towing Co., 159 F. 2d 169 ($2^{nd}$ Cir. 1947).

险才是有效率的。法经济学家卡里布雷希(Guido Calabresi)更进一步,利用过失分配公式在当事人之间做成本—收益比较,权衡哪一方预防风险对自身更有益处,主张应当由“最低成本的避免者”承担主要责任。在自甘风险情境中,由于对风险已有明确预期,受害人具有相对于加害人更小的风险防范成本,因为风险是否最终发生完全取决于其“为与不为”的个人选择。此时,免除加害人的赔偿责任有助于实现个案中成本最小化与收益最大化的有机结合。

(二)效益导向的法律实践

“卖者尽责、买者自负”的责任分配理念,进一步奠定了早期雇佣纠纷中近乎强制性的“雇主长臂管辖”文化。[4] 长期以来,雇佣纠纷常由具有更优经济能力的雇主承担主要赔偿责任,但是这种非黑即白的责任分配机制,存在极大的“不效率”,因为雇主的生产积极性和开拓精神将不可避免地受制于过重的责任预期。随着鼓励经济发展的公共政策广受推崇,欧美法院从 19 世纪末开始,倾向于认可雇主主张雇员自甘风险的抗辩,甚至,只要雇主在事故发生的过程中没有明显过错,就大可不必为鲁莽行事的雇员“自掏腰包”。[5] 有法官甚至建议,“工伤风险与事故预防的责任承担,可以根据受害人和加害人之间明示或默示的契约来调整”。[6] 言外之意,雇主和雇员之间可以就特定风险和事故后果的责任承担进行事前约定,这等于是以合同的路径确认了雇主就约定事故的潜在赔偿责任主张雇员自甘风险的做法,彰显出“一切符合效益的,就是合宜的”的态势。

此番观点,同后来科斯(Ronald Coase)的新制度经济学理论有异曲同工之妙。在《社会成本问题》一文中,科斯系统地阐释了交易成本理论对于法律制度在资源有效配置中的核心作用,并反复强调权利的安排和界定在经济活动中的重要意义。在他看来,经济的外部性或不效率可以通过当事人的谈判得以纠正,从而实现社会效益的最大化。最直观的印证,莫过于以当事人约定为基础的“明示的风险分配”,在产品责任领域被运用到极致。20 世纪早期,产品责任领域当事人原则(Privity of Contract)被废止,而生产者的社会责任得到了广泛提倡:“生产者不仅应对与其具有直接合同关系的经销商负责,还应当对任何因

---

[4] Murray v. Railroad Company, 64 S. C. 520 (1902).

[5] New York Central R. Co. v. White, 243 U. S. 188 (1917).

[6] Farwell v. Boston & Worcester *R. R. Corp.*, 45 Mass. 49, 55 – 59 (1842).

其产品缺陷受到伤害的消费者(及其家庭成员)和旁观者负责。"[7]此令一出，生产者随即顺势而为,既然自己与经销商一样要直接对产品瑕疵承担责任,就刻意将自身列为产品销售合同或用户协议中消费者的相对方,并在产品销售合同或用户协议中,就特定产品瑕疵和潜在风险约定免除自身责任的条款。一旦消费者因特定产品瑕疵受到损害将生产者告上法庭,生产者可以立即主张消费者自甘风险。以效益为导向,法院一开始近乎盲目地认可了"明示自甘风险"条款的适用,[8]甚至不在意当事人约定是否违反现行法律法规。[9]

---

〔7〕 所谓当事人原则,也称"契约当事人相互关系原则",相当于民法的"合同相对性原则",意指有效成立的合同,仅仅对作出接受合同约束意思表示的双方有约束力,对合同外的第三人没有约束力。例如,债的关系是债权人和债务人之间的法律关系,不涉及特定的双方当事人之外的第三人。在产品生产与销售链条中,销售方和买受人是买卖合同的当事人;当某产品致消费者(买受人)受到损害时,根据合同相对性的当事人原则,应当由销售方直接负责。随着产品责任领域当事人原则的废止,本来和消费者不具有直接合同关系的生产者,亦对产品损害负责,即产品生产者承担与产品生产相应的"公共义务"。See Mac Pherson v. Buick Motor Co. , 217 N. Y. 382, 111 N. E. 1050 (1916).

〔8〕 例如,法院曾认可销售合同中禁止消费者就庞蒂克汽车缺陷提起诉讼的约定,See Getzoff v. Von Lengerke Buick Co. , 14 N. J. Misc. 750, 187 Atl. 539 (Sup. Ct. 1936);法院支持道奇汽车销售合同中买方放弃纽约州立法律中所有默示保证的条款,See Sonnenberg v. Nolan Motors, Inc. , 2 Misc. 2d 185, 36 N. Y. S. 2d 549 (Sup. Ct. 1942);经销商向客户出售了一辆油箱有瑕疵的汽车,但因为免责条款的存在不用承担责任,See Shafer v. Reo Motors. Inc. , 205 F. 2d 685 (3d Cir. 1953)。本来,在充斥着免责条款的用户协议出现之前,生产者与出卖人应就产品瑕疵给买受人及其相关人造成的一切损失负责,以威斯康星州的判例为例,生产者与出卖人应就产品瑕疵负责,See Flies v. Fox Bros. Buick Co. , 196 Wis. 196, 218 N. W. 855 (1928); Beznor v. Howell, 203 Wis. 1, 233 N. W. 758 (1930); Reed & Barton Corp. v. Maas. , 73 F. (2d) 359 (C. C. A. 1st, 1934);英国相关判例,See Letang v. Ottawa Electric Rly Co. [1926] AC 725, at 730; Donoghue v. Stevenson [1932] AC 562。

〔9〕 例如,法院支持福特公司在销售合同中将经销商的质保责任限定于更换零件并禁止消费者解除合同的做法,尽管当时的《统一销售法》(Uniform Sales Act)允许消费者就重大缺陷解除销售合同,See Dutsu Ford Motor Co. v. Cullum, 96 F. 2d 1 (5th Cir. 1938), cert. denied, 301 U. S. 627 (1938); Haynes v. Harwood [1935] 1 KB 146 (CA); Dann v. Hamilton [1939] 1 KB 509, at 516 - 12。

在默示的自甘风险领域,福利经济学思想对前期法律规则的塑造有深刻的影响。1929 年金融危机爆发,欧美国家相继受美国大萧条的波及,进入增长停滞期。民粹派改革者席卷了欧洲和美洲的大陆,并在世界范围内掀起了福利经济学的改革浪潮。帕累托(Vilfredo Pareto)曾经提出,福利是个人需要的满足总和;当且仅当一些人的境况变好,又同时不会因此让任何人的境况变坏时,社会福利才是增值的。新福利经济学家们认为帕累托的标准过于苛刻,卡尔多(Nicholas Kaldor)和希克斯(John Hicks)提出了新的效益权衡标准:若社会资源再分配中获益方所获得的利益足以补偿受亏损者的损失,那么社会总体福利也是增值的,不论上述补偿是否实际发生;这其实是对边沁功利主义价值观的一以贯之。受新福利经济学思潮的影响,部分侵权法学者支持"无注意义务就无过失原则在自甘风险情境下的扩张适用",[10] 主张在原告已经知晓风险或推定原告知晓风险的情况下,完全免除被告对原告的额外注意义务。[11] 该论断的本意,是试图在过失引致的潜在侵权责任关系中,对过失情形划定合理边界以避免责任关系内涵过于广泛,但却未能克制结果主义(Consequentialism)在变动不居的法益环境中,[12] 因时制宜作出效益至上的伦理判断——尽管被告有值得被谴责的行为,但将损失从原告向被告的不合理转移,必然阻碍更大社会价值的彰显。[13] 本来,占有人须将土地或处所保持在合理安全的情况下,供受邀人使用。为此,占有人有责任采取一个合理谨慎的人会采取的预防措施来检查和排除潜在风险。自民粹之风愈演愈烈之后,房屋占有人只需通过警示、告知的方式让受邀人知晓风险的存在(而不必采取相应措施排除风险),就可以完

〔10〕 注意义务是欧美国家过失侵权责任制度的核心。没有注意义务,就没有相应过失的存在,侵权责任也就无从谈起。

〔11〕 "无义务理论"观点的提出,See Green, Leon, "The Duty Problem in Negligence Cases", *Columbia Law Review*, Vol. 28 (1928), p. 1014。

〔12〕 结果主义是伦理学中与"义务论"相对应的学说,主张判别是非好坏的标准,视行动产生的结果或可能产生的结果确定。

〔13〕 参见王红霞:《法治实施反向评价初论》,载《人大法律评论》编辑委员会组编:《人大法律评论》(2019 年卷第 1 辑 · 总第 29 辑),法律出版社 2019 年版,第 287 页。

全免除自身注意义务,进而合理主张受邀人自甘风险。[14] 这种重"卡尔多—希克斯效率"、轻"帕累托最优"的自甘风险规则,竟然被写入多个国家的侵权责任法中,[15]还在审判实践中从占有人和受邀人关系向外扩张。[16]

随着新制度经济学、新福利经济学和法经济学的相互增益,以效益为导向的思想在自甘风险案件审判中已经不再是值得怀疑的政治立场,而摇身一变成为前置性的自然动机。法经济学家们将资产阶级利益等同于社会普遍利益,将趋利避害的伦理原则等同于所有人的功利原则,将"最大多数人的最大幸福"标榜为社会正义的最高目标。侵权责任法著名学者普罗塞(William Prosser)教授、基顿(Robert Keeton)教授,以及法官费翊(Judge Fee)、弗拉德(Judge Flood)、特雷纳(Judge Traynor)和古德里奇(Judge Goodrich)等人均将效益最大化奉为圭臬,他们竭力主张:在实践中,效益可以最大限度替代公正、正义等普世价值并成为唯一有效并且可以量化和验证的价值目标。对于坚持非市场领域价值无法衡量的批判法学者,法经济学家们回应道:"法院自然会对带来效益最大化的资源配置问题做出合乎情理的精确安排。"[17] 回顾此前的案件审判,自甘风险规则曾经一度取代共同过失,不给受害人公力救济留下丝毫余地。在多个案件中,法官在判决书里大量使用"共同过失"这样的字眼,但在判决结果上却是以效益为导向,完全免除被告赔偿责任。[18] 华盛顿法院甚至在判决中直接表示,在风险公开且明显的侵权责任纠纷中,"共同过失"和"自甘风险"

---

〔14〕 See Marshall v. San Jacinto Building, Inc., 67 S. W. 2d 372 (Tex. Civ. App. 1933); J. Weingarten, Inc. v. Brockman, 134 Tex. 451, 135 S. W. 2d 698 (1940).

〔15〕 See Restatement (First) of Torts (1939), § 893.

〔16〕 Houston National Bank v. Adair, 146 Tex. 387, 207 S. W. 2d 374 (1948); Hall v. Medical Building of Houston, 151 Tex. 425, 251 S. W. 2d 497 (1952); Harvey v. Seale, 362 S. W. 2d 310 (1962); Baker v. T. E. Hopkins & Son Ltd. [1959] 3 All ER 225.

〔17〕 Robert E. Keeton, "Creative Continuity in the Law of Torts", *Harvard Law Review*, 1962, pp. 463 – 509.

〔18〕 See Smith v. City of Cuyahoga Falls, 73 Ohio App. 22, 53 N. E. 2d 670 (1943). 该判决中采用了"共同过失"的措辞和表述,判决中的"共同过失"实际上就是"自甘风险",法院免除了被告所有赔偿责任。类似的判例还有 Mudrich v. Standard Oil Co., 153 Ohio St. 31, 90 N. E. 2d 859 (1950)。

是完全相同的概念。[19]

## 二、以公正为导向的立场

20世纪60年代开始,法经济学在科斯、卡里布雷希和波斯纳等人的推动下发展迅猛,但在自甘风险领域,以效益为导向的法经济学理论逐渐让位于以公正为导向的正义理论。

### (一)公正导向的理论渊源

正义理论起源于柏拉图"城邦与灵魂的类比"——各司其职、各行其是是理想国的正义原则。[20] 亚里士多德强调,服从法律就是服从正义,提出了分配正义、矫正正义等概念,并着重关注正义分配中的几何比例,拒绝绝对平均的权利分配方式。当分配正义出现问题时,矫正正义便开始发挥作用,亚里士多德称:"法官的工作就是恢复平等。"[21]

自甘风险规则是对可能构成侵权行为人的责任阻却;在20世纪上半叶,结果主义运用效益理论令明示的自甘风险规则沦为财大气粗的产品生产者、具有信息优势的场地提供者的保护伞。从矫正正义出发,欧美各国的法院纷纷开始对免责条款的适用进行"矫正性"限缩,欧盟联合法院还专门组织各成员国代表就自甘风险规则的价值导向、就世界范围内审判实践中逐渐形成的"免责条款三原则"进行深入探讨。所谓的"免责条款三原则",主要是指:第一,免除未来过失责任的合同将被严格解释为对依赖该合同的一方不利;[22] 第二,免责条款

---

〔19〕 See Caron v. Grays Harbor County, 18 Wash. 2d 397, 139 P. 2d 626, 148 A. L. R. 626 (1943).

〔20〕 参见柏拉图:《理想国》369b－c:"人们不能单靠自己达到自足,城邦则是唯一自足的。"435b:"当城邦里的不同自然人各司其职时,城邦就是正义的。"435e:"当个人试图僭越位分、混淆分工,或是做一些不适合于自己的工作时,城邦就是不正义的。"

〔21〕 张乃根:《西方法哲学史纲》,中国政法大学出版社1997年版,第34页。

〔22〕 See Chicago & N. W. Ry. v. Chicago Packaged Fuel Co., 19 S. F. 2d 467 (7th Cir.), cert. denied, 344 U. S. 832 (1952).

必须让当事人知晓且明白;[23] 第三,免责条款必须清晰描述其豁免的特定责任;[24] 从 1960 年开始,销售合同中通过意思自治的方式规避现行法律规定的做法不再受到法院认可。在亨特诉美国租赁公司案(Hunter v. American Rentals)中,被告借给原告的拖车在行进过程中脱钩,导致原告汽车侧翻。拖车租赁合同明确免除了出借方的所有责任,包括因标的物瑕疵造成的潜在责任。然而,相关法律规定,拖车拉钩必须足够稳固,满足拖曳安全性要求。鉴于此,法院驳回了被告基于免责条款的自甘风险抗辩,并在判决中指出"明示的风险分配不应违反国家公共政策"。[25]

在默示的自甘风险领域,法律的立场也随着近代正义理论对唯效益是从的法经济学思想逐步矫正缓缓改变。康德(Immanuel Kant)是近代正义理论的奠基人,他一边宣称"自柏拉图以来形而上学的问题其实是无解的",一边对纯粹理性和实践理性进行了不同程度的批判。受康德通过古典自然法学派的社会契约论来建立国家刑罚权正当性依据的影响,罗尔斯(John Rawls)于 1971 年出版的《正义论》准确地把握了罗斯福新政后的普通法的价值取向,并就正义理论的当代适用给出了经典理论证成。以康德和罗尔斯的思想为武器,当代法学家们对法经济学"法律即效率的主张"从多个层面进行猛烈抨击。法经济学在运用经济学、成本—收益分析等利器对法律规则进行实证分析的同时,几乎完全忽视对法律内在价值的规范研究,并试图以学科的逻辑混淆学科研究对象的逻辑。米歇尔曼指出:"将效率和正义等同是法律上的愚行……在法律文化向度内,效率不应该也不可能左右关于分配的判断,它可以是探讨法律体制固有成本和收益分配的一种方法论,但在理解现行法律体制方面显然是不充分的。"[26] 费斯(Owen Fiss)以"法律已死"为题,批判法经济学指向了一种"没有理想的法律"。[27] 法制史学者试图证明,法经济学家所提倡的纯粹理性的社会

---

〔23〕 See Aerial Agricultural Serv. v. Richard, 264 F.2d 341 ($5^{th}$ Cir. 1959).

〔24〕 See Grey v. Hayes-Sammons Chem. Co., 310 F. 2d 291 ($5^{th}$ Cir. 1962); Woodridge v. Summer [1963] 2 QB 43, [1962] 2 All ER 978 (CA).

〔25〕 619, 371 P.2d 134 (1962).

〔26〕 Frank Michelman, "On Protecting the Poor through the $14^{th}$ Amendment", *Harvard Law Review*, 1969, pp. 94 – 96.

〔27〕 Owen Fiss, "The Death of the Law", *Cornell Law Review*, 1986, 72(2), p. 16.

只不过是想象而已,从来就不存在田园牧歌式的普通法秩序。[28]

与上述学者略有不同,德沃金(Ronald Dworkin)首先对功利主义效益观进行批判,进而上升成对法经济学的批判:“法律的经济分析以效率替代公正,是粗鄙的功利主义,既不道德也不现实。”德沃金政治哲学的核心主张是“以平等为本的自由主义”,他将法律视为政治道德的一部分,并借此提出了法律的原则一贯论(Law as Integrity):“当且仅当能够从相对于整体实践提供最佳证成的政治道德原则中推导而出,法律命题才为真。”原则一贯性体现出了另一种层次更高、更抽象的行为准则——平等,即政府应当将每个社会成员视为平等之身,并给与其平等的关怀与尊重。在罗尔斯的“无知之幕”下,沃德金认为公正的资源分配应当“敏于志向,钝于禀赋”(Ambition Sensitive, Endowment Insensitive)。反观功利主义的效益观——第一,对于其所标榜的“幸福”不作道德上的区分;第二,在进行利益衡量时随时准备牺牲无辜个体以实现“社会需求”。这两个缺陷在以效益为导向的自甘风险规则上体现尤为明显,并在审判实践中不断深化强者优位的事实状态,将普通法伦理带偏至社会达尔文主义、庸俗尼采主义的极端。

(二)公正导向的法律实践

正义理论对罗斯福新政后期自甘风险实践的纠偏,着重体现在对当事人风险认知判断标准的稳步提高上。既然要主张原告自甘风险,被告必须证明原告对风险“知晓且明白”。本来,当事人之间若无“明示的风险分配”,被告很难就原告的认知状态进行完美举证。受新福利经济学价值观的加持,法院曾长期倾向于认可被告从琐碎事实出发对原告认知状态进行主观推定的陈述,极大地减轻了被告自甘风险抗辩的举证责任。例如,在林德奎斯特诉塞巴斯蒂安·斯佩林·克雷斯奇公司等案(Lindquist v. S. S. Kresge Co., et al.)中,因为地滑,原告在大理石楼梯上摔伤,被告只是证明原告曾经使用过该楼梯,法院就推定原告知晓风险。[29] 在另一起案件中,原告摔进了油管地洞,但因为“五分钟前曾经过这里”,法院支持了被告的自甘风险抗辩。[30]

---

〔28〕 See Robert Gordon, “Critical Legal Histories”, *Stanford Law Review*, 1984, 36, p. 57.

〔29〕 345 Mo. 849, 136 S. W. 2d 303 (1940).

〔30〕 Neal v. Cities Service Oil Co., 11 N. W. 2d 259 (Mich. 1943).

推定受害人知晓风险的主观判定标准，在迪伊诉教区案（Dee v. Parish）中首先得到质疑，法院指出，自甘风险规则应当建立在当事人对危险事实认知以及自愿同意的基础上。[31] 随后，在布朗诉伦德尔案（Brown v. Lundell）中，得克萨斯州立法院裁决，不因推定原告应当知晓风险，就认定原告事实上知晓风险。[32] 1963 年的哈雷佩斯卡诉卡林汉权益案（Halepeska v. Callihan Interests）彻底推翻了受害者风险认知程度的主观评判标准，被视为自甘风险规则从“效益导向”转向“公正导向”的里程碑案件。哈勒佩斯卡（Halepeska）原本是卡里汉公司（Callihan）的高级地质工程师，在公司章程中被列为公司副总裁。卡里汉公司在安装某个气井阀门时有一定的疏忽，致使哈勒佩斯卡打开该气井疏导阀门时因井喷身亡。一审法院裁定卡里汉公司赔偿哈勒佩斯卡遗孀和家属共计 85,000 美元。然而，得克萨斯上诉庭根据间接证据，推定哈勒佩斯卡“应当知晓”该气井阀门存在的潜在危险，因此，判决卡里汉公司对哈勒佩斯卡的风险行为无“额外注意义务”。[33] 得克萨斯最高法院推翻了上诉庭的裁决，大法官格林希尔（Justice Greenhill）一锤定音：在涉及“自甘风险”的案件中，当事人是否知晓风险的判定标准必须是客观的（是否真的知晓且明白），而不该是主观的（是否应当知晓且明白）。[34] 该客观标准成为彼时各国侵权责任法的共识。[35]

对于客观标准的适用只有一种例外，即风险确实“公开且明显时”。例如，吉莱斯皮诉威森案（Gillespie v. Wesson）为风险“公开且明显”的判断设定了非常严格的标准。原告离开酒吧时，在门槛绊了一跤，摔在外面的水泥护墙上；一审法院支持了被告的自甘风险抗辩。上诉庭则坚持，对原告是否知晓风险，应当采取客观判定标准，转而给出了有利于原告的判决。最高法院在审阅证据时发现，酒吧门口的灯光确实黑暗，且墙上没有安装扶手，但是这种情况自被告开

---

[31] 160 Tex. 171, 327 S. W. 2d 449 (1959).

[32] 162 Tex. 84, 344 S. W. 2d 863 (1961).

[33] 349 S. W. 2d 758 (Tex. App. 1961).

[34] 在本案中，被告提供的哈勒佩斯卡是高级地质工程师并挂名公司副总裁、参与过事故气井建设等证据，并不能切实证明哈勒佩斯卡“事实上”知晓且明白打开气井阀门的潜在危险，更何况，原告还提出了诸多反驳证据，表明哈勒佩斯卡并不事实知晓该风险。例如，挂名副总裁却没有履行相应职务、在事故发生之前就已经另立门户、很少参与现场勘探等。

[35] See Restatement (Second) of Torts (1965), § 496A.

业以来就是如此;原告是该酒吧的常客,而且进出该门槛已经不下500次。格林希尔大法官将此案同类似案进行对比后指出,仅数次经过有潜在危险的场所,并不能证明风险对原告"公开且明显";[36]但在吉莱斯皮诉威森案中,原告"长时间、规律性、多次反复"进出该酒吧,酒吧门口的"潜在风险"对原告早已不言而喻,因此推翻了上诉庭的判决。由此可见,风险"公开且明显"的主张,须有确凿的证据进行支撑,且该证据必须远远强于"以正常注意方能觉察之"的一般判定标准。澳大利亚的侵权责任法即采取了此种判断标准。[37]

随着反功利主义浪潮的日益高涨,自甘风险抗辩在法庭上越发引人反感。例如,雇佣关系下不再允许雇主主张雇员自甘风险,雇佣纠纷再次回归此前被认为严重"不效率"的雇主负责制;[38]汽车销售活动中通过免责条款形式进行明示风险分配的实践也被坚决抵制;[39]将人行道缺陷或危险场所视为跑步者、骑自行车者和轮滑者所承担的固有风险的观点,被认为是自甘风险理论的过度扩张;[40]而在世界范围内,主流国家的产品责任法心照不宣地从疏忽责任和担保责任转变为严格责任制,[41]自甘风险规则只有在破除产品严格责任的情形中才得以勉强适用。诚然,迟来的"矫正正义"在自甘风险领域或多或少有些过犹不及,但事实是,1960年之后,自甘风险规则在各个领域以多种形式被不同程度地限缩,司法审判的立场也从纯效益导向逐渐向公正导向转变;这个过程虽然缓慢,但坚定而不可逆。

---

[36] Triangle Motors v. Richmond, 152 Tex. 354, 258 S. W. 2d 60 (1953).

[37] Gillespie v. Wesson, 382 S. W. 2d 921 (1964). 澳大利亚的相关判例为Rootes v. Shelton [1968] ALR 33。

[38] Siragusa v. Swedish Hosp., 60 Wash. 2d 310, 373 P. 2d 767 (1962).

[39] McConville v. State Farm Mut. Auto. Ins. Co., 15 Wis. 2d 374, 113 N. W. 2d 14 (1962).

[40] Commerce Clearing House, Products Liability Reporter, 1(1968), pp. 4060, 4100.

[41] 在英国审判实践中,产品严格责任的转变尤其明显。See Imperial Chemical Industries v. Shatwell [1965] AC 656 (HL); Simms v. Leigh Rugby Football Club Ltd. [1969] 2 All ER 923; Nettleship v. Weston [1971] 2 QB 691, [1971] 3 All ER 581.

## 三、两种立场的张力与统一

在自甘风险规则的演进过程中,以效益为导向的法律立场和以公正为导向的法律立场之间的冲突与张力尤为昭彰。法律立场之争的实质,是法经济学理论与正义理论的交锋。以20世纪60年代为分界线,以公正为导向的法律立场似乎在自甘风险案件审判中逐占上风,德沃金的哲学思想得到了贯彻适用:“法官在审理复杂案件时依靠权利理论而非经济分析来佐证其决定……法院在决定是否采纳某一学说时更多考虑的是公正,不是效益。”〔42〕罗尔斯的正义理论观也得到了广泛支持:“无论一个社会效率有多高,如果这个社会缺乏公正,那我们也不能认定它比效率低但相对公正的社会更理想。”〔43〕以效益为导向的法律立场在自甘风险领域的渐渐式微,并不意味着法经济学思想完全丧失用武之地。立法者和执法者在处理任何民事纠纷时都不可避免地会通过成本—收益分析方法将盘根错节的案情抽丝剥茧。而且,在自甘风险领域之外的其他案件审判中,崇尚效益的法经济学理论依旧雄风不减。〔44〕

### (一)理论层面的统一

当效益和公正的争论绵延无休之时,法经济学家们提出了更深层次的疑问——效益与公正之间的矛盾,难道是完全不可调和的吗?对此,普通法的道德要旨给我们的教义是,群体和个体利益之冲突,通常不可避免,但有碍于市场经济效率的规则,必然存在可观的成本。由于法律的根本性渊源来自“多数人的多数同意”,任何成本大于收益的法律规则,都难以长久。这种思路,正是波斯纳自信“我所界定的效率就是一个足够的正义概念……在很多情况下,我们认为是公正的原则正好符合那些根据我们的观察是有效率的原则”的根源。〔45〕但是,这种略显“自欺欺人”、过于绝对的思想饱受行为主义经济学派和正义理

〔42〕 Ronald Dworkin, *Taking Rights Seriously*, Harvard University Press, 1978, pp. 97 - 98.

〔43〕 John Rawls, *A Theory of Justice*, Harvard University Press, 1971, pp. 1 - 5.

〔44〕 Mathews v. Eldridge, 424 U. S. 319 (1976).

〔45〕 参见[美]理查德·A. 波斯纳:《正义/司法的经济学》,苏力译,中国政法大学出版社2002年版,第6页。

论学者的批判,似乎又将理论全然导向另一个极端。好在一种居于二者间的中间路线应运而生——经济和法律的理论面向不应完全局限于狭隘的、教条的"经济人理性",虽然这种理性的因素也不能被忽略,更重要的是应当不断努力实现功利主义和实用主义在法经济学理论中的交融与平衡,以求最大限度发挥法律的正义功能;效益最大化,确为分配正义和矫正正义提供了更坚实的基础,但这种基础本身应当具备柔性而非绝对。[46]

这种温和的观点,跳脱出效益和正义的无休止论战,展现出更包容和兼容并蓄的价值观,将效益和公正置于理想和现实的层面进行分别讨论。在理想层面,效益与公正本应是对立统一、相辅相成的,两个概念描述的其实都是法律视角下社会资源(权利)的配置状态;效益可以是公正的表现形式,公正也可以是效益的具体内容。在现实层面,效益与公正的差异体现了因人们对同一价值的考察角度不同,人为地将其割裂并各取所需的状态。一方面,法经济学家和具有激进主义倾向的法官,视效益为市场经济条件下法律优化社会资源配置的首要标准,在他们看来,若不贯彻效益至上,也无真正公正可言;另一方面,效益最大化本身就是一种道德准则,是功利主义和康德主义传统在对立形式下的融合。在自甘风险领域,效益导向的立场得到商品生产者、服务提供商、房屋占有人、活动举办方等既得利益团体的支持。与之相对应的是,正义理论学者和具有保守主义倾向的法官,将公正视为社会制度的最高价值,主张每个人都有基于正义和公正的不可侵犯性,即使以社会整体之名也不得打破。公正导向的立场广泛得到普通消费者团体、活动参与人和场所使用者的真心拥护。

上述温和视角让人们逐渐接受,效益与公正或许根本就不存在实质性的冲突,二者在现实层面的冲突不过是虚假的效益与真正的公正或者虚假的公正与真正的效益之间的冲突。回看法经济学家们的论述,无论是科斯还是波斯纳,他们并不怀疑道德的存在和真实性,他们所反对的其实是脱离实用主义的公正空想,亦即道德的形式主义偏见。而站在法经济学家反面的德沃金、罗尔斯和费斯等人对法经济学的批判主要是认为法经济学所映射的政治是一种"卑鄙形式的政治,即作为市场行为,作为利益和偏好之表达的政治",[47] 摒弃的是效益

---

〔46〕 参见董静姝:《理性的神话:纯粹法学的现代性症状》,载《人大法律评论》编辑委员会组编:《人大法律评论》(2019 年卷第 1 辑 · 总第 29 辑),法律出版社 2019 年版,第105 ~ 131 页。

〔47〕 Owen Fiss, "The Law Regained", *Cornell Law Review*, 1988(74), p. 245.

至上价值观中功利主义而非实用主义的部分。在某种程度上,效益也好、公正也罢,法经济学家和正义理论的拥护者们都对“温和主义路线”的阐释论留有充分余地,其声嘶力竭所倡导的观点也可被视为从单一的角度出发去尽其所能地碰撞出效益和公正的“最佳组合”。

(二)制度层面的统一

“温和主义路线”旨在平息学术争鸣,但其蕴藏的柔韧性也给法院审判带来新的世界观乃至方法论。实务界开始认可效益和公正的关系乃二律背反的一元优先论,〔48〕即二者分属不同阶位的价值范畴,在不同情境中有不同优先和劣后,并开始在自甘风险案件审判中,依照情景区分二者的重要性高低。以奈特诉朱厄特案(Knight v. Jewett)为始,大法官卢卡斯(Chief Justice Malcolm Lucas)将传统自甘风险规则二元化为“绝对自甘风险”(Primary Assumption of Risk)和“相对自甘风险”(Secondary Assumption of Risk)。〔49〕当绝对自甘风险规则适用时,被告因原告自甘风险而完全免除责任。在相对自甘风险情形中,法院虽然裁定原告行为系自甘风险,但并不完全免除被告的赔偿责任,理由在于:在特定情形中,虽然原告对潜在风险知晓且明白,但该潜在风险的存在,本来就是因为被告的疏忽产生。由于被告的自身疏忽将原告置于两难选择的境地时,被告应对原告的选择负责。〔50〕本质上,相对自甘风险等同于严格意义上的共同过失,即当事人双方均有过错,法院除考察原告自身在风险活动中的认知状态与参与程度之外,还依据较小恶原则(Lesser of Two Evils Principle),权衡原告的自甘风险行为之恶同被告过失行为之恶孰轻孰重。〔51〕这其实是利用法经济学常用的成本—收益分析变相实现个案中的“更公正”。

大法官卢卡斯的判决得到了后续判例的支持,并在世界范围内掀起了二元

〔48〕 二律背反(Antinomies)是康德提出的哲学基本概念。它指双方各自依据普遍承认的原则建立起来的、公认的两个命题之间的矛盾冲突。

〔49〕 834 P. 2d 696 (1992).

〔50〕 在奈特诉朱厄特案之前,该观点始见于 Cheong v. Antablin, 16 Cal. 4th 1067 (1997)。更早的英国判例,可以追溯至 Owens v. Brimmell [1977] QB 859 (QBD); Condon v. Basi [1985] 2 All ER 453; Ogwo v. Taylor [1988] AC 431, [1987] 1 All ER 668。

〔51〕 Kirkham v. Chief Constable of Greater Manchester [1990] 3 All ER 246; Beninati v. Black Rock City, LLC, 175 Cal. App. 4th 650 (2009).

自甘风险理论之风。[52] 英国立法者开始依据被告对原告是否存有特定义务为标准,对自甘风险规则进行“绝对”和“相对”的划分,[53] 体现出普通法对效益和公正的调和与兼顾。出于对效益的追求,绝对自甘风险规则主要适用于大型娱乐活动和体育赛事。[54] 这些活动的潜在风险不言而喻,但考虑这些活动的巨大社会价值,有必要特别免除活动举办方、赞助商和场地占有人的侵权责任,形成法律对经济活动的正向激励。[55] 出于对公正的追求,相对自甘风险规则被适用于商业活动之外的所有领域。被告可以主张原告行为系自甘风险,但也最多因此减轻部分疏忽责任。例如,在金德里奇诉长滩游艇俱乐部案(Kindrich v. Long Beach Yacht Club)中,上诉庭认定原告系泊游艇后从船头跳上岸的行为有自甘风险成分,但并不足以免除被告作为码头管理者疏于辅助原告的特定责任,最终以“相对自甘风险”判决原告和被告负有共同过失。[56] 为防止效率导向的法律规则在实践中被滥用,从而形成对公正导向规则的挤压,某些法院还补充规定,即使是在绝对自甘风险的情形中,被告也依然负有不加重风险现状的主动义务。[57]

“温和主义路线”下二元自甘风险规则的确立,标志着普通法哲学向亚里士多德“中庸价值观”的回归,更标志着形式正义在审判事件中向实质正义的妥协和靠拢,极大地减少了司法实践中的割裂与偏执。

## 四、我国自甘风险规则的细化与完善

我国《民法典》对自甘风险规则的确认,具有重要的社会意义和现实意义。然而,第 1176 条的自甘风险规则既没有严格区分自甘风险与受害人同意,也没有为

---

〔52〕 Morris v. Murray [1990] 3 All ER 801; Ford v. Gouin, 3 Cal. $4^{th}$ 339 (1992).

〔53〕 Directive 93/13 on Unfair Terms in Consumer Contracts [1993] OJ L 95/29.

〔54〕 Cotty v. Town of Southampton, 64 AD. 3d 251 (2009); Trupia v. Lake George Central School District, 14 NY. 3d 392 (2010); Ashbourne v. City of New York, 82 NY. 3d 461 (2011).

〔55〕 Bukowski v. Clarkson University, 19 NY. 3d 353 (2012).

〔56〕 84 Cal. Rptr. 3d 824 (Cal. App. 2008).

〔57〕 Trupia v. Lake George Central School District, 14 NY. 3d 392 (2010); Bukowski v. Clarkson University, 19 NY. 3d 353 (2012).

规则适用划定严格的界限，且将其作为直接免责事由，缺乏对构成要件的审慎探寻，[58]。与第1176条相呼应的第1198条和第1200条等，也只是笼统规定了场所占有人所负有的注意义务，并未从自甘风险层面就责任的划分作出补充规定。

与之相对应的是，早在《民法典》颁布前，我国各级人民法院在司法实践中已经先行一步，虽无成文制度可循，但还是以公正为导向对涉及自甘风险的案件进行了摸索裁决。我国自甘风险相关判例主要集中在交通、体育比赛、自助游和合同领域，从审判结果来看，法院或完全否定自甘风险，[59]或有条件地认可自甘风险——即便法院承认原告有“自甘风险”之举动，最终判决也不因此完全免除被告的赔偿责任，而是要么依照《民法通则》第132条以及《侵权责任法》第24条所规定的公平责任判决被告依法分担责任，[60]要么依照《民法通则》第131条以及《侵权责任法》第26条的过失相抵原则，判决适当减轻被告责任。[61]

---

[58] 参见王利明：《论受害人自甘冒险》，载《比较法研究》2019年第2期。

[59] 参见(2005)西民权初字第639号：刘婷诉大连天桥出租汽车公司、王盛男等道路交通事故人身损害赔偿纠纷案，一审法院：大连市西岗区人民法院。

[60] 参见(2013)南中法民终字第1295号：吕俊莲等因生命权纠纷上诉案，终审法院：四川省南充市中级人民法院；(2014)科民初字第16号：魏云龙诉邬勇健康权案，一审法院：四川省科学城人民法院；(2014)嘉南凤民初字第19号：洪赟磊诉许燕青生命权、健康权、身体权纠纷案，一审法院：浙江省嘉兴市南湖区人民法院。

[61] 参见(2011)邵中民一终字第235号：曾江元等诉彭咏辉健康权纠纷案，终审法院：湖南省邵阳市中级人民法院；(2013)淮开民初字第0294号：葛爱军诉淮安市淮宁机动车驾驶员培训学校有限公司人身损害赔偿纠纷案，一审法院：淮安经济技术开发区人民法院；(2013)浙衢民终字第520号：中国人寿财产保险股份有限公司上饶市中心支公司诉严晓强等机动车交通事故责任纠纷案，终审法院：浙江省衢州市中级人民法院；(2013)红民初字第00934号：天津泰伦特化学有限公司诉中国人民财产保险股份有限公司天津市红桥支公司等财产保险合同纠纷案，一审法院：天津市红桥区人民法院；(2013)通中民终字第1821号：南通百臻建设工程有限公司诉田涛涛生命权、身体权、健康权纠纷案，终审法院：江苏省南通市中级人民法院；(2013)深中法民终字第2949号：林汉利诉史碧珍侵权纠纷案，终审法院：广东省深圳市中级人民法院；(2014)枞民一初字第00211号：徐玲诉陈健等机动车交通事故责任纠纷案，一审法院：安徽省枞阳县人民法院；(2014)深中法民终字第488号：刘爱文诉高波侵权责任纠纷案，终审法院：广东省深圳市中级人民法院；(2014)浙嘉民终字第518号：胡凤菊等诉姚雪兴生命权、健康权、身体权纠纷上诉案，终审法院：浙江省嘉兴市中级人民法院。

公平责任的适用前提,是受害人和加害人都没有过错,法官在个案中根据实际情况划分责任承担;由此可见,在公平责任适用的判例中,法院认为自甘风险行为是没有过错的。而过失相抵原则的适用前提恰恰相反,是当事人双方"混合过错",法院通过比较当事人双方过失程度的大小,来确定民事责任的范围;由此可见,当过失相抵原则适用时,法院其实认定自甘风险行为是有过错的。从司法审判混乱之现状中可以窥见一斑。即使是如此自相矛盾的归责进路,也体现出我国法院在利益衡量时拒绝牺牲无辜个体以实现"社会需求"的原则一贯性,以及对"分配正义""实质正义"等理念的认可与贯彻。

《民法典》第592条更清晰、直白地规定了过失相抵原则:"当事人一方违约造成对方损失,对方对损失的发生有过错的,可以减少相应的损失赔偿额。"第1186条对此前的公平责任作了细化:"受害人和行为人对损害的发生都没有过错的,依照法律的规定由双方分担损失。"考虑《民法典》完全将自甘风险规则限定于"文体活动",自甘风险规则的适用必然面临规则层面效益导向与实践层面公正导向之间的冲突。经验表明,效益和公正本是对立统一的法律立场,二者都对自甘风险规则的发展有重要影响,在不同时期,受经济发展需求、政治形势更迭和社会舆论变化的影响有不同侧重。为缓和法律规定与审判实践之间的张力,我国立法者在进一步细化自甘风险规则时应当充分借鉴当代域外普通法的"柔性智慧",因事制宜界定效益与公正的优先与劣后,巧妙消弭规则效益导向和审判公正导向之间的虚假冲突,既避免道德的形式主义偏见,也摒弃作为利益和偏好之表达的政治,最终形成经得起时间检验的具体规则。

(一)建立二元规则体系

上文指出,正义理论对效益理论的纠偏,令实务界逐渐反对自甘风险规则的过度泛化,而二元自甘风险规则的出现,更是以法律"灵活性"的扩张,实现了自甘风险案件审判所需要的"以变应变"。根据不同情境中效益和公正的重要性差异,法院实事求是地在少数领域认可因受害人自甘风险完全免除被告责任的抗辩,但在更多领域回归到共同过失,在比较受害人与加害人的过失程度大小后,审慎确定民事责任的分配。当然,共同过失的法理基础源自正义理论中的责任自负原则,行为人不能轻松或巧妙地向他人转嫁因自身过失导致的损害后果。当然,这是世界范围内的通行做法,各国侵权法普遍将共同过失作为减轻或者免除责任的法定事由,虽然在称谓上可能有所不同;在我国,英美法概念上的共同过失对应的是《民法典》中的过失相抵原则。上文已指出,过失相抵原则在我国自甘风险案件的摸索审判实践中已经被多次适用。[62]

综上所述,《民法典》第 1176 条不应完全囿于"文体活动"的范畴,且应进一步细化以构建二元自甘风险规则体系。要实现这个目标,需要解决的重要问题是:在哪些情境下可以允许自甘风险作为完全免责事由(绝对自甘风险)?在哪些情境下应当适用过失相抵原则(相对自甘风险)?在笔者看来,实践中对自甘风险绝对和相对的划分,须从以下两个角度出发。

首先,应当向上对风险活动性质进行区辨,以便在不同场景中根据"效益和公正的重要性差别"灵活审判。例如,当活动或场所的风险性是固有的、内生的,不因活动举办方的充分注意和场地占有人的尽力维护就能避免风险时,就应当适用绝对自甘风险规则,一切风险的实现由受害人自行承担;否则,应当适用相对自甘风险规则。再如,对抗性较高的竞技体育赛事、娱乐性较强的大型商业活动,皆属于绝对自甘风险情形;交通领域的"好意同乘",则属于相对自甘风险情形。自助游适用哪个程度的自甘风险规则,在当事人充分意识到活动风险的情况下,只需要考察活动组织者的行程安排:如果是带领参与者们进入人迹罕至的原始区域(此时,活动的本质是探险),当风险实现时,活动组织者可以主张参与者绝对自甘风险;如果是带领参与者们游览特定线路,该线路有一定风险但已经被游览过多次(此时,活动的本质是旅游),当风险实现时,参与者系相对自甘风险,需要追究活动组织者的疏于防范既定风险的责任。总之,场所占有人不能对任何通过外界手段就能避免的风险实现主张受邀人绝对自甘风险。例如,道路施工方不因简陋的风险提示就主张受到伤害的路人是绝对自甘风险,因为前者既有责任也有能力主动消弭场所的固有风险(为地面凹陷处加盖金属板、设置重重路障封锁风险区域等)。

其次,应当向下对风险发生概率和危害程度进行审视。在风险的发生概率较高且危害程度不低的场景中,绝对自甘风险规则应当主要适用;在风险的发生概率较低且危害程度奇高的场景中,相对自甘风险规则更合时宜。以体育活动为例,攀岩、拳击、冰球、游泳、滑雪、跳伞、赛车、蹦极等运动发生风险的概率以及可能造成的危害程度,明显要高于高尔夫、慢跑、乒乓球、羽毛球、足球、篮

〔62〕 例如,(2011)邵中民一终字第 235 号:曾江元等诉彭咏辉健康权纠纷案,终审法院:湖南省邵阳市中级人民法院;(2013)淮开民初字第 0294 号:葛爱军诉淮安市淮宁机动车驾驶员培训学校有限公司人身损害赔偿纠纷案,一审法院:淮安经济技术开发区人民法院。

球等运动。高危运动的活动组织者或场地占有人可以允许就风险的发生主张参与者绝对自甘风险,这是由于这些运动本身的强竞技性、强对抗性所决定的。同理,相较正式的比赛或活动而言,教学、培训、排练、见习等情形的风险明显更加可控(也应该可控),因此,在这些情形中,活动组织者或场地占有人不得因受害人的相对自甘风险而完全免除责任。需要指出的是,体育活动中的绝对自甘风险抗辩,应当局限于体育活动本身造成的伤害,[63] 且只有当加害人、活动举办方或场地占有人的行为完全没有违反对受害人所负的注意义务时,才能相应免除被告的赔偿义务。

在《民法典》现有的格局下,文体活动中的自甘风险规则,应当进行上述细化;通过调整当事人之间的责任分担以反映社会变迁中的效益分配,使法律规则的适用更符合公共政策,是出于追求效益的需要;同时,在定分止争时秉持个体行为自主的理念,兼顾弱势群体保护的人文关怀,也体现出法律对公平正义的等量诉求;合理构建的二元自甘风险规则有助于实现效益和公正的彼此贯通和相互增益,符合《民法典》"市场经济的基本法"定位的题中之义。

(二)限缩规则构成要件

《民法典》第 1176 条的自甘风险规则,在一定程度上揭示了自甘风险的核心内涵,但并未就自甘风险的免责构成要件作出进一步阐释。在此前"摸着石头过河"的自甘风险审判实践中,诉讼双方争议的核心在于受害人对风险的认知状态。

回顾自甘风险规则的演进历程,分辨出两种受害人风险认知状态的判定标准——主观标准(推定受害人知晓风险)和客观标准(受害人事实上知晓风险)。从纯粹学理的角度出发循名责实,自甘风险抗辩的成立前提,是受害人对特殊活动可能发生异常风险的概率以及发生风险后的后果严重程度必须完全"知晓且明白"。无论是在绝对自甘风险情形下,还是在相对自甘风险情形下,

---

[63] 所谓"局限于体育活动本身",是相对于"体育场内受到的其他伤害"而言的。在弗里曼诉哈勒案(Freeman v. Hale)中,原告和被告在滑雪中发生冲撞,导致原告瘫痪;两人都是专业滑雪运动爱好者。被告主张原告绝对自甘风险,因为滑雪本身就是一种高危活动;法院在审理时发现,被告在滑雪前有饮酒行为,该行为明显不是滑雪体育活动本身的一部分,因此驳回了被告的主张。See 30 Cal. App. $4^{th}$ 1388 (1994). 在该案之前,体育活动中的自甘风险抗辩可以依照"场地原则"扩展至几乎任何在体育场地内受到的伤害,这明显是不合理的。

我国未来自甘风险规则中受害人风险认知状态的判定，宜采取实质正义和事实公平的法律立场，适用客观标准而不是主观标准：当且仅当受害人事实上对风险“知晓且明白”时，被告才可以主张受害人自甘风险，举证责任由被告承担。20世纪末期自甘风险案件审判中法院对受害人风险认知状态判定标准的发展动向，也值得我们关注。例如，英国法官和陪审团开始动态考察风险行为的进退消长，以便最终确定受害人的风险认知状态；再如，原告不对蓄意伤害、隐藏危机和不合理增强的危害自甘风险。[64] 毕竟，受害人对风险的知晓程度本身处在不断变化的过程中，既可能在某一个阶段突然意识到风险的存在及后果，也可能因为特定或突发的原因减轻其对风险的认知。诚然，这种动态界定无疑会为自甘风险抗辩的使用带来更大的不确定性，但有益于督促作为商品生产者、服务提供商、房屋占有人、活动举办方的被告持续、认真、勤勉地履行提醒义务，不因自身的松懈和疏忽导致信息弱势方权益和身体受到损害。

我国自甘风险规则在采用客观标准的同时，也应当保留主观标准在风险确实“公开且明显”时的有条件适用。但是，风险“公开且明显”的判断，须结合案件事实进行一案一议，辅以强于“以正常注意方能觉察之”的客观事实作支撑。可供借鉴和学习的普通法判例是席勒诉里瑟案（Schiller v. Rice），原告知晓开车司机醉酒的事实，却否认自己清楚其中蕴含的风险；被告方以“酒驾危险”是常识为由，推定原告知晓风险，得克萨斯州法院认可了被告的主观推定。[65]

客观标准必然带来的举证负担以及主观标准的限制性适用，可能会驱使具有信息优势地位的商品生产者、服务提供商、房屋占有人和活动举办方“弃暗投明”，通过复杂的书面协议和事前安排，对风险分担进行明示。纵观自甘风险规则的发展历史，明示的自甘风险虽经数次限缩，但经久不衰，最重要的原因是它人为地大幅度减轻了潜在被告方的举证责任。鉴于此，完善《民法典》自甘风险规则，有必要对明示自甘风险的法律效果进行适当限缩。除借鉴立场鲜明的“免责条款三原则”（同意方导向、语言清晰、不得违反国家公共政策）外，还应当直接禁止当事人巧借免责协议免除自身重大过失责任。值得关注的普通法判例是2007年的圣巴巴拉市对高等法院案（City of Santa Barbara v. Superior

---

〔64〕 Morgan v. State of New York, 90 NY. 2d 471 (1997).

〔65〕 151 Tex. 116, 246 S. W. 2d 607 (1952).

Court):14 岁的凯蒂(Katie Janeway)患有发育障碍症状,在参加市政府组织的特殊儿童夏令营时溺水身亡。凯蒂的父母对市政府提起诉讼。由于报名申请表中明确免除了市政府及其雇员所有疏忽行为的责任,一审法院判决原告绝对自甘风险。上诉庭对案件进行充分听证后,展开了激烈的辩驳,并达成如下共识:明示的自甘风险安排,对于未来普通过失责任的免除,是有效且可执行的;然而,重大过失责任,不因任何形式的免责协议得以免除。上诉庭最终判决市政府对凯蒂溺水身亡承担赔偿责任。[66]

(三)扩张特定情境适用

从侵权责任法的一般法理出发,自甘风险与严格责任,是完全对立的概念:"如果责任人应当承担严格责任,那他有什么理由能够主张受害人自甘风险呢?"从现代自甘风险规则的实践来看,法院为了防止公正对效益的矫枉过正、兼顾商事行为不同于民事行为的效益追求,拒绝在产品责任领域完全排除自甘风险规则的适用。

20 世纪后半叶,欧盟和英国主张"消费者意识觉醒",产品责任越发成为学界和实务届共识,但这并不意味着自甘风险规则就完全丧失用武之地。例如,格林曼诉尤巴电力产品公司案(Greenman v. Yuba Power Products)确立了产品责任的通行规则:"要确立生产者的严格责任,原告必须证明其在正确使用产品的过程中,因产品本身设计或生产瑕疵受到伤害,且原告对产品瑕疵概不知情。"[67]虽是严格责任的适用规则,但该规则其实为自甘风险的辩护,留出了充分的空间。第一,要确立生产者的严格责任,原告必须正确使用产品。因此,生产者可以主张,对产品的"不正确使用"为消费者自甘风险。所谓的"正确使用",是指依照产品说明,将产品用于其本来的用途。例如,将对乙酰氨基酚用于止痛和退烧,[68]是对其正确使用,用之于助眠则不然。密歇根法院就曾经裁定,没有依照产品说明、错误使用起重机造成伤害,属于自甘风险。[69] 第二,原告必须对产品瑕疵概不知情。知晓产品瑕疵还继续使用——明知而决行——具备典型自甘风险行为的特征。因此,若生产者将产品可能存在的瑕疵在销售

---

[66] 41 Cal. $4^{th}$ 747 (2007).

[67] 377 P. 2d 897 (Cal. 1963).

[68] 对乙酰氨基酚,是一种广泛使用的非处方止痛及退烧药。

[69] Sanders v. Kalamazoo Tank & Silo Co., 205 Mich. 339, 171 N. W. 523 (1919).

之前就公之于众,任由消费者自行决策是否购买和使用,那么当产品损害产生时,生产者可以辩称消费者自甘风险。

《民法典》顺承了此前《民法通则》的相关规定,对生产者及其相关人规定了严格的产品责任,因产品缺陷导致消费者损害的侵权行为属于特殊侵权行为。《民法典》第1202条规定:“产品存在缺陷造成他人损害的,生产者应当承担侵权责任。”第1203条规定:“因产品存在缺陷造成他人损害的,被侵权人可以向产品的生产者请求赔偿,也可以向产品的销售者请求赔偿。”在此之前,我国《产品质量法》第26条和第43条已经进一步将产品责任定性为无过错责任,只要产品缺陷对消费者或使用者具有不合理危险,并使其人身或财产受到损害,那么,该产品产销各个环节的人,包括生产者、经销商、运输人和保管员等,应承当损害赔偿的民事责任。相较于世界通行的严格责任规则,当前《民法典》的产品严格责任规定较为僵化,并未就生产者主张消费者特定行为系自甘风险留有余地。同时,《民法典》确立的产品严格责任几乎一概禁止生产者在市场上投放任何有潜在瑕疵的产品,这既不符合商品经济的自然规律,也不利于特定产业的进步与发展。以智能产品为例,目前,没有任何一个国家宣称已经完全掌握了人工智能技术,但均不约而同地在多个领域实现了智能产品的应用和推广:机器人智能投资顾问取代传统理财师为客户做理财规划、诊疗机器人分析大数据为疑难杂症给出医疗方案、无人驾驶汽车运送乘客等。究其原因是,人工智能作为自然人的替代在效益和效率方面的突破性优势,完全压倒了人工智能产品明显或潜在的瑕疵所带来的社会成本。

在人工智能时代,产品严格责任的一概适用会为科技类企业带来过重的负担,并最终抑制科技的创新和进步。〔70〕在现实生活中,很多智能产品的实际用途同其本来用途已经大相径庭。例如,常见的信用评分系统,银行用其考察客户资信以确定贷款利率,公司在招聘时也用其筛选求职人员;整合进互联网生态系统的智能推送算法,既被新媒体行业用于塑造受众“信息茧房”,也被各电子商务平台用于左右消费者偏好;人脸识别系统,既被用于手机解锁,也被用于上班打卡,还被用于消费支付,甚至被用于公共监控;对自然人语音、语调、语气和情绪进行分析的语义解析算法,既被用于预测法院判决结果,也被用于取代

〔70〕 参见唐林垚:《人工智能时代的算法规制:责任分层与义务合规》,载《现代法学》2020年第1期。

传统的测谎仪。在上述情况下,要求智能产品的生产者对产品不合理利用的潜在责任概括承受,明显有失公平。可以要求智能产品的生产者标明产品用途,并就潜在瑕疵和可能造成的损害结果进行明示,由使用者自行承担不按照缺省用途合理利用智能产品的试错成本。同时,可以允许智能产品的生产者,就其生产的产品或提供的服务对消费者给出多种价格选择,对不同的风险划分和责任承担进行明码标价,并相应免除生产者的注意义务。[71]

习近平总书记在给袁隆平、钟南山、叶培建等 25 位科技工作者代表的回信中指出:"创新是引领发展的第一动力,科技是战胜困难的有力武器。"在全球科技"朝上竞争"的大背景下,立法者需要采取效益优位的发展进路,打破产品严格责任的刚性束缚,扩张自甘风险的适用空间,以便为科技类企业减轻没有必要的赔偿负担:[72]对高科技产品非正常用途的使用,或刻意利用智能产品瑕疵和漏洞实现特定目的的行为,均属于绝对自甘风险行为,不得因潜在风险的实现请求生产者承担赔偿责任。

## 五、结 语

《民法典》是国家治理机制的集约优化,在迭代性明显的社会结构中,《民法典》的各项制度安排,应以确保在复杂异质的民事活动场合统一实现《民法典》的

---

〔71〕 涉及风险分配的条款最好给合同弱势方不同价格选择。不同价格对应不同风险的实践,始于运输行业。承运人就货物运输给出两个(甚至多个)不同的价格,由托运人自行选择;承运人往往明示,托运人选择较低价格的服务时,自行承担相应风险或适当减轻承运人责任。在一开始,铁路承运商因为没有提供可供托运人选择的费率,其免责条款被判无效,See Union Pac. R. R. v. Burke, 25J U. S. 317 (1921);当汽车承运人向托运人提供了多种价格选择后,法院认可了免责条款,See Holmes v. National Van Lines, Inc., 55 Wash. 2d 861, 350 P. 2d 864 (1960)。押运行业的两价条款也得到法院认可,例如,法院判决负责押运银行现金的装甲公司只对 165,000 美元的现金损失承担 30,000 美元封顶的赔偿责任,因为"银行在选择较低价格押运服务时自愿承担了更多风险(自甘风险)",See Jefferson County Bank v. Armored Motors Serv, 148 Colo. 343, 366 P. 2d 134 (1961)。

〔72〕 参见唐林垚:《"脱离算法自动化决策权"的虚幻承诺》,载《东方法学》2020 年第 6 期。

宗旨与功效为根本追求,[73] 因此,各项规则的立场确立实为规则适用的当务之急。从起先采取“无义务就无责任”的功利主义价值观,到“允诺阻却违法”的事实公平标准,再到“分层责任穿透”的二元混合体系,自甘风险规则的法律立场从效益至上到兼顾公正逐步转变。我国法院对自甘风险规则的摸索和探寻,始于自甘风险规则被写入《民法典侵权责任编(草案)》前,却囿于无成文制度可循,同案不同判的现象较多。以党的十九届五中全会精神为指引,我国立法者应当对《民法典》中自甘风险规则在不同领域和情境下的法律立场作出精细化的制度安排:既要避免唯效益论无节制扩张自甘风险规则的适用,也要制止正义对功利的过度纠偏造成自甘风险规则的过度限缩,还应当主动缓和金融、科技创新对传统法律规则带来的现实冲击;只有这样,《民法典》第 1176 条乃至整个《民法典》所构建的民事法律规范体系,才能充分助力国家治理机制的提质增效。

The World-View and Methodology of the Assumption of Risk Rule
—A Legal Analysis of 82 Judicial Precedents Worldwide

Tang Linyao

**Abstract**: From the end of the 19th century, the Assumption of Risk Rule have undergone three different phases: utility oriented (before 1960), equity-oriented (1960 – 1990) and partly accordance of the two (after 1990), which corresponded accordingly with the three restatements of the torts. The conflicts between utility and equity mirrored the academic controversies between the Economic Analysis of Law and the Justice Theory. In large efforts to compile the Civil Code, the Chinese legislators intend to transplant the Assumption of Risk Rule from outside, yet the conflicts between utility and equity are imminent, too. It would be wise to *Aufheben* the “flexible wisdom” of the common law system, introduce the dual-structure Assumption of Risk Rule, and break the constraint of Product Strict Liability in Artificial Intellectual industry.

**Key words**: Assumption of Risks; Civil Code; Utility; Equity; Path Dependency

---

〔73〕 参见陈甦:《民法典促进国家治理机制优化增效》,载《社会治理》2020 年第 7 期。

# 书　　评

# 多向度的人与多维度的公法[*]

## ——《新政治科学》读后感

秦小建[**]

**内容摘要：**

《新政治科学》是沃格林构建庞大思想体系的学术宣言。其反对19世纪以来实证主义对社会科学研究的过度宰制，倡导一种回到古希腊意义上的科学和理性传统，展开对人与政治社会的研究。沃格林认为，人是一种社会的历史存在，不仅作为可供认知和实践的外部对象，还内含有一套社会的自我意义赋予——符号话语，表现为仪式、神话和理论。政治科学研究应该关注这些社会自我解释的意涵、渊源和流变。现代社会话题转化为"人与公法"的命题，探索多向度的人与公法的多维度。除此，其讨论的"超越实在代表—存在代表—宪法法律代表—代理"的复合代表问题，也可能帮助理解中国宪法体制中代表问题。

**关键词：**

沃格林　新政治科学　社会自我解释　公法　人

## 导　言

埃里克·沃格林（Eric Voegelin，1901～1985年）是20世纪声名显赫的哲学家。有人认为："当代最为重要的政治哲学家并不是哈贝马斯和罗尔斯，而是沃格林和施特劳斯。"也有人这样评价他："现在所谓的社会科学中的解释学转向，沃格林从开始学术工作起就已经在践行了。"第一个评价关乎其地位，第二

* 本文由华中科技大学文科双一流建设项目基金资助。

** 华中科技大学法学院教授。

个评价关乎其学术方法。就此我们可以预见沃格林的重要性。

他出生于德国科隆,小学时举家迁入奥地利,后就读于维也纳大学,博士期间攻读政治学;曾游学于英国、美国和法国,后回到维也纳大学谋得一个薪水微薄的法学专业教职。后来,因为纳粹德国吞并奥地利以及其反国家社会主义(纳粹)的政治立场,辗转瑞士后流亡美国。在美国期间,曾在哈佛大学政治系担任为期一年的讲师,几次兜转后于 1942 年在路易斯安那州立大学政治系获得稳定的工作,曾在 1958 年回到德国慕尼黑大学亲手创办政治学研究所,十年之后回到美国在斯坦福大学教书,退休后直至 1985 年辞世一直在加利福尼亚州居住。[1] 在中国,对于沃格林作品的阅读和研究仍然比较小众,除出版的代表性著作(《秩序与历史》《政治观念史稿》《新政治科学》)以及三本引介性的书,中文文献对其思想的导论性论文都十分的稀少。[2] 读沃格林也算是学术前沿了,尤其是对我们公法学专业来讲。

《新政治科学》这本书是沃格林 1951 年在芝加哥大学发表的讲座内容的结集。从其整个思想体系来看,本书可被视为具有纲领性和奠基性的学术宣言。沃格林也自称这次讲座是他在写作《政治观念史》(8 卷本)过程中陷入"学术瘫痪期"(1945 ~ 1950 年)之后的一次"突破"。[3] 也正是在该书所形成的研究框架的基础上,他后来陆续写出了代表性著作《秩序与历史》(5 卷本)。由于该书还只是一份展现学术雄心的宣言,因此,难免有一些灵光乍现的琐碎,与后来成

---

[1] 参见[美]沃格林口述、桑多兹整理:《自传体反思录》,段保良译,华夏出版社 2018 年版,第 1 ~ 3 页。

[2] 引介性的著作包括一本传记、两本导读:[美]沃格林口述、桑多兹整理:《自传体反思录》,段保良译,华夏出版社 2018 年版;[美]埃利斯・桑多兹:《沃格林革命——传记性引论》(第 2 版),徐志跃译,上海三联书店 2012 年版;[美]尤金・韦伯:《沃格林:历史哲学家》,成庆译,吉林出版集团有限责任公司 2011 年版。中文世界的相关论文有:叶颖:《寻求秩序:埃里克・沃格林的新政治科学》,载《开封教育学院学报》2018 年第 3 期;叶颖:《论埃里克・沃格林"新政治科学"的逻辑起点》,载《北京师范大学学报》(社会科学版)2018 年第 6 期;霍伟岸:《沃格林论现代性及其起源》,载《读书》2010 年第 5 期;王水涣:《沃格林的"中国之眼"》,载《读书》2018 年第 4 期。

[3] 参见[美]沃格林口述、桑多兹整理:《自传体反思录》,段保良译,华夏出版社 2018 年版,第 82 ~ 89 页。

体系性的思想相比,必定在理解上带来了一些困难。不过,琐碎也有琐碎的好处,那就是篇幅的小规模,也让我们没有很重的心理负担去尝试叩开作者的思想之门。但若要真正地进入他的庞大体系,除了结合后来卷帙浩繁的《秩序与历史》的文本,其他一些导读性的著作也不可或缺。

那么,就来讨论一下这份宣言到底意味着什么?实际上,就文本展开的意义而言,笔者的思路和逻辑并不难理解。首先,笔者反对一种陈旧的政治科学研究范式,原因在于这种范式陷入了对科学和理论概念的误解,在某种程度上是西方现代性文明危机在知识层面的反映,不但不能诊断和挽救这场危机,相反还加剧了此种危机而不自知。其次,作者提倡一种范式的转换或者重建,即用一种新的政治科学理论,来描述、诊断西方文明危机的现象和问题的根源。最后,这种范式的展开就在于如何理解人的向度以及在此基础上完善政治(包括法律的)秩序。当然,对于文本的理解固然重要。但更重要的是,就法学而言,尤其是宪法学而言,此种思想又带给我们何种启发。如果将此问题延伸开去,就是我们为何会选择沃格林或者类似于他的经典作家[施特劳斯(Leo Strauss)或斯金纳(Burrhus Frederic Skinner)]的作品去阅读,甚至看起来是在做“无用之功”。

## 一、政治科学范式的“旧”与“新”

所谓范式,是指在常规科学研究中,某个学术共同体所共同承认和应用的特定概念、理论和方法,其构成了研究的前提和模型,功能在于为未来加入科学研究共同体的成员提供基础。“以共同范式为基础进行研究的人,都承诺同样的规则和标准从事科学实践。”〔4〕因此,范式作为一种前提,常常处在不被质疑的地位,而一旦既有的范式被打破,某个领域的科学革命便由此产生。在这个意义上,沃格林的著作无疑是一场政治科学的革命,因为他提供了新的范式。而这场革命的宣言就在《新政治科学》的文本之中。

### (一)实证主义研究范式及其后果

沃格林所要反对的陈旧范式,就是在政治科学领域大行其道的实证主义。

〔4〕 [美]托马斯·库恩:《科学革命的结构》,金吾伦、胡新和译,北京大学出版社2012年版,第9页。

作为一种方法的实证主义,并不限于政治科学领域。一般认为,此种方法是由法国社会学家孔德(Auguste Comte)在其《实证哲学教程》中提出的。此种方法倡导通过对经验和现象进行观察、归纳来获得客观的知识,反对形而上学的抽象思辨。[5] 简言之,发现的任何知识都应该以经验作为支撑。孔德主张,社会理论的任务就是发现社会世界的永恒规律,基本方法是开展调查(观察、实验、比较和历史研究)和建构理论,前者可以提供经验材料,后者则将社会的永恒规律给揭示出来;并且,他认为人类知识和人的认知能力可以分为"神学—形而上学—实证主义"三个阶段,实证主义是最高阶段。[6] 实际上,由孔德开创的实证主义方法在社会学的经典作品里面体现得非常明显。比如,在涂尔干(Durkheim)和韦伯(Max Weber)的著作里面,通常不是纯粹的理论叙述,还包括大量的历史经验材料。反映在政治科学领域,实证主义在今天依然很兴盛,比如我们这学期可能将会读到的美国政治学家亨廷顿(Huntington Samuel)的《变化社会中的政治秩序》就分析了关于各个国家政治制度变迁的大量历史材料,然后用来佐证自己所提出的框架。这里就出现了一个非常重要的问题:从经验材料的观察和归纳而得出的知识或者理论看似具有经验支撑的客观性,但是,也可能会滑向一个极端,即材料的选择依据往往会受到研究者主观影响,如知识结构、已经设想好的理论。因此,实际上在实证主义研究中,往往会存在"强行让材料符合理论"的弊端,出现了对材料的"裁剪"。所以,经验实证主义研究常常会受到一些诘问。

沃格林反对的也是此种实证主义之弊端。他认为,19 世纪以来的实证主义已经丧失了对原理的意识,是对科学和理性概念的重大误解。之所以如此,源于实证主义的两个基本假设:其一,对外部世界必须采用数学那种精确的方法才是科学的,才能获得成功;其二,自然科学的方法在于判断理论相干性的标准。这两种假设导致的问题是:"对现实的研究,只有在运用自然科学的方法时才有资格称为科学,以其他术语表述的问题都是虚假问题,尤其是不该问不能

[5] 孔德所主张的实证科学观点,在此之前已经被其他理论家所提及。有关实证主义的思想来源和演变,参见[法]昂惹勒・克勒默-马里埃蒂:《实证主义》,管震湖译,商务印书馆 2001 年版。

[6] 参见[美]乔治・瑞泽尔:《古典社会学理论》,王建民译,世界图书出版公司北京公司 2014 年版,第 103~106 页。

用现象科学的方法来回答的形而上学问题,不能通过典范方法来探索的存在领域是不相干的,或者更极端地说,这种领域并不存在。"〔7〕这些假设一旦运用到社会科学的领域,就出现了十分扭曲的现象,它们表现为"琐碎知识的堆积""在有缺陷的理论下摆弄材料""方法论运动中去价值判断"。

第一,对经验事实不加区分的过度强调,会造成一种"事实之间的平等主义"。什么是重要的事实,什么是不重要的事实,就会变得模糊不清。结果是大量研究项目的涌现、高额研究经费的投入。当然,好处是提供了很多的"饭碗"。〔8〕

第二,在对事实的解释中产生"破坏后果"。很多研究在没有一个科学的理论前提下,就强行展开对材料的解释。很多现代的理论都试图通过解释找到自己所要的东西,一个自由主义者或者保守主义者都能够在古典的哲学传统中找到支撑自己观点的东西。〔9〕

第三,去价值化的研究方法隐藏了行动背后的价值判断。这种方法,在韦伯的社会科学方法论及其研究中达到了顶峰。在韦伯看来,应该驱除一切价值判断,然后进行客观的描述,价值判断都是魔性的。他说:"一门经验科学并不能交给某人应当做什么,而是只能交给他能够做什么,以及——在具体条件下——他想要做什么。……无论如何,只有在相信有价值的条件下,主张价值判断的尝试才具有意义。但是,对这样的价值的有效性作出判断,这是信仰的事情,此外,也许是对生活和世界根据其意义所作出的思辨考察和诠释的一个任务,但肯定不是在这个地方所应当从事的那种经验科学的对象。"〔10〕可是,这种方法依旧面临非科学性的责难:一是在研究过程层面,如前所述,研究人对材料的认知、选择和分析都受到本人价值观的影响;二是在研究对象层面,事实上,社会中的所有行动者背后都有价值观念在驱动,如果忽视这种价值观念,对社会事实的认识本身就是粗糙的。

---

〔7〕 [美]埃里克·沃格林:《新政治科学》,段保良译,商务印书馆 2018 年版,第 11 页。

〔8〕 参见[美]沃格林口述、桑多兹整理:《自传体反思录》,段保良译,华夏出版社 2018 年版,第 14~15 页。

〔9〕 同上书,第 16 页。

〔10〕 [德]马克斯·韦伯:《社会科学方法论》,李秋零、田薇译,中国人民大学出版社 1999 年版,第 4~5 页。

实际上,沃格林之所以会形成独具一格的研究,就在于他发现了他的学术偶像韦伯所存在的问题。因为事实上,韦伯已经注意到对行动进行文化价值解释的重要性,如《新教伦理与资本主义精神》以及其他的宗教社会学研究,但受限于实证主义的方法,他自己也无能为力。沃格林就此评价道:“韦伯知道他想要什么,但不知何故就是不能突围而得之。他看到了应许之地,却不被允许进入。”〔11〕其原因在于,韦伯没有提出新的范式。

实际上,更重要的后果,是方法论上的落后,导致无法对现代性的危机作出有效的评估和呈现。尤其是对那些在现代性展开过程中所出现的思想理论,对它们的审视其实也构成了对现代性反思的“一扇窗口”。

(二)新的政治科学范式及其结构

在对实证主义的问题加以揭示过后,沃格林提出了自己所倡导的新的范式。这个新范式也由一些在概念上的设定、思想上的中心观点以及方法上的步骤组合而成。

第一,如何界定科学。他认为,真正的科学是能够获得一切真理的知识探索,反对用方法上差异界定知识的科学性。他指出:“科学是为了求得关于各种存在领域之性质的真理的研究。在科学中,凡是有助于这一研究取得成功的,都是相干的。只要关于事实的知识有助于对本质的研究,事实就是相干的,而只要方法能被有效地用来作为实现这一目的的手段,方法就是适当的。”〔12〕19世纪以来的实证主义试图将自然科学的方法移植到社会科学领域,实质上歪曲了科学探究的古典传统,哲学式的思考方式被遗忘。

第二,如何界定政治科学。他认为,真正的政治科学应该是将政治原理和历史哲学原理相结合,而不是分开。这样浑然一体的理论传统可以追溯到柏拉图(Plato)对于政治科学的科学性追求中。〔13〕好的政治科学也总是能够洞察到时代的危机和病症,并将一系列的问题解释出来。新的政治科学也必须如此,其不在于“新”而在于找回遗失的传统,而重建,就是“回到对原理的意识”——

〔11〕[美]沃格林口述、桑多兹整理:《自传体反思录》,段保良译,华夏出版社2018年版,第27页。

〔12〕同上书,第11页。

〔13〕参见[美]沃格林口述、桑多兹整理:《自传体反思录》,段保良译,华夏出版社2018年版,第8页。

“诸种原理必须通过一种从时代的具体历史处境出发、把我们丰富的经验知识全部纳入考量的理论化努力来重新获得”。[14] 在此，政治科学不仅是原理或者理论的层层累积，也同时应该关照当下的问题。

第三，如何展开政治科学的研究。摆脱实证主义的束缚，需要重新认定形而上学(哲学思辨)的合理性，以理性的有限性、可争论性为前提，去重新认识人与政治的秩序。在此种方法论前提下，需要从3个方面着手：其一，通过分析过往实证主义脉络下的经典作品，合理确定实证主义立场中的不合理的技术要点。这里“不合理的技术要点”，即是那些思想所要展开的既定前提，即不容被否认和质疑的“基础规范”。其二，把现代政治思想中所显现出来的“不合理论证”视为一种神学思维的世俗类型。也就是说，在现代思想中，任何一个理论都必定有不容置喙的前提，那么这个思想结构实际上有神学上的渊源，反映的是一种社会自我解释，也是对存在状态的一种表达。其三，重新确立一套思维框架，寻找一种可被容易理解的，包容复杂现象的一套历史秩序。[15]

应该说，上述3个方面已经在方法的层面勾画了新政治科学的基本面貌。此种政治科学的重建，它对人和政治秩序的理解必不可少。因而，沃格林的政治科学范式还有一些基本的关于人的前提需要予以明晰。实际上，在我们之前读书会的讨论中，已经提出了关于人和政治的关系的基本看法——任何一套政治理论背后都有一套人性理论。这里可以复述一个思想家的原话。日本战后著名政治思想家丸山真男曾专门撰文《人与政治》来申述这个原理：“敢于直面政治的思想家无一不提及人的问题。……政治的契机就其本质来说就是一部分人指挥管理另一部分人的组织性行为。所谓管理也好，组织也好，都是现实中如何指挥人，从而促使人付出具体的实际行动，政治行为方可成立。所以，无论个人的主观愿望与否，政治必须全面地通晓人之存在的原理及构

[14] [美]沃格林口述、桑多兹整理：《自传体反思录》，段保良译，华夏出版社2018年版，第9页。

[15] 参见[美]沃格林口述、桑多兹整理：《自传体反思录》，段保良译，华夏出版社2018年版，第30页。

造。"[16]那么,沃格林对"人之存在的原理及构造"又有什么精道的看法呢?

第一,人的存在状态是一种政治社会中的历史存在。他指出:"人在政治社会中的存在是历史的存在;一套政治理论,若是深入到原理层面,就必须同时是一套历史理论。"[17]一方面,人是政治的存在。这意味着,原子化的个人是不可能存在的,每个人都是在与他人共同生活。虽然,可能没有同一个梦想,但确实是有"同一个"世界。并且,他在后来的作品中指出,人实际上与"神"、"社会"和"世界"共同构成了一个"实在共同体"(community of being)。[18] 因此,人所面对的问题,不仅仅是和别人交往的问题,还包括如何面对自身有限性(典型的如死亡)的复杂问题。另一方面,人是历史的存在。无论是人的认识能力,还是行动能力,都是在历史的过程中成长起来的,并且逐渐被人自身所意识到。那么,人所面对的根本性的问题可能都是一样的。借用一句话,人类智慧可能早已经枯竭了!(刘老师语)因而,沃格林直言:"所谓原始人所经验到的实在,与现代人所经验到的实在并无不同。"[19]因而,认识人就必须注重历史的经验。

第二,人是一个多向度的存在状态。人的存在除了是一种政治的集体存在状态,其实还包括一种内外之分:在外部的维度,人的存在是一种客观的现实,人自身可以认知它,甚至干预它;在内部的维度,人可以将其所认知到的存在反映出来,进而反思或者干预外部的存在。因此,沃格林认为,人或者由人组成的社会,内含有一套自我解释来展示他(她)们所经验到的存在状态——"人并不是等着科学向他解释他的生活,理论家探讨社会现实时,会发现该领域先已充斥着可称为社会自我解释的东西"。[20]

---

〔16〕[日]丸山真男:《现代政治的思想与行动》,陈力卫译,商务印书馆2018年版,第403页。

〔17〕[美]沃格林口述、桑多兹整理:《自传体反思录》,段保良译,华夏出版社2018年版,第8页。

〔18〕参见叶颖:《论埃里克·沃格林"新政治科学"的逻辑起点》,载《北京师范大学学报》(社会科学版)2018年第6期。

〔19〕[美]沃格林口述、桑多兹整理:《自传体反思录》,段保良译,华夏出版社2018年版,第131页。

〔20〕同上书,第32页。

一般的政治理论更加关注外部，而内部实际上存在关于社会自我的意义赋予，表现为一种具有紧致化（compactness）和分殊化（differentiation）的符号话语，包括了仪式、神话和理论。这些自我解释构成了政治科学展开的前提。

第三，符号话语作为一种社会的自我解释的形态。社会自我解释，既可能表现为已经现实存在的符号话语，也可能表现为经过社会理论家批判性阐释（挑选、删减和增加）的符号话语。[21] 政治科学应该关注这些符号话语的形态、历史以及他们的历史作用。在这个意义上，新的政治科学要反思一些符号话语——包括各种政治思想（思想家的、政治家的）。这里的政治思想是非常广泛的，囊括了一切能够反映人的存在状态的思想，如自然科学、实证主义方法等。在这个意义上，新政治科学是一次“政治科学内部的自我观察”。

## 二、展开新政治科学的范例：对代表、真理与现代性的分析

《新政治科学》作为《秩序与历史》的前奏，只是初步地勾勒出基本的蓝图，并没有在细节上进行着色。在1951年的若干次讲座中，仅以代表、真理以及现代性为例作出了分析。可能阅读了《秩序与历史》，就能更明白代表、真理现象和现代性背后的相关性。

### （一）代表作为一种符号话语

在政治和法律理论中，代表是一个典型的符号话语。在新政治科学理论看来，其也是对于人的存在状态的一种经验。沃格林认为，关于代表制的通说并不能提供关于代表的本质性知识，而只能停留在外部描述的层面，比如民主选举制度、政党制度等。[22] 而此种外部描述并不能解决一些现实的政治理论问题。比如，有一些国家（苏联）虽然有外部描述意义上的代表制，却被批评没有代表，而这些国家又将自我描述成是有代表制的社会。[23] 在什么样的意义上是有代表制的？形式上的代表和本质上的代表如何区分？要解决这些问题，就

---

〔21〕 参见［美］沃格林口述、桑多兹整理：《自传体反思录》，段保良译，华夏出版社2018年版，第34页。

〔22〕 同上书，第37～38页。

〔23〕 同上书，第39～40页。

必须从初级问题转向本质性问题。

沃格林独创性提出了代表的实质意义是,一个政治社会的连属化(the articulation of a society)过程的完成:

人类把自身组织成为一个利于行动的社会,这个过程将被称为社会的连属化。政治连属化的结果,是人类产生了统治者。他们能够为社会而行动,他们的行为不是被归责于一己之私人,而是被归责于作为一个整体的社会,并因而导致,意在规范一地的人类生活的普遍统治的宣示,将不会被理解为道德哲学里的一种修习,而是会被社会成员经验为一种对他们具有强制力的统治的宣告。当一个人的行为事实上被这样归责时,他就是一个社会的代表。[24]

在他看来,一方面,社会连属化是代表生成的前提。"为了进入存在,一个社会必须通过制造一个行动的代表来连属其自身。"[25]另一方面,代表是与归责联系在一起,与代理是相互区分开的。因此,代表不在于具体的行动,因为依照具体的指令而行动的是代理,代表的本质在于"他有权力为一个社会行动,所依据的是他在共同体结构中的地位,而不是办理特定事务的具体指令;他的行动事实上不会被该社会的成员拒绝"。[26]

就这个意义而言,就出现了代表的两种类型:(1)存在意义上的代表;(2)宪法法律意义上的代表。就政治社会而言,存在意义上的代表在地位上要高于宪法法律意义上的代表。[27] 因此,可以在存在意义上的代表这个维度来理解苏联国家的代表制是存在的。这两种代表类型不能在逻辑上相混淆,否则就会造成实践的混乱。西方民主国家妄图用宪法法律意义上的代表制来取代

〔24〕 [美]沃格林口述、桑多兹整理:《自传体反思录》,段保良译,华夏出版社2018年版,第41页。

〔25〕 同上书,第45页。

〔26〕 同上书,第42页。

〔27〕 参见[美]沃格林口述、桑多兹整理:《自传体反思录》,段保良译,华夏出版社2018年版,第53页。

其他社会的存在意义上代表,不仅没有获得成果,反而造成了动荡和不安。[28]

沃格林在这里对代表制采用的二分法分析,其实并没有太多惊人的创见。代表制的问题应该是政治哲学或者公法理论中的经典问题,目前也有一些相关的文献论及,这里不作细致的评论。[29] 在沃格林的语境下,所谓存在意义的代表,即实现政治社会(人民)得以整合的政治力量(政党);同时,只有在一个社会具备了存在意义上的代表的前提下,才可能产生宪法和法律意义上的代表。

沃格林的二分法与很多思想家在公法理论中使用的二分法具有异曲同工之妙。在洛克(John Locke)的《政府论》中也有此种二分法,即政治社会和政府的区分:首先由自然状态下的成员达成一致共识——形成一个政治社会共同体;然后,在此基础上选择政府的形式来保障公民的财产安全和自由,而一旦政府没有实现这个目标,就要替换掉既有的政府形式,但解体的是政府,而不是政治社会。[30] 在有关主权者的学术讨论中,也有政治主权者、法律主权者的二分法。[31] 在施米特(Carl Schmitt)的宪法概念中也有此种类似特征,即绝对宪法概念所强调的是存在状态(社会秩序),而相对宪法概念强调的是法律状态。[32] 仔细品味这些相似之处,就可以发现,对于政治社会来讲,保证存在状态或者说

〔28〕 参见[美]沃格林口述、桑多兹整理:《自传体反思录》,段保良译,华夏出版社 2018 年版,第 54 ~ 55 页。

〔29〕 参见[美]汉娜·费尼切尔·皮特金:《代表的概念》,唐海华译,吉林出版集团有限责任公司 2014 年版;强世功主编:《政治与法律评论》(第 8 辑),法律出版社 2017 年版;彭錞:《代表制:基础理论与英国叙事》,载吉冠浩主编:《北大法律评论》(第 17 卷·第 1 辑),北京大学出版社 2017 年版,第 87 ~ 121 页;刘刚:《政治代表概念的源流——兼论我国宪法的代表结构》,载《中国法律评论》2016 年第 4 期;刘刚:《现代政治代表的历史类型与体系结构》,载《中外法学》2014 年第 3 期。

〔30〕 参见[英]洛克:《政府论》(下篇),瞿菊农、叶启芳译,商务印书馆 1964 年版,第七章、第八章和第十九章。

〔31〕 参见[美]小查尔斯·爱德华·梅里亚姆:《卢梭以来的主权学说史》,毕洪海译,法律出版社 2006 年版。

〔32〕 参见[德]卡尔·施米特:《宪法学说》,刘锋译,上海人民出版社 2016 年版,第一章、第二章。

秩序状态是第一位的,而无论存在的形式是什么。当然,这只是在逻辑上的区分。因为存在一定是有形式的。那么,存在意义上的代表在很大程度上也可能更容易地成为宪法和法律意义上的代表。而对于混淆两个逻辑的实践后果,当代政治学者福山也在其作品《国家构建:21 世纪的国家治理和世界秩序》有关"国家能力"和"国家权力"的二分法中提出来了。[33] 沃格林和其他思想家的观点,无非强调了作为整体的社会秩序对于共同体的行动和共同体成员利益保障的必要性。生存本身就构成一个重要的问题。

不过,尽管这种二分法的新颖性并不抢眼,但在后面的讨论中,存在意义上的代表问题就开始显现出来。更重要的是,代表制作为一种符号话语,按照沃格林的框架,实际反映了社会对于存在状态的一种自我解释和意义赋予。尤其是,存在意义上的代表制实际是西方现代性文明在政治领域的一种体现。在西方现代性语境下,存在意义的代表已经掏空了超越性实在代表的价值和意义,自身成为一种垄断的真理来源。

(二)政治社会整体作为一种超越性(真理)代表

沃格林在探讨社会自我解释时就已经指出,符号话语存在两种形态,即已经存在的和由理论家进行批判性阐释的。在历史中,这两种符号话语形态常常存在某种紧张关系。也就是说,社会整体往往有自己的一套符号话语——已经存在的形态,理论家们(哲学家)往往会对已经存在的符号话语进行批判甚至是反对。如是,则社会整体所构建出来的符号话语又有哪些形态呢?因此,沃格林在此发现代表问题另外一个新维度:社会整体作为某种真理秩序的代表有哪些类型?他指出:"那么就有必要作出如下区分,一是社会通过它的连属了的代表者而被代表,第二层关系是社会本身成为某个超出它自身之物的代表,成为一个超越性实在的代表。"[34]

在本书中,沃格林讨论了 3 种类型的超越性真理。(1)宇宙论真理。即将社会整体理解为某种宇宙秩序在世俗世界的代表。早期帝国(如蒙古国)都采用此种符号话语,甚至连今天的共产主义的意识形态,都是此种真理遗迹的世

---

[33] 参见[美]弗朗西斯 · 福山:《国家构建:21 世纪的国家治理与世界秩序》,郭华译,学林出版社 2017 年版。

[34] [美]沃格林口述、桑多兹整理:《自传体反思录》,段保良译,华夏出版社 2018 年版,第 58 页。

俗化形态。[35] (2)人类学真理。此即通过以人作为基础来建构社会秩序。柏拉图曾指出,“城邦就是一个大写的人”中有所体现,即“每个有秩序的社会,都反映了组成该社会之人的类型”。[36] 今天,我们也会说,有什么样的人民,就有什么样的政府。实际的源头就在柏拉图这里。社会秩序的差异,根源在于人的差异。[37] 这一真理,在后来的许多政治理论中都得到了应用,尤其是沃格林重点分析的霍布斯(Thomas Hobbes)的理论。再如,孟德斯鸠(Charles de Secondat)也谈到,在不同的气候、土壤、地理环境下,也应该会有不同的政府类型。[38] 只不过,在沃格林看来,后来的许多政治理论都忽视了人类学真理的整全性,而只拿走了自己想要的。(3)救赎论真理。这种真理是基督教所宣扬的,其核心是表明人的伟大有其限度,人心向上帝敞开。“人如果只徒有其纯粹的人性,而缺乏‘由爱塑造的信仰’,就是魔性的虚无,这个洞见被基督教极端清晰地揭示出来了,传统上称之为启示。”[39]这一真理体现在奥古斯丁(Augustine of Hippo)《上帝之城》以及中世纪教会国家的政治组织之中。

但所谓真理究竟指的是什么呢?从古希腊的意义上来说,其指的是不被蒙蔽,是对意见的去除。而在沃格林的讨论中,真理就是某种神学——“相互竞争的各种真理,就是柏拉图所谓的诸种类型神学”。[40] 而神学,在柏拉图意义上就是指的某种神话,而在亚里士多德的意义上是指形而上学。诚如上文所讲,我们可以简单地将真理或者神学理解为社会自我解释或者意义赋予。

沃格林讨论的三种类型的真理常常为某个社会整体所宣称,其代表的是某

---

〔35〕 参见[美]沃格林口述、桑多兹整理:《自传体反思录》,段保良译,华夏出版社2018年版,第63页。

〔36〕 [美]沃格林口述、桑多兹整理:《自传体反思录》,段保良译,华夏出版社2018年版,第66页。

〔37〕 参见[美]沃格林口述、桑多兹整理:《自传体反思录》,段保良译,华夏出版社2018年版,第67页。

〔38〕 参见[法]孟德斯鸠:《论法的精神》(上卷),许明月译,商务印书馆2015年版,第十四章、第十八章。

〔39〕 [美]沃格林口述、桑多兹整理:《自传体反思录》,段保良译,华夏出版社2018年版,第85页。

〔40〕 同上书,第86页。

种真理。这些不同的真理就是社会的自我解释,代表了人对存在状态的某些维度的揭示。一如在沃格林后来的作品《秩序与历史》中所显示出来的,这些不同的真理类型,是在历史的变迁过程中逐步实现了从紧致化到分殊化。宇宙论形式是一种对于秩序比较紧凑的表达,而古希腊的哲学人类学真理和基督教救赎论真理的出现,便是在前一种秩序表达基础上的分化。[41] 这一分殊化的过程,是政治科学理论必须要把握的,即必须把对古希腊和基督教的传统经验予以考虑。[42] 因为,后两者即人类学真理和救赎论真理告诉了我们关于人和历史的两件事:一是,人可以扮演一个理性的神思者和实践的主人角色,在这个意义上,人是伟大的;二是,人处于一种持久的危险之中,即背离了关于信仰上帝并得到恩典才具有的灵,而深陷于自爱的陷阱。[43]

对此,沃格林在"罗马帝国里的代表之争"这一部分讨论了罗马帝国里有关代表的争议问题。罗马帝国的主要问题就是不同类型的真理去垄断存在意义上的代表的斗争问题。理解这个部分需要对基督教和罗马的历史有一个基本认知。我们可以简单概述一下这个线索。

在历史上,早期古罗马和古希腊一样都是信奉多神教的社会,但起源于犹太教的基督教却是一个一神教。基督教的诞生和罗马帝国几乎同步。在帝国早期,罗马对基督教采取的是压制政策。后期罗马皇帝君士坦丁大帝开始公开支持基督教,后来,在 380 年罗马皇帝狄奥多西一世(此皇帝死后,罗马帝国一分为二,即东西罗马帝国)正式将基督教确定为国教。[44] 后来,罗马帝国被蛮族侵扰,逐渐走向衰落,直至 410 年罗马城被攻陷。这引起了那些非基督教的异教者的反思。他们认为,是罗马没有遵循自己多神教的传统,而信奉基督教遭遇神的惩罚。"罗马的陷落被认为是诸神降下的一种惩罚,因为罗马人忽略

---

[41] 参见叶颖:《寻求秩序:埃里克 · 沃格林的新政治科学》,载《开封教育学院学报》2018 年第 3 期。

[42] 参见[美]沃格林口述、桑多兹整理:《自传体反思录》,段保良译,华夏出版社 2018 年版,第 84 页。

[43] 同上书,第 83 ~ 84 页。

[44] 参见[古罗马]奥古斯丁:《上帝之城》(上卷),王晓朝译,人民出版社 2006 年版,中译本序言,第 6 ~ 8 页。

了对他们的祭祀。"[45] 当然,对于这个问题,奥古斯丁的《上帝之城》作出回答,即罗马的陷落与基督教无关。

那么,沃格林想要讨论的问题是什么呢?问题很简单,即当一个具有早期多神传统的国家逐步扩张形成大型帝国时,面对广阔的疆域,如何实行有效控制的问题。用沃格林的术语来说的话,就是当一个帝国初步完成了社会连属化而具备了存在意义上的代表后,如何巩固已有的政治秩序。因为,罗马所征服的地区都有自己的宗教信仰,甚至其自身就是一个多神之国。

沃格林认为,早期罗马的共和政治制度并不足以支撑帝国秩序,于是产生了首席公民和社会政治领袖制度。在帝国产生了一套基于军事、庇护机制而形成的政治秩序。[46] 这种秩序虽然完成了社会连属化,并通过庇护型元首制的扩展,使存在意义上的代表得以诞生。可惜的是,它仍然是"脆弱的工具"。[47] 因此,转向一种神圣性的塑造就成为帝国维持其存在的根本性问题。沃格林考察了罗马帝国的这一转变过程。罗马帝国尝试了很多手段,即试图创造一个新的统一的神圣性,既能将各种神圣性融合进来,又不至于是一种直接的复制。[48] 最后之所以会转向基督教(君士坦丁大帝和狄奥多西一世)这个一神教,原因在于基督教的强大——被压制和迫害仍然没有散灭——应该有助于帝国的强大。[49] 不过,基督教自身将神学与古希腊的形而上学思辨相结合,形成了独特的神学教义——将神学意义上的存在命运和世俗王国的命运对应起来,也使其能够被罗马帝国统治者接纳。比如,优西比乌斯(Eusebius of Cáesarea)就将基督降世和帝国的和平结合起来。[50]

因此,罗马帝国的问题,不仅是存在意义上的代表问题,还包括了如何支撑其存在意义上代表的问题——基督教和非基督教的真理对存在代表的争夺和

---

[45] [美]沃格林口述、桑多兹整理:《自传体反思录》,段保良译,华夏出版社2018年版,第87页。

[46] 参见[美]沃格林口述、桑多兹整理:《自传体反思录》,段保良译,华夏出版社2018年版,第97~102页。

[47] 同上书,第103页。

[48] 同上书,第103~104页。

[49] 同上书,第105页。

[50] 同上书,第110页。

斗争问题。在此,我们就会发现,存在意义上的代表是需要超越代表作为支撑的。换言之,代表不仅有宪法法律代表和存在代表的二分法,还应该是一个三分法:超越实在的代表、存在意义上的代表、宪法法律上的代表。这三方面是相互支撑的,沃格林通过对罗马帝国问题的分析正是要解释,超越实在代表无论如何都是重要的。因为,若缺乏它,存在(尤其是对大的政治体而言)将是不稳固的,如是,则宪法法律上的代表更加没有了根基。

(三)现代性的病因诊断:灵知主义的兴起及其世俗化

沃格林的新政治科学理论,并不是一个纯粹的理论问题,正如他在分析存在意义上的代表问题所强调的。他还有一个更大的抱负,就是试图用新政治科学的理论,来为西方现代性文明的危机做一次"把脉"。在西方思想史上,始终存在对于现代文明进行反思的一股潮流,如黑格尔(Hegel)、卢梭(Jean-Jacques Rousseau)、尼采(Nietzsche)、弗洛伊德(Sigmund Freud)等。在经历了两次世界大战对于人类生活的破坏后,人们发出了对于西方现代性文明的质疑:现代文明在创造进步的同时,也造成了毁灭。在这样的问题意识下,沃格林认为,现代性之所以出现了此种吊诡,根源在于一种灵知主义的兴起。

灵知(gnosis)是一个希腊词汇,"是指一种可以直接'看到'的客观事物,而且可以运用直觉的确定性去掌握的知识类型"。[51] 在沃格林的语境中,灵知可以分为两种类型:一种是"宣称有一种关于终极实在的无可名状的直觉",另一种是"人所具有的清晰理解力可以完美地不捕获现实",两者的实质就是"宣称为绝对知识的东西"。[52] 在这个意义上,灵知主义就是对人的认识能力的盲目自大,不相信人的有限性的一种思维模式或者思想形态。

从历史来源上看,灵知主义有其神学上的渊源,是在古代灵知主义基础上产生的。事实上,现代灵知主义的诸多版本都受惠于神学观念。

经过考察,沃格林认为,古代灵知主义起源于由约阿希姆(Joseph Joachim)创立的三位一体神学观念。这些符号话语后来通过演变逐步形成了一整套支配现代政治社会自我解释的观念符号集。在三位一体的神学世界观中,约阿希姆认为,人类历史包括了 3 个阶段,即圣父时代(亚伯拉罕)、圣子时代(耶稣基

〔51〕 [美]尤金 · 韦伯:《沃格林:历史哲学家》,成庆译,吉林出版集团有限责任公司 2011 年版,第 16 页。

〔52〕 同上书,第 98 页。

督)、圣灵时代(新时代的巴比伦之王)。3 个时代分别迎来了俗人的生命、祭司的生命、修道士圆满的生命。3 个时代的逐步演进过程,是属灵的灵验明显增加的过程,越来越高级。[53]

这一套的神学观念符号最终得以在现代社会被保留下来,它们转化为四种比较重要的符号话语。(1)形成了 3 个时代前后相续的历史观。历史学中的"古代、中世纪和现代"分期;孔德的"神学、形而上学和科学"3 阶段;黑格尔的"自由、自我反思以及精神实现"的 3 个阶段辩证法;马克思的"原始社会、阶级社会和共产主义社会"3 个分类,等等。(2)产生了关于领袖的符号,包括宗教改革中对于圣灵式人物、属灵的人、新人、世俗化时代中超人等。(3)产生了关于先知和新时代的符号。比如,世俗时代的知识分子通过思辨可以发现历史进程的秘密。(4)此即自主的人们的友爱的符号。比如,世俗国家关于自由主义的观念,把国家看成是自主的人的结合。[54]

产生此种神学观念的原因在于希望通过此种历史观念获得一种历史的意义和他们自身在历史中的位置的确定性。[55] 中世纪基督教社会的瓦解(宗教改革)和现代性的展开,宗教经验已经变成了私人领域的事务,人与上帝的关联由此变得薄弱。[56] 基督教提供的经验就此变成了不确定性,需要一种新的神学观念。

将此种神学观念运用于对历史的判断,就形成了某种特定的新历史观。早期古典柏拉图和亚里士多德认为,历史是循环运动的;基督教提供了一种有关"超越的圆满"的目标性运动,即俗世的历史进步。[57] 因此,这样的一种历史进程的观念,就变成了"朝圣的历程,生命的净化,是朝向一个目的的运动;这个目的,即至福的愿景,是一个完美状态"。[58] 在此基础上,便形成了现代历史观念

〔53〕 参见[美]沃格林口述、桑多兹整理:《自传体反思录》,段保良译,华夏出版社 2018 年版,第 118 页。

〔54〕 同上书,第 119 ~ 120 页。

〔55〕 同上书,第 129 页。

〔56〕 同上书,第 130 页。

〔57〕 同上书,第 126 页。

〔58〕 [美]沃格林口述、桑多兹整理:《自传体反思录》,段保良译,华夏出版社 2018 年版,第 128 页。

的基本结构,可以分为两个部分:(1)作为目的成分的运动,重点在于运动,而不在于运动的最终状态,即不论最终的完美是什么——把历史解释成一个不断进步的过程;(2)作为价值论成分的运动,重点在于完美状态,不在于达到完美的手段,形成了乌托邦主义。[59]

由于,12世纪(中世纪快要结束)西方文明的变迁,世界开始进入世俗化时代,必须通过填补新的经验替代品,来补救这种不确定性。[60] 基于对确定性的探求,现代的灵知主义就此开端。

从神学上来看,灵知主义盲信灵魂对于上帝的把握,而将上帝纳入人之中。根据掌握上帝过程中占主要地位的禀赋不同,可以分为几种类型的灵知主义。(1)智识灵知主义,通过思辨和沉思,洞悉造化和存在的万有奥秘,如黑格尔和谢林;(2)情感灵知主义;(3)意志灵知主义,强调对人和社会的积极拯救。现代各色的意识形态(各种主义),都是灵知主义的世俗化极端版本。[61] 灵知主义在中世纪晚期开始,在寻求历史确定性的过程中,不断转向历史思辨。造成此种历史思辨的原因有两方面:一方面,不容忍时代衰老的意识,不接受关于文明停滞的观念;另一方面,西方文明正处在一个实际扩张过程之中。[62]

灵知主义在宗教改革运动中得到了突出性的体现。沃格林以清教徒在新教改革过程中所采用的策略为例进行了分析。[63] 在宗教改革运动(Reformation)中,清教徒对《圣经》(Bible)解释采用了两种技术策略(对材料的选取,对批判工具的打压),最终产生了一种关于"禁忌"的意义。[64] 而在他看来,理论上的禁忌恰恰又是一种不理性的表现。此种灵知主义的观念结构,仍然在后来的思想和实践中延续。

沃格林就此认为,18世纪开始的对于西方文明危机的阐述,可以用灵知主义解释来代替。"灵知主义的思辨通过从超越退却,并赋予人以及他在世间范

---

〔59〕 参见[美]沃格林口述、桑多兹整理:《自传体反思录》,段保良译,华夏出版社2018年版,第128~129页。

〔60〕 同上书,第131页。

〔61〕 同上书,第132~133页。

〔62〕 同上书,第134页。

〔63〕 同上书,第141页。

〔64〕 同上书,第148页。

围的行动以末世论的圆满的意义,克服了信仰的不确定性。这种内在化在经验上越是进步,文明活动就越是成为一种自我救赎的神秘主义事业。"[65] 简而言之,就是西方现代性过于谋求对确定性的追求,无论是在思想观念上,还是在人对社会和自然的改造中,最终促成了文明的危机。

灵知主义蜕化为西方现代性危机的"病菌",根源在于灵知主义试图取代灵魂真理(灵魂的复杂结构和有限性),直至因为强权和战争而走向自我毁灭。[66] 那么,这里提到的灵魂真理到底是什么?

沃格林以霍布斯的政治理论进行了分析。他认为,霍布斯可以说是激进主义的一种代表,就灵魂真理而言,霍布斯在《利维坦》中对于人的描述已经偏离了传统的教诲:他将由奥古斯丁区分出灵魂的二重性(自爱和爱上帝)转变为单一的爱自己,并以此作为人的本性理论加以固定,最终,在此基础上通过社会契约论,创建了纯粹意义上存在的代表——利维坦,而忽视了超越性实在的代表。这分别构成了现代政治理论中三个符号,即新的心理学、新的"病态"的人本性、强调可以完整代表存在意义的利维坦。[67] 这里可以摘录一段霍布斯对于自然状态下人的描写:

> 所以在人类的天性中我们便发现:有3种造成争斗的主要原因存在。第一是竞争,第二是猜疑,第三是荣誉。
>
> 第一种原因使人求利、第二种原因使人为了求安全、第三种原因则使人为了求名誉而进行侵犯。
>
> ——霍布斯:《利维坦》,第十三章论人类幸福与苦难的自然状况[68]

也就是说,现代政治理论对于人的理解,已经走向了歧路。作为一种符号话语的理论,在某种程度上歪曲了人,也进一步促成了人的实践的扭曲。现代

[65] [美]沃格林口述、桑多兹整理:《自传体反思录》,段保良译,华夏出版社2018年版,第137页。

[66] 参见[美]沃格林口述、桑多兹整理:《自传体反思录》,段保良译,华夏出版社2018年版,第177页。

[67] 同上书,第190~192页。

[68] [英]霍布斯:《利维坦》,黎思复、黎廷弼译,商务印书馆1985年版,第94页。

性背离了古老的"地中海传统"(希腊、基督教),变成了没有约束的现代性。要想恢复对人的整全性理解,重建良好的政治秩序,就必须抑制灵知主义的败坏,重新回到古典的传统,尤其是基督教传统。沃格林认为,美国和英国的民主制度为这个问题的解决提供了希望。

无独有偶,沃格林的前辈兼好友美国政治哲学家施特劳斯也对现代性危机有相类似的"回到古典时代"的诊疗方案——两人曾一起联手封杀了卡尔 · 波普尔(Karl Popper),使其未能在芝加哥大学以及后来在美国成功地寻求到教职,因为施特劳斯认为他的作品《开放社会及其敌人》就是在"胡说八道",是"当代不学无术而欺世盗名的典型"。[69] 施特劳斯认为,现代性的危机在于背离西方文明的传统(希腊),由此表现为 6 个方面的病象:"作为化约主义的现代性"——降低了对人的高要求,化约了人性中追求高贵品德的部分;"作为不节制的堑壕的现代性"——放纵欲望的满足,从而走入无法遏制的境地;"作为政治的意识形态化的现代性"——现代性之下的各色思想都是对局部问题的回应,因而是不整全的,且有将自己普遍现实化的内在要求,从而构成了现代性政治思想理论"不足"和"修正"的恶性循环;"现代性与技术的危险"——现代性背离了古希腊对于哲学和科学作为沉思本质的限定,而将沉思变为行动,进入到一种"全技术化"的认知模式;"拒绝审慎"——看不起在历史实践中成长起来的实践智慧;"现代性与'时代危机'"——西方文明丧失了曾经公认的目标,即行动的正当性来源。[70] 与施特劳斯不同的是,沃格林后来提出了一套以"秩序结构"为核心范畴的分析框架,来对历史经验进行梳理。

## 三、多向度的人与多维度的公法

通过对代表、真理和现代性危机等现象的分析,沃格林初步告诉了我们如何运用新政治科学的理论框架。在这个理论框架中,最重要的是,他重申了一个古老的命题:人与政治的基本关系。《新政治科学》批判了对于人的存在的误

---

[69] 甘阳:《政治哲人施特劳斯:古典保守主义政治哲学的复兴》,载[美]列奥 · 施特劳斯:《自然权利与历史》,彭刚译,生活 · 读书 · 新知三联书店 2016 年版,第 7 页。

[70] 参见[美]凯瑟琳 · 扎科特、迈克尔 · 扎科特:《施特劳斯的真相:政治哲学与美国民主》,宋菲菲译,商务印书馆 2013 年版,第 84 ~ 93 页。

解以及由此造成的失序问题——现代性的危机。而在最后对于现代性的拯救中,他寄希望于英美式的民主制度,其原因何在呢?

实际上,在柏拉图的《理想国》中讨论了所谓的"灵魂真理",即人的灵魂秩序。在卷四中,他指出灵魂从结构上而言包括3个部分:理性、气魄和欲望。"我们靠某一领域吸收知识,靠另一领域生恨发怒,靠第三个领域渴望获得食物、各种快乐的机会以及所有诸如此类的东西。"[71]而正义并不仅仅意味着人和外界的关系,还意味着人灵魂的3个部分有序和谐,实现个人内部的正义。[72]也正因为存在一个灵魂的复杂结构,福山发现了西方民主制度的优越性。与一般从个人权利得到保障的论证路向不同,福山发现了人的灵魂结构之中"气魄"的部分,认为这种"气魄"(又被称为激情)驱使人产生了被承认的需要。西方民主制度的优越性并不在于满足了人的欲望部分(利益),而在于通过平等制度——公民权、在法律面前一律平等,实现了个体之间承认(激情)的需要:"民主政治过程之所以重要,不仅在于它是进行决策、'整合利益'的一种手段,还在于它是表达激情的一个过程、一个舞台,在那里,人们可以寻求使自己的观点得到承认。"[73]如果沃格林能够活得久一点,也许可能会赞同福山的此种论证。

从《新政治科学》的文本来看,沃格林想要突出的人的维度,其实是一个有限的、历史的存在维度。他不断地强调,不要遗忘古希腊提供的关于理性的维度,以及基督教提供了关于救赎的维度。如果采用简化的理解,他要想表明的就是,人的基本存在状态是,趋向于无限因此而有限。而这些知识已经在西方文明的"地中海传统"中提供给我们了,只不过被遗忘了。重建意味着回到历史、拾拣被丢弃的智慧。在施特劳斯对于现代性的诊断中也有一些相类似的判断,如认为现代政治不再强调德性的作用等。政治学者福山也认为,现代性的展开其实是柏拉图"灵魂正义秩序"的崩塌:"当代社会科学所描述的'现代化'过程可以理解为,灵魂中的欲望部分在理性的指导下对灵魂中激情部分的逐步

〔71〕 [古希腊]柏拉图:《理想国》,王杨译注,华夏出版社2012年版,第153页。

〔72〕 参见[古希腊]柏拉图:《理想国》,王杨译注,华夏出版社2012年版,第64页。

〔73〕 [美]弗朗西斯·福山:《历史的终结与最后的人》,陈高华译,广西师范大学出版社2014年版,第202页。

胜利,而且这一过程在世界上无数的国家已经悉数完成。"[74]

如果说,沃格林要突出人的有限维度。那么,对于政治秩序的理解,是否可以在更新对于人的理解基础之上,借鉴过来思考公法理论以及制度?答案显然是可以的。美国学者马尔库塞(Herbert Marcuse)曾批判发达工业社会之下,人经异化后变成了单向度的人:"……由此便出现了一种单向度的思想和行为模式,在这一模式中,凡是内容超越了已确立的话语和行为的观念、愿望和目标,不是受到排斥就是沦入已确立的话语和行为领域。它们是由既定制度的合理性及其量的延伸的合理性重新定义的。"[75]更新对人的理解,就是把"单向度"转变为"多向度",以尽量获得对人的整全性理解。

在此过程中,我们也可大胆想象,在历史过程中,人的本性是否可以被改变?一个流行的理解是,人性是恒定的,即使是多面复杂的,那个结构也已经被发现了。但事实果真如此吗?起码,在既有阅读经验中,有一个思想家就提出了反对意见。著名的精神分析理论家弗洛伊德曾指出,在现代文明的进程中,人的性欲望是可以被改造的,最终基于特定对象的欲望转变为对多个对象的欲望。比如,爱欲就是从特定的性欲对象转变为对亲属、朋友等其他对象的欲望:"我们认为,文化是生存的压力下,以牺牲欲望的满足为代价生成的。新文化不断被创造,是因为随后加入人类族群的个体为了顾全大局,不得不做出类似的牺牲。这些被牺牲的欲望中,性冲动占了绝大部分;它们被'升华'了,即它们被从原来的性目标身上转移开来,转向更高尚、与性无关的社会目标。"[76]当然,这样,这个问题就会变得异常复杂了。在当代,也有学者注意到这一点。前面提到的福山对于当代科学技术对人性(什么是界定人作为一个物种的标准)的可能改变进行了有趣的分析:"未来一段时间,生物技术带来的最大伦理争议,将不是对正常人类尊严的威胁,而是对那些并不完全具有定义了人作为物种而存在的所有特质的人。处于这一类别的最大的人群是,未出生(甚至包括已出

---

[74] [美]沃格林口述、桑多兹整理:《自传体反思录》,段保良译,华夏出版社2018年版,第200页。

[75] [美]赫伯特·马尔库塞:《单向度的人:发达工业社会意识形态研究》,刘继译,上海译文出版社2008年版,第11页。

[76] [奥]西格蒙德·弗洛伊德:《精神分析引论》,徐胤译,浙江出版联合集团、浙江文艺出版社2016年版,第9页。

生)的婴儿、临终的病人、患有虚弱疾病的老人,以及残障人士。”[77]

那么,这些对人的理解,是否可以转化为对“人与公法”的讨论呢？显然是有可能的。实际上,基于法律上人的形象的讨论早已有很多的研究,[78]很多思想家都对人的维度进行了分析,如汉娜·阿伦特(Hannah Arendt)就曾指出了3种类型的人:工作之人、劳动之人与行动之人。[79] 如果不考虑人的维度是否可以在历史中被塑造这一复杂问题,其实也可以把人的存在维度作5个层面的分解:一是欲之人,即对利益的渴望;二是激情之人,即对承认的需要;三是理性之人,即对节制的渴望;四是个体之人,即单一的个体;五是整体之人,即人的集体。以此多维度人的形象,可以去观察我们的公法制度及其实践中是如何对待人的。但是否有更多的维度的思考,值得我们去反思。在公法的视角之下,可以说公法制度的设计应该关照人的不同维度,才可能是一个良好并且满足需要的制度,这种关照可能是保护也可能是抑制某种维度。美国学者保罗·卡恩(Paul W. Kahm)就专门讨论过自由主义对爱和牺牲的遗忘,要求要把它自己(自由主义)的位置摆正。[80]

这些话题都值得我们去研究,这里无法完全展开,但开放出一些小的命题。

第一,现代法律制度都是基于“个体之人”和“整体之人”的矛盾关系来展开的。个人权利和自由的保障,始终要在个体与个体之间、个体与社会整体之间达至平衡状态。在不同的境遇下,可能会有所偏向,这就牵涉权利义务的配置。

---

〔77〕 [美]弗朗西斯·福山:《我们的后人类未来:生物技术革命的后果》,黄立志译,广西师范大学出版社2017年版,第174页。

〔78〕 参见[德]古斯塔夫·拉德布鲁赫:《法律上的人》,舒国滢译,网络稿;林彦:《现行宪法中的“人”:“宪法时刻”的留白》,载《探索与争鸣》2017年第5期;2018年8月举行的第十四届宪法学基本范畴与方法学术研讨会专门讨论“国家机构”和“人”,相关综述参见《第十四届宪法学基本范畴与方法学术研讨会综述》,载微信公众号“中国法律评论”:http://www.yidianzixun.com/article/0K2clxxk,2019年3月19日最后访问。

〔79〕 参见[美]汉娜·阿伦特:《人的境况》,王寅丽译,上海人民出版社2009年版,第1页。

〔80〕 参见[美]保罗·卡恩:《摆正自由主义的位置》,田力译,中国政法大学出版社2015年版。

第二,现代法律制度在很大程度上是奠定在“欲望之人”和“个体之人”的基础之上的。对于个体自由之强调,基本上是在欲望这个维度上展开的。若要调和“个体欲望之人”与“整体之人”的矛盾关系,就有必要引入一个“理性之人”和“激情之人”的形象,前者是一种对自身的克制以及对后果的计算,后者则意味着一种奋不顾身的献身精神。

第三,现代法律制度中的人是被类型化的人,或者按照拉德布鲁赫(Gustav Radbruch)的说法——“平均类型的人”,甚至可以称为是一种“整体之人”。法律规则为追求普遍性,其调整对象并非具体的个人,而是被抽出背景、经济实力等之后一种抽象的人。因此,法律制度先天就有一定的滞后性。

第四,现代宪法应该是对人的所有维度进行总体关照的机制。宪法既要发挥人的所有维度,又要抑制一些维度,并通过宪法实施将此种设定充分发挥出来。宪法是一个完整的大写的“人”,而部门法就是对“人”的部分拆解。宪法始终要保持对部门法的控制机制。这一前提是,充分挖掘出宪法中对于人的维度进行关照的应然机制和现实状态。

第五,克服现代法律制度将人平均化的弊端仰赖于司法过程。司法过程是将平均之人的规则应用于具体之人。此时,具体的人的需要如何被关照,就需要有对人的知识以及宪法(整全的“人”)和部门法(拆解的“人”)在人的多向度这个层面的理解。在这个意义上,我们讲的“努力让人民群众在每一个司法案件中都感受到公平正义”其实是很难的。

## 四、剩余的启发

沃格林在本书中有一些可能会被忽略的细节,也值得我们运用到宪法学的思考之中。比如,代表制的二分法和代表与代理的区分。

存在代表和法律代表的区分,对于理解党的领导和人大体制的关系具有启发意义。基本上,我们可以把党作为一个存在意义的代表,人大作为法律意义上的代表。存在代表和法律代表之间关系应该如何?就我们的现实而言,党不仅作为存在意义的代表,而事实上也在作为法律意义上的代表。此种双重代表地位,存在什么样的问题?是否可以以此把存在代表和法律代表在理论逻辑框架上更进一步完善,以解释中国的现实?笔者觉得是可以进一步思考的。

最后一个问题是,为什么会选择沃格林(或者类似的经典作家)?沃格林最大的优势就是把所有思想(在他那里是观念符号,这个外延更宽)都纳入了一个思想史的脉络中。我们就能更好地形成一个思想光谱,然后把以后会接触的思想家放在光谱中,分析他的位置、贡献和不足。实际上,另外一位政治哲学家施特劳斯也有这样的"功力"。此类经典作家,往往会把现代各类思想之源头确定在更早的历史时期,如希腊甚至希腊之前、中世纪。最近较流行的政治神学就是要在这个意义上,打通启蒙时期和中世纪之间的关联而非通常所谓的断裂。施米特就曾断言:"现代国家理论中所有重要概念都是世俗化的神学概念,这不仅由于它们在历史发展中从神学转移到国家理论,比如全能的上帝变成了全能的立法者,而且也是因为它们的系统结构,若对这些概念进行社会学考察,就必须对这种结构有所认识。"[81]通常,我们的公法理论及其思想,基本上都是在现代性展开过程中所形成的。因此,很多的概念框架甚至是思考问题的方法,都受到启蒙思想的限制。我们对公法理论的阅读,尤其是经典作品也大都会从启蒙时期的作品(如《政府论》、《利维坦》、《社会契约论》和《代议制政府》等)开始读起。而事实上,启蒙思想的作品背后可能会有更久远的希腊、宗教传统。因此,逐渐地开始在对现代性进行反思和批判的视野中,来阅读这些现代经典可能会有不同的感受,甚至会有新的启发。这样的启发,对于理解现代公法理论和制度,甚至是分析其存在的问题,都是非常有帮助的。但也要警惕,这个效果可能是慢慢显现的。读这些作品,可能并不会快速转化为既定的论文写作材料,但对于扩大视野是百利而无一害。当然,我们也会发现要理解现代西方思想,如果对世界历史(本文涉及的罗马和基督教的历史)以及其他的思想来源如宗教经典(如《圣经》以及相关的神学作品)欠缺必备的知识,也会遇到重重困难。所以,找补我们知识结构中"短板",也十分有必要。

更重要的是,沃格林选择用哲学反思的形式,对已经产生的符号话语进行内部观察。这种内部视角,对于我们观察宪法行政法学的某些特定的观念以及思考方式也有好处,甚至可以作一些这方面的研究。美国学者保罗·卡恩就以内部的视角审视了法律作为一种文化想象,认为法律中自由裁量权、主体、人

[81] [德]卡尔·施米特:《政治的神学》,刘宗坤、吴增定等译,上海人民出版社2015年版,第49页。

民、国界、改革、革命等概念范畴,都是某种特定文化想象的产物。[82] 是否也可以针对我们公法制度中某些特定的概念范畴、观念体系和研究方法,作一些此类的研究?

Multi-Dimentional Person and Multidimensional Public Law
—A Review on the New Science of Politics

Qin Xiaojian

**Abstract**: *The New Science of Politics* is an academic declaration among the brilliant thought of Eric Voegelin, who opposes the over-governing from positivism upon social science. Instead, he proposes a retreat toward the tradition of science and rationality of ancient Greece, and takes it as a standpoint when it comes to the research of people and political society. Voegelin states that people are historical beings of society, who can not be regarded merely as objects of epistemic as well as practice, in fact, people have a self-ascribing-mechanism of meaning: symbol discourses, which appear as rituals, myths and theories. Political science should think about the meaning, resources and changes of these social self interpretation. Modern concerns have been transferred to the thesis of people and public law, which include a research towards multi-dimensional person and multidimensional public law. Besides, the issue of multiple agency surpassing reality represents-existence represents-constitutional and legal represents-agency can also help to understand the representation problem of Chinese constitutional institutions.

**Key words**: Eric Voegelin; The New Science of Politics; The self interpretation of society; Public law; People

---

〔82〕 参见[美]保罗・卡恩:《法律的文化研究:重构法学》,康向宇译,中国政法大学出版社 2018 年版,第二章;[美]保罗・卡恩:《政治的神学:新主权四论》,郑琪译,译林出版社 2015 年版。

# 文明冲突与中国宪治观察

## ——评《业余者说》

徐　爽*

**内容摘要：**

本文旨在审视当代中国宪法学研究中一个独特的思想体系及话语表达。王人博教授的《业余者说》从一个知识分子的良知始，以“语境还原”为法，梳理了中国近现代宪制发展史上的关键性概念，如革命、民族、社会主义、富强目标等，确立起对近世中国现代化转型之中宪制形成及特质的整体性理解。这样的研究方法及识见击穿了单一的法学学科的问题意识和专业界限，为研究中国宪法具体问题提供了思想平台，也使其自身成为学术研究共同体中不可缺少的部分。

**关键词：**

《业余者说》　文明的冲突　语境还原　宪法的中国性

100年前，马克斯·韦伯(Max Weber)在慕尼黑大学发表的那次著名的演讲中说：“我们这个时代……学术已达到了空前专业化的阶段。”[1]而今，这一论断放在当下中国学术界，也并不过时。随着社会的发展，中国社科研究成果丰硕，研究水平不断提高。这反映了快速进步的时代对于社会科学研究的期望与要求，需要更多的成果，需要社会科学自身的壮大，以及对社会施以反馈。

然而，社会科学与自然科学不同，它要求研究者贡献的不仅是专门化的知识，还要是历史的观察、自我的批判、在繁杂中发现规律，在学术研究和社会现

---

* 中央民族大学法学院副教授。

〔1〕［德］马克斯·韦伯：《马克斯·韦伯社会学文集》，阎克文译，人民出版社2010年版，第132页。

实之间建立有迹可循之路,而且,这条路还要指向全新的时代。人类想要征服自然界,想要在无尽宇宙中为种族寻求生存空间,很难;但更难的是人类对自我的征服。每一位社会科学研究者都是孤身上路,在文明之光微弱处点燃自己的智识与良知,为人类族群的改造与前进照亮道路。或许每一位社会科学研究者的影响是微小的,但他所关怀的对象却以亿万斯民为归依。文以载道,这个时代需要社会科学研究者做出更多贡献,发出更多的声音。但研究者本人也要时常停下来,缓一缓,像医生问诊一样反思自我的智识与良知。这样,才能确信自己的研究和对社会所发表的意见,是经由一个健全的人所表述的,是负责任的。或许,正是这时常的缓一缓,才有了王人博先生的《业余者说》。

## 一、知识分子的良知

知识分子为社会所尊重,相应地,也有更多的社会责任。鲁迅先生在《且介亭杂文 · 中国人失掉自信力了吗》中写道:“有埋头苦干的人,有拚命硬干的人,有为民请命的人,有舍身求法的人……虽是等于为帝王将相作家谱的所谓正史,也往往掩不住他们的光耀,这就是中国的脊梁。”[2] 知识分子是社会的良知,首先自己要有良知。鲁迅先生的文章如同一杯苦茶,虽然苦口,却能让人时时警醒。

王人博先生是个“迅迷”,或者用他自己的话讲,一个鲁迅的“业余爱好者”。人博先生对鲁迅的痴迷,由来已久。他写过不少关于鲁迅的文字——如《再嚼鲁迅》《又见鲁迅》《人鬼话未了》[3]——但作为一个专题集中发表一系列文章,该书还是第一次。鲁迅对于人博先生,不止是一个研究对象。

鲁迅的存在,在这个现代性的世界里,在习惯了热闹的孤寂中,更像是作者的一个倾诉对象。人博先生在书中写道,上大学时开始接触《鲁迅全集》,因这样一个平淡的机缘,从此往后,阅读鲁迅、理解鲁迅,便成为一生相伴的习惯。“特别是在深夜,点上一根烟,与他对坐把盏,看一看他看过的风景”,想一想他有过的醒与梦。

人博先生读鲁迅,也读其他学者读鲁迅。在人博先生写鲁迅的文字中,交

---

[2] 参见鲁迅:《鲁迅全集》(第 6 卷),人民文学出版社 1981 年版,第 118 页。

[3] 参见王人博:《孤独的敏感者》,广西师范大学出版社 2013 年版,第 151 页。

替引用了孙歌的鲁迅、汪辉的鲁迅，日本学者丸尾常喜、竹内好的鲁迅。这种文本交织的景观，映照出学人间彼此平行的思想苦行。他们站在各自的位置齐齐望向鲁迅，又跨越语际遥遥对话，形成一种独特的心灵关照的景观。人博先生告诫，最好不要从一般意义上把竹内好看作鲁迅研究的专家、学者，"专家""学者"这样的头衔加在竹内好的头上似乎不合适；[4]最好也别从"研究"的方式上对竹内好的《鲁迅》说三道四，他相信竹内好本人也只会笑笑而已。[5] 这是思想者之间"平等的凝望"，[6]也是灵魂与灵魂之间的"将心比心"。因为人博先生能理解，竹内好对于鲁迅，早已不是什么研究或者分析，而是像"写遗书"一样对待他要倾诉的人。同样地，人博先生对于鲁迅，也不是什么商榷或者辩难，而是像"写情书"一样对待这样"一个不平常的常人"。[7] 他们阅读鲁迅，都"投入了所有的心身和热情"。[8]

知识分子研究的学科各不相同，但又往往有类似的心灵苦旅。在人博先生眼中，鲁迅先生是"一个不平常的常人，常人具有的喜怒哀乐他都有"。鲁迅笔下的人与鬼、生与死、希望与绝望，人博先生同样咀嚼过。哈佛大学最古老的校训是"真理"（Veritas），这个词一直印在哈佛校徽上，其意为"以柏拉图为友，以亚里士多德为友，更以真理为友"。而对中国知识分子来说，犹喜与鲁迅为友。只因命运常会叫人迷失，唯有与先哲相伴，才能在历史的洪流中，保有良知，坚守住时代的"闸门"。

## 二、跳出象牙塔

世界秩序的形成，经历了今天所说的全球化进程。全球化的时间起点，远比我们通常所能想象的要早得多。从 15 世纪末，西班牙、葡萄牙、荷兰、英格兰等欧洲国家先后启动环球航海探险开始，全球各片已开发、未开发的大陆及人类主要聚居区就陆续不同程度地被联结起来。这样的"联结"实际上就是欧洲

---

[4] 参见王人博：《业余者说》，广西师范大学出版社 2018 年版，第 29 页。

[5] 王人博：《业余者说》，广西师范大学出版社 2018 年版，第 29 页。

[6] 同上书，第 28 页。

[7] 同上书，第 22 页。

[8] 同上书，第 30 页。

国家探险、扩张、殖民征服、进而展开全球贸易的过程,也是所谓现代化以及全球化的过程。对启动这一过程的欧洲国家来说,这是他们从个人竞争到国家间竞争而引发的、向欧洲大陆以外的区域开发资源以强化自身力量的必然趋势。从这一席卷全球的复杂动荡的过程来看,它将造船、航海技术、军队配置、政治统治、生产模式、贸易事业以及宗教、文化冲突和交融等各种元素集结为一个一体的巨大的系统。

这样一个全球化的进程从根本上需要一种一体化的力量来推动,这种力量既是技术上的,如交通、通讯、货币;还是精神上和文化上的,又如超越纯粹地方性知识的观念。全球化正是这样多种"硬的"和"软的"元素合力作用的结果。精神上、文化上的观念在全球化过程中,与其说表现为相融和统一,不如说凸显了相撞和冲突。并且,种种冲突的激烈,甚至发展到全球化危机的程度。在全球朝向一体化的趋势中,为什么出现了亨廷顿(Huntington Samnel)提出的"文明的冲突"问题?亨廷顿有一个言简意赅的总结,因为文明是最大的我们,在其中,我们在文化上感到安适,因为它使我们区别于所有在它之外的"各种他们"。[9] 全球化使地球变平、变快、变小,将原本相距遥远的我们和他们直接拉到同一处逼仄的空间,由此产生了我们和他们的种种不适甚至冲突。

在《业余者说》中,人博先生认为:亨氏的"文明冲突"论,本质上是一种"语境对撞"。具体到近世中国的时空,近代中国与西方遭遇就是两种语言、两种文化语境的碰撞。然而,"语境对撞"并非简单的桌球撞击似的对抗或冲突。全球化拉近了不同人群的距离,不但可能制造敌意,而且也会产生新的认同。[10] 文明的混融是正在发生的事实。语境如同流淌之河,在不同文明之间排斥、拒绝的同时,也同样会生出新的认同和吸纳。新的文明未尝不是在各种语境碰撞、激荡和混融中诞生的。

人博先生提醒道:亨廷顿犯了一个明显的错误,那就是他忘记了中国是一个善于学习的文明体。近世以来,中国向外寻求真理,探求自己的文明复兴之道。[11] 革命、新生、改革、建设,这是在坚持自身主体性的前提下学习。学习实

---

〔9〕 参见[美]塞缪尔·亨廷顿:《文明的冲突与世界秩序的重建》,周琪等译,新华出版社 1998 年版,第 26 ~ 27 页。

〔10〕 参见王人博:《业余者说》,广西师范大学出版社 2018 年版,第 133 页。

〔11〕 同上书,第 134 页。

则是语境的转换与生成。由是,近代以来的中国宪法史就是一部宪法从传统到更新、不断超越地方性知识获得现代国家普遍意义最高准则的历史。宪法除了古汉语中"作宪垂法"的本意,也对国家权力加以规范、对国民权利作出承诺,成为政府官员时时需谨守的权力规则和捍卫人民权利的永久宪章。传统的"宪法"在新的语境下获得再生,适势求是载入新的时代内容,组织权力运作,保障民生民权,"蕴含着中国成为一个现代国家的希望、目标和理想"。[12] 循语境的转换及其保留其间的内在关联,也可解释中国宪治史上的关键词,如人民、民主、议院、共和、自治等。

## 三、关注语境

有学者曾将王人博先生的宪法研究称为"人文宪法学"。这样的评价收窄了人博先生的学术观照。"人文"可能是人博先生宪法研究区别于其他规范意义或者政治学意图为主要取向的宪法研究而呈现的"个人风格",但"人文"一词远远不足以涵盖先生的宪法研究。语境是一个"脚手架",人文标示出"建筑风格",人博先生的宪法学是以研究社会为取向,从思想的维度建构出来的整体的理论框架,它展示的是在近世中国现代化转型之中宪法自始由来以及可能发展的大方向。

坦白地讲,人博先生的宪法研究很难简单地定位到某一学科或者某一专业,因为他的宪法研究从关键性概念出发,把社会思潮以及历史中的重大问题勾连起来,形成了对社会的过去和现在的整体性理解,已经远远超出了单一学科或专业的问题意识和认知。这样的研究从不局限于某一学科或专业圈出的界限,也不是简单地站在传统或者现代一方的立场,批评一番就了事;而是提供了一个复杂的整全法版本,供后来者摸索与发展自身的分析力,与同行者较量才智。在宪法学地图上,缺了这样全面整体的观念,任何论断的基础都不稳固。

人博先生对中国宪法的整全性认识,如果说有路可寻的话,那就是他所强调的必须将研究对象语境化,在语境中理解研究对象,也在语境中解释基本概念。这毋宁说是一种研究方法和研究立场的坚持。

语境有双重含义。其一,"语境"系指一个"词语"存在的"环境",最直接

---

〔12〕 王人博:《业余者说》,广西师范大学出版社 2018 年版,第 115 页。

的,也就是"上下文"。上下文有助于解释词语的含义。这是从词语解释的角度来说的。其二,再进一步,词语本身是有所指的,它可以指向某一动作、某一事件或某一重大问题,此时,语境就是围绕该动作、事件、重大问题的场景。这侧重的是对词语言说对象本身的理解。无论从哪一个角度看,语境都非可有可无、浅尝辄止的"托词",恰恰是必不可少、深入研究的"底座"。人博先生说:"我们都是通过语境去理解文本或语篇的意义,没有语境,理解就无所依凭,也就无法把握其意义。"〔13〕一个词语只有放在句子中才能被理解;一句话的意义也必须被置于整个文本中,根据上下文的句段关系去把握。同样,某一动作、时间和重大问题,只能在密切相关的历史、社会情境中才能得到确当的认识和把握。在社科领域,任何结论总要放置于具体语境下才能成立。语境构成了意义系统,所有的理解都只能在语境里发生。没有语境,理解无从谈起;而一旦语境错位,误解层出不穷。

一直以来,人博先生注重语境研究。社会科学研究需要正本清源,首先是防止前提性的语境错位。在法学乃至社科研究中,所谓的语境错位,即是将默认的初始语境调制到某个抽象的政治、法律思想传统与话语模式,继而在这个隐形的语境下展开对中国问题的研究。如此进行的研究势必会出现理论前提与分析对象之间的紧张或者内在冲突,难以获得对法律现象、社会事件的解释力,更遑论得出经得起社会事实检验的结论。《业余者说》指出,在中国宪法的研究中,"直接套用西方宪法学范式,会使我们的研究错失事实之真,无法嵌入现实"。〔14〕由此,"校对"语境是展开研究、得出结论的前提条件。"要把握中国宪法的核心问题,必须具备一种突破西方宪法学范式的能力,必须有一种挖掘中国宪法自主议题的眼光。"〔15〕的确,人博先生目力所及,常能发现问题、还原语境(contextualization)。

在一定程度上,语境甚至比单个的研究对象本身更重要。因为语境预先决定了研究对象所存在的框架,在这个框架内,研究对象和其他大大小小的事物经过博弈形成了一个"生态系统"。所有的活动都会在这个超越于所有行为体之上的"生态系统"当中才得展开。单个的研究对象并不足以决定其自身命运,

---

〔13〕 王人博:《业余者说》,广西师范大学出版社2018年版,第99页。

〔14〕 同上书,第154页。

〔15〕 同上。

正是它与其他事物的相互作用乃至整个系统决定了研究对象的去向,研究对象此刻反成了"细枝末节"。所以,专家研究局部,而思想者看重语境。

## 四、宪法的中国性

人博先生是近代中国宪治史的专家。人博先生的近代宪制研究,"注重历史衍变中相互关联的因素",这种相互关联并非简单的因果关系,而是许许多多互相竞逐的因子,少数因子与后来事件发生历史意义上的关联,而其他因子的歧出性与复杂性,则隐没在历史进程中。人博先生通过对关键词——如现代性、天下、民族主义等——的反复梳理,将近代宪制史上的思想关联逐一廓清,其后隐现的是整体性的近代中国。而这样的整体观正是后来者立论所依据的平台。人博先生擅长思想分析,因为近代中国法政思想大家王韬、郑观应、梁启超都是他的研究对象兼心灵盟友。《业余者说》一书中的思想分析,如同金线,把各种政治制度织成一个有机体,使立宪机制变得可以理解。这正是思想分析的魅力所在。

不止于此,《业余者说》一路纵贯,继续讨论了当代中国宪制中的社会主义、法治、民族区域自治等重大问题,这就难免涉及中西比较。人博先生也作中西比较,但从不曾丧失自身清醒的主体意识,也不存任何被害妄想。恰如其分的,如同沟口雄三"以中国为方法"一样的,[16]他是"以西方为方法,以世界为目的"。

比如,现代宪治的基础,他认为,契约主义是西方宪制的关键。契约主义中所包含的人民主权、权力限制以及权利保护是近代欧美政治生活中所面临的基本问题。但对于近现代中国来说,用契约主义应对中国政治问题,就显得文不对题。中国近现代的基本问题不是限制国家权力,而是相反,即怎样去建立一个现代国家并让它充分发挥作用。

作者谆谆告诫:中西在近代所处的不同语境是我们思考和研究中国宪治问题的基本依据或前提。这就要求中国的思考者、研究者真正进到中国近代史的

〔16〕 参见[日]沟口雄三:《作为方法的中国》,孙军悦译,生活·读书·新知三联书店2011年版,第1页。

内在逻辑,而不是在中国的历史之外作一些原理性的简单比附。[17] 而这恰恰是从事中国宪治研究最需注意又最易被忽略的。因为当下的立宪实践也好,宪法研究也好,正是建立在对本国过往社会及现实状况的准确认识的基础之上。

宪法是一项延续性的政治事业。新中国成立后的每一部宪法——1954 年《宪法》、1975 年《宪法》、1978 年《宪法》和 1982 年《宪法》——都规定了"中华人民共和国的一切权力属于人民"。也就是说,从制宪一代开始,把这个国家其后的不同世代都卷入其中。不同世代中的所有人民都同样是人民的一部分,接受并致力于推进宪法的规划,由此,创造出了"我们人民"这样一个集体主体,并将宪法视为我们政治选择的重要价值的源泉。我们都在宪法之下,遵守宪法,适用宪法的文本和原则,也表明我们、生活在过去的人们以及生活在未来的人们的相互认同,我们正在继续前代人的工作,并且这项工作会被后代人所沿续。只有不同世代的人结合在一起,包含着富强、文明、民主价值的宪法才能具有适用的现实土壤,从而有了真正的生命力。所以,宪法事业必须要发掘和接引我们的政治传统。

现行《宪法》是法律体系的核心,它首先还是国家历史孕育的成果,也就是对近代以来革命与建设经验的总结。宪法"以法律的形式"确认了取得共识的、作为展开进一步政治活动之基础的政治经验。它既是对过去经验的总结,又是对当下政治活动的安排,还是迈向未来的台阶。从表现形式看,它既体现为规范意义上的宪法文本(the constitution),也是在中国现实生活中展现出来的活的宪法(the living constitution)。如果剥离宪法研究的语境,或者错置语境,就会导致中国宪法研究"表达"与"实践"之间的背离。[18] 这也是强世功教授提出的"中国宪法的背离主题"。一旦背离主题,研究者无论发展出多精致的话语体系,都难以对中国宪法的实践形成真正有解释力的阐释。这又回到了宪法学研究的语境论,语境理论和方法有助于打破法律的概念主义、形式主义和文本所强化的"成文宪法"概念的桎梏,[19] 使我们得以发现那些在政治生活中大量存在的、发挥宪法功能和效果的实际规则。

---

〔17〕 参见王人博:《业余者说》,广西师范大学出版社 2018 年版,第 153 页。

〔18〕 参见强世功:《中国宪政模式? ——巴克尔对中国"单一政党宪政国"体制的研究》,载《中外法学》2012 年第 5 期。

〔19〕 同上。

中国百年来的历史，尤其是1949年之后的历史，其核心内容是以中国共产党为主体的政治史。在以执政党为主体的当代中国政治实践中，宪法是执政党领导各族人民进行国家建设的政治经验的权威化；是把政党和国家整合为一体，联结政党与国家的枢纽。[20] 党政关系，这是从1949年中国开始政体设计的"起点"。而对于党和国家的关系，最关键的则在于党章中不仅明确规定党的任务在于"坚持党的领导、人民当家作主、依法治国有机统一，走中国特色社会主义政治发展道路，扩大社会主义民主，建设中国特色社会主义法治体系，建设社会主义法治国家，巩固人民民主专政，建设社会主义政治文明"，还明确宣布："党必须在宪法和法律的范围内活动。"而这一条也是宪法的基本原则之一。这就意味着，党与国家的关系在宪法和党章这两个最高效力的文本中被明确规定下来。国家必须坚持党的领导，党必须依宪依法而行，党和国关系的法律化构成了我国宪治的重要内容。由此，从宪法解释技术来说，相对于普通法系国家，要通过一长串宪法案件判决意见汇成的庞大家族，来厘清宪法原则的形成与发展脉络；对中国宪法的原旨(original intent)与逻辑，则需借助执政党的重要会议和正式文件来探寻。具体而言，在党章和党的历次全国代表大会形成的报告等重要文件和宪法之间，党章修改了，党的全国代表大会形成了新意志，依照宪法惯例，宪法会作出相应的修改。这形成了一种对话关系。但此"对话"不能被理解为一种简单的对应，它应当被放在国家政治生活和法治进程中来加以认识和考察。以此开放的对话视角，无疑将大大拓宽宪法研究的领域。

## 五、击穿专业

《业余者说》启用"江湖"的意象贯通了政治学、法学、社会学等学科各自划定的地盘，还原出社会科学本身应当研究的真实对象。人博先生对自己的工作有着清晰的自觉，他说这是在"拆墙"，拆掉学科之间竖起的墙，而不是"砌墙"。"江湖"是共有的，向所有专业开放。[21] 不仅如此，"江湖"也是中国所特有的。"那一片后土……四海漂泊的龙族叫她做大陆，壮士登高叫她做九州，英雄

[20] 参见张劲：《团结宪章——宪法的中国意义》，载《政法论坛》2014年第1期。

[21] 参见王人博：《业余者说》，广西师范大学出版社2018年版，第194页。

落难叫她做江湖。”[22]人博先生一直念兹在兹的江湖,其实就是要守住那个不“自我殖民化”、不“被西潮淘空”、“一念耿耿为自己喊魂”的“低咜的中国”。中国是一个复杂的、多重的主体。无论从哪个方面定义它,都只能触及它的某个侧面。[23] 江湖,是一个断狱老吏的眼中所看到的中国。人博先生在《业余者说》中把“江湖”拆解为庙堂、山林,“义”“侠”“人情”“关系”,以及现代生活中的“圈子”,以一种独特的抒情气质和学术条理相结合的叙事方式,点出了江湖的“中国性”。一种不同于西方的文化传统,一种属于自己的“近代历史”,一种因文化、习性所培育起来的“国性”,一种特定的国家性格。[24] 诚然,江湖正是种种中国性存在的载体。它是传统中国,也是当下的中国;它是我们生长生活的空间,也是社科研究的对象。法学者从规范主义、法条主义的路子,走向正式制度研究;而人博先生则“朝向其他方向”,辟出为硬性的法律制度及规范所遮蔽的“林中径”,将真实中国拉回法学研究的视野,提醒我们勿沾沾自喜于“庖丁的眼光”,提醒我们究竟该研究什么以及研究最终为了什么,这实际是在为法学研究纠偏。我们不能人在江湖而不识江湖。

《业余者说》一书中除了鲁迅、宪法和中国,还有一些随笔与评论,话题看似散漫,也很日常。作者自道:日常言谈不会作为一个问题轻易走进法学研究者的视域。而日常言谈又是我们每一个人都会遭遇到的,它是我们日常生活世界的重要部分。[25] 人博先生说,如此一来,这部书便成了“业余者在说”。事实上,从人博先生的系列作品来看,先是《法的中国性》,继而《中国的近代性》,再到《业余者说》,先生的思想已经打破了专业之间的界限,甚至是学术研究与日常生活之间的阻隔,在法律研究乃至社科研究“硬”的知识之外,开辟了一条常识化、生活化也更人性化地理解法律和社会之路。关于鲁迅,关于竹内好,关于张艺谋的电影以及唤起乡愁的歌曲,日常的阅读、思考和表达,映现的是一个从事社会科学研究的学人,其学术思考渗透在日常生活的状态。反过来,它也坦诚地让读者看到,社科学人如何将生活日用中获得的思考、感悟,转化为学术研究的“酵母”。这样一种写在专业边上的业余者说,看似舍近求远,实则为我们

〔22〕 余光中:《余光中集》(第6卷),百花文艺出版社2004年版,第637页。

〔23〕 参见王人博:《业余者说》,广西师范大学出版社2018年版,第223页。

〔24〕 同上书,第220页。

〔25〕 同上书,第108页。

打通了学问与人生的密道,不再让学术、生活成为割裂的两块。也因此,它的读者必然超出了狭窄的学院圈子。

## 六、结　　语

法学学科固然以研究法律为业,但它不只是研究法律规则、法律现象,这些可以说只是社会生活的表层。就像以赛亚·伯林(Isaiah Berlin)所讲:"别人不晓得我总生活在表层上。"如果仅仅是为研究法律而研究法律,这样的法学只是探到了社会科学的表层。法学中存在一些对根本结构性问题的讨论,比如社会结构如何决定了社会未来的发展趋势,而这个社会结构又是如何形成的?这些不是一个局部问题,而是社会整体性问题。要回答这样的问题,必须要有一个社会的整体把握,也就是能看到今天社会何以站在这里。有了这个总体性的社会观,具体法律问题的讨论方能有一个着落和正确的定位。

通过对法律的研究,把政治学、经济学、历史学、社会学、人类学的问题都关联起来,以真实的事件、世界的尺度来观察和分析,是不是才算完成了法学的最终任务?《业余者说》抛出的问题与思考,自有一重深意。

Amateur Say
—A View of China's Constitutionalism

Xu Shuang

**Abstract**: This paper aims to review an unique thinking and discourse system in current constitutional study of China. Prof. Wang Renbo, in his *Amateur Say*, starts from the conscience of an intellectual, combs the key concepts, such as revolution, nationalities, socialism, prosperity and etc, in contemporary constitutional history of China, constructs a comprehensive understand of construction and nature of China's regime. Such approach and thought, melting the barrier of disciplines, provides a idea platform for the research on specific issues of China's constitution, consequently enables itself to be an integral part of intellectual community.

**Key words**: Amateur Say; Clash of Civilization; Context; Chineseness of the constitution

# 《人大法律评论》稿约

《人大法律评论》是在中国人民大学法学院支持下，由法学院学生自主创办、独立编辑并公开出版发行的学术出版物，现为中文社会科学引文索引(CSSCI)来源集刊。

《人大法律评论》初创于2000年，至2020年12月已出版30辑，现包含"专题研讨""论文""评论"等栏目，新设有"法哲学专栏""公法专栏""博士论文精华"等特色栏目。

欢迎海内外专家学者、优秀学子惠赐稿件，来稿原则上在1万字以上，并只接收电子邮箱投稿。来稿请以"作者姓名+文章标题"为邮件名称。收稿邮箱：ruclawrev@gmail.com。

来稿请附中英文标题和摘要(300字之内)、关键词(5个以内)及作者个人简介(包括姓名、单位、职务或职称、地址、联系电话、电子邮箱)。关于引证规范，请具体参见尾页所附之引证体例。

《人大法律评论》实行匿名三审制，编辑部收到稿件起3个月内向作者通报审录结果，每稿必复。

《人大法律评论》崇尚学术自由，严守学术规范。一旦发现作者一稿多发、抄袭或者存在其他严重学术不端行为的，本评论将向其所在单位、主管机关、学术团体及新闻媒体通报情况，并保留追究其法律责任的权利。

为了扩大本评论及作者知识信息交流渠道，除非作者在来稿时声明保留，否则视为同意《人大法律评论》拥有以非专有方式向第三人授予已刊作品电子出版权、信息网络传播权和数字化汇编、复制权，以及向《中国社会科学文摘》《高等学校文科学术文摘》和中国人民大学书报复印资料等文摘类刊物推荐转载已刊作品的权利。

《人大法律评论》编辑部

# 《人大法律评论》注释体例

一、文中注释一律采用脚注，全文连续编号。

二、非直接引用原文的，注释前加“参见”；引用非原始资料时，请注明“转引自”。

三、引用同一文献的，如果两个注释并非相邻，分别列出完整的文献信息；如果两个注释相邻，著作则采用“同上书，第×页”（页码不同）或“同上”（页码相同），论文则采用“同上”。

四、注释及参考文献范例

（一）著作、教材类：

[1]《马克思恩格斯选集》（第4卷），人民出版社1972年版，第24页。

[2]龚祥瑞：《比较宪法与行政法》，法律出版社1985年版，第255页。

[3]佟柔主编：《中国民法》，法律出版社1990年版，第67～75页。

（二）论文类：

[1]苏永钦：《私法自治中的国家强制》，载《中外法学》2001年第1期。

（三）文集类：

[1]龚祥瑞：《比较宪法学的研究方法》，载《比较宪法研究论文集》（第1集），南京大学出版社1993年版，第55页。

（四）译作类：

[1][古希腊]亚里士多德：《政治学》，吴寿彭译，商务印书馆1983年版，第54页。

（五）报纸：

[1]张志铭：《现代化与中国律师制度的发展》，载《光明日报》2003年9月23日。

（六）古籍类：

[1]（清）沈家本：《沈寄簃先生遗书》甲编，第43卷。

(七)辞书类:

[1]《新英汉法律词典》,法律出版社1998年版,第24页。

(八)网络资料类:

[1]郑成思:《"入世"、知识产权保护与民商法的现代化》,载中国法学网2004年2月27日,http://www.iolaw.org.cn/show News.asp? id=243。

(九)英文类:

[1] L. Fuller, *The Morality of Law*, Robert Gilpin, revised edition, New Haven: Yale University Press, 1969, p. 143.

[2] Joseph Raz, "Legal Principles and the limits of Law", 81 *Yale Law Journal*(1972), p. 839.

[3] H. L. A. Hart, "Jhering's Heaven of Concepts and Modern Analytical Jurisprudence", in Eaasys in Jurisprudence and philosophy, London: Oxofrd University Press, 1983, pp. 269 - 270.

(十)英文以外的外文文种:依照该文种注释习惯。

**图书在版编目(CIP)数据**

人大法律评论. 2020年. 第1辑：总第31辑/《人大法律评论》编辑委员会组编. -- 北京：法律出版社，2020
ISBN 978-7-5197-5179-1

Ⅰ. ①人… Ⅱ. ①人… Ⅲ. ①法律-文集 Ⅳ. ①D9-53

中国版本图书馆CIP数据核字(2020)第241877号

**人大法律评论(2020年第1辑·总第31辑)**
**RENDA FALÜ PINGLUN**
**(2020 NIAN DI-1 JI · ZONG DI-31 JI)**

《人大法律评论》编辑委员会 组编

**策划编辑** 沈小英
**责任编辑** 沈小英 单 洁
**装帧设计** 李 瞻

**出版** 法律出版社
**总发行** 中国法律图书有限公司
**经销** 新华书店
**印刷** 北京虎彩文化传播有限公司
**责任校对** 杨锦华
**责任印制** 吕亚莉

**编辑统筹** 法治与经济出版分社
**开本** 710毫米×1000毫米 1/16
**印张** 27.5
**字数** 470千
**版本** 2020年12月第1版
**印次** 2020年12月第1次印刷

法律出版社/北京市丰台区莲花池西里7号(100073)
网址/www.lawpress.com.cn
投稿邮箱/info@lawpress.com.cn
举报维权邮箱/jbwq@lawpress.com.cn
销售热线/400-660-8393
咨询电话/010-63939796

中国法律图书有限公司/北京市丰台区莲花池西里7号(100073)
全国各地中法图分、子公司销售电话：
统一销售客服/400-660-8393/6393
第一法律书店/010-83938432/8433 西安分公司/029-85330678 重庆分公司/023-67453036
上海分公司/021-62071639/1636 深圳分公司/0755-83072995

**书号**:ISBN 978-7-5197-5179-1 **定价**:138.00元